企业财务宏观问题研究

罗华伟　王运陈　唐曼萍　符刚　张良　著

RESEARCH ON THE MACRO-ISSUES OF ENTERPRISE FINANCE

图书在版编目（CIP）数据

企业财务宏观问题研究/罗华伟等著. —北京：经济管理出版社，2017.8
ISBN 978 – 7 – 5096 – 5208 – 4

Ⅰ.①企… Ⅱ.①罗… Ⅲ.①企业管理—财务管理—研究 Ⅳ.①F275

中国版本图书馆 CIP 数据核字(2017)第 129154 号

组稿编辑：王格格
责任编辑：王格格
责任印制：黄章平
责任校对：曹 平

出版发行：经济管理出版社
（北京市海淀区北蜂窝 8 号中雅大厦 A 座 11 层 100038）
网　　址：www.E – mp.com.cn
电　　话：(010) 51915602
印　　刷：玉田县昊达印刷有限公司
经　　销：新华书店
开　　本：787mm×1092mm/16
印　　张：22.25
字　　数：487 千字
版　　次：2017 年 8 月第 1 版　2017 年 8 月第 1 次印刷
书　　号：ISBN 978 – 7 – 5096 – 5208 – 4
定　　价：48.00 元

·版权所有　翻印必究·

凡购本社图书，如有印装错误，由本社读者服务部负责调换。
联系地址：北京阜外月坛北小街 2 号
电话：(010) 68022974　邮编：100836

前 言

笔者教了十多年的《高级财务管理》，一直在思考"高级"体现在什么地方。现有高级财务管理教材主要有两种趋向：一是以专题的形式，把相关内容重新分拆、组装，增加一些前沿研究成果；二是沿用财务管理体系，把相关内容的深度和广度加以拓展。笔者却一直认为高级应该体现在培养人才的层级上，一是企业高级管理人员应该关注的财务管理知识，二是财务管理研究人员应该关注的企业财务宏观管理问题。基于这样的考虑，我们教学团队集体酝酿出版一本讲述企业财务宏观方面问题的专著。

最初打算确定名称为《企业宏观财务问题研究》，但由于现有的研究将宏观财务界定为国家财务，为了避免不必要的误解，就放弃了这个定名，而确定为《企业财务宏观问题研究》。"企业财务宏观问题"一定会引起不少人的好奇，企业财务本来就是一个微观问题，怎么变成了宏观问题？实践中会计与财务人员多联系在一起，人们习惯称"财会人员"，这些人员的工作与宏观相去甚远，怎么也攀不上"宏观"二字。当笔者与一些学者探讨这个问题时，他们的第一反应多是想到财务战略问题。实际上，企业财务宏观问题除了财务战略外还有很多问题，比如产权问题（财务控制权问题）、财务监管问题、财务资源与财务战略匹配问题等。我们研究企业财务宏观问题的初衷是站在企业高级管理层层面，研究他们应该关注的财务问题，站的高度高，即宏观。另外，也可以为理论研究者考虑中国特色企业财务宏观实际问题提供参考。

要写出一本涉及企业财务所有宏观问题的专著是不可能的，甚至我们最初确立的产权、监管、战略这三个主题都涵盖了太多的内容。最后只能选择我们认为的当前比较重要或热点的财务宏观问题，于是就形成了九个方面的研究内容。

本书的分工为：罗华伟负责撰写总论、企业资源与财务战略、企业特质与财务行为，唐曼萍负责撰写混合所有制改革与国有企业公司治理、大众创业与家族企业公司治理，王运陈负责撰写海外投资与财务尽职调查报告、企业融资与上市程序、商业模式与盈利能力，张良负责撰写风险评估与财务业绩评价，符刚负责撰写财务信息披露与解读。

本书得到四川农业大学管理学院首届教学团队立项资助、四川省农村发展研究中心资助。感谢在本书资料收集和整理过程中付出辛勤劳动的四川农业大学管理学院的下列研究生：罗华伟指导的博士研究生程亚、贾鸣问和硕士研究生毛丽莉，王运陈指导的硕士研究生陈玉梅、李凡亦、刘娟，唐曼萍指导的硕士研究生余小龙、孙海珍、黄玥，张良指导的硕士研究生杨冉、贺凤丽，符刚指导的硕士研究生李思遥。

特别感谢四川大学干胜道教授对本书提出的宝贵意见。由于作者水平、时间、精力的制约，加之相关命题研究难度大，书中难免出现错漏、谬误，恳请读者批评指正！

罗华伟

2017 年 5 月 15 日

目　　录

第一章　总论 ··· 1
　第一节　财务管理与会计的关系 ··· 1
　第二节　企业财务宏观与微观之分 ··· 5
　第三节　企业财务宏观问题研究的内容 ·· 7
　第四节　本书主要阅读对象 ··· 12

第二章　企业资源与财务战略 ··· 16
　第一节　研究背景 ·· 16
　第二节　基本概念 ·· 18
　第三节　研究回顾 ·· 32
　第四节　企业资源三分法 ··· 41
　第五节　企业三大资源评估 ·· 45
　第六节　价值增长型财务战略 ··· 60
　第七节　企业资源与企业财务战略匹配 ······································ 65

第三章　企业特质与财务行为 ··· 73
　第一节　研究背景 ·· 73
　第二节　基本概念 ·· 74
　第三节　企业股东特质与财务行为 ·· 86
　第四节　企业生命周期特质与财务行为 ······································ 94
　第五节　企业行业特质与财务行为 ··· 102
　第六节　企业治理特质与财务行为 ··· 108
　第七节　企业规模特质与财务行为 ··· 114
　第八节　企业经营者特质与财务行为 ·· 121
　第九节　企业功能特质与财务行为 ··· 124
　第十节　企业其他特质与财务行为 ··· 125

第四章　混合所有制改革与国有企业公司治理 … 133

- 第一节　研究背景 … 133
- 第二节　研究意义 … 133
- 第三节　研究回顾 … 134
- 第四节　实践案例 … 145
- 第五节　总结与展望 … 152

第五章　大众创业与家族企业公司治理 … 156

- 第一节　研究背景 … 156
- 第二节　研究意义 … 157
- 第三节　研究回顾 … 157
- 第四节　实践案例 … 168
- 第五节　总结与展望 … 178

第六章　海外投资与财务尽职调查报告 … 182

- 第一节　研究背景 … 182
- 第二节　现状与问题 … 183
- 第三节　研究回顾 … 197
- 第四节　实践案例 … 207
- 第五节　总结与展望 … 213

第七章　企业融资与上市程序 … 216

- 第一节　问题与背景 … 216
- 第二节　研究回顾 … 217
- 第三节　制度背景 … 227
- 第四节　实践案例 … 238
- 第五节　总结与展望 … 242

第八章　商业模式与盈利能力 … 247

- 第一节　问题与背景 … 247
- 第二节　研究回顾 … 248
- 第三节　案例分析与研究 … 263
- 第四节　总结与展望 … 272

第九章　风险评估与财务业绩评价 … 276

- 第一节　研究背景 … 276

第二节	研究回顾	278
第三节	风险与收益的权衡：一个小结	312
第四节	实践案例：永乐电器与摩根士丹利之对赌协议	314
第五节	总结与展望	318

第十章　财务信息披露与解读 322

- 第一节　研究背景 322
- 第二节　研究意义 323
- 第三节　研究回顾 324
- 第四节　实践案例 334
- 第五节　总结与展望 343

第一章 总 论

企业是营利性组织，企业的任何行为最终都表现为赚钱与赔钱、用钱与省钱的结果。"财务管理是企业管理的核心"已经成为共识，但现实中却很少有企业真正重视财务管理。

为什么会出现这样的"悖论"？除了不完善的市场机制抑制了企业财务管理应有的一些功能外，大致有两方面的原因：一是财务管理与会计的边界不清，对企业财务管理认识不足，甚至把财务管理工作等同于会计工作；二是没有区分企业财务的宏观问题与微观问题，关注企业财务微观事务，对企业财务宏观问题认知不够，更没有意识到财务宏观问题对企业生存与发展的重要性。

本部分在梳理财务管理与会计关系、企业财务管理分类的基础上，阐述企业财务宏观问题研究的内容，提出本书的内容框架。

第一节 财务管理与会计的关系

说不清财务管理与会计的关系是一种普遍现象。

一、财务管理与会计边界不清的原因

（一）宏观体制是根源

我国长期实行计划经济，政府的社会管理职能和国有企业所有者代表的职能不分，企业所有制成分单一，企业没有自主经营管理权利，实质沦为一个预算单位。普遍的看法认为企业财务属于财政体系的基础环节，企业财务管理职能由政府相关部门行使，企业财务部门仅行使核算（会计）职能。随着经济管理体制改革的进行，出现了多种所有制并存的局面，政企职责分离改革逐步深入，国有企业地位逐步变化，企业财务对于财政的依附性大为削弱，但企业财务部门主要从事会计工作的惯例却被保留了下来。

（二）理论边界仍未厘清

由于财务与会计在实际工作中联系密切，难以断然分开，理论研究中常常你中有我、

我中有你。关于财务与会计的关系，学术界大致有三种观点：一是主张会计包括财务或代替财务的"大会计论"，认为会计是一种管理活动，会计是管理的主体，财务是管理的对象，必须对财务实施会计管理。二是主张财务应包括会计的"大财务论"，认为会计属于财务管理体系中的反映和控制环节。三是"并列论"，认为财务与会计是相互并列的关系，两者存在的客观基础、性质、对象和职能均不相同，主张借鉴西方的经验，从机构设置上将两者分开。虽然第三种观点占据上风，但关于财务与会计边界的理论探索并没有取得权威或一致的结论。

（三）学科建设会计强于财务管理

会计学科建设在中国几乎没有中断，计划经济时代借鉴苏联模式，以"增"、"减"为记账符号，以"资金占用=资金来源"为理论基础（会计平衡等式），实行社会主义市场经济后使用国际通行的"资产=负债+所有者权益"会计平衡等式；会计学有概念框架，知识体系完备，形成了从本科、硕士、博士到博士后的完整学科体系。财务管理在改革开放后才引起学界的讨论，经过近10年的理论探讨，1989年秋季上海财经大学经批准在全国第一个试办财务学专业，后改为理财学专业，1998年才进入教育部学科专业目录，但直到今天，财务管理学仅有本科专业，到研究生阶段就没有单独的财务管理学专业；财务学也没有形成概念框架，与诸多学科都存在交叉，特别是与会计剪不断理还乱的关系，促成了院系名称、研究生方向、学者研究领域等"财务与会计"的合称，财务管理学的课程设置也多倚重会计学的课程体系。

（四）人才培养体现重会计

管理机构上，会计有一套完备的组织管理机构，以财政部会计司为龙头，而财务管理至今没有对应的政府管理机构；学术组织上，财务管理没有像会计学会这样有影响的全国性学术组织；学术刊物上，财务管理也没有像《会计研究》这样有影响的学术期刊；职称体系上，会计有完备的职称体系，而财务管理没有相应职称，仅依附于会计职称；职业教育上，会计有完备的后续教育体系，财务管理后续教育往往依附于会计。

（五）企业会计与财务机构合二为一

西方企业的会计和财务是截然分开的，财务总裁下分设财务长和主计长，前者管理财务机构，负责合理筹资和投资，后者管理会计机构，负责记录、整理和提供财务信息。中国企业由总会计师（财务总监）领导下的财会机构同时负责财务和会计工作，这是因为我国企业行为追求短期化利润，财务管理的目标还停留在利润最大化，财务人员更注重遵守财经法规、降低生产成本、加速资金周转、提高经济效益，财务管理的内容主要是资金管理、成本管理、财务收支管理，与会计核算的内容密切关联。财务部门以会计工作为主，财务人员需要会计从业资格证，评会计职称，进行会计后续教育。

那么，财务管理与会计是否有一个大致的边界？我们认为是有的，否则就没有必要把财务管理专业独立出来。

二、会计的职责边界

（一）会计是人类的一种计量记录行为

作为智能生物的人类出现了记录劳动成果的需要，以石头、树枝、绳索为计量工具，产生了"结绳记事"的原始记录行为；奴隶社会出现了城邦或国家，为公益事业构建了国家税负制度，产生了专门核算官方财赋收支的需要，发明了对财物收支采取"月计岁会"（零星算之为计，总合算之为会）的核算方法；封建社会出现了名为"计簿"或"簿书"的账册，先后出现了"四柱清册"、"龙门账"和"四脚账"等核算收支的方式。随着商业的发展，产生了系统反映商业行为来龙去脉与盈亏，以及鉴证这些记录是否准确的需要，出现了复式记账法、成本会计和会计师协会，提出了折旧的思想，划分资本与收益，重视成本会计，诞生了财务报表审计制度，是为近代会计期。

商品货币经济的产生与发展，使人类计量记录经济活动的行为发生根本性改变，进入现代会计阶段。货币成为统一的计量工具，复式记账法得以广泛采用，会计核算工作更加标准化、通用化和规范化，现代电子计算机技术与会计融合实现了"会计电算化"。

（二）会计本质上是一个提供经济信息的系统

会计的发展历程清晰揭示了会计的本质就是提供信息。美国《现代会计手册》在序言中的第一句话就开宗明义地指出"会计是一个信息系统，它旨在向利害攸关的各个方面传输一家企业或其他个体的富有意义的经济信息"。会计的日常工作就是围绕"提供数据资料"而进行的，被称为会计的"反映职能"。

这一反映职能演化出三个方面的工作：第一，反映"什么"，即会计信息质量应该达到什么标准。第二，"怎样"反映，即提供会计信息应该遵循的公认的一些标准，产生了会计准则（确认、计量）与会计制度（记录、报告）。第三，"验证"会计反映的数据资料是否真实可靠，出现了审计。

反映有主动反映和被动反映之别。人类为了争取主动权而提出"计划"概念，"预算"就是数字化的计划，也出现了控制经济活动的法规与制度。就需要保证预算和法规制度在一个组织得到贯彻执行，于是产生了"稽核"和"内部审计"，会计的职能拓展到"监督职能"。

20世纪五六十年代的"反映方法论"和"管理工具论"争论的焦点是会计究竟是研究反映的"方法"还是为管理提供"工具"。实际上反映的目的是为了总结经验或发现问题、寻求提高经济效益的路径，从目的论的角度，会计是一种"管理工具"，至于反映"什么"和"怎么"反映则涉及"方法论"。因此，从手段和过程看，会计需要研究反映的"方法"。两者并不矛盾，只是角度不同。

（三）会计通过提供经济信息参与经营管理

20世纪80年代我国出现了会计"管理活动论"与"信息系统论"之争。后者沿袭反映论，与美国《现代会计手册》对会计的定义相同；前者认为会计本身具有管理的职能，是一种管理"活动"，并提出了"会计管理"概念。特别是20世纪30年代出现的管理会计,专门为企业内部经营管理提供信息,使会计工作从传统的事后记账、算账、报账,转为事前的预测与决策、事中的监督与控制、事后的核算与分析,被会计"管理活动论"者作为支持证据。会计虽然是人们管理生产过程的一种社会活动,但其本身并不具有典型管理职能的特征,只是一种提供管理"工具"的活动,管理所需要的大量的财务信息都必须依靠会计来提供。因此,会计"参与"管理,是管理的"工具"。"会计管理"指依靠会计这个工具进行的管理或对会计活动进行的管理。

三、财务管理的职责边界

(一) 财务与财务管理

"财务"是有关"财"的"事务",是"财"的运动及其所体现的经济利益关系的总称,它是一种客观存在,是客观范畴,不受人的主观因素影响;"财务管理"是对"财"的"事务"进行决策、计划、组织、指导、实施、控制的过程,是依法组织资金运动、处理经济利益关系的一项经济管理工作,是一种人的管理活动,它是主观见之于客观的行动,受人的主观意识支配,目的是以最优的投入获得最佳的回报。但在相关的研究文献或实践中两者并未加以严格区别。

(二) 财务管理本质上是一项经济管理活动

企业财务管理大约起源于15世纪末16世纪初。公众入股的商业组织要求企业合理预测资本需要量、有效筹集资本,出现了财务管理的萌芽;股份公司的出现和迅速发展引起了资本需求量的扩大,筹资的渠道和方式发生了重大变化,如何筹集资本扩大经营成为大多数企业关注的焦点,许多公司纷纷建立了一个新的管理部门——财务管理部门。企业财务管理是应"预计资金需要量和筹措所需资金"的需要而诞生的,"天生"就是企业的一种管理活动。

20世纪20~30年代,经济危机和经济大萧条使投资者损失严重,西方各国政府加强了旨在保护投资人利益的证券市场法制管理,财务管理重点转向研究法律法规和企业内部控制;20世纪50年代以后,市场竞争激烈、买方市场出现使企业单纯靠扩大融资规模、增加产品产量无法生存,财务管理的重心放在了资产管理上,重点解决资金利用效率问题;20世纪60~70年代,投资风险加剧、金融工具推陈出新,企业必须更加注重投资效益、规避投资风险,投资管理成为企业财务管理的主旋律;20世纪70年代末,企业财务管理进入深化发展的新时期,并朝着国际化、精确化、电算化、网络化方向发展。从财务管理的发展历程可以看出,财务管理始终是企业管理的一种主要活动。

(三) 财务管理是一项旨在资源保值增值的价值管理活动

一切资源皆有价值,只不过这种价值未必一定通过货币化来表现。经典财务管理是以货币作为价值衡量工具的。当一个组织不是以盈利为主要目标,其财务管理的重心就是确保其拥有的资源"保值",即保证其应有的价值,而不是保证其价值不减少,合理的价值减少(如正常的损耗与贬值)属于"保值"范畴,只有非正常的价值减少,如被侵占、闲置、非法转移、人为毁损等,才能界定为"不保值"。当一个组织以盈利为主要目标,其财务管理的重心就是确保其拥有的资源"增值",无论这些组织的财务管理目标是"产值最大化"、"利润最大化"还是"股东财富最大化"、"企业价值最大化",其核心都是要实现资源的"增值",企业的计划管理、组织管理、物资管理、质量管理、劳动人事管理、营销管理、团队管理、企业文化管理等,都必须围绕"增值"服务。

管理的目的是效率和效益,企业管理的真谛是聚合企业的各类资源,充分运用管理的功能,以最优的投入获得最佳的回报。而货币这种计量单位能够最大程度度量企业的资源,尽管存在很多不足,但难以找到有效替代者。因此,财务管理将企业资源浓缩为"资金",研究企业资金的筹集、投放、营运、分配,不放过"资金"运动每一个环节可能带来的增值机会。

四、财务管理与会计的关系

通过以上分析,我们可以将财务管理与会计的关系归纳如下:

(一)会计与财务管理的区别

内容上,会计负责经济事项的"确认、计量、记录、报告",实务中简称"算账、记账、核账、报账",目的是提供高质量的财务信息;财务管理负责对企业资源进行"预算、组织、评价、控制",关注的问题是现有资源能创造多大的价值、还有哪些潜力资源可以挖掘、确保价值创造的资源怎么组织、资源利用效果如何、怎么控制不利因素。方法上,会计有"准则"为依据,所有的业务均需遵循既定的"规则","自由裁量空间"较小;财务管理几乎没有框架约束,属于一种管理活动,管理更多属于"艺术"范畴,很难找到适合所有企业的管理方法,更多是在"套路"指导下的"实战运用"。

(二)会计与财务管理的联系

会计为财务管理提供基础数据,财务管理利用会计数据研究企业资源的利用状况;管理会计主体内容与财务管理类似;从事财务管理研究的人员多数是原会计研究人员;在很多院校,会计与财务合在一起,称"会计与财务管理"。

第二节 企业财务宏观与微观之分

一、财务管理学的分类

(一)西方财务管理学分类

西方财务管理学主要由三大领域构成,即公司财务(Corporation Finance)、投资学(Investments)和宏观财务(Macro Finance)。公司财务在我国常被译为"公司理财学"、"企业财务管理",研究营利组织的财务管理问题。投资学本意是从投资者的角度出发,研究投资面临的各种理论与实践方面的问题,但由于西方发达国家投资中的证券化比率较高，其投资学演变为我国所称的"证券投资学"，其核心内容是各种证券的价格决定或定价理论、投资的资产组合理论及投资各种金融工具时面临的风险收益分析，在我国属于金融学范畴。宏观财务的主体是国家，大致包括两个部分：国家凭借政治权力建立税收体系，实现对国民收入的分配与再分配；国家凭借生产资料所有者身份对企业或部门的一部分资金或创造的国民收入进行分配和再分配。前者在我国属于财政学、税务学专业范畴，后者类似"国家财务"。

（二）我国财务管理学分类

我国财务学研究的内容比较狭窄，仅包括西方的公司财务部分。投资学划归金融学，而金融学和财务管理在我国分别属于经济学和管理学两大学科；宏观财务一部分归入财税学，另一部分有关国有资本的财务问题并没有形成专门的研究课程体系。个人财务或私人理财因为其投资品多是具有热钱效应的金融产品，因而归入金融学研究；非营利组织的财务问题因其组织目标很难财务量化，并没有形成研究主流。

二、企业财务管理研究的内容

虽然财务管理学科并不很成熟，但受西方"公司财务"的影响，我国关于企业财务的研究内容形成了比较一致的看法，大致分成以下研究内容：

（一）财务管理的基本原理与方法

基本原理大致包括财务管理的内容和职能、目标与利益相关者的要求、核心概念、基本理论、基本原则、金融工具与金融市场等内容。方法主要包括财务报表分析、长期计划与财务预测、价值评估基础、资本成本、资本预算。

（二）通用财务管理业务

围绕资金在企业的循环周转进行，包括筹资管理、投资管理、营运资金管理和分配管理。我国的特殊国情决定了不少企业在筹资、投资和分配方面的事务很少，财务管理的主要内容放在资金管理、成本管理、财务收支管理上。

（三）特殊财务管理业务

主要针对企业不常出现的业务，一方面是企业的特质而产生的业务，如集团公司财务管理、中小企业财务管理、国际企业财务管理、国有企业财务管理、金融企业财务管理、家族企业财务管理等；另一方面是不符合一般财务假设的业务，如企业并购财务管理、企业破产财务管理等。

三、财务管理的专业课程设置分类

（一）初、中、高三级之分

在1998年教育部新的高等教育专业目录中，对财务管理专业的课程设置给出了规定，出现了三门财务管理主要课程：初级财务管理、中级财务管理和高级财务管理。很多学校将教育部的规定当成指令性的安排，设置了三门课程，但三门课程的边界至今仍没有比较公认的划分。初级财务管理课程讲述的内容比较一致，主要讲述企业财务管理的基本概念、基本理论和基本的技能，且主要围绕企业的筹资、投资、日常财务、分配四大常规财务业务讲述，由于财务管理一般并没有加上"基础"、"原理"等修饰词，所以也有部分教材超过了上述内容，特别是西方一些以《公司财务》、《公司理财》命名的教材。中级财务管理和高级财务管理课程基本是百家争鸣，没有比较规范的讲述内容。从国内教材看，中级财务管理一般分为三类：第一类是沿财务管理线索对相关内容适度加深；第二类是增加一些专项研究内容；第三类是重点讲几大财务理论和财务管理的几个功能，如财务预算、财务控制等。高级财务管理有往专题化发展的趋势，主要讲述特殊企业和特殊业务的财务管理，多是理论、案例、研究前沿集成。

（二）财务业务之分

在讲述财务管理基础之后，不再按中级和高级分类，而是关注财务具体业务，形成按业务分类的课程体系，如设置财务战略管理、国际财务管理、财务经营分析与评价、财务预算与控制、资产评估学、税收筹划等。

四、企业财务管理的微观和宏观之分

（一）宏观与高级

"宏观"泛指大的方面或总体，"微观"指涉及部分的或较小的范围。在社会科学中，通常把需要从大的方面、整体方面去观察、把握、研究的问题称为"宏观问题"；把从小的方面、局部方面去观察、把握、研究的问题称为"微观问题"。"高级"指质量、水平、地位或级别等超过一般的、比较高的，与"低级"对应。由此可见，"宏观"是指问题的层面，涉及大局、整体，"高级"指质量、水平、地位不同于一般。虽然两者的研究都有一定的深度、复杂度和专业性，但对于企业财务问题不应该以高级问题与低级问题来区分，只应该有宏观问题与微观问题之别。

（二）企业财务宏观问题与微观问题

企业从事生产、服务的目的是获取利润，为了保证利润的不断实现和增长，企业必须研究资本与利润的关系。企业财务管理就是关于如何根据资本与利润的关系，筹划企业管理事务的学科。这种筹划有全局性和局部性之别，局部性财务事务具有技术性特征，企业之间可以通用，如财务基本概念、理论与方法；全局性财务事务则与企业的特定环境、特征有关，每个企业都可能会不同，企业间可借鉴性较小。宏观财务问题往往决定了企业发展方向与高度，是"争一世之雌雄"；微观财务问题主要涉及短期效益，是"争一时之长短"。

第三节　企业财务宏观问题研究的内容

一、一般意义上的企业财务宏观问题

企业能否长期生存与发展取决于企业能否形成和维持核心竞争能力，所谓核心竞争能力就是保证企业"资本"长期、稳定转化为"利润"的能力。企业财务宏观问题就是关于资本与利润关系的全局性、长远性问题，经过长期的演变，企业财务宏观问题逐渐聚集在产权、战略和监控这三大基点上。

（一）产权

产权是经济所有制关系的法律表现形式，是关于财产的占有、使用、收益和处分权利的法律规定，分为财产的所有权和与财产所有权有关的财产权。产权决定了企业财产的控制权，因此也决定了企业各利益相关方相应的财产权利与义务，是财务战略和财务监控的基础。

企业产权是企业资本结构安排和融资策略选择的结果。资本结构就是企业资金来源的结构，企业资金大的方面分为两种来源：所有者投入和债权人借入；所有者和债权人都是企业的"出资人"，都保留了资金所有权而让渡资金使用权，只是让渡的时间长短不同、收益确定性和受偿顺序有差异，所有者让渡时间长、收益不确定、最后受偿，债权人让渡时间短、收益确定、优先于股东受偿。一般企业都会有计划地安排资本结构，以期有效掌控企业控制权；资本结构的安排通过初始股权融资、股权再融资、债务融资、股利分配等予以实现，这些安排就是企业的融资策略选择。

企业资本结构影响企业特质。所谓企业特质指一个企业相对于别的企业而言所具有的独特性，是从企业外化表现区别于其他企业的一些特征，这些特征可以从不同的方面予以观察。例如，所有者特质、行业特质、企业规模、企业地域、管理者产生方式、企业功能定位、企业生命周期，等等。企业资本结构决定企业所有者特质。所有者特质决定企业进入的行业，企业进入哪个行业与大股东或控股股东关系密切；企业规模与股东资源的拥有量正相关；企业注册地域、管理者产生方式、企业功能定位主要由控股股东决定；企业生命周期受控股股东影响。不同的企业特质会对企业财务行为产生不同的影响，导致不同的融资行为、投资行为、分配行为、财务信息披露行为、遵守或违背财经法规纪律行为、避税行为、盈利模式选择行为、财务治理策略选择行为等，这些不同的财务行为必将导致不同的财务后果。

企业资本结构影响企业治理结构。企业股权结构影响企业股东会、董事会、监事会和经营层等企业治理结构，企业治理结构决定着企业财务治理结构。

企业资本结构影响企业资源的量与质。股东拥有资源的量与质影响企业拥有的物质资源、人力资源和关系资源的量与质，而企业资源与企业所能采用的财务战略紧密相关。

（二）战略

战略即全局性、长远性的"规划"或"谋略"，目的是保证企业长远目标的实现。财务战略虽然只是企业战略的一个子系统，但却是企业战略的核心，要解决的问题都是企业的关键问题，财务战略出问题往往导致企业死亡。财务战略关注企业资金均衡有效的流动："均衡"要求企业资金来源与运用不出现短缺或闲置，关注安全性；"有效"即资金的高效利用，在营利性组织中就是资金的盈利能力强，关注盈利性；没有资金保障的任何战略都是苍白的，不能提高资金使用效率的企业战略是没有意义的；财务战略要解决的风险与收益、收益性与成长性、偿债能力与盈利能力、生产经营与资本经营等矛盾问题都是以盈利为根本目标的企业的关键问题；财务战略对资金配置稍有不慎，就将直接导致企业资金周转不灵或陷入财务危机而很快导致企业破产。

企业的首要财务战略是投资战略，因为企业只有通过投资才能实现盈利，才有生存与发展的基础。企业投资战略一经形成并付诸行动，企业的资产结构就形成了，由资产所产生的收益和承受的风险也就基本固定了。其间虽然可以进行资产结构的调整，但代价一般比较大。保障投资战略实施所需要的资金构成了企业的融资战略。企业融资战略首要考虑对企业的控制权问题，又与企业资本结构相关；其次才是融资时机、数量、成本、风险的考量，构成不同的融资渠道与方式；最后形成一个适合本企业的完整的融资方案。

企业投资、融资战略都与利润分配相关。利润的结构和数量不仅决定着企业投资的方向和规模，也决定了投资者的积极性；利润的多少及其分配方式不仅影响着外部融资的额度，也决定着企业的资本结构。企业的投融资战略与企业所选择的商业模式高度相关，因为不同的商业模式会影响企业价值创造的能力。

（三）监控

财务监控不是单纯的监督与控制，而是要解决财务激励与约束问题。财务激励与企业的分配制度密切相关，这里的"分配"是广义的分配，是对企业增值额（V+M）的分配，而不仅仅是狭义的对剩余利润的分配。财务约束是否有效与企业是否有有效的内部控制制度相关。

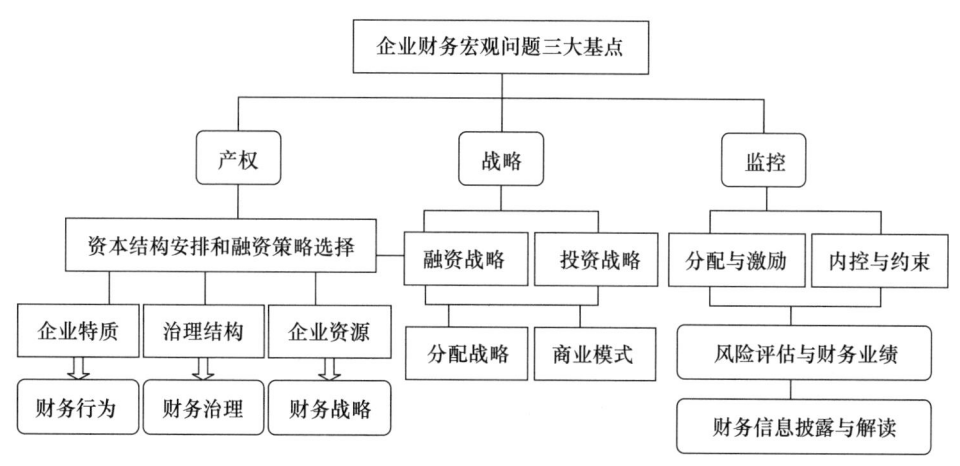

图1-1 一般意义上的企业财务宏观问题结构

有效的财务激励与约束必须要有客观、可信的依据，这个依据就是财务业绩。相同的财务业绩可能蕴藏着不同的风险，只有将风险评估与财务业绩综合考量才能客观评价相关人员或部门的业绩，才能使人信服，才能实现有效的激励与约束。公司制企业，特别是公众公司，有大量的投资者并不参与公司的经营管理，同时也有大量的潜在投资者，他们对公司的了解只能通过公开的财务信息获得。因此，财务信息披露与解读会影响投资者或潜在投资者的决策，正面信息会使他们继续持股或增加持股，负面信息会使他们减持股份或放弃投资，从而对企业形成一种激励或约束力量。

二、本书关注的企业财务宏观问题

企业财务宏观问题涉及的内容十分庞杂，不可能一本书解决所有的问题，而只能选择那些重要的、关键的、紧迫的问题进行研究。基于这样的考量，本书主要研究以下企业财务宏观问题：

（一）企业资源与财务战略匹配问题

做大做强做优是任何企业都想实现的目标，但现实中总会出现投资过度或投资不足问题。这是企业所选择的财务战略与所拥有的资源不匹配的结果。前者的财务战略超出了企业所能提供资源的承载能力，常常出现"理想很丰满，现实太骨感"的结果，甚至劳民伤财，加速企业死亡；后者的财务战略太保守，导致企业所拥有的资源闲置、浪费，资金利用效率低下。如何评价企业所拥有的资源，并选择与之相适应的财务战略，这些都是企业财务需要考虑的首要宏观问题。

（二）企业特质与财务行为问题

为什么现实中成功的企业案例并没有给模仿者带来成功？根本原因是成功企业与模仿企业具有不同的企业特质。不同的企业特质会产生不同的财务行为，当这种财务行为适合某种企业特质，企业就取得成功，不顾企业特质而"东施效颦"的结果注定是失败。在确定了企业适合的财务战略后，需要根据企业的特质采取相应的财务行为，才能保证既定目标的实现。企业有哪些特质？有哪些典型的财务行为？这些企业特质与特定的财务行为有什么样的关联性？这些都是企业财务需要解决的重要宏观问题。

（三）混合所有制改革与国有企业公司治理

我国国有企业是中国特色社会主义的物质基础和政治基础，决定了其在我国经济中具有显赫的地位，研究中国的财务问题必须高度关注国有企业。改革开放是中国发展的主旋律，经济体制改革是中国改革的中心，国有企业改革是经济体制改革的中心，建立现代企业制度是国有企业改革的中心，完善公司治理是建立现代企业制度的核心。由此可见研究我国国有企业公司治理的重要性。推进国有企业发展混合所有制经济是中共中央、国务院深化国有企业改革的重要部署，事关"不断提高国有经济活力、控制力、影响力和抗风险能力"的国有企业改革目标能否实现。混合所有制改革和国有企业公司治理都涉及产权制度对公司治理结构的影响问题，属于中国特色的企业财务宏观问题的研究范畴。

（四）大众创业与家族企业公司治理

"大众创业、万众创新"是国务院提出的中国经济发展的"双引擎"之一，必将成为中国政策的指向、中国政府努力的方向。受我国"非我族类其心必异"等传统文化影响，我国大众创业多以家族企业的形式存在，再加上现有数量众多的家族企业，使得家族企业在中国经济中的地位和作用不可小觑。中国家族企业植根于中国传统家族文化，中国传统家族文化有精华也有糟粕，从正反两个方面影响着中国家族企业的发展。如何构建中国特色的家族企业公司治理机制,促进大众创业,做强做优做大中国经济,是企业宏观财务需要深入研究的问题。

(五)海外投资与财务尽职调查

中国经济总量已经稳居世界第二,与世界经济的交融日益紧密,但中国经济人均拥有量很低,需要有长期稳定的发展期,离开了世界经济这个大家庭是无法实现的。"一带一路"战略是中国开放战略的延续与深化,"走出去"是很多企业发展壮大的必由之路。随着中国越来越多的企业实施"走出去"战略,所遇到的问题越来越多,财务风险越来越大,财务尽职调查成了当前企业需要解决的紧迫财务宏观问题。财务尽职调查又称谨慎性调查,是投资及整合方案设计、交易谈判、投资决策不可或缺的基础。财务尽职调查能充分揭示财务风险或危机,分析企业盈利能力、现金流,预测企业未来前景,了解资产负债、内部控制、经营管理的真实情况,判断投资是否符合战略目标及投资原则。

(六)企业融资与上市程序

企业融资影响企业资本结构,企业资本结构决定企业控制权。随着互联网和移动通信工具的发展,新兴融资工具和手段不断涌现,同时伴随中国上市注册制的推行,上市融资这种典型的融资方式会成为更多公司的选择。本书在研究企业融资的基础上,重点研究我国企业上市融资的程序,以期能对企业构建适宜的宏观融资战略有所裨益。

(七)商业模式与价值创造

现有实践表明,商业模式会影响企业的价值创造能力。那么,商业模式实质是什么?典型的商业模式的特征、优缺点、适宜性?商业模式怎样影响企业价值创造能力?要提高企业价值创造能力,在选择商业模式时应注意什么?对这些问题的探讨是企业财务宏观问题研究不能回避的。

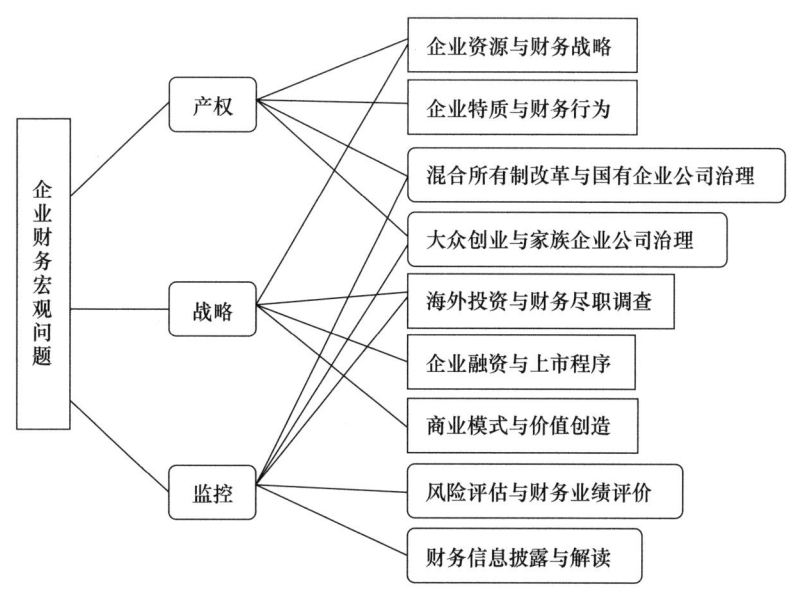

图 1-2 本书关注的企业财务宏观问题结构

（八）风险评估与财务业绩评价

客观、科学的财务业绩评价不仅是企业"知己"的保障，也是企业有效"财务激励与约束"措施制定的基础。风险与收益是一个硬币的正反两面，如何实现两者的"权衡"一直是财务宏观研究的重要命题。现有财务业绩评价方式虽然考虑了企业的风险，但并未充分揭示出企业业绩背后的潜在风险。企业风险种类与量化指标是什么？企业风险主要的评估方法有哪些？企业业绩主要评价方式的优缺点、适用性如何？如何构建风险与业绩权衡的企业财务业绩评价体系？这些问题都需要通过企业财务的宏观研究予以回答。

（九）财务信息披露与解读

经济学将企业视为"黑匣子"，管理学则是要解开黑匣子之谜。只有充分获取了黑匣子的信息并进行有效的解读，才能明白其运行机理，才能知道其问题存在的根源，才能有的放矢地进行决策与治理。企业应该披露哪些财务信息？现有企业财务信息披露制度效果如何？需要进行哪些改进？这些问题对构建"阳光企业"尤其重要，有利于现代企业制度的顽症——管理腐败的治理。

第四节 本书主要阅读对象

本书主要为以下五类读者服务：

（一）财务管理专业高年级本科生

财务管理专业高年级本科生已经掌握了较多的财务基础概念、基础理论和基本技能，但缺乏把这些知识综串的能力，更缺乏将之运用于实践的能力。本书可以作为财务管理本科生《高级财务管理》的教材或重要阅读书籍。因为《高级财务管理》就是试图培养学生财务宏观分析能力，提高学生综合分析财务问题，解决财务实际问题的能力。

（二）会计学专业和企业管理专业硕士生

硕士研究生开始接受系统的研究训练，研究主题也日趋集中，选择既符合专业培养要求，又与当前社会热点紧密结合的研究课题，是硕士研究生必须完成的任务。本书可以在选题领域和研究思路上为会计学专业和企业管理专业硕士生提供帮助。

（三）企业高级管理人员

企业高级管理人员拥有企业的法人财产权，也因此承担了使企业法人财产保值增值的责任。现有的财务书籍多是讲解企业财务微观操作问题，即使讲述宏观问题也多是套路性的，缺乏针对性。本书可以帮助企业高级管理人员清醒认识自己所管理的企业，明白自己该做什么、不该做什么。

（四）企业财务管理研究人员

我国从事企业财务管理研究的人员受西方会计理论和研究方法的套路影响很深，越年轻越是如此。财务管理研究不同于会计研究，其艺术性的一面更浓，需要考虑不同企业的具体实际，否则研究成果只能停留在理论层面，不能指导实践，这不符合管理学研究的目的。本书注重实践导向，选择的研究专题都是我国企业财务实践中需要高度关注的宏观问题。因此，本书可以为相关研究人员选择更接近实践的研究命题提供参考。

（五）国有资产管理部门

如何更好地行使"出资人"权利，使国有资产不断发展壮大，是国有资产管理部门的职责所在。本书可以成为国有资产管理部门宏观管理国有企业的借鉴。

参考文献

[1] 安嘉祺．行为财务视角下的公司理财研究 [D]．山东大学硕士学位论文，2009．

[2] Π．Н．日夫加克．苏联企业和国民经济各部门财务 [M]．刘凤钦等译．北京：中国人民大学出版社，1982．

[3] 伯特兰·N．霍维茨．高级财务 [M]．北京：企业管理出版社，1983．

[4] 陈宏明．财务管理体系国际化研究 [J]．会计研究，2002（3）：36-38．

[5] 陈毓圭．财务管理与会计管理的本质区别与现实联系 [J]．会计研究，1989（2）：30-34．

[6] 刁汉光，黄卓夫，郭复初．工业企业财务管理 [M]．成都：四川科技出版社，1986．

[7] 杜英斌．企业财务管理几个问题的思考 [J]．会计研究，1988（3）．

[8] 耿汉斌，谷行素．社会主义财务理论研究 [M]．北京：中国财政经济出版社，1991．

[9] 龚洪文．财务行为机制研究 [D]．西南财经大学博士学位论文，2005．

[10] 郭复初，孙家和．我国宏观财务管理活动的二维特征 [J]．四川会计，1991（4）．

[11] 郭复初．财务理论研究与发展 [J]．会计研究，1996（2）：13-16．

[12] 郭复初．公司高级财务 [M]．北京：清华大学出版社，2006．

[13] 郭复初．国家财务理论发展与国有资产监管政策探索 [C]．中国会计学会财务管理专业委员会 2012 年学术年会暨第十八届中国财务学年会论文集．

[14] 郭复初．中国特色财务理论的发展 [J]．财务研究，2015（11）．

[15] 何召滨．国有企业财务治理问题研究 [D]．财政部财政科学研究所博士学位论文，2012．

[16] 黄菊波．关于企业财务管理学的一些问题 [J]．财政研究资料，1983（71）．

[17] 黄菊波．新中国企业财务管理发展史 [M]．北京：经济科学出版社，1996．

[18] 姜英兵．财务学的基本理论框架 [J]．会计研究，2007（8）：22-27．

[19] 靳能泉．财务管理职能分层：以人为本视角 [J]．企业经济，2009（8）：168-171．

[20] 李儒训．工业财务学 [M]．北京：企业管理出版社，1988．

[21] 李心合．财务管理学的困境与出路 [J]．会计研究，2006（7）：45-51．

[22] 李心合．利益相关者财务论——新制度主义与财务学的理论互动与发展 [D]．南京大学博士学位论文，2001．

[23] 李心合．制度财务学研究 [M]．大连：大连出版社，2012．

[24] 李郁明．财务管理职能分层论 [J]．嘉兴学院学报，2010（9）：64-68．

[25] 利·毕尔曼．苏联国民经济各部门财务 [M]．北京：中国人民大学出版社，1956．

[26] 刘凤娟．行为财务理论在公司理财中的应用 [D]．山东大学硕士学位论文，2006．

[27] 刘媛媛，池国华．公司财务理论发展及未来展望 [J]．财会通讯（理财版），2008（6）．

[28] 陆正飞，王化成，宋献中．当代财务管理主流 [M]．大连：东北财经大学出版社，2004．

[29] 罗福凯. 财务理论的内在逻辑与价值创造 [J]. 会计研究, 2003 (3): 23-27.

[30] 任琦峰. 财务管理 [M]. 北京: 企业管理出版社, 1981.

[31] 沈艺峰, 沈洪涛. 公司财务理论主流 [M]. 大连: 东北财经大学出版社, 2004.

[32] 宋献中. 合约理论与财务行为分析 [M]. 广州: 广东人民出版社, 2000.

[33] 汤业国. 中西方企业财务管理比较研究 [M]. 北京: 中国人民大学出版社, 1998.

[34] 唐曼萍. 国有企业高级管理人员财务行为研究 [D]. 西南财经大学博士学位论文, 2010.

[35] 汪平. 财务理论 [M]. 北京: 经济管理出版社, 2003.

[36] 汪群. 谈行为财务理论的发展及应用 [J]. 特区经济, 2007 (10).

[37] 王化成, 李志华, 卿小权, 于悦, 张伟华. 中国财务管理理论研究的历史沿革与未来展望——《会计研究》三十年中刊载的财务理论文献述评 [J]. 会计研究, 2010 (12).

[38] 王化成. 现代西方财务管理 [M]. 北京: 人民邮电出版社, 1993.

[39] 王庆成, 李相国, 顾志晟. 工业企业财务管理 [M]. 北京: 中国人民大学出版社, 1981.

[40] 王庆成, 李相国, 顾志晟. 建立和完善新的财务管理学 [J]. 中国人民大学学报, 1988 (2).

[41] 王庆成. 财务管理目标的思考 [J]. 会计研究, 1999 (10): 32-36.

[42] 王庆成. 关于经济核算的几个理论问题 [J]. 财政研究, 1981 (4): 32-39.

[43] 魏明海. 公司财务理论研究的新视角 [J]. 会计研究, 2003 (2): 53-57.

[44] 吴水澎等. 财务管理的理论与方法 [M]. 成都: 西南财经大学出版社, 1989.

[45] 伍中信. 现代公司财务治理理论的形成与发展 [J]. 会计研究, 2005 (10).

[46] 夏乐书. 国际财务管理 [M]. 北京: 中国财政经济出版社, 1990.

[47] 向显湖. 人力资本财务论——基于企业主体的一个基本框架 [D]. 西南财经大学博士学位论文, 2006.

[48] 邢宗江, 刘凤钦, 顾志晟. 工业企业财务 [M]. 北京: 中国财政经济出版社, 1964.

[49] 许廷星, 谭本源, 刘邦驰. 财政学原论 [M]. 重庆: 重庆大学出版社, 1986.

[50] 许廷星. 关于财政学的对象问题 [M]. 重庆: 重庆人民出版社, 1957.

[51] 许毅. 关于经济核算的几个问题 [J]. 经济研究, 1958 (4): 62-74.

[52] 杨纪琬, 阎达五. 开展我国会计理论研究的几点意见 [J]. 会计研究, 1980 (1).

[53] 杨淑娥. 财务管理学研究 [M]. 北京: 经济科学出版社, 2008.

[54] 杨树滋. 工业企业财务管理 [M]. 北京: 机械工业出版社, 1981.

[55] 衣龙新. 公司财务治理理论 [M]. 北京: 清华大学出版社, 2005.

[56] 余绪缨. 工业企业财务管理 [M]. 北京: 中国财政经济出版社, 1979.

[57] 余绪缨. 关于建立适应我国社会主义现代化需要的会计学科体系 [J]. 会计研究, 1982 (2).

[58] 余绪缨. 企业理财学 [M]. 沈阳: 辽宁人民出版社, 1995.

[59] 袁业虎. 我国财务理论研究的发展及其内在逻辑缺陷分析 [J]. 财会通讯 (学术版), 2008 (5).

[60] 袁永福. 论公司财务理论结构 [D]. 西南财经大学硕士学位论文, 2000.

[61] 张敦力. 风险基础财务管理研究 [M]. 北京: 中国财政经济出版社, 2002.

[62] 张多蕾, 孟华婷. 行为财务理论发展历程评述 [J]. 广东财经职业学院学报, 2007 (8).

[63] 张国干. 试论社会主义国营生产企业财务的本质与职能 [J]. 财经论丛, 1979 (3、4合刊).

[64] 张先治, 姜英兵, 袁克利, 耿云江. 财务学理论与实务前沿问题探讨 [J]. 会计研究, 2006 (12):

88-90.

[65] 张先治, 晏超, 王兆楠. 当代西方财务金融学研究的范畴与主题——基于国际财务金融期刊的文献研究 [J]. 财务研究, 2016 (1): 18-28.

[66] 赵德武. 财务经济行为与效率分析 [D]. 西南财经大学博士学位论文, 1998.

[67] 赵玉民. 试论社会主义企业财务的实质和财务管理的作用 [J]. 财会参考资料, 1980 (3).

[68] 中国工业科技管理大连培训中心. 财务管理 [M]. 北京: 企业管理出版社, 1981.

[69] 中国工业科技管理大连培训中心. 高级财务 [M]. 北京: 企业管理出版社, 1983.

第二章　企业资源与财务战略

第一节　研究背景

乐视的"远大抱负"与"资金断链"是经济高速增长的国家中众多"冲动"企业的一个缩影。2017年4月20日，一向被视为乐视集团"根基"的乐视网发布2016年年报，其归属于上市公司股东的净利润出现自2008年来的首次下滑。2008年到2015年，乐视网归属于上市公司股东的净利润每年同比增长率均在31%以上。乐视网的"成功"导致乐视欲望膨胀，先后涉足内容、大屏、手机、体育、互联网及云、汽车、互联网金融七大子生态，除了内容和大屏等发展较为成熟外，其余子生态无一能够迅速造血。一系列子生态业务因"烧钱"引发的资金压力在2016年同时爆发，2016年11月，一周之内一连串的"坏消息"将"蒙头狂奔"的乐视砸得晕头转向：四个交易日市值蒸发128亿元，股价创13个月新低，与供应商发生150亿元欠款的"罗生门"，迟迟不发货的乐Pro3手机……

乐视钱荒最早出现在手机供应链上，2016年8月被曝出现资金问题，波及的供应商及代理商数十家，涉及货款金额数十亿元。其后不断被曝出"乐视欠供应商一百多亿"、"缓发员工工资"、"资金链断了"等传闻。新浪科技2017年3月2日报道，乐视体育拖欠实习生及正式员工出差报销费用，正式员工拖欠得更多，有人被拖欠好几万。

乐视汽车是乐视面向未来，倾力打造的一个生态板块。但乐视汽车目前距离产品量产上市仍然遥遥无期，烧钱是必须的，而且是一个无底洞。乐视汽车可谓从一开始就闹起了钱荒。乐视体育近两年处于快速扩张状态，近期其又计划以超过33亿元的价格收购中体产业约22%的股份，但扩张背后的盈利能力仍遭质疑。相关数据显示，截至2015年11月，乐视体育总计资产52亿元，当期营业收入2.91亿元，但是亏损幅度也超过了5亿元。由于资金问题，亚足联终止与乐视体育的合同，随后乐视体育又放弃了中超独家版权。

做得稍微像样一点的是电视，但电视是一个利润微薄如纸的行业，电视所创造的微薄利润,对庞大的乐视生态来说,无异于杯水车薪,难解其对资金的渴望。与不能赚钱相呼应,在所谓生态布局上,乐视一掷千金,不断地"买买买",从电视到手机,从国内到国外,2016 年 7 月,乐视甚至以 20 亿美元买下北美第二大电视厂商 Vizio。据相关统计,2016 年 1 月至 9 月,乐视投资现金流为 -72.57 亿元。在 2015 年同期,这个数字为 -21.10 亿元,2016 年多出了三倍不止。在 IT 资深分析人士看来,目前乐视融资的手段和资本已经所剩无几,各子生态不稳定,都在其各自产业中面临强劲的挑战,而且缺钱的现状还在持续,并可能触碰多米诺骨牌。

乐视可谓负面消息缠身:①融资受阻。据深交所信息显示,乐视网 2016 年公开发行公司债项目的审核工作处于"中止"状态。②曾声称要"风雨同舟"的原二股东鑫根投资在二级市场上大举抛出 1909 万股,成交价为 33.47 元/股,总价达 6.39 亿元。③国际化战略被疑败北。印度媒体《经济时报》2017 年 3 月 3 日报道,乐视印度公司将裁员 85%,或退出印度市场;乐视收购 Vizio 的计划也因"监管问题"而终结,而大量的裁员也让乐视美国的法律、金融、销售等团队工作难以开展;终止了与俄罗斯远东发展基金的合作,其打造一个专门向中国销售俄罗斯食品的电子商务平台 LeLive 也随之搁浅。④乐视销量目标"打脸"闹剧。2017 年 2 月 28 日乐视新品发布会,发布了三款乐视超级电视新品,号称开启"中国电视行业的大屏运营元年",宣布 2017 年"大屏智能终端硬件销量保 700 万台,争 800 万台"。发布会刚结束,乐视网火速公告更正:以上销量目标的实现,需依据公司经营情况、业务推广情况综合而定,具有不确定性,存在根据发展需要对计划、目标进行相应调整的可能。⑤金融被批违规。媒体报道称其旗下产品"疯狂吸金,由于信批不透明,资金流向疑点重重,拆标、期限错配情况严重,涉嫌'变相自融'、资金池等多项违规,并且暗藏关联交易风险"。

"一点开花"后便"四面出击",最后因"战线"太长,要么收缩,要么死亡,似乎是不少企业成长中难以跳出的"魔咒"。背后的原因是什么?企业股东和高管从中能够吸取哪些经验与教训?

古人云"量力而行",但现行企业很难做到这一点,要么摊子铺得过大,无"力"继续,要么裹足不前,有"力"无处使,最终都将失败。此处的"力"对企业来说就是"财力"与"能力"的结合,前者是现有的力,后者是潜在的力,可以概括为"资源"。"行"可以理解为"战略"及其落实的"行动"。为什么不少企业总是与最初的设想相去甚远?最大的可能就是最初的设想超过了自己拥有资源的承载力,或者对自己拥有的资源未能充分发掘。企业是营利性组织,其财务战略是整体战略的核心,是整体战略最直观、最根本的表现。

因此,客观评估企业拥有的资源,并根据资源评估结果制定相应的财务战略,对企业可持续发展具有重要的意义。

第二节 基本概念

一、资源

资源（Resource）指一个国家、地区或组织内拥有的各种要素的总称。资源唯一的特征就是具有使用价值，凡是具有使用价值的"物"都可以称为资源。由于人类对"物"的使用价值与价值的认识和利用是一个循序渐进的过程，因此，资源概念的内涵也在不断的演进过程中。人类对资源的认识、开发和利用水平是划分人类文明层次的重要标志。现实世界把材料、能源、信息视为三项可供利用的宝贵资源，资源也被称为一切可被人类开发和利用的物质、能量和信息的总称。资源的数量和质量决定着人类享有的物质财富与精神财富的数量和质量。

（一）资源最常见的分类为自然资源和社会资源

《辞海》对自然资源的定义为：天然存在的自然物（不包括人类加工制造的原材料）并有利用价值的自然物，如土地、矿藏、水力、生物、气候、海洋等资源，是生产的原料来源和布局场所。联合国环境规划署的定义为：在一定的时间和技术条件下，能够产生经济价值，提高人类当前和未来福利的自然环境因素的总称。

从资源的再生性角度，自然资源可划分为可循环利用资源、非再生资源和可更新资源。

可循环利用资源指可以重新产生的资源，如太阳能、空气、风力。非再生资源（或耗竭性资源）指储量有限且不可更新的资源，如矿产资源、矿物能源。可更新资源指人类利用得当可以不断循环利用的资源，如土壤资源、生物资源、水资源。

社会经济资源又称社会人文资源，是直接或间接对生产发生作用的社会经济因素。社会资源主要包括人力资源、技术资源、信息资源和物质财富资源。

具体分类见图 2-1。

（二）按资源状况可分为现实资源、潜在资源和废物资源

现实资源即已经被认识和开发的资源；潜在资源即尚未被认识，或虽已认识却因技术等条件不具备还不能被开发利用的资源；废物资源即传统被认为是废物，而由于科学技术的使用，又使其转化为可被开发利用的资源。

（三）按资源利用的可控性程度可分为专有资源和共享资源

专有资源指专属于一个组织的资源，如国家控制、管辖内的资源；共享资源指由全人类共同享用的资源，如公海、太空、信息资源等。

（四）按拥有者划分，可分为国际组织资源、国家资源、企业资源、私人资源

二、企业资源

企业资源是企业所控制或拥有的要素的总和。企业资源能否为企业带来价值取决于可

交易程度与专门程度。随着对企业认识的不断加深,企业资源的范围也在不断扩大,计划经济时代的企业资源简称为"人、财、物",现代企业理论认为企业资源一般包括有形资产、无形资产、人力资源与组织能力三大类,也可以合并称为有形资源和无形资源。

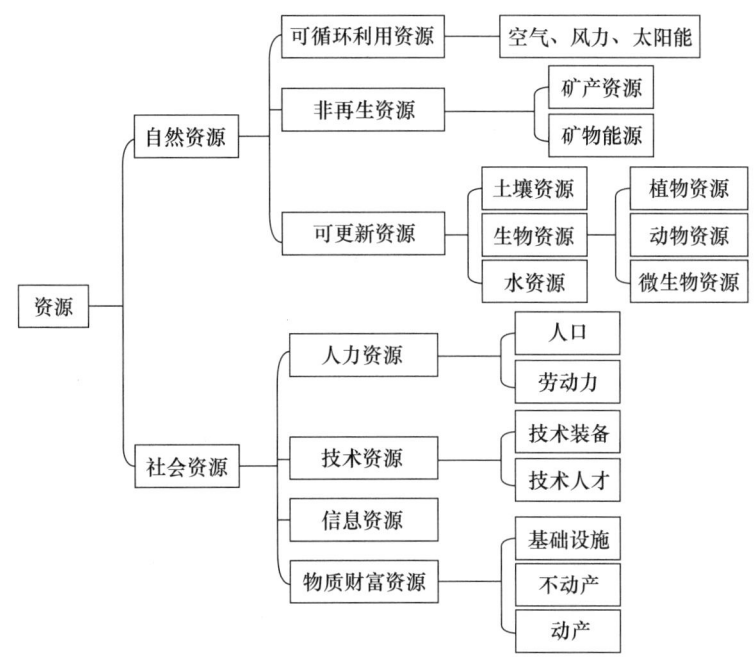

图 2-1 资源种类

(一) 有形资源

有形资源主要是指财务资源和实物资源,它们是企业经营管理活动的基础,一般可以通过会计方式计算其价值。

1. 财务资源

财务资源是企业物质要素和非物质要素的货币体现,具体表现为已经发生的能用会计方式记录在账的、能以货币计量的各种经济资源,包括资金、债权和其他权利。既包括静态规模的大小,也包括动态周转状况,在一定程度上还包括企业获取和驾驭这些资源要素的能力和水平。反映企业财务资源状况的工具就是企业的一系列财务报表。在企业财务资源系统中,最主要的资源是资金。财力资源是企业业务能力的经济基础,也是其他资源形成和发展的基础条件。

2. 实物资源

实物资源主要是指在使用过程中具有物质形态的固定资产,包括工厂车间、机器设备、工具器具、生产资料、土地、房屋等各种企业财产。由于大多数固定资产的单位价值较大、使用年限较长、物质形态较强、流动能力较差,其价值大多显示出边际收益递减规律的一般特性(当然也有一些固定资产即使在折旧完毕之后仍然具有使用价值和价值,其至会增值,如繁华地段的商业店铺等)。在传统工业中,固定资产是企业资源系统的重要组成部分,它是衡量一个企业实力大小的重要标志。

(二) 无形资源

无形资源主要包括时空资源、技术资源、信息资源、品牌资源、文化资源和管理资源等。相对于有形资源来说,无形资源似乎没有明显的物质载体而看似无形,但它们却成为支撑企业发展的基础,能够为企业带来无可比拟的优势。

1. 时空资源

时空资源是指企业在市场上可以利用的,作为公共资源的经济时间和经济空间。时间资源(经济时间)是指人类劳动直接或间接开发和利用的自然时间或日历时间。空间资源(经济空间)是指人类劳动直接改造和利用的、承接现实经济要素运行的自然空间。"时间就是金钱"、"天时不如地利"等格言,分别说明了时间资源和空间资源的重要性。

2. 技术资源

广义的技术资源包括形成产品的直接技术和间接技术以及生产工艺技术、设备维修技术、财务管理技术、生产经营的管理技能。此外,技术资源还应包括市场活动的技能、信息收集和分析技术、市场营销方法、策划技能以及谈判推销技能等市场发展的技术。技术资源是决定企业业务成果的重要因素,其效力发挥依托于一定水平的财力和物力资源。

3. 信息资源

信息资源是指客观世界和主观世界的一切事物的运动状态和变化方式及其内在含义和效用价值。企业的信息资源由企业内部和外部各种与企业经营有关的情报资料构成。信息资源在企业的资源结构中起着支持和参照作用,具有普遍性、共享性、增值性、可处理性和多效用性等特征,"知己知彼,百战不殆"就是运用信息资源使整体资源增值的最好诠释。

4. 品牌资源

品牌资源就是由一系列表明企业或企业产品身份的无形因素所组成的资源。品牌资源又可细分为产品品牌、服务品牌和企业品牌三类。品牌资源尤其是成为驰名商标的品牌(又称名牌)对企业经营成败至关重要,名牌对企业维系顾客忠诚、开拓新市场、推广新的产品等方面具有无可比拟的优势。

5. 文化资源

文化资源是由企业形象、企业声誉、企业凝聚力、组织士气、管理风格等一系列具有文化特征的无形因素构成的一项重要资源。与有形资源相比,其缺乏直接的数量化特征,没有一个客观数据基础,以一系列社会形象或文化形象的形式存在于评价者心中,与其载体密不可分,文化资源的形成与发展是其他资源效力发挥的累积结果,可以迁移到被兼并或被控股的公司和新成立的企业中,企业形象、品牌信誉等还可以从原来产品转移到新产品中。

6. 管理资源

管理是对企业资源进行有效整合以达到企业既定目标与责任的动态创造性活动,它是企业众多资源效力发挥的整合剂，其本身也是企业一项非常重要的资源要素，直接影响乃至决定着企业资源整体效力发挥的水平。管理资源应包括企业管理制度、组织机构、企业管理策略。

7. 人力资源

人力资源是指存在于企业组织系统内部和可利用的外部人员的总和，包括这些人的体力、智力、人际关系、心理特征及其知识经验的总汇。人力资源表现为一定的物质存在——人员的数量，同时更重要的是表现为这些员工内在的体力、智力、人际关系、知识经验和心理特征等无形物质。所以，人力资源是有形与无形的统一资源。它是企业资源结构中最重要的关键资源，是企业技术资源和信息资源的载体，是其他资源的操作者，决定着所有资源效力的发挥水平。

8. 市场资源

市场资源是指那些不为企业拥有或控制的，但是在市场中存在，而且由于企业强大的竞争实力、独特的经营策略技巧和广泛的关系网络而可以为自己所用的资源。在现代经济中，凡是具有经济效益和功能的市场交易都有价值，一般来说，市场资源主要有下列几种：

（1）关系资源。指企业因为与顾客、政府、社区、金融机构等个人或组织之间良好的关系而获得的可以利用的存在于企业外部的资源，这其中特别应该受到重视的是客户关系资源。企业与客户经长期良好的合作而建立起顾客忠诚，这样客户就成为企业经营中获取强大竞争优势的一项重要资源。

（2）杠杆资源。指虽然不属于企业所有，但是企业可以通过OEM生产、特许经营、加盟连锁、虚拟经营等方式为我所用的资源。OEM生产、特许经营、加盟连锁等方式往往可以以较少的投入撬动较多资源为自己的经营服务，这种资源的利用方式与物理学上的杠杆原理非常相似。

（3）社会资源。主要指社会中可供自己利用的，能为企业自身带来优势或经营帮助的事件或人物，特别是现实社会中的名人、名物和各种有影响的事件。现实经营中，许多企业不惜重金聘请各种名人为自己题字或者做宣传活动，就是利用社会资源的典型例子。

（4）历史文化资源。是指各种历史名人、历史故事和文化传说等广泛存在于社会之中的文化资源。这其中的关键是要先人一步发掘和加以运用。有时候，历史文化资源就是由企业自身所杜撰出来的一些具有一定正面影响的神话文学故事等。

（5）其他市场资源。是除了以上所涉及的可以为企业利用，并形成一定竞争优势或者为企业带来支持、帮助和利益的各种物质或精神形态的东西。所谓机会无处不在，关键是要看经营者眼界的宽广和策略的高低。企业经营也是一样，只要善于开动脑筋，那么许多看上去原本毫无价值的东西也可以为我所用，比如垃圾，在废品收购公司也可以变废为宝。

此外，企业的资源也可以分为外部资源和内部资源。企业的内部资源可分为人力资源、财物力资源、信息资源、技术资源、管理资源、可控市场资源、内部环境资源，外部资源可分为行业资源、产业资源、市场资源、外部环境资源。

三、企业战略

战略就是全局的计划和策略。中国古代常称战略为谋、猷、韬略、方略、兵略等，英语中与"战略"相对应的词 strategy，源于希腊语 strategos，原意是"将兵术"或"将道"。由此可见战略最初是军事用语，后被各个领域所借用。战略主要研究的内容：形势与力量评估；目标设定；方针、任务、方向、阶段和主要实现形式的确定；资源组织与关系协调；实施；阶段评估；改进与完善。战略和战役、战术是全局和局部的关系，项目具有战役特征，部门与具体技术是战术。战略具有全局性、阶级性、对抗性、预见性和谋略性特性。战略的基本类型是进攻战略和防御战略。

战略与规划：都具有全局性、长远性、前瞻性等特点。但战略强调的是思想与思路，规划是在既定的战略指导下形成的；在形成的时序上，战略先于规划；在具体内容上，战略又"软"于规划。战略重心是设计"系统"生存与发展的"计谋和策略"，内容的表述一般比较原则、比较抽象；规划重心在于设计"系统"生存与发展的"蓝图、途径和进程"，内容表述上一般应该比较具体、实际，具有更大的可操作性。

规划与计划：计划是规划在一定时间内，特别是近期（如年度）内更具体、更详细的安排，更应该具有实际的可操作性。

计划与预算：数字化的计划就是预算。

企业战略（Enterprise Strategy）是对企业竞争整体性、长期性、基本性问题的计谋或谋略。一般细分为营销战略、发展战略、品牌战略、融资战略、技术开发战略、人才开发战略、资源开发战略，等等。

（一）影响企业战略的因素

1. 愿景规划

使命、核心价值观和愿景是愿景规划的三个组成部分，也是一个企业存在时最核心的部分。在战略规划的过程中，使命和愿景始终指引着战略制定的方向和要求，而核心价值观引导着战略的思考方式以及执行策略。

2. 外部环境

这个外部环境，包括了宏观环境和产业环境。所谓宏观环境主要是看区域的经济状况以及每个经济周期的经济状况。产业环境则可以借鉴波特的五力模型，即供应商、客户、竞争者、替代者以及潜在的竞争者。

3. 内部因素

影响企业战略的内部因素包括两个方面：第一是哈默尔和普拉哈拉德所推崇的所谓企业核心竞争力。第二是企业文化，企业文化对公司战略的影响主要包括以下几点：决策风格，阻止战略的转变，克服对战略改变的阻碍，主导价值观，文化冲突。

（二）企业战略的三种状态

战略形态是指企业采取的战略方式及战略对策，按表现形式可以分为拓展型、稳健型、收缩型三种形态，如图 2-2 所示。

1. 拓展型战略

拓展型战略是指采用积极进攻态度的战略形态，主要适合行业龙头企业、有发展后劲的企业及新兴行业中的企业选择。具体的战略形式包括市场渗透战略、多元化经营战略、联合经营战略。

（1）市场渗透战略。实现市场逐步扩张的拓展战略，通过扩大生产规模、提高生产能力、增加产品功能、改进产品用途、拓宽销售渠道、开发新市场、降低产品成本、集中资源优势等单一策略或组合策略来开展。其战略核心体现在两个方面：利用现有产品开辟新市场实现渗透、向现有市场提供新产品实现渗透，也称为"经营战略"、"业务战略"或"直接竞争战略"。市场渗透战略一般包括三个子战略：第一，成本领先战略。通过加强成本控制，使企业总体经营成本处于行业最低水平。第二，差异化战略。采取有别于竞争对手的经营特色，如产品、品牌、服务方式、发展策略等方面。第三，集中化战略。通过集中资源形成专业化优势，服务专业市场或立足某一区域市场等。

（2）多元化经营战略。指一个企业同时经营两个或两个以上行业的拓展战略，又可称"多行业经营"。多元化经营战略适合大中型企业选择，该战略能充分利用企业的经营资源，提高闲置资产的利用率，通过扩大经营范围，缓解竞争压力，降低经营成本，分散经营风险，增强综合竞争优势，加快集团化进程。但实施多元化战略应考虑选择行业的关联性、企业控制力及跨行业投资风险。多元化经营战略包括：第一，同心多元化战略。利用原有技术及优势资源，面对新市场、新顾客增加新业务实现的多元化经营。第二，水平多元化战略。针对现有市场和顾客，采用新技术增加新业务实现的多元化经营。第三，综合多元化战略。直接利用新技术进入新市场实现的多元化经营。

（3）联合经营战略。指两个或两个以上独立的经营实体横向联合成立一个经营实体或企业集团的拓展战略。目的是实现企业资源的有效组合与合理调配，增加经营资本规模，实现优势互补，增强集合竞争力，加快拓展速度，促进规模化经济的发展。在工业发达的西方国家，联合经营主要是采取控股的形式组建成立企业集团；在我国，联合经营主要是采用兼并、合并、控股、参股等形式，通过横向联合组建成立企业联盟体。联合经营战略一般包括四个子战略：

第一，一体化战略。由若干关联单位组合在一起形成的经营联合体，主要包括垂直一体化（生产商同供应商、销售商串联）、前向一体化（生产企业同销售商联合）、后向一体化（生产商同原料供应商联合）、横向一体化（同行业企业之间的联合）。该战略的优点是通过关联企业的紧密联合，可实现资源共享、降低综合成本。其缺点是管理幅度加大，不利于资源调配与利益关系的协调。

第二，企业集团战略。由若干个具独立法人地位的企业以多种形式组成的经济联合组织。组织结构层次分为集团核心企业（具母公司性质的集团公司）、紧密层（由集团公司控股的子公司组成）、半紧密层（由集团公司参股企业组成）、松散层（由承认集团章程并保持稳定协作关系的企业组成）。紧密层、半紧密层同集团公司的关系以资本为纽带，而松散层同集团公司的关系是以契约为纽带。集团公司同紧密层组合就可以构成企业集团,集团公司与企业集团的区别在于:集团公司是法人,企业集团是法人联合体,不具法人资格。集团公司内部各成分属紧密联合,企业集团各成分属多层次联合。

第三,企业合并战略。指参与企业通过所有权与经营权同时有偿转移,实现资产、公共关系、经营活动的统一,共同建立一个新法人资格的联合形式。采取合并战略,能优化资源结构,实现优势互补,扩大经营规模,但同时也容易吸纳不良资产,增加合并风险。

第四,企业兼并战略。指企业通过现金购买或股票调换等方式获得另一个企业全部资产或控制权的联合形式。其特点是:被兼并企业放弃法人资格并转让产权,但保留原企业名称成为存续企业。兼并企业获得产权,并承担被兼并企业债权、债务的责任和义务。通过兼并可以整合社会资源,扩大生产规模,快速提高企业产量,但也容易分散企业资源,导致管理失控。

2. 稳健型战略

稳健型战略是采取稳定发展态度的战略形态,主要适合中等及以下规模的企业或经营不景气的大型企业选择。该战略强调保存实力,能有效控制经营风险,但发展速度缓慢,竞争力量弱小。稳健型战略可分为:

(1)无增长战略。维持产量、品牌、形象、地位等水平不变。

(2)微增长战略。竞争水平在原基础上略有增长。

3. 收缩型战略

收缩型战略是采取保守经营态度的战略形态,主要适合处于市场疲软、通货膨胀、产品进入衰退期、管理失控、经营亏损、资金不足、资源匮乏、发展方向模糊的危机企业选择。收缩型战略的优点是通过整合有效资源,优化产业结构,保存有生力量,能减少企业亏损,延续企业生命,并能通过集中资源优势,加强内部改制,以图新的发展。其缺点是容易荒废企业部分有效资源,影响企业声誉,导致士气低落,造成人才流失,威胁企业生存。调整经营思路、推行系统管理、精简组织机构、优化产业结构、盘活积压资金、压缩不必要开支是该战略需要把握的重点。收缩型战略分为:

(1)转移战略。通过改变经营计划、调整经营部署,转移市场区域(主要是从大市场转移到小市场)或行业领域(从高技术含量向低技术含量的领域转移)。

(2)撤退战略。通过削减支出、降低产量,退出或放弃部分地域或市场渠道。

(3)清算战略。通过出售或转让企业部分或全部资产以偿还债务或停止经营活动。

四、财务战略

财务战略(Financial Strategy)一般只用于营利性组织,即企业财务战略(Enterprise Financial Strategy)。

(一)企业财务战略的内涵

现有国内对企业财务战略的理解都是狭义的,关注企业资金均衡有效的流动,想通过对企业资金流动进行全局性、长期性与创造性的谋划,最终实现企业总体战略。似乎只要能保证资金的流动就没有财务的其他事了,企业盈利依靠的是财务外的工作,这显然是对财务工作的轻视。这种定义仅关注企业资金的安全性,并不关注盈利性。

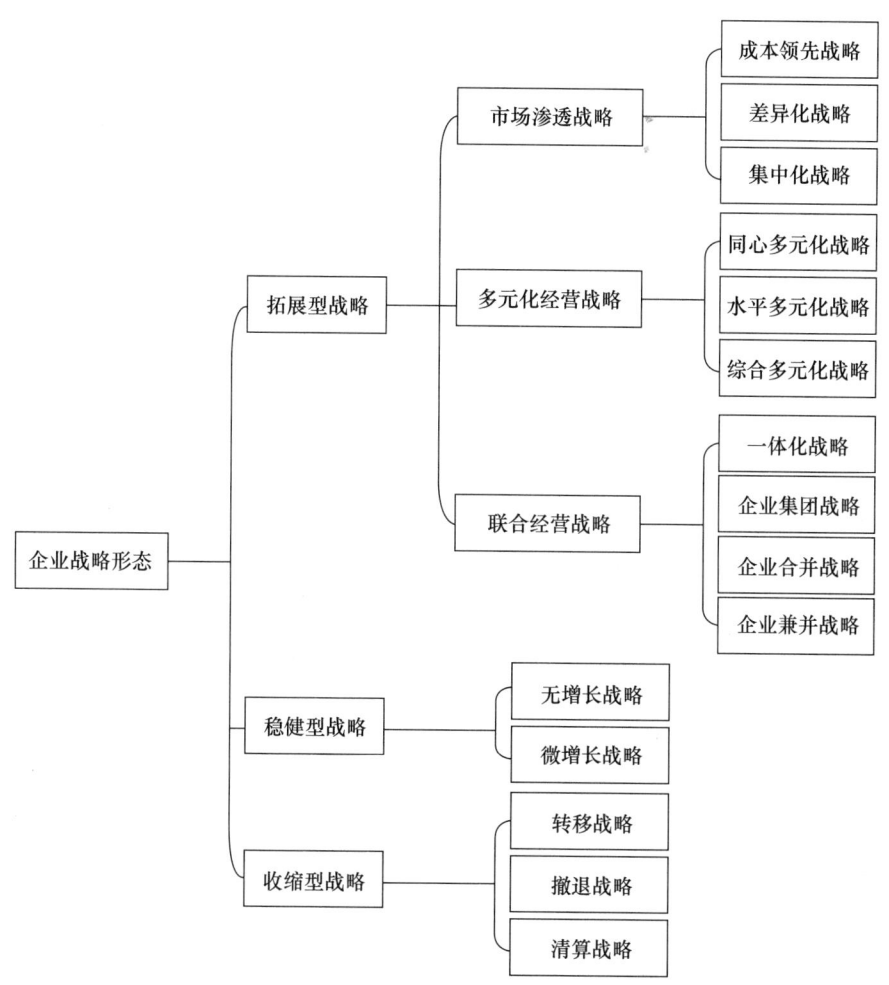

图 2-2 企业战略形态

国外对企业财务战略的理解也主要集中于筹资、投资和分配等传统财务研究领域。如 Harrison、John 将财务战略定义为企业为配合其发展与竞争战略的实施而提供的资本结构与资金计划;Pearce、Robinson 认为财务战略是企业通过采用最适当的方式筹集资金,并且有效管理这些所筹集资金的使用,包括企业所创盈利再投资或分配政策。

理论界对财务战略的目的、范畴、依据等问题的认识还存在分歧。

企业财务战略就是企业资金或资源配置的全局性长远谋划。

(二) 企业财务战略的特征

1. 财务活动指南

从财务的角度对企业总体发展战略所做的描述,是企业未来财务活动的行动纲领和蓝图，对企业的各项具体财务工作、计划等起着普遍的和权威的指导作用。

2. 稳定性与连续性

制定财务战略不是为了解决企业的眼前问题，而是为了谋求企业未来的长远发展。财务战略一经制定就会对企业未来相当长时间内的财务活动产生重大影响，财务活动的发展方向、目标以及实现目标的基本途径和策略、财务战术决策等都要依据财务战略，不能朝令夕改。

3. 适应性与动态性

由于企业的财务管理环境总是在不断变化，任何企业的财务战略都伴随着风险。财务战略风险的大小，主要取决于财务决策者的知识、经验和判断能力。财务决策者要解决企业外部环境、内部条件和经营目标三者之间的动态平衡问题，根据财务管理环境适当调整财务战略，增强企业对外部环境的适应性。

(三) 企业战略与企业财务战略的关系

1. 财务战略是企业战略的核心

财务战略虽然是企业战略的一个子系统，必须服从和反映企业战略的总体要求，但谋求的是企业资金利用的最优化，为企业战略的顺利实施和圆满完成提供资金支持。资金就是企业的"血液"，影响企业的每一个方面，没有资金保障的任何战略都是苍白的，不能提高资金使用效率的企业战略是没有意义的。

2. 财务战略要解决的问题都是企业的关键问题

财务战略要解决风险与收益的矛盾、收益性与成长性的矛盾、偿债能力与盈利能力的矛盾、生产经营与资本经营的矛盾等，而这些都是以盈利为根本目标的企业的关键问题。

3. 财务战略出问题往往导致企业死亡

"资金固定化"特性，即资金一经投入使用后，其使用方向与规模在较短时间内很难予以调整；企业筹资与投资都直接借助于金融市场，而金融市场复杂至极、变幻无常，这也增加了财务战略制订与实施的复杂性。因此，财务战略对资金配置稍有不慎，就将直接导致企业资金周转不灵或陷入财务危机而很快导致企业破产。

五、企业财务战略基本类型

(一) 按财务职能分类

1. 筹资战略

筹资战略就是根据企业的内外环境的现状与发展趋势，适应企业整体战略与投资战略的要求，对企业的筹资目标、原则、结构、渠道与方式等重大问题进行长期的、系统的谋划。

筹资目标是企业在一定的战略期间所要完成的筹资总任务，是筹资工作的行动指南，它既涵盖了筹资数量的要求，又关注筹资质量；既要筹集企业维持正常生产经营活动及发展所需资金，又要保证稳定的资金来源，增强筹资灵活性，努力降低资金成本与筹资风险，不断增强筹资竞争力。筹资原则是企业筹资应遵循的基本要求，包括低成本原则、稳定性原则、可得性原则、提高竞争力原则等。此外，企业还应根据战略需求不断拓宽融资渠道，对筹资进行合理搭配，采用不同的筹资方式进行最佳组合，以构筑既体现战略要求又适应外部环境变化的筹资战略。

2. 投资战略

投资战略主要解决战略期间投资的目标、原则、规模、方式等重大问题。它把资金投放与企业整体战略紧密结合，并要求企业的资金投放要很好地理解和执行企业战略。一是投资目标，包括：收益性目标，这是企业生存的根本保证；发展性目标，实现可持续发展是企业投资战略的直接目标；公益性目标，这一目标是多数企业所不愿的，但投资成功，有利于企业的长远发展。二是投资原则，主要有：集中性原则，即把有限资金集中投放，这是资金投放的首要原则；准确性原则，即投资要适时适量；权变性原则，即投资要灵活，要随着环境的变化对投资战略作相应的调整，做到主动适应变化，而不可刻板投资；协同性原则，即按合理的比例将资金配置于不同的生产要素上，以获得整体上的收益。在投资战略中还要对投资规模和投资方式做出恰当的安排。

3. 营运战略

营运战略是涉及企业营运资本的战略性筹划。企业重大的营运资本策略、与重要的供应商和客户建立长期商业信用关系等战略性筹划，属于营运战略问题。

4. 收益分配战略

企业收益有广义收益和狭义收益，前者类似"增值"，应在所有利益相关者之间进行分配，称广义收益分配；后者指税后利润，归属股东，在股权至上理论下，股利战略也就成为收益分配战略的重点。

股利战略要解决的主要问题是确定股利战略目标、是否发放股利、发放多少股利以及何时发放股利等重大问题。从战略角度考虑，股利战略目标为：促进公司长远发展；保障股东权益；稳定股价，保证公司股价在较长时间内基本稳定。公司应根据股利战略目标的要求，通过制定恰当的股利政策来确定其是否发放股利、发放多少股利以及何时发放股利等重大方针政策问题。

（二）按综合分类

1. 扩张型财务战略

扩张型财务战略的目的是在一个较短的时间内实现企业资产的迅速增长。资产是企业的"资金运用"，负债和权益是企业的"资金来源"，根据"资金运用＝资金来源"，资产的快速增长必须要有足够的资金来源，即负债和权益之和必须与资产成比例增加。权益增加通常采用增资扩股，包括原股东增资和引进合作伙伴，前者会增加原股东投入，后者会改变股权结构；负债通过发行债券（有资格要求）、贷款、民间融资等增加，都将增加企业的杠杆比重。企业内部挖潜通常是改变资产的结构，留存收益即使尽量增加也不会增加资产的规模，只是防止资产规模减少的手段。需要强调的是，资产规模增加并不一定带来收益的同步增长，相反，不少企业因扩张需要整合，导致收益率下降，有的甚至是绝对收益下降。

因此，实行扩张型财务战略的企业具有高杠杆、收益增长率小于资产增长率等特征。如果短期内不能扭转收益增长率过低问题，快速扩张型财务战略极易导致企业陷入财务危机。

2. 稳健型财务战略

稳健型财务战略一般表现为长期内稳定增长的投资规模，保留部分利润，内部留利与外部筹资相结合。

它的基本哲学理念是"量入为出"，根据企业的经营状况和获利能力，主要采用内源资金发展企业。优点是稳健，优先考虑利润积累，可以避免较重的利息负担，谨慎的举债；缺点是不易抓住发展机遇，企业发展速度慢。其特点是低负债、中收益、中分配。

企业采取稳健型发展财务战略时，关键是能否对现有资源进行优化，提高现有资源的配置效率。

3. 防御型财务战略

防御型财务战略一般表现为保持现有投资规模和投资收益水平，保持或适当调整现有资产负债率和资本结构水平，维持现行的股利政策。

它的基本目的是防止企业财务状况恶化，避免出现财务危机。其特点是低负债、低收益、高分配。

企业采取防御型财务战略时，一般会优先考虑使现金流出最小化和设法加大现金的流入。通常会削减分部、精简机构，以减少不必要的财务成本，盘活存量资产、减少成本开支，整合所有可用的资源，提高企业的市场竞争优势。

4. 收缩型财务战略

收缩型财务战略一般表现为维持或缩小现有投资规模，分发大量股利，减少对外筹资，甚至通过偿债和股份回购归还投资。

（三）按生命周期分类

企业与众多生命体一样具有存续期有限性的特征，在这个存续期内会出现不同的阶段性特征，由此形成了"企业生命周期阶段论"。不同的阶段，其财务战略是不同的。关于企业生命周期的阶段划分有很多分类方式，但"四阶段论"的关注度和认可度最高。

1. 初创期财务战略

企业在初创期的主要目标是摸索、创建一个可行的、有竞争能力的产品—市场战略，并生存下来。在这一阶段，创业者领导大家热情工作，具有活力，创造性和冒险精神强。这时组织系统不完善，没有明确的职责分工，决策基本上是由创业者独立决定，不会有过多的会议要开，有事情大家只是很随意聚在一起商讨，没有会议室也没有正式的会议记录。创业者之间能够团结一致，凝聚力强。这时企业资本实力弱，盈利水平很低，但需要的现金却很多。产品/服务方面有频繁而且重大的创新，但这种创新被淘汰不采用的也快。企业努力寻找市场空隙，并集中资源于所选择的少数几个产品与市场上。这时的企业形象尚未树立。

在企业初创期，大多数公司认为经营风险比财务风险更重要。因此，从总体上看，创

业期企业的财务战略安排应是关注经营风险,尽量降低财务风险。与此相适应,企业在该阶段应采取以下财务战略:

从筹资战略看,企业初创期适宜通过权益资本筹资,建立牢固的财务基础,以保证企业的生存和未来的成长。初创期企业一般不宜采取负债筹资,这是因为:一方面,初创期企业发生财务危机的风险很大,债权人出借资本要以较高的风险溢价为前提条件,从而企业的筹资成本会很高;另一方面,初创期企业一般没有或只有很少的应税收益,利用负债经营不会给企业带来节税效应。而对于权益筹资,由于初创期企业盈利能力较差,投资有完全失败的潜在可能,因此风险投资者在其中起很大作用。风险投资者之所以愿意将资本投资于企业,是因为预期企业盈利能力未来会出现高增长。

从投资战略看,企业初创期适宜采取集中化投资战略,即通过内部获得发展,以开辟自己的根据地市场,争取获得一种优势地位。初创期企业注重的是生存和进行初步的积累,企业没有稳定的市场份额,因此需要开辟市场。通过实施集中战略,主攻某个特定的顾客群,某产品系列的一个细分市场或某一地区市场,重点投资于特定目标,以更高的效率为某一狭窄的战略对象服务,有利于最大限度发挥企业的能力,发挥学习效益,使企业获得稳定的发展。

从收益分配战略看,由于企业初创期的收益较低且不稳定,融资渠道不畅,留存收益是很多企业唯一的资金来源,企业出于稳健考虑需要进行大量积累,因此适宜采取不分配利润的股利政策。

2. 成长期财务战略

在成长期,企业的主要目标是发展壮大和差异化。企业盈利增长得很快,企业规模变大,就需要相关的制度,这时企业开始制定了一些规范的制度;经济增长使领导者看到了希望,从而企业的组织活力、创造性和凝聚力不减;盈利增长使得领导者开始有了新的想法——多元化,为企业的未来发展冒一定的风险。企业的产品线开始加宽,但是往往更侧重在某个细分市场上的产品的系列化,这时还没有跨行业的市场差异化;比较注重产品改进以适应市场的需求而非创造全新的产品;市场开始细分以更好地满足不同顾客群的需求,随着产品和市场的范围越来越宽,利基战略的使用程度变低;决策比较程序化,决策者不冒险也不保守。企业由于差异化可能会面临资金不足的问题,盈利虽然仍不多,但增长很快。企业开始设法树立其自身的形象。

企业在该阶段应采取以下财务战略:

从筹资策略看,由于风险投资者要求在短期内获得因冒险投资成功而带来的高回报,一旦产品成功推向市场,他们就开始着手准备新的风险投资计划。因此,如果企业原始资本中存在风险资本,则企业必须找到其他适宜的外部融资来源将其取代,并为公司下一阶段的发展提供资本储备。在这一时期,经营风险仍然很高,因此财务风险应当很低,这就意味着新的替代资本和增资融入仍应通过权益筹资方式筹集。由于公司的产品已经经受了市场的考验,而且公司经营已相对比较稳定,因此新投资者较之风险投资者承担的风险要低,企业有可能从较广泛的潜在投资群体中搜寻新的权益资本。当然,权益筹资方式也包括提高税后收益的留存比率。如果两种融资途径都不能解决企业发展所需资金,最后可考虑采用负债融资方式。

从投资策略看,企业成长期适宜采取一体化投资战略,即通过企业外部扩张或自身扩展等途径获得发展,以延长企业的价值链或扩大企业的规模,实现企业的规模经济。通过实施一体化战略,企业可以充分利用自己在产品、技术和市场上的优势,根据物资流动的方向,在现有业务基础上不断向深度和广度发展,以获取更多战略利益,实现快速扩张。

从收益分配战略看,企业成长期收益水平有所提高,但现金流量不稳定,同时拥有较多有利可图的投资机会,需要大量资金。为增强筹资能力,企业不宜采取大量支付现金股利的政策,而应采取高比例留存、低股利支付的政策,在支付方式上也宜以股票股利为主导。

3. 成熟期财务战略

在成熟期,企业的目标是巩固和改进已有的地位,延缓衰退期的到来。企业设立完整的组织部门,各种制度得以规范;创业者之间开始产生矛盾,组织系统凝聚力被削弱;做决策也程序化,做决策的时间增长且规避风险;守成思想开始出现,企业创造力和冒险精神减退,组织活力显得不足。盈利水平达到高峰,增长速度很慢或是没有增长;资金足够,出现现金流的闲置,开始对外投资;企业注意力集中在增加利润,提高效率(注重成本控制、销售量的维持)。产品的范围比成长期阶段更宽一些,开始跨行业多元化发展;市场空隙的关注不再重要;开始注重企业联合。企业的形象得以树立。

成熟期企业在该阶段应采取以下财务战略:

从筹资战略看,企业成熟期可采取积极的筹资战略,即采用相对较高的负债率,以有效利用财务杠杆。在企业成熟期,经营风险相应降低,从而使得公司可以承担中等财务风险,同时企业开始出现大量正现金净流量,这些变化使企业开始可以使用负债而不单单使用权益筹资。对成熟期企业而言,只要负债筹资导致的财务风险增加不会产生很高的总体风险,企业保持一个相对合理的资本结构,负债筹资就会为企业带来财务杠杆利益,同时提高权益资本的收益率。

从投资战略看,企业成熟期可采取适度多角化投资战略,即将企业集聚的力量通过各种途径加以释放,以实现企业的持续成长。通过实施多元化战略,企业可以选择进入新的、与原有业务特性存在根本差别的业务活动领域,更多地占领市场和开拓新市场,或避免经营单一的风险,突破生命周期的制约,寻找继续成长的路径。

从收益分配战略看,企业成熟期现金流量充足,筹资能力强,能随时筹集到经营所需资金,资金积累规模较大,具备较强的股利支付能力,而且投资者收益期望强烈,因此适宜采取高股利支付比率的现金股利政策。

4. 衰退期财务战略

在衰退期,主要目标是采用各种手段创新。企业的规章制度虽多但组织矛盾突出;部门之间责任推诿,士气低落;走过场的会议过多;决策极端保守。企业资本虽多但资本负债率高;盈利下降甚至亏损。产品品种虽多但可能亏损严重,由于对市场需求反应迟钝而处于不利的境地。企业主要的工作是应付、处理不断来临的危机,企业形象虽在但已成明日黄花。

第二章　企业资源与财务战略

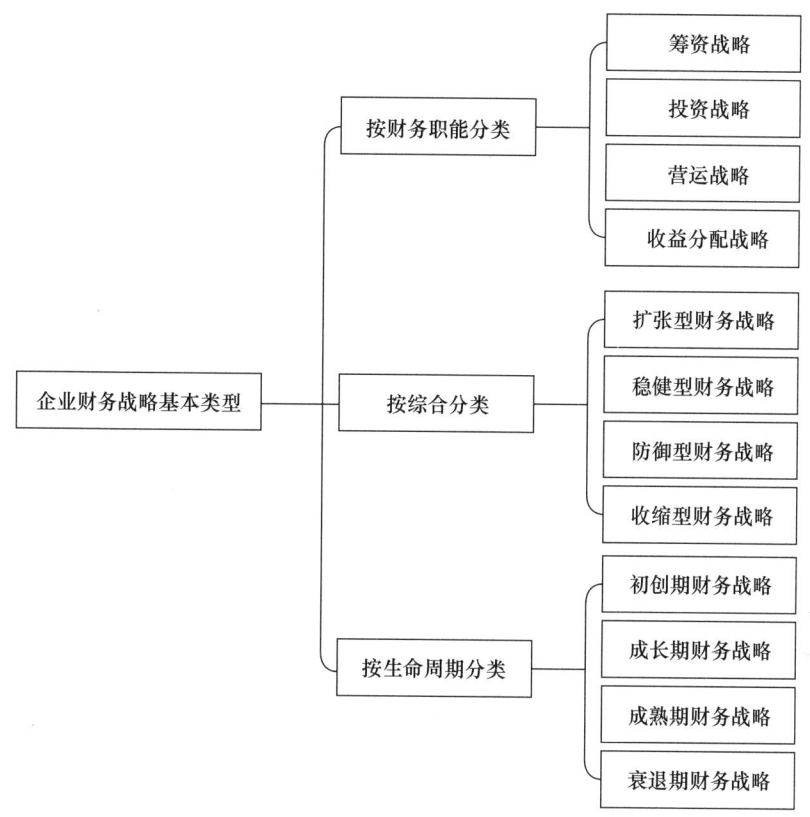

图 2-3　企业财务战略基本类型

衰退期企业应采取保守的财务战略：

从筹资战略看，企业衰退期仍可继续保持较高的负债率，而不必调整其扩张型的资本结构。一方面，衰退期既是企业的夕阳期，也是企业新活力的孕育期。在资本市场相对发达的情况下，如果新进行业的增长性及市场潜力巨大，则理性投资者会甘愿冒险，高负债率即意味着高收益率，如果新进行业并不理想，投资者会对未来投资进行自我判断，因为理性投资者及债权人完全有能力通过对企业未来前景的评价来判断其资产清算价值是否超过其债务面值。因此，这种市场环境为企业采用高负债融资创造了客观条件。另一方面，衰退期的企业具有一定的财务实力，以其现有产业做后盾，高负债筹资战略对企业自身而言是可行的。

从投资战略看，企业衰退期可考虑实施并购重组或退出战略。如果企业在市场中处于较强的竞争地位，则可以考虑通过兼并小的竞争对手来重组行业，直到拥有市场份额的控制权。通过市场控制权，企业可以获得比重组前更多的财务回报。采用这种战略，企业首先要确定某一局部市场在衰退期仍能有稳定的或者下降很慢的需求，而且在该市场中还能获得较高的收益。企业应当在这部分市场中建立起自己的地位，以后再视发展情况考虑下一步的对策。当然，在这种情况下，企业需要进行一定的投资，但必须注意投资成本不能太高。对于那些不盈利而又占用大量资金的业务，企业则可采取剥离或清算等退出战略，以增强在需要进入的新投资领域中的市场竞争力。

从收益分配战略看，一旦开始进入衰退期，企业通常不想扩大投资规模，折旧不会再用来重置固定资产，企业自由现金流量可能超过披露的利润额，因此可以向股东支付很高的股利。这种股利回报既作为对现有股东投资机会的补偿，也作为对其初创期与发展期"高风险—低报酬"的一种补偿。当然，高回报应以不损害企业未来发展所需投资为最高限。

第三节 研究回顾

一、企业资源价值评估研究

现有研究将企业资源分为实物资源、人力资源和社会资本三类。

（一）实物资源价值评估研究

实物资源也称物力资源，是指在使用过程中具有物质形态的资产。企业所需物力资源包括两大类：一类是作为劳动手段，它形成企业的固定资产，包括工厂车间、机器设备、工具器具、生产资料、土地、房屋等各种企业财产。由于大多数固定资产的单位价值较大，使用年限较长、物质形态较强、流动能力较差，其价值大多显示出边际收益递减规律的一般特性。当然也有一些固定资产即使在折旧完毕之后仍然具有使用价值和价值，甚至会增值，如繁华地段的商业店铺等。在传统工业中，固定资产是企业资源系统的重要组成部分，它是衡量一个企业实力大小的重要标志。另一类是作为劳动对象，它形成企业的流动资产。这两类物力资源构成企业的有形资产。

1. 固定资产的价值评估

《国际估价标准》提到固定资产评估方法主要有市场法（Market Approach）、收益法（Income Approach）和成本法（Cost Approach），而在待开发项目估价中，剩余法（Residual Approach）也是一种重要的评估方法。

（1）市场法。

市场法又称比较法，是一种国际通行的估值方法，这种方法通过比较有价格信息的相同或类似资产来进行评估。在进行评估时，通常考虑的因素有物业的位置、交通、配套设施、周围环境景观、建筑物规模、面积、外观、建筑结构、楼层、坐向、物业年龄及维护状况等。对于市场信息比较完备的地区而言，市场法是最简单通用的评估方法，广泛适用于住宅、写字楼、商铺等物业。

（2）收益法。

收益法是通过把资产预期产生的未来现金流折现，转换为现在资本价值，从而估算物业价值的一种方法，包括收入资本法（Income Capitalisation）和现金流量折现法（Discounted Cash Flow）。收入资本法通过利用反映资产风险的资本化率，将某时段内的收益转化为价值进行估值。现金流量折现法则是通过采用贴现率把评估资产未来各时段内生产之净收益转换至现值的一种估值方法。收益法常应用于有收益性的房地产评估项目中，如商场、写字楼、住宅、酒店、出租仓库、出租厂房等有租金收益的物业。在应用现金流量折现法时，常涉及一系列的假设来反映如租金增长率、租期续订、管理费支付、税项扣除、通胀预期等因素对物业价值的影响。这些假设都是该评估方法的可变因素。

（3）成本法。

成本法主要是通过考虑重新建造或设置相同资产的成本与折旧而进行评估的方法。除需计算出建造此全新资产的成本外，还要考虑资产的使用年期、损耗程度的折旧损失。其背后的理念是买家不会用比成本高的价钱购买该资产。成本法除了主要应用于评估厂房及设备外，时常用于房地产评估。对于民营工业企业（特别是当物业处于偏远地区时），或者非标准厂房（如炼钢车间、化工厂房），成本法起着非常重要的作用。

（4）剩余法。

剩余法又称假设开发法，即按照预计估价对象开发完成后的价值，扣除预计的正常开发成本、税费和利润等得到的剩余价值，以此估算估价对象的客观合理价格或价值的方法。剩余法主要用于待开发的土地或者正在发展的项目。

除了国际上通用的价值评估方法之外，国内的一些研究者结合本国国情，对固定资产的评估进行了不少研究。王子林（1992）针对我国当时不完善和不成熟的市场体系，结合国外相关的研究成果，提出了资产评估标准，在一定程度上弥补了国外研究者关于资产评估标准的模糊概念。我国企业运用这一资产评估标准理论，在资产重组进程中取得了较大进展。陈小悦（1998）和茅宁（2000）在固定资产评估的研究中引入实物期权理论，在对实物期权理论体系及其实际应用都进行了分类与总结的基础上，结合具体计算实例，分别运用连续理论模型和离散理论模型对实物期权进行了评估，取得了良好的效果。王少豪（2003）运用期权定价理论，在对租赁资产价值评估的研究中，为完成某一具体实施实例的资产评估工作，在对比几种方法的结果后，通过基于期权定价理论的租赁资产的价值评估模型，得出了较为理想的结果。高佳卿（2003）从期权理论出发，在对传统投资所运用的决策分析方法上进行了深入的解析，找出了其不足之处，并在此基础上构造出一个全部的投资分析模式及体系，具有良好的应用前景。葛文雷（1997）运用模拟评估的方法，根据不确定性的租赁问题，对租赁税后相当成本的概率分布进行了演绎。文葆如（1998）针对不同类型的资产成新率的确定进行研究，提出了稳健可行的评估经营性租赁资产的方法。叶谦（2000）根据B-K期权定价模型，针对某一具体计算实例，修正了后付等额年金的计算模型，使计算出来的租赁设备的价值评估具有一定的实用性，对于类似的资产价值评估也具有良好的指导作用。

随着现代计算方法的完善，一些新的方法也应用于固定资产评估中。陈耀辉（1998）在模糊综合评价的基础上，提出了固定资产评估的熵值这一模糊综合评价模型，并运用这一模糊综合评价模型对某一具体计算实例进行了推算，取得了较好的效果，其主要原因在于这一模型运用模糊概念将影响各评价因素重要程度系数中的人为主观原因降至最低，使资产评估的结果与实际更加接近。干尧根（1991）结合某企业的机械设备资产评估实例，运用模糊综合评判方法对其进行了资产评估，取得了较好的效果。黄家声（1998）采用因素综合计算法来评估老设备在延长使用期内的资产价值，并进行了对比，具有一定的可信度。

2. 流动资产价值评估

流动资产种类繁多、形式多样，根据不同企业的生产经营特点，流动资产评估的方式也不同，在评估过程中要分清主次、分清重点和一般。评估时要考虑评估的时间要求和评估成本，通常把流动资产划分为以下四大类别进行评估：货币资金类、债权类、实物类、其他资产（待摊及递延流动资产）。

如果评估的流动资产在企业持续经营条件下，在承包、租赁、联营等资产业务中不发生产权变动的情况下，采用重置成本标准比较适宜。如果流动资产进入公平市场转移使用，如企业兼并、拍卖、出售资产等，则采用现行市价法较合适。如果要求进入拍卖市场的流动资产快速变现，则须采用清算价格标准。但没有物质实体的债权类资产的价格，只能按变现净值评估。

（二）人力资源价值评估研究

人力资源指能够推动企业发展的劳动者的能力，包括体质、智力、知识和技能四个方面。知识经济时代下，人力资源成为企业动态核心竞争力和持续竞争优势的源泉，对企业的经营效益和发展潜力产生重大影响。信息、技术、文化、声誉和管理等资源属于人力资源范畴。

1. 人力资源价值评估的理论依据

对人力资源进行正确的价值评估就必须了解人力资源的价值所在，这是人力资源价值评估的理论依据。然而中外学者对价值的理解并未达成一致，所以自从对人力资源价值评估进行研究以来，国内外学者基于马克思的劳动价值理论、西方经济学的边际效用价值理论、生产要素分配论这三种主要观点（Slime，1999）提出了多种人力资源价值的评估方法，而这些评估方法并没有具体适用哪一类企业。由于这三种观点从不同的方面对商品的价值问题进行了阐述，一般认为它们共同构建了人力资源价值评估方法的理论依据。

2. 人力资源价值评估方法类别

人力资源价值评估方法按照不同的分类标准可分为不同的类别。

（1）按照计量的尺度来分有货币性评估方法和非货币性评估方法。

货币性评估方法是用货币单位来计量人力资源的价值，例如非购入商誉法、未来工资报酬折现法等，而非货币性评估方法是对那些不能直接用货币单位进行计量的人力资源价值的某些方面用非货币性方法给予反映，例如绩效评估法、专家评分法等。

（2）按照其评估对象的不同，分为群体价值评估方法和个体价值评估方法。

群体价值评估方法有非购入商誉法、经济价值法等，个体价值评估方法有未来工资报酬折现法、随机报酬价值法等，而有的方法既可用于评估群体价值，也可用于个体价值评估。

3. 人力资源价格构成

人力资源价值的货币性评估方法根据人力资源价值的依据不同，把人力资源价值划分为人力资源交换价值、人力资源剩余价值和人力资源使用价值（蔡吉祥，2002）。在此基础上，分别以工资、人力资源所创造的收益、人力资源的工资和人力资源所创造的收益为评估依据，将人力资源价值评估方法分为人力资源交换价值的评估方法、人力资源剩余价值的评估方法和人力资源使用价值的评估方法。

根据人力资源价值评估所要求的详细程度不同，又可以把人力资源的价值划分为个别人力资源价值、群体人力资源价值和某个组织全部人力资源价值。

一般来说，人力资源交换价值评估大多采用个别人力资源价值评估方法；人力资源剩余价值评估大多采用群体人力资源价值评估方法；人力资源使用价值评估大多采用个别人力资源价值评估方法、群体人力资源价值评估方法，或两者综合的评估方法。

4. 人力资源个体价值评估方法

（1）市场价格法。指企业家或经理以目前市场上与受雇企业家的才能相同或相似的人作为参照物来评估企业家价值。但是由于我国目前人才市场尚不成熟，缺乏公开的数据信息，而且资产评估机构的主观随意性大，所以当前市场价格法尚缺乏现实基础。但市场价格法以其直接的评估角度和评估途径、直观的评估过程、直接取材于市场的评估数据以及评估结果说服力强等特点，伴随着开放、透明、积极、高效的人才市场的形成，将会被更为广泛地使用和运用。

（2）收益现值法。指将企业家置身于一个特定的企业，企业家预期留在既定组织内的时间内为该组织创造的一系列未来经济收益的现值，以此确认为企业家价值。企业家创造的未来经济收益可根据企业在持续经营的前提下产生的预期收益，引进分配系数来计算，再对转换系数（α）、企业对企业家的投入资本（HRC_1）、净现金流量（R_t）、折现率（i）、企业家的有效工作年限（n）进行参数修正，这种修正的收益现值评估模型为（陈共荣、廖哲韬、艾志群，2002）：

$$P = \sum_{i=1}^{n} \left[\alpha \frac{HRC_1}{TC} R_t (1+i)^{-t} \right]$$

其中，P 表示企业家价值评估值；α 表示转换系数；HRC_1 表示企业对企业家的投入成本；TC 表示企业的总资本（包括人力资本和非人力资本）；R_t 表示第 t 年的净现金流量；i 表示折现率；n 表示企业家的有效工作年限。

5. 人力资源群体价值方法

人力资源群体指企业整体的人力资源，既包括企业家，也包括企业的全部员工。对人力资源群体价值的评估方法选择不同，其评估结果也各不相同。

（1）历史成本法。指企业取得和使用人力资源所付出的代价，包括企业对人力资源的取得成本和开发成本。历史成本法比较客观，简单易行。但由于投入成本难以量化，且存在低估企业人力资源价值的情况,因此,历史成本法不宜作为评估人力资源价值的科学方法,而企业对人力资源的投入成本只能作为评估参考。

(2)商誉法。商誉法要求企业将超过行业平均水平的利润全部或部分看作人力资源的贡献,作为人力资源价值的基础,这部分超额收益通过资本化程序被确认为企业人力资源群体价值。这种方法的假设前提是:企业商誉是许多因素共同作用的结果。其中,人力资源的质量是一个重要因素,但只有企业获得超额利润,人力资源才具有价值。如果企业的实际利润等于或低于行业平均水平,或者当企业存在负商誉时,人力资源就没有价值或为负值,显然,这是不够科学的。

(3)收益现值法。收益现值法对企业人力资源群体价值进行评估的模型与个体价值评估模型基本一致,所需说明的是群体价值评估模型中参数 HRC 和 n 的含义有所不同。

$$P = \sum_{i=1}^{n} \left[\alpha \frac{HRC}{TC} R_t (1+i)^{-t} \right]$$

其中,HRC 表示企业所有人力资源的投入成本,等于企业对企业家和全体员工的投入成本之和;n 表示企业的经营年限。

6. 人力资源价值的非货币性评估方法

人力资源价值的非货币性评估方法可分为人力资源价值信息库法、人力资源价值技术指标统计法、人力资源价值主观自我评价法、人力资源价值客观评议法等。

(三)社会资本价值评估研究

社会资本指企业在发展过程中逐渐积累的被其他组织或个人信任,并能够利用这种信任关系带来收益的能力。企业往往利用所拥有的各种社会关系,以较低的成本获得相关资源和信息支持,因此以关系网络为纽带的社会交易扮演着重要角色。大量西方文献表明,通过利用社会关系网络,企业能较好地获得资金、市场、信息等外部支持。

企业若想充分利用和发挥社会资本资源的价值创造功能,就必须对企业的社会资本资源做出科学合理的评价。只有清楚地了解自身的社会资本资源,并对其价值创造的贡献程度进行科学、合理的评估,才能充分利用与发挥企业社会资本的作用。

1. 将社会资本视为无形资产

国外学者,如卡普兰(Robert S. Kaplan)和诺顿(David P. Norton)(1992)的平衡计分卡法,爱德文森(1997)领导设计完成的"斯坎迪亚智力资本导航器"(Skandia Navigator),安永会计师事务所(2002)提出的价值创造指数(Value Creation Index,VCI),主要基于价值管理视角对包括企业关系资本在内的无形资产整体对企业的价值贡献进行了评价研究,而没有对企业关系资本资源对企业价值的独特贡献进行研究。我国学者无论从实证方面还是规范方面,多从无形资产总体的角度出发,其研究主要关注无形资产整体对企业价值贡献的评价,同样较少涉及企业关系资本对企业价值的贡献,且评价指标体系的设立主要考核无形资产投入、使用和产出的情况以及无形资产的经济效益情况。

2. 组织的社会资本和企业家的社会资本

企业的关系资源从行动主体的角度可以分为两类:第一,组织的社会资本;第二,企业家的社会资本。其中组织的社会资本可以分为组织的特有关系资本和组织的社会网络资本。组织的特有关系资本指的是企业专有的业务网络，而组织的社会网络资本强调的是企业与各行动主体之间的社会联系。这样一来，我们可以将企业的关系资源（CRC）用公式表示（石军伟、胡立君、付海艳，2007）：

$CRC = f(ESC, OSC, OA)$

其中，ESC 表示企业家的社会资本；OSC 表示组织的社会网络资本；OA 表示组织的特有关系资本。

3. 企业内部关系与企业外部关系

一般而言，我们主要从企业层面研究关系资本，这样一来，无论是企业家的社会资本还是组织特有的关系资本，都可以从企业或组织整体来着手分析，通常可分为两个部分：一是企业内部关系层面，二是企业外部关系层面。

企业内部关系层面中的行为主体是内部组织及人员，与之相对应的企业内部关系网络包括组织关系网络和个人关系网络两种。这种关系网络有助于企业获取需求信息和技术信息，在信息资源的应用与传递等过程中起着重要的影响作用，也是企业获取外部市场知识、技术知识、管理知识的动力。企业内部各种组织利用网络成员的关系信任与关系融洽，不仅可以使应用这些信息资源的费用降低，同时也可以平衡本组织需求，以达到优化企业整体管理的目标。

企业外部关系层面中的行为主体是企业。参考边燕杰和丘海雄（2000）的分析方法，外部关系资本可分为企业的纵向关系资本、横向关系资本和社会关系资本三个维度。企业的纵向关系资本主要包括与供应商、顾客的关系；企业的横向关系资本主要包括企业与其合作伙伴、同业竞争者的关系；企业的社会关系资本主要包括与政府部门、金融机构、大学和科研院所、其他利益相关者方面的关系。

4. 单个关系资本的价值衡量

由于关系资本对企业影响的次数是不确定的，所以，如何准确计量一个企业关系资本的投入量、贡献量和其使用效益等，将是非常有难度的。大多数文献也仅仅是先定性地对关系资本的价值量做出模糊估计，再利用简单的数理、模型估算出关系资本在企业价值创造中的作用。这里我们采用彭星间（2004）的观点，考虑到时间因素对关系资本价值的重要影响，采用现金流量折现法来建立一个简单的模型，用于论证企业为关系资本投资是否具有必要性。

一个企业的单个关系资本的价值衡量（NPV）方法如下：

$$NPV(k) = \sum_{i=1}^{n} \frac{[Ri(Ro,i,v) - Ro(1+r)^i] + [Co(1+r)^i - Ci(Co,i,v)] - Cai(Ro,Co,i,v)}{(1+r)^i}$$

在企业不实施其他经营战略的假设下：

其中，i 表示年数；n 表示企业的存续期限；v 表示关系资本的强度；r 表示企业的资本成本（假设其恒定不变）；Ro 表示企业投资关系资本前一年的全年总收入；Co 表示同一年企业进行生产交易所花费的总成本，并把这一年定为基期；Ri（Ro，i，v）表示企业在建立关系后的第 i 年企业的收入,是与 Ro、i、v 相关的函数;Ci(Co,i,v)表示企业在建立关系后的第 i 年企业进行生产交易所花费的成本,它是与 Co、i、v 相关的函数;Cai(Ro,Co,i,v)表示当年企业为建立、使用关系资本而投入的成本,它是与 Ro、Co、i、v 相关的函数。

当 NPV≥0 时,说明企业与利益相关者建立、维护和发展关系所付出的成本小于实现的收益。NPV 值越大,为企业创造的收益越大,对企业价值的贡献越大,对企业越有利。

当 NPV<0 时,说明企业与利益相关者建立、维护和发展关系所付出的成本大于其实现的收益。NPV 值越小,对企业价值的贡献越小,对企业越不利。此时,企业要么放弃现有的合作伙伴关系,要么需要与利益相关者加强沟通,使企业与利益关系者之间的组织结构、企业文化、战略等因素得到更好的协调,使 NPV 值由负转正。

5. 所有关系资本的价值测量

一个企业的所有关系资本的价值测量:

$$TNPV = \sum_{k=1}^{m} NPV(k)$$

其中,k 表示企业建立的关系资本的个数;m 表示企业所建立的关系资本总数。

根据以上模型我们可以判断企业是否有必要与其相关者建立和发展关系:

当 TNPV≥0 时,说明企业与利益相关者建立、维护和发展关系是有利可图的,可以优化资源配置,提高社会的整体福利。

当 TNPV<0 时,说明企业当前的关系伙伴的配比不利于企业整体价值的提升,企业应减少 NPV<0 的关系伙伴,直至使 TNPV≥0。总之,企业在关系资本经营中应慎重地选择交往伙伴,在满足 TNPV≥0 的情况下,应尽可能保证每个 NPV≥0 并努力使两者最大化。

关系资本是企业的一种软资本,企业及其成员组织或个人作为行为主体,均需要在其所嵌入的关系网络中开发可利用关系资源,但由于社会组织间的"关系"是一种很难准确把握和度量的事情,不像其他物质资本那样具有直观性,也不像企业规章制度那么具有规范性,企业究竟应该如何把握并制定其相应的管理制度成为一个难题。虽然很多学者对其量化进行了试探性的研究探讨,但仍然缺乏具体可操作性。

二、企业财务战略研究

财务战略对企业的重要性不言而喻,但对其系统研究还比较滞后。

(一) 财务战略内涵研究

关于财务战略的内涵,理论界尚无统一的定论。

国外财务管理或者战略管理方面的文献中很少出现"财务战略"一词,通常只是用一定的篇幅论述在做财务决策时应考虑战略因素的影响,或者是讨论战略管理中涉及的财务问题。E. F. Harrison 和 C. H. John (1985) 将财务战略定义为企业为配合其发展与竞争战略的实施而需提供的资本结构与资金计划;J. A. Pearce 和 R. B. Robinson (1988) 认为财务战略是企业通过采用最适当的方式筹集资金,并且有效管理这些所筹集资金的使用,包括企业所创盈利再投资或分配政策；英国学者卢斯·班德在《公司财务战略》中认为，财务战略为"企业通过采用最适当方式筹集资金并且有效管理这些所筹集资金的使用，包括企业所创盈利再投资或分配决策"，企业财务战略就是战略理论企业财务管理方面的应用与延伸。目前国外对"企业财务战略"这个概念还没有形成一个统一的认识。

在国内学者中，刘恩禄、汤谷良（1991）较早进行了企业财务战略的研究，他们认为"所谓企业财务战略就是指企业财务决策者为使企业在较长时期（5年、10年、20年、30年）内生存和发展，在充分估计影响企业长期发展的内外环境中各种因素的基础上，对企业财务所做出的长远规划"。

刘志远教授在其《企业财务战略》一书中将财务战略定义为：为谋求企业资金均衡有效地流动和实现企业战略，为增强企业财务竞争优势，在分析企业内、外部因素对资金流动的影响的基础上，对企业资金流动进行全局性、长期性和创造性的谋划，并确保其执行的过程。陆正飞教授在其《企业发展的财务战略》一书中认为财务战略是"对企业总体的长期发展有重大影响的财务活动的指导思想和原则"。魏明海教授的《财务战略——着重周期性因素影响的分析》重点阐述了周期性因素对财务战略产生的影响，对财务战略的定义是：在企业战略统筹中，以价值分析为基础，以促使企业资金长期均衡有效流转与配置为衡量标准，以维持企业长期盈利能力为目的的战略性思维方式和决策活动。"财务战略主要是指对企业总体的长远发展有重大影响的财务活动的指导思想和原则，但又不完全限于此。一些与财务密切相关但具有多重属性的企业活动的财务指导思想和原则也包含于其中"（阎达五、陆正飞，2000）。

（二）财务战略相关研究

财务战略的研究随着企业战略发展而演进，随着对企业战略的不断重视，财务战略才得以作为企业战略管理的一部分被深入地探索和研究。

1. 国外相关研究

美国学者 Ansoff 教授于 1976 年第一次提出"企业战略管理"概念，西方国家有关战略管理的代表性著作有《探索公司战略》（Johnson Gerry，2002）、《战略管理》（Colin White，2004）、《战略管理》（Gregory G. Dess 和 Alex Miller，1993）、《战略管理》（Graham Hubbard，1997）。译成中文引入我国的主要作品有《战略管理：概念与案例》（Fred R. David 著，清华大学出版社，2001）、《战略管理和商业景致》（Pankaj Ghemawat 著，北京大学出版社，2002）、《战略管理：竞争与全球化（概念）》（迈克尔·A. 希特等著，机械工业出版社，2002）、《战略管理：跨部门互动的方法》（Stephen J. Porth 著，清华大学出版社，2003）、《技术与创新的战略管理》（罗伯特·A. 伯格曼等著，机械工业出版社，2004）、《战略管理：创建竞争优势》（格里高利·G. 戴斯等著，中国财政经济出版社，2004）、《6d 战略管理法：决策层最佳管理实践》（迪克·史密斯等著，清华大学出版社，2004）、《战略管理：概念与案例》（亚瑟·汤姆森等著，北京大学出版社，2004）。

随着现代企业经营环境的重大变化和战略管理的广泛推行，财务管理在企业管理中的地位也提升到了战略高度。Tom Copeland（1990）指出，公司财务和战略伴随公司管理的不断发展,已经在思维和行为上不断融合和发展。西方对财务战略管理的研究成果并不多,著作主要有《财务战略:在股东价值创造、转移中的研究》(William E. Fruhan, 1979)、《经理人的财务战略:成功手段》(James E. Walte, 1990)、《财务战略管理实践:短期行为的解毒剂》(David Allen, 1991)、《公司财务战略》(Ward 和 Keith, 1993)、《财务战略决策:评价和监控企业战略的导向》(David Allen, 1994)、《财务战略管理:用于长期经济成功的管理》(David Allen, 1994)、《探索财务战略管理》(Tony Ground, 1998)、《财务战略:增加股东价值》(Janettte Rutteribord, 1998)、《为增加股东价值的财务战略与决策的制定》(Bierman 和 Harold, 1999)、《财务战略管理》(Babita Mehra, 2002)。

David Allen 是财务战略管理的倡导者。1991 年以前,都是战略管理学者从战略学科的角度提出的有关财务方面的需求与功能,他们在其战略管理的文献中提及或将财务战略管理作为一个子内容进行研究。David Allen 是以会计学者身份进行的财务战略管理研究,可以称其为研究财务战略管理的先驱。尽管其研究的重点集中于会计与财务在战略中功能的区分,以及如何实现由会计向战略财务管理(Strategic Financial Management,SFM)的转变上,但他已经跳出会计与财务的圈子,强调了财务与市场的联系、财务与企业战略的关系等内容。

在财务战略管理的相关著作中,大部分作品只从与财务相关的某一个方面探讨企业价值,而且对财务战略问题的研究主要集中在筹资、投资、分配、并购等传统财务管理领域。可以说,与相对成熟、繁荣的战略管理学科相比,财务战略管理一直是被战略管理学者"遗忘的角落"。

2. 国内相关研究

目前我国很多企业的经理人还停留在经验管理和主观确定战略阶段,对财务战略与公司整体竞争合作战略的关系还体会不深。我国财务学者对财务战略的研究历史不长,成果也不多,以"财务战略"为题的论著很少。

译著主要有《财务战略》(张新民、吴革译,中信出版社,2002)、《公司财务战略》(干胜道、张庆昌、王黎华译,人民邮电出版社,2003)、《风险环境下的企业财务战略简介》(高闯等译,机械工业出版社,2003)。

我国学者的著作主要有《企业财务战略》(刘志远,东北财经大学出版社,1997)、《现代财务战略与决策》(吉全贵,中国轻工业出版社,1997)、《企业发展的财务战略》(陆正飞,东北财经大学出版社,1999)、《财务战略——着重周期性因素影响的分析》(魏明海等著,中国财政经济出版社,2001)、《企业财务战略管理》(周朝琦,经济管理出版社,2001)、《跨国公司财务战略管理》(赵月园,中国财经出版社,2002)、《企业集团财务战略与财务政策》(张延波,经济管理出版社,2003)、《企业财务战略与财务控制》(胡国柳等编著,清华大学出版社,2004)、《民营企业的财务战略》(贾明月,上海三联出版社,2005)、《发展财务战略研究》(王锋,中国经济出版社,2006)。

在 C 刊文献中仅有几篇关于财务战略的论文,在中国全文期刊数据库中的论文也只有 300 篇左右。博士论文以财务战略为研究对象的很少,硕士论文也仅 50 篇左右。

我国有关财务战略的基本概念、基础原理、重要思想、核心内容的确定都有待研究、深化和提升，财务战略的研究进程远远不能适应我国现代企业快速发展的实际需要，特别是在财务战略与具体不同类型企业结合方面的研究还比较少，在财务战略与企业资源匹配方面的研究几乎是空白。

第四节 企业资源三分法

我们将财务战略的内涵理解为：财务战略是谋求企业资源有效运转、提高资源利用效率，促进企业整体战略的实现。企业财务战略具有极强的企业适宜性，对企业拥有的资源具有极强的依赖性。因此，有效的企业财务战略必须建立在科学的企业资源评估的基础上。企业是资源的集合体，也是资源的利用者，判断作为营利组织的企业是否成功的重要标志是其盈利能力，而企业盈利能力的高低取决于其资源利用能力。本书将企业资源分为物质资源、人力资源和关系资源，是一个内涵十分丰富的概念，远远大于财务资源。

一、企业性质决定其拥有资源的种类

企业拥有的资源不是越多越好，关键取决于这些资源是否与企业的性质相匹配。

（一）企业是实现"长期利润"最大化的营利性组织

1. 企业的出现是追求利润的结果

为什么会出现"企业"这种组织形式？从企业历史发展进程和现有关于企业出现原因的理论解释都不难得出：扩大产量以获得更多的收益是企业出现的直接原因。

（1）从历史进程看企业出现的原因。

从历史进程看，自给经济、市场、企业是依序先后出现的。在人类社会发展的早期，由于生产力极端低下，人们不得不为了生存而劳动，有时劳动成果甚至不足以养活自己或家人。此时，每个人的劳动都是同质的，劳动成果、劳动工具、劳动技能、劳动流程、劳动时间等都相同。人们为自身生存而劳动的时期就是学者们所谓的自给经济时期。后来出现了劳动技能的差异，甚至出现了劳动工具和劳动流程的差异，自然产生了劳动成果的差异，从而出现了人类的自然分工。自然分工导致的劳动成果增加诱发了人类的专业分工，专业分工导致不同劳动者之间潜在的互补性增强，意味着贸易收益的存在，出现了交易，也就出现了交易的场所——市场。

市场存在的目的是为了更好地协调劳动，如果不同个体通过市场合作毫无障碍和困难，个体间的合作就可以通过市场进行下去，企业这种组织形式就不会出现。由于市场是自发形成的，此时如果所有个体生产者都按原有的规模进行生产，这种不同个体之间的市场分工合作是可以维持下去的。但总有一些个体生产者出于获得更多剩余物质以改善生活的目的而扩大产量，当劳动者的产量日益增加，他们发现通过市场合作越来越难以形成所需与所供的有效衔接，或者为寻求这种有效衔接的代价太大。其结果必然只有两种选择：

一种是不合作，退回到自给经济；另一种是进一步紧密合作，就得到了所称的企业关系。因此，从企业起源来看，企业的出现是劳动者为了扩大产量的结果，而扩大产量的目的是追求得到更多的剩余物质（收益或利润）。

（2）从企业产生理论看企业出现的原因。

古典企业理论的"分工协作观"的代表是亚当·斯密和马克思。市场是典型的分工协作场所，手工作坊是天然的分工协作地，为什么分工协作就必然会出现企业？分工协作观认为契约成本和监督成本是分工协作的产物。但即使在规模大一点的手工作坊也会存在这两种成本，在一定规模之下，企业和手工作坊的这些成本没有明显的差异。因此，分工协作不能成为企业出现的充足理由。个体生产者之所以选择企业这种组织形式，是因为他们想扩大产能以获得规模经济的收益，用以抵消因规模扩张而引起的契约成本和监督成本的增加。

现代企业理论的"交易成本观"认为，分工生产的任何协调方式，不论是由企业家来协调还是由市场价格的变动来协调，都是要付出成本的，这种成本不同于直接生产成本，因此叫作交易成本。在某些交易中，如当不同个体的期望与市场所能够提供的合作方式存在差异时，就会出现市场协调成本过大。一旦市场协调所需的交易成本大于企业家协调所需的交易成本，企业就产生了。但减少交易费用是企业出现的原因还是结果呢？因为对个体生产者而言，市场交易费用是固定的，为减少交易费用的边际收益不明显，他们不会为了减少交易费用而成立企业，甚至不会考虑到这些成本，但扩大产能带来的收益是可以预见的。

2. 企业的性质是营利性组织

在《企业的性质》出现以前，传统理论把企业当成一个生产单位，称为"企业生产者论"。科斯理论被称为"企业组织者论"，把企业视为协调劳动分工的组织形式。但无论是"企业生产者论"还是"企业组织者论"都不否认企业是营利性组织这个根本属性。

"企业生产者论"习惯将市场看作无摩擦的，当各种资源的替代或交换率等于各自市场价格的比率时，资源的配置就达到了帕累托最优状态。它们把企业看成"黑匣子"，赋予"经济人"含义，使得企业在经济活动中具有完全的理性，并掌握完全的信息，不断追求利润最大化。"企业组织者论"认为市场作为生产组织者是通过价格机制发挥作用的，这种作用机制的成本有时可能会很大。如果一个组织支配资源能够比市场更节约成本，企业这种组织就出现了。

无论是"企业生产者论"还是"企业组织者论"，在对企业的分析方法上都采用了成本收益分析方法，赋予企业利润最大化的目标，使企业反映出应有的效率，体现了企业存续的价值。

3. 企业的目的是追求长期利润最大化

企业的目的不仅是企业管理的首要问题，而且是企业伦理的重要课题。就企业管理而言，企业的目的决定了各种管理决策；就企业伦理而言，企业的目的决定了我们在管理中应当采取什么措施。迄今为止，有关企业目的的论述是多种多样的，最具有代表性的有以下四种。

（1）"利润最大化"说。"利润最大化"目的论受到众多的批评，被认为导致企业唯利是图，造成大量投机和欺诈行为，破坏公平竞争，造成环境污染，降低经济效率。笔者认为企业追求利润最大化并没有错。企业是为追求利润而诞生，其营利性质是区别于其他组织的标志，利润是企业生存和发展的基本条件，所以企业应理直气壮地追求"利润的最大化"。但是，目的并不证明手段的正确，不择手段谋取利润的企业无法长期生存，这里的"利润最大化"应该完善为"长期利润最大化"。

（2）"创造顾客"说。德鲁克提出企业的目的是创造顾客："实际上，企业的宗旨只有一种恰当的定义，那就是创造顾客。"德鲁克的观点对企业管理确实有重要的指导意义，但他对企业目的的阐述是将"目的"和"手段"倒置，创造顾客是企业为了实现盈利目的的手段，因为没有顾客企业就不可能盈利。如果一个组织的目的是为了创造顾客，为什么一定要选择企业这种组织形式呢？为了创造顾客而不顾利润的企业可能长期生存吗？企业与提供社会服务的非营利社会组织有什么边界？德鲁克并没有予以阐述，甚至他也承认"对于任何一家企业，利润是第一项考验，是企业执行各种经济与社会职能的一种保证"。

（3）"社会责任"说。如果企业在赚取利润的过程中，不把自己的经营活动纳入社会这个大系统，就不可能有好的声誉。在充分竞争的市场环境中，没有好的声誉的企业是不可能长久生存的，更谈不上长期盈利。现实中，虽然有企业标榜自己以承担社会责任、追求社会价值最大化为经营目的，但数量太少，并且这样的企业往往具有很高的利润率。

（4）"多元目的"说。该观点认为上述观点都有其合理的一面，也有其不足，企业的目的应该是多元性的。该观点是一种折中思想，力图让企业成为"全能冠军"。事实上，当把一个营利性组织冠以多重目标时，企业将无所适从，不知道自己究竟该做哪些工作，朝什么方向去努力，最终导致碌碌无为，甚至被淘汰出局。这类似于我国的"大政府思维"，认为政府无所不能，其服务无所不包，最终的结果是政府机构日益庞大，但自己该做的本职工作却做不好，还惦记着更多不该自己做的工作，其效果可想而知。

（二）企业资源的属性是创造长期利润

综上所述，企业的目的是实现长期利润最大化。只要以长期利润最大化为目标，就可以克服短期功利行为，企业唯利是图、不择手段之说就失去了生存土壤；创造顾客就是为了追求企业利润的长期最大化；企业更多地承担了相应的社会责任，是为了通过良好的形象创造更多的顾客；企业要实现多重目的的首要条件必须是自己能够很好地生存与发展，这就需要企业有足够的长期利润。

基于以上原因，企业拥有的资源是应当能为其更好地创造利润的资源，凡是不能直接或间接增加企业利润的资源，企业就应当剥离。

企业资源指企业在向社会提供产品或服务的过程中，所拥有、控制或可以利用的、能够帮助企业实现长期利润最大化的各种要素的集合，包括一切能转化为支持、帮助和优势的物质和非物质。由于人类对哪些要素能够给企业带来长期利润，经历了一个循序渐进的认识和认同过程，因此，企业资源概念的内涵也在不断的演进过程中。不同的社会经济阶段，对企业资源的理解不尽相同。计划经济时代把企业资源概括为"人、财、物"，而市场经济条件下的企业资源范围要广泛得多，并且根据不同的需要对企业资源进行分类，形成了众多的企业资源类别。有将企业资源概括为财务资源、实物资源、技术资源和人力资源的集合；有将社会资源和组织资源也纳入企业的资源体系当中。

本书按企业资源是否容易确认和评估分为物质资源、人力资源和关系资源，如图2-4所示。

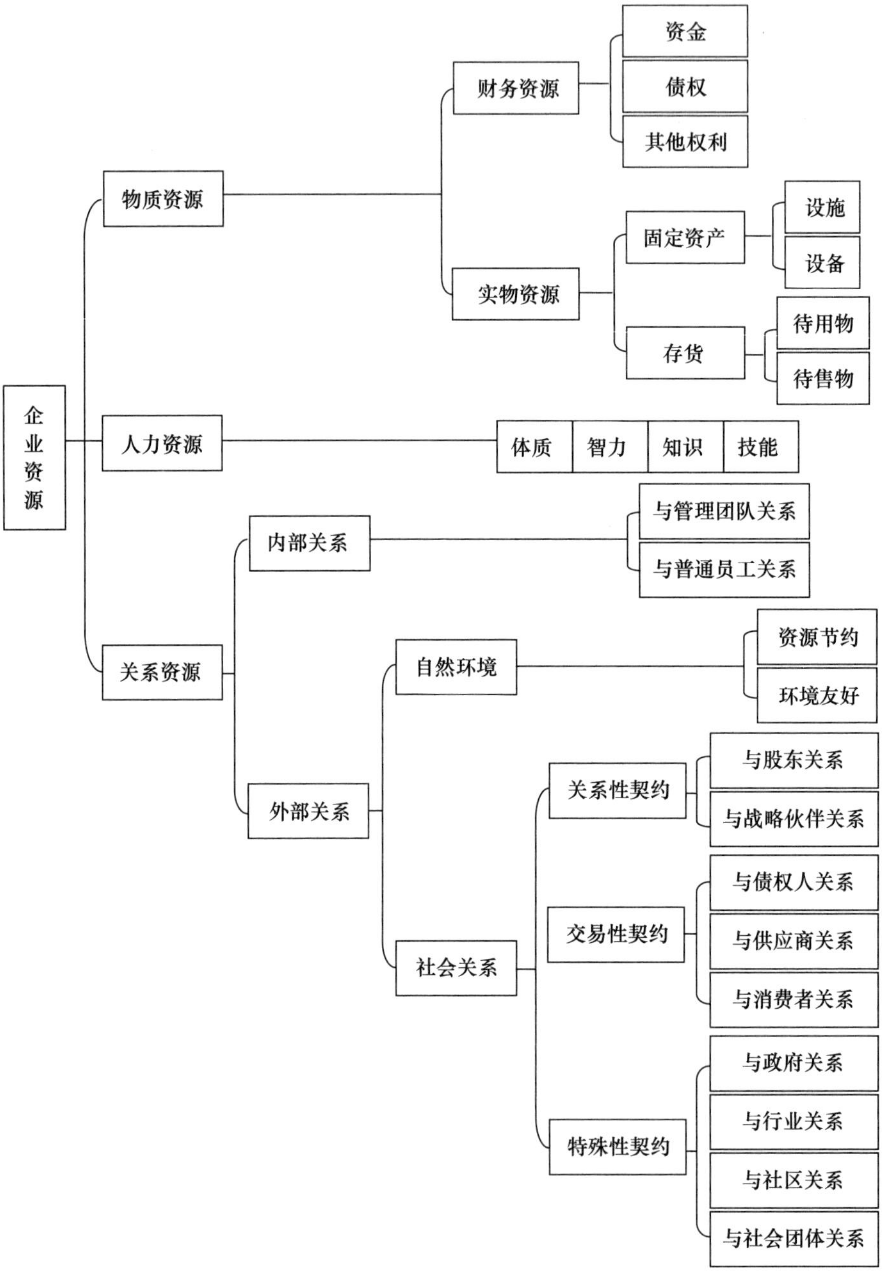

图2-4 企业资源三分法种类

二、物质资源

物质资源是企业生存和发展的基本条件，分为财务资源和实物资源。

财务资源也称财力资源，表现为以会计方式记录在账的、能以货币计量的各种经济资源，包括资金、债权和其他权利。实物资源也称物力资源，是指在使用过程中具有物质形态的资产。

实物资源一般分为固定资产和存货，固定资产分为设施和设备，存货分为待用物和待售物。设施是为某种需要而建立的一个系统；设备是指基本具有特定实物形态和特定功能，可供人们长期使用的一套装置；待用物包括原材料、辅助材料、外购配件、低值易耗品、半成品；待售品主要指产成品。

三、人力资源

人力资源质量不仅与劳动者的身体素质相关，也和劳动者的智能水平密切相关。在手工业时期，身体强壮的劳动者备受青睐；在知识经济时代，高智能水平的劳动者成为组织的重要人才。人力资源具有生物性、能动性、动态性、智能性、再生性和社会性的特征。

企业人力资源指能够推动企业发展的劳动者的能力，具有活的资源、创造利润的主要来源、战略性的资源、可无限开发的资源等特点，包括体质、智力、知识和技能四个方面。信息、技术、文化、声誉和管理等资源属于人力资源范畴。

四、关系资源

关系资源即企业所拥有的各种社会关系，企业往往利用社会关系来以较低成本获得相关资源和信息支持，因此以关系网络为纽带的社会交易扮演着重要角色。大量西方文献表明，通过利用社会关系网络，企业能较好地获得资金、市场、信息等外部支持。关系资源也称社会资本，指企业在发展过程中逐渐积累的被其他组织或个人信任，并能够利用这种信任关系带来收益的能力。

企业的各种关系分为内部关系和外部关系。外部关系根据是否具备社会性分为社会关系和自然环境。社会关系按契约类型分为关系性契约（股东、合作伙伴）、交易性契约（债权人、供应商和消费者）和特殊性契约（政府、行业、社区和社会团体）。

第五节 企业三大资源评估

我们将财务战略的内涵理解为：财务战略谋求企业资源有效运转、提高资源利用效率，促进企业整体战略的实现。企业财务战略具有极强的企业适宜性，对企业拥有的资源具有极强的依赖性。因此，有效的企业财务战略必须建立在科学的企业资源评估基础上。

企业是资源的集合体，也是资源的利用者，判断作为营利组织的企业是否成功的重要标志是其盈利能力，而企业盈利能力的高低取决于其资源利用能力。本书将企业资源分为物质资源、人力资源和关系资源，是一个内涵十分丰富的概念，远远大于财务资源。

一、企业物质资源评估

企业物质资源评估的主要目的在于清楚企业的资源现状，包括资源质量、资源是否错配、资源是否闲置浪费。最新定义的"资产"与企业物质资源的内涵和外延几乎一致。因此，企业物质资源评估分为资源质量评估、资源配置评估和资源利用评估。

(一) 企业物质资源质量评估

企业财务状况的质量特征包括企业的资产质量、利润质量、资本结构质量等多方面。利润质量（盈余质量）和资本结构质量的研究成果很多，且形成了一些比较一致的研究结论，而资产质量问题的理论研究20世纪90年代才出现。

1998年李树华和陈征宇明确提出资产质量概念后，学者们对资产质量内涵的理解大致分为三类：第一类是寻找优良资产对立面的异常资产；第二类认为资产质量是多方面特征的综合，如盈利性、变现性、周转能力等；第三类从"质量即是符合要求"的观点出发，将资产质量定义为在特定的企业内部实际发挥的效用与其预期效用之间的吻合程度。

资产质量问题就是要解决资产遭遇贬值的程度，包括实体性贬值和功能性贬值。实体性贬值指资产变现价值低于账面价值的差额，在有效市场上资产变现价值体现了资产现在的真实价值；账面价值是依据历史成本计价的，其账面原值反映购置当时的真实价值，由于科技进步等原因，现实重置价值与当初购置价值可能相去甚远，账面净值还受企业折旧与摊销政策影响。功能性贬值指资产被进一步利用而给企业带来净现金流的减少。前者是资产定义的成本观体现，后者是资产定义的未来经济利益观，两者中价值最低的一个与账面价值的差额就是资产的贬值额。由于后者计量比较困难，很少被用于相关研究。

根据资产定义的成本观，企业资产质量风险主要表现在：短期债权存在发生坏账的可能，部分短期投资因账面价值低于市场价值而提取短期投资跌价准备，部分存货因不适销对路而导致市场销售价格低于生产成本，部分长期投资的收益性低于预期，部分固定资产因企业折旧政策、技术进步等导致快速贬值，纯摊销性的"资产"多数由于不能为企业未来提供实质性帮助而没有实际利用价值。

资产质量好与坏的划分标准仍未在理论研究中形成一致的认识，度量资产质量的指标仍处于百家争鸣阶段。现有研究中对企业资产质量的度量大致有两种方法：一种是多指标方法，从资产的变现能力、盈利能力、周转能力、发展能力等方面考察质量，形成系列指标。这种方法存在指标相关性和指标加权综合的难题。另一种是单指标方法，如将调整后每股净资产的波动幅度定义为K值，K值越大表明资产质量越差。这种方法体现资产成本观，关注"不良资产"。

本书主张采用单指标度量资产质量，但K值存在两大不足。一是分子反映的不良资产科目已经发生了根本变化。待摊费用、待处理财产净损失和递延资产三个科目均已从资产负债表中消失,直接进入了利润表相关科目,3 年以上的应收款项不一定就会形成坏账,计提八大减值准备后可以直接使用资产减值准备度量资产质量。二是分母与分子性质不同。分子为不良资产,分母却为股东权益,这个比值代表什么较为费解,分母为什么不是同一性质的总资产?

本书使用"劣质资产"占总资产的比重衡量企业资产的质量,该指标越高则企业资产质量越差。但由于资产质量的好坏具有很强的行业特征,如果企业不良资产比率相对于行业均值越高则企业资产质量越差。

ABA:劣质资产额(The Amount of Badassets)

$ABA = LPE + AIL + LFV + IL + EL + NDL$

LPE:长期待摊费用(Long-term Prepaid Expenses)

AIL:资产减值损失(Asset Impairment Loss)

LFV:公允价值变动损失(Change Losses of the Fair Value)

IL:投资损失(Investment Losses)

EL:汇兑损失(Exchange Loss)

NDL:非流动资产处置损失(Non-current Assets Disposition of Losses)

"长期待摊费用"是纯摊销性质的"资产",只是基于权责发生制原则确认损益的一种办法,其已经是沉淀支出,对企业未来损益没有作用。"资产减值准备"包括针对常规资产计提的八大减值,是为净化资产质量而提取的。

BAR:劣质资产比率(Bad Assets Ratio)

$$BAR_j = \frac{ABA_j}{TA_j}$$

TA:总资产(Total Assets)

$$\overline{BAR} = \sum_{j=1}^{n} ABA_j \Big/ \sum_{j=1}^{n} TA_j$$

$R_{BAR} = (\overline{BAR} - BAR_j) / \overline{BAR}$

R_{BAR}:企业资产质量系数

"资产质量系数"越大,企业资产质量越高。

(二)企业物质资源配置评估

企业物质资源配置评估就是要发现是否存在企业物质资源错配。物质资源错配指物质资源的来源(负债与权益)与利用(资产)不匹配,因此可以称为资产错配。资产错配表现为期限不匹配、规模不匹配和成本不匹配。

1. 企业物质资源期限匹配评估

期限错配指企业的资金来源与资金运用的时间特征不吻合。如果企业将短期资金来源配置于长期资产上,就可能造成短期需要偿还的资金没有保证,从而出现流动性风险;如果将长期资金来源配置为短期资产,虽然保证了流动性需要,但由于长期资金一般成本较高,而短期资产收益较低,又会出现成本与收益不匹配。

由于长期资产与短期资产、长期资金来源与短期资金来源存在此消彼长的关系，在评估企业物质资源期限匹配时，我们只选择短期资产与短期资金来源的匹配，用短期资金来源与短期资产的比值表示，该指标越大，说明来源于短期的资金被更多配置于非流动资产，流动性风险越高；越小则说明流动性风险越低，但盈利性越差。因此，该指标是适度指标，且有行业特征。

CR：流动比率（Current Ratio）

$$CR_j = \frac{CL_j}{CA_j}$$

CL：流动负债（Current Liabilities）

CA：流动资产（Current Assets）

$$\overline{CR} = \sum_{j=1}^{n} CL_j \bigg/ \sum_{j=1}^{n} CA_j$$

$$R_{CR} = |CR_j - \overline{CR}| \bigg/ \overline{CR}$$

R_{CR}：企业物质资源期限匹配系数

该指标值越大，说明企业在同行业中资金来源与运用的中长短期越不适当，资源的期限错配风险越大。

2. 企业物质资源规模匹配评估

规模错配表现为企业宏大的投资计划缺乏可靠的资金来源保障，以及企业形成的资产结构不合理。前者是数量型资金缺口，一般容易出现"烂尾工程"，使企业的投资无法形成现实生产力；后者表现为企业资产闲置浪费或不足，如企业片面强调技术含量或生产能力而使固定资产占用资金过多，同时可能导致企业用于周转的资金不足，一方面资金的紧缺导致原材料等无法保障，另一方面过多的固定资产形成闲置。

规模匹配用"资产负债率"反映资金来源保障，用"产能过剩率"反映资产结构合理性。

（1）资产负债规模匹配。

ALR：资产负债率（Asset-liability Ratio）

$$ALR_j = \frac{TAL_j}{TAT_j}$$

TAL：负债总额（The Total Amount of Liabilities）

TAT：资产总额（The Total Amount of Assets）

$$\overline{ALR} = \sum_{j=1}^{n} TAL_j \bigg/ \sum_{j=1}^{n} TAT_j$$

$$R_{ALR} = |ALR_j - \overline{ALR}| \bigg/ \overline{ALR}$$

R_{ALR}：资产负债匹配系数

该指标值越大，说明企业在同行业中资源配置规模超出企业自身能力的程度就越高，资源的规模错配风险越大。

(2) 资产结构匹配——产能过剩率。

ECR：产能过剩率（Excess Capacity Rate）

$$ECR_j = \frac{FC_j}{P_j + FC_j}$$

FC：固定成本（Fixed Costs）

P：利润（Profits）

推导如下：

$Q = P + F + C$

Q 为现实收入；P 为利润；F 为固定成本；C 为变动成本。

收入与变动成本是呈正比关系的，$C = K \times Q$。

$$K = 1 - \frac{P + F}{Q}$$

当企业利润为 0 时的收入是最低的营业收入 Q_0。

$Q_0 = F + C_0 = F + K \times Q_0$

将 $K = 1 - \frac{P + F}{Q}$ 代入，则有：

$$\frac{Q_0}{Q} = \frac{F}{P + F}$$

现实收入 Q 代表企业现有产能，最低收入 Q_0 代表最低产能，当现有产能连续走低向最低产能靠近时，我们即说产能发生过剩。此时，$Q_0 \div Q$ 越大就越靠近 1，企业产能越靠近最低产能，产能过剩率越高。

$$\overline{ECR} = \sum_{j=1}^{n} FC_j \Big/ \left(\sum_{j=1}^{n} P_j + \sum_{j=1}^{n} FC_j \right)$$

$$R_{ECR} = (ECR_j - \overline{ECR}) \Big/ \overline{ECR}$$

R_{ECR}：资产结构匹配系数

该指标值越大，说明企业的产能过剩程度越高，资源结构匹配越不合理。

3. 企业物质资源成本匹配评估

成本匹配指企业不同成本的资金来源要与其对应的资产获利能力配比，才能保证企业有盈利能力。一般来讲，成本高的资金需要高收益的资产与之配比，否则影响企业盈利能力。如近几年出现了不少高息利用民间借贷资金的企业，资金成本可能高达 20% 以上，而企业却缺乏盈利能力在 20% 以上的资产，最终的结果必定是资金断链，借贷双方双亏。而一些企业由于可以低价获得资金，当所有者和债权人对企业缺乏有效约束时，就容易形成货币资金"睡大觉"，出现所谓自由现金流问题，导致企业资金使用低效化。

成本是否匹配用负债资金成本与资产收益率之比反映，该指标越高，说明高成本取得的资金并未相应用于高收益的资产上；负债成本用财务费用替代，资产收益率等于净利润除以总资产。

LIR：贷款利息率（Loan Interest Rates）

$$LIR_j = \frac{IP_j}{LTB_j + STB_j + BP_j}$$

IP：利息支出（The Interest Payments）
LTB：长期借款（Long-Term Borrowing）
STB：短期借款（Short-Term Borrowing）
BP：应付债券（Bonds Payable）
ROA：资产收益率（Return on Assets）

$$ROA_j = \frac{NP_j}{TA_j}$$

COM：成本错配（The Cost of Mismatch）

$$COM_j = \frac{LIR_j}{ROA_j}$$

$$\overline{COM} = \frac{\overline{LIR}}{\overline{ROA}}$$

$$\overline{LIR} = \sum_{j=1}^{n} IP_j \bigg/ \left(\sum_{j=1}^{n} LTB_j + \sum_{j=1}^{n} STB_j + \sum_{j=1}^{n} BP_j \right)$$

$$\overline{ROA} = \sum_{j=1}^{n} NP_j \bigg/ \sum_{j=1}^{n} TA_j$$

$$R_{COM} = (COM_j - \overline{COM}) / \overline{COM}$$

R_{COM}：成本匹配系数

该指标值越大，说明企业在同行业中，将资源借贷出去获取利润比依靠自身经营获取利润越划算，企业的成本越不匹配。

（三）企业物质资源利用评估

企业物质资源的利用评估有轻重资产之别。轻、重资产的划分是以资产成本被收回的时间为准，凡是一年之内能收回成本的资产被视为轻资产，类似流动资产；反之则视为重资产，类似长期资产，主要包括固定资产和无形资产，而我国企业一般无形资产比例较低，故常以固定资产代替重资产。

1. 重资产利用评估——设备利用率

设备利用率指每年度设备实际使用时间占计划用时的百分比，是设备的使用效率，也是反映设备工作状态及生产效率的技术经济指标。在一般的企业当中，设备投资常常在总投资中占较大的比例。因此，设备能否充分利用，直接关系到投资效益，提高设备的利用率，等于相对降低了产品成本。

常见的评价设备利用率的指标有：

设备利用率 = 每小时实际产量 ÷ 每小时理论产量 ×100%

设备利用率 = 每班次（天）实际开机时数 ÷ 每班次（天）应开机时数 ×100%

设备利用率 = 某抽样时刻的开机台数 ÷ 设备总台数 ×100%

2. 轻资产利用评估——资产周转率

（略）

二、企业人力资源评估

人力资源评估主要考核企业员工素质是否胜任相应的工作岗位要求。导致员工素质低有两个方面的原因：一是员工受教育程度较低导致的基本素质偏低，二是员工的职业培训过少导致员工对所担任工作缺乏足够的认识。前者可以用员工的受教育程度反映，后者用员工培训时间或人次反映。

在大学教育已经进入大众化教育的今天，本科教育已经是职业教育的基础。由于信息取得的有限性，将员工分为本科及以上教育和本科以下教育两部分，员工受教育程度越低，其基本文化素质越低，素质提高难度越大，员工质量风险越大。

HRQ：人力资源质量（Human Resources Quality）

$$HRQ_j = \frac{NEB_j}{TNE_j}$$

NEB：本科以下学历员工人数（The Number of Employees Under Bachelor）

TNE：员工总人数（The Total Number of Employees）

$$\overline{HRQ} = \sum_{j=1}^{n} NEB_j \Big/ \sum_{j=1}^{n} TNE_j$$

$$R_{HRQ} = (\overline{HRQ} - HRQ_j) \Big/ \overline{HRQ}$$

R_{HRQ}：人力资源质量系数

该指标值越大，说明企业在同行业中的员工质量越高。

三、企业关系资源评估

（一）企业与股东评估

股东是企业最重要的利益相关者。伯利和米恩斯根据现代公司的股权结构分散的特征，提出了"企业所有权与控制权分离"的重要命题，并成为股东治理观或"股东价值至上观"的理论基础。虽然股东至上观受到诸多批评，但将股东视为等同于企业的其他利益相关者是欠妥的，有的利益相关者理论将企业的利益相关者分为股东和其他利益相关者，以突出股东的重要性。利益相关者理论也从来没有否认股东在企业中的主体地位。

股东向企业提供资本，希望得到资本收益。资本必须长久地保持或维护，即资本保值；收益则是资本增值，资本的增值以资本的保全为前提。因此，衡量股东从企业中获得的利益可以用"资本保值增值率"综合反映。

$$CIR_j = \frac{OEF_j - OEB_j}{OEB_j}$$

CIR：资本保值增值率（Capital Increment Rate）

CIR_j：第j个企业的资本保值增值率

OEF_j：第j个企业的期末所有者权益（The Owner's Equity at the Final）

OEB_j：第j个企业的期初所有者权益（The Owner's Equity at the Beginning）

本书以行业平均值作为标准，用企业值与行业平均值的离散程度作为风险大小的度量值（下同）。

$$\overline{CIR} = (\sum_{j=1}^{n} OEF_j - \sum_{j=1}^{n} OEB_j) \Big/ \sum_{j=1}^{n} OEB_j$$

$\overline{CIR}$：行业平均资本保值增值率

由于该指标是正向指标，需要进行去逆化处理，用行业平均值减去企业值之差（正向指标则是企业值减行业平均值，下同），再与行业平均值相比。

$$R_{CIR} = \frac{CIR_j - \overline{CIR}}{\overline{CIR}}$$

R_{CIR}：企业与股东关系系数

该指标值越大，说明企业资本保值增值率高于行业平均值越多，企业相对行业中的其他企业，为股东创造的价值就越高，企业与股东之间的关系也越好。

（二）企业与雇员/经理关系评估

随着社会的发展和生产力的提高，人力资本在企业价值创造过程中的作用明显凸显出来，企业是"人力资本和非人力资本的特别合约"。出现了强调物质资本所有者和人力资本所有者共同拥有企业控制权的"资本所有者至上"理论，甚至有学者提出经营者才是企业的真正所有者，足见雇员/经理对企业发展的重要性。

物质待遇的公平性是影响和谐关系的关键因素。因为人们已经接受了由于人的能力和素质的差异而产生的待遇差异，并不主张"吃大锅饭"式的薪酬制度，但是如果岗位相同而薪金不同就会引发人们的不满，进而出现工作不用心、离职、跳槽等现象。特别是同一行业不同企业相同岗位薪酬的比较，会因可比性强而产生更强烈的不公平感；同行业相同岗位由于业务熟悉而使跳槽成本变低，这种比较产生的不公平感将直接影响到企业关键人员的去留。

精神待遇是企业对员工的关心，使员工感受到被尊重、被重视。企业对员工的尊重与重视体现在对员工的素质提高、职业稳定和职业提升承担责任。世界上一些优秀企业热衷于对员工进行各种形式的培训，通过培训不仅可以提高员工的素质和工作能力，而且可以增进员工对企业的满意度、忠诚度和工作效率，降低安全事故发生率，进而提高企业的绩效。

本书设计"员工工资增长率与企业收入增长率之比"、"行业薪酬差异系数"和"员工培训系数"以反映企业与员工关系。

1. 员工工资增长率与企业收入增长率之比

和谐的企业与员工关系要求这两者的增长比率大概一致，既不存在工资侵蚀利润，也不存在利润侵蚀工资。

PSF_j：期末员工人均薪酬（The Per-Salary at the Final）

$$PSF_j = \frac{TSEF_j}{TNEF_j}$$

$TSEF_j$：期末企业薪酬总额（The Total Salary of Employees at the Final）

Total salary = 支付给职工以及为职工支付的现金

$TNEF_j$：期末员工总人数（The Total Number of Employees at the Final）

PSB_j：期初员工人均薪酬（The Per – Salary at the Beginning）

$$PSB_j = \frac{TSEB_j}{TNEB_j}$$

$TSEB_j$：期初企业薪酬总额（The Total Salary of Employees at the Beginning）

$TNEB_j$：期初员工总人数（The Total Number of Employees at the Beginning）

NPF_j：期末净利润（Net Profits at the Final）

NPB_j：期初净利润（Net Profits at the Beginning）

薪金与利润的增长比率是适度指标，过大过小都不好。因此，用该比例减1后取绝对值（本书的适度指标均以绝对值表示，下同）。

RSP：薪金与利润的增长比率（Growth Ratio of Salary and Profits）

$$R_{RSP} = \left| 1 - \frac{PSF_j - PSB_j}{PSB_j} \middle/ \frac{NPF_j - NPB_j}{NPB_j} \right|$$

R_{RSP}：企业与员工关系薪金系数

该指标值越大，企业收入增长与员工薪金增长越协调，企业与员工的关系越和谐。

2. 行业薪酬差异系数

将企业员工的薪酬与行业的平均薪酬相比，能反映出薪酬的公平性。本企业低于行业平均越多，员工的不公平感越强，企业与员工越不和谐。

PS_j：第 j 个企业的人均薪酬

$$PS_j = \frac{TSEF_j}{TNEF_j}$$

$TSEF_j$：期末企业薪酬总额（The Total Salary of Employees at the Final）

$TNEF_j$：期末员工总人数（The Total Number of Employees at the Final）

$\overline{PS}$：行业人均薪酬

$$\overline{PS} = \sum_{j=1}^{n} TSEF_j \middle/ \sum_{j=1}^{n} TNEF_j$$

SDC：薪酬差异系数（Salary Differencesco Efficient）

$$R_{SDC} = \frac{PS_j - \overline{PS}}{\overline{PS}}$$

R_{SDC}：企业与员工关系薪金差异系数

该指标值越高，企业薪酬高于行业平均值越多，企业与员工的关系越和谐。

3. 员工培训系数

对员工培训越多，员工的技能增长越快，员工满意度越高。用员工培训人次数或培训总学时除以员工总数，得到每位员工的受训情况。但现行上市公司对企业员工培训信息披露很粗糙，且极不统一。

因此，本书采用主观赋值法，将详细披露了培训人次数的企业设为1（风险最低），披露了具体计划但未披露具体培训人次数的企业设为 2（风险较低），只概括性提到员工培训无计划披露的企业设为 3（风险较高），没有提到员工培训的企业设为 4（风险高）。

ST_j：第 j 个企业的员工培训（Staff Training）风险等级值

$\overline{ST}$：行业员工培训风险等级平均值

$$\overline{ST} = \frac{\sum_{j=1}^{n} ST_j}{n}$$

n：行业内企业数量

$$R_{ST} = \frac{\overline{ST} - ST_j}{\overline{ST}}$$

R_{ST}：企业与员工关系培训系数

该指标值越大，说明本企业在同行业中对员工培训的重视程度越高，企业与员工的关系越和谐。

（三）企业与债权人关系评估

能否按期还本付息是影响企业与债权人和谐关系的主因。债权人是一个很广的群体，既包括外部债权人也包括内部债权人，既包括有息债权人也包括无息债权人，所有尚未偿付的本息都包含在期末的负债之中。因此，偿债资金保证就是期末的现金及现金等价物。

RDC：债务现金比（The Ratio of Debt in Cash）

RDC_j：第 j 个企业的债务现金比

$$RDC_j = \frac{Cash_j}{TAL_j}$$

Cash：期末货币资金

TAL：期末负债总额（The Total Amount of Liabilities）

$\overline{RDC}$：行业债务现金平均值

$$\overline{RDC} = \sum_{j=1}^{n} Cash_j \Big/ \sum_{j=1}^{n} Debt_j$$

债务保障的相对程度：

$$R_{RDC} = \frac{RDC_j - \overline{RDC}}{\overline{RDC}}$$

R_{RDC}：企业与债权人关系系数

该指标值越高，说明本企业在同业中对债权人的保障程度越高，企业与债权人关系越和谐。

（四）企业与供应商关系评估

货款的及时支付是维系企业与供应商和谐关系的根本保证。本书设计"货款支付正常率"以反映货款是否得到及时支付。用未付货款的增长率与营业成本的增长率进行比较分析：营业成本增长越快，购货越多，如果保持正常的支付比率，未付货款的增长也应越快。只有两者增长同步，才是正常的货款支付。

RPF：期末货款余额（The Remaining Amount of the Payment at the Final）
RPB：期初货款余额（The Remaining Amount of the Payment at the Beginning）
货款余额(RP) = 应付票据 + 应付账款
TOC：本期营业成本（This Operating Cost）
POC：上期营业成本（Previous Operating Cost）
NRP：支付正常率（The Normal Rate of Pay）

$$R_{NRP} = \left| 1 - \frac{RPF - RPB}{RPB} \middle/ \frac{TOC - POC}{POC} \right|$$

R_{NRP}：企业与供应商关系系数

该指标越大，企业与供应商关系越和谐。

（五）企业与消费者关系评估

企业与消费者和谐关系的结果必然是客户的忠诚度提高，虽然顾客满意度、顾客投诉率是衡量和谐度的重要指标，但在充分竞争的市场上，特别是在买方市场已经形成的情况下，很难想象顾客满意度低、顾客投诉率高的产品会销售得很好。除非是垄断性的生活必需品，而我国正在进行破除垄断改革，并且加大了对垄断行业服务质量和产品质量的监控力度。因此，企业的销售增长率可以集中反映企业与消费者的和谐程度。

GRI：销售收入增长率（The Growth Rate of Income）

GRI_j：第 j 个企业的销售收入增长率

$$GRI_j = \frac{TBI_j - PBI_j}{PBI_j}$$

TBI：本期营业收入（This Business Income）
PBI：上期营业收入（Previous Business Income）
$\overline{GRI}$：行业销售收入增长率平均值

$$\overline{GRI} = \left(\sum_{j=1}^{n} TBI_j - \sum_{j=1}^{n} PBI_j \right) \bigg/ \sum_{j=1}^{n} PBI_j$$

$$R_{GRI} = \frac{GRI_j - \overline{GRI}}{\overline{GRI}}$$

R_{GRI}：企业与消费者关系系数

该指标值越高，说明企业相对于行业平均值销售收入增长率越高，间接反映出顾客对企业越满意，企业与顾客关系越好。

（六）企业与政府关系评估

政府与企业的和谐关系绝不仅仅体现在税收的多少，政府还关注企业在增加就业、科技进步、产品丰富、经济增长等方面的贡献。传统观点认为，按时、足额缴纳税金是企业对国家应尽的义务，于是企业纳税越多国家就越满意，两者就越和谐。该观点将企业与政府的关系简单归纳为税收征纳关系，而忽视了两者的其他关系。其实在合法的前提下，企业纳税占收入的比重越低，企业和政府的关系越和谐。

如果企业与政府间的关系仅是税收征纳关系，当然企业纳税越多政府就越满意，但企业不会愿意，因为企业没有得到相应的服务支持，于是，政府与企业出现拉锯战，政府千方百计想多收税，企业百计千方想少缴税。政府如果认为某个企业对就业、科技进步、社会经济总量等贡献大，就会给企业各种优惠政策予以奖励，包括税收优惠，同时还会通过项目等给予企业各种政府补助，使企业进一步增强竞争力，获取更多的收入与利润，政府财源才会壮大。因此，企业实际缴纳的税金（扣减政府补助）与收入之比是反映企业与政府和谐度的重要指标。

NPT_j：第 j 个企业所交税费净额（Net Pay Taxes）

$NPT = PT - (RTR + PGS)$

PT：企业缴纳税费（Pay Taxes）= 支付的各项税费

RTR：企业收到的税费返还（Received the Taxes Refund）= 收到的税费返还

PGS：计入当期损益的政府补助（Recorded Into the Profits and Losses of the Government Subsidies）= 计入当期损益的政府补助

RIT：收入税费比（The Ratio of Income and Tax）

RIT_j：第 j 个企业的收入税费比

$$RIT_j = \frac{BI_j}{NPT_j}$$

BI_j：第 j 个企业的营业收入（Business Income）

$\overline{RIT}$：行业收入税费比均值

$$\overline{RIT} = \sum_{j=1}^{n} BI_j \Big/ \sum_{j=1}^{n} NPT_j$$

$$R_{RIT} = \frac{RIT_j - \overline{RIT}}{\overline{RIT}}$$

R_{RIT}：企业与政府关系系数

该指标值越大，说明企业享有的各种税费优惠越多，政府对企业的扶持也越多，政府对企业的重视程度也越高，当然企业对政府的满意度也越高，企业与政府关系越好。

上述指标是在企业遵守税收法律制度的前提下，如果企业通过非法的手段少缴税，则企业与政府和谐风险就越大，非法少纳税可以通过税收滞纳金和罚款反映，从上市公司企业看，税收罚款情况较少。因此，本书不设计罚款金额来反映企业与政府和谐风险。此外，行业政府定价程度与政府补助有很强的相关度，一般来说，政府定价程度越高，政府的补助力度越大。

（七）企业与行业关系评估

行业内企业之间的竞争程度越大，企业生存压力就越大，争夺市场和各种资源的竞争就越惨烈，企业之间的不正当竞争就越可能发生，如恶意竞价销售、诋毁竞争对手、假冒他人产品等。不正当竞争不仅损害行业内其他企业的利益，最终也将损害整个行业的利益，甚至威胁行业的健康发展，企业与整个行业的和谐风险就越大。行业内竞争的激烈程度受到行业集中度、产品差异性、过剩的产能、市场增长速度和退出壁垒等多种因素影响,贝恩(Bain)的 SCP 分析框架认为市场集中度与市场垄断力之间存在着某种正相关关系,市场集中度越低企业间的竞争越激烈。按照 SCP 思想诞生的赫芬达尔指数是一个较好地衡量行业竞争程度的指标,却不能说明行业内某企业面临的竞争压力。市场份额越小的企业在行业中的支配力越小,竞争地位越不利,其与行业内其他企业以及行业协会的关系就越生疏,企业与行业之间的关系越不和谐。

MS:市场占有率(The Market Share)

MS_j:第 j 个企业的市场占有率

$$MS_j = \frac{BI_j}{\sum_{j=1}^{n} BI_j}$$

$\overline{MS}$:行业企业的平均市场占有率

$$\overline{MS} = \frac{1}{n}$$

n:行业公司数量

$$R_{MS} = \frac{MS_j - \overline{MS}}{\overline{MS}} = n \times MS_j - 1$$

R_{MS}:企业与行业关系系数

该指标值越大,说明该企业的市场占有率越大,在行业中的地位越高,受到行业内其他企业以及行业协会的重视程度越高,企业与行业关系越好。

(八)企业与社区关系评估

企业与社区和谐关系主要受两方面因素影响:企业对社区的正向贡献和负向影响,前者可以通过企业所做的公益事业反映,后者可以通过企业对环境的污染反映。不规范的运作使中国公益组织在社会公众中的信誉很低,因此不少企业通过非公益性捐助加强与社区的和谐关系。

1. 吸纳就业率

RER_j:第 j 个企业的员工收入比(The Ratio of Employees and Revenues)

$$RER_j = TN_j \bigg/ \frac{BI_j}{1000000}$$

BI_j 除以 1000000,表示每 1000000 元收入吸纳的就业人数。

$$\overline{RER} = \sum_{j=1}^{n} TN_j \bigg/ \frac{\sum_{j=1}^{n} BI_j}{1000000}$$

$$R_{RER} = \frac{RER_j - \overline{RER}}{\overline{RER}}$$

R_{RER}:企业与社区关系就业系数

该指标值越高,说明企业在同行业中,每产出 100 万元所吸纳的就业人数越多,对社区劳动力就业贡献越大,企业与社区关系越好。

2. 社会捐赠率

慈善与公益捐款包括捐物折合金额，具体而详尽的数据往往难以获取。但上市公司年报中，第十部分"财务报告"中"财务报表主要项目注释"的"营业外支出"列示了"对外捐赠"金额。本书以此替代慈善与公益捐款，如未列示对外捐赠，则视为该企业无社会捐助。

SDR：社会捐赠率（Social Donation Rate）

$$SDR = \frac{ND}{NP}$$

ND：捐赠数量（The Number of Donating）

NP：净利润（Net Profit）

由于披露捐赠金额的企业数很少，且差异很大。为了避免指标值取 0 不利于权重计算，以及避免出现极端值。本书将企业的社会捐赠率划分为三个等级，并分别赋予风险值（社会捐赠率等级）：3（社会捐赠率较高）、2（社会捐赠率较低）、1（没有披露社会捐赠金额）。

LSDR 为社会捐赠率等级（The Level of Social Donation Rate），分为三个等级，分别赋值为：

$$\overline{LSDR} = \sum_{j=1}^{n} LSDR_j / n$$

$$R_{LSDR} = \frac{LSDR_j - \overline{LSDR}}{\overline{LSDR}}$$

R_{LSDR}：企业与社区关系捐赠系数

该指标值越大，说明企业在同行业中捐赠比例越高，对社区贡献越大，企业与社区关系越好。

（九）企业与社会团体关系评估

企业与社会团体和谐风险用"负面信息媒体曝光率"反映。负面信息指针对企业的消息中不好的、坏的、消极的一面内容，负面信息的传播方式多种多样，但主要是通过媒介传播的，包括网络、电视、海报、报纸等。

LNIE：负面信息媒体曝光度（The Level of Negative Information Media Exposure）

由于现有信息对此披露极少，基于与捐赠同样的理由，将负面信息媒体曝光度分为三个等级，并分别赋予风险值：3（被媒体普遍质疑事项 3 项及以上）、2（被媒体普遍质疑事项 1~2 项）、1（被媒体普遍质疑事项 0 项）。

$$\overline{LNIE} = \sum_{j=1}^{n} LNIE_j / n$$

$$R_{LNIE} = \frac{\overline{LNIE} - LNIE_j}{\overline{LNIE}}$$

R_{LNIE}：企业与社会团体关系系数

该指标值越大，说明企业受到社会团体负面曝光的次数越少，企业与社会团体之间的信任感越强,两者关系越好。

(十) 企业与自然环境关系评估

企业和自然环境的关系包括企业对自然的索取和企业对自然的排放两部分,前者是能源和材料消耗问题,后者是环境影响问题。和谐的企业与自然关系一定是企业对自然索取少、对自然有害排放少,表现为企业节能降耗、环境保护。企业对自然索取越多、有害排放越多,则企业与自然的和谐风险就越大。

企业对自然索取通过单位收入能源消耗量和单位收入材料消耗量反映。企业对自然环境的排放多少用单位收入"三废"排放量的多少反映,指标值越大,说明企业对自然的有害排放越多,两者的和谐风险就越大。企业投资进行排污无害化处理,则有害排放就会减少,因此,科学的评价方法应该是单位收入有害排放量。环保投资较大未能实现有害排放的显著减少,近年来我国用于环保的投资大幅增长,但环境质量并未得到改善,甚至环境污染更严重,就是一个很好的证据。因此,衡量的标准应该是无害排放量的多少。

我国未强制要求所有企业披露社会责任,即使披露了社会责任的上市公司,也多是定性描述,缺乏量化指标,如缺乏能源消耗量、有害"三废"排放量、二氧化碳排放量等数据。因此,本来非常成熟的度量企业与环境之间和谐度的一些指标因数据不可得原因而无法利用。现有度量指标所需数据要么是利用宏观数据,要么是主观评分,增加了客观度量企业这个微观主体与自然环境和谐度的难度。本书也不得不寻求替代指标。

1. 单位收入物耗量

用单位收入消耗的变动成本和固定资本之和替代反映物耗量,反映企业对自然的索取程度。"材料成本"、"折旧费"在企业年度报告"董事会报告"部分有数据。材料成本反映生产产品的现在物料消耗,折旧反映生产产品的过去物料消耗的转移。

RIC:单位收入物耗量(The Ratio of Income and Consumption)

$$RIC = \frac{CM + DC}{BI}$$

CM:材料成本(Net Profit)

DC:折旧费(The Cost of Materials)

$$\overline{RIC} = \left(\sum_{j=1}^{n} CM_j + \sum_{j=1}^{n} DC_j \right) \Big/ \sum_{j=1}^{n} BI_j$$

$$R_{RIC} = \frac{\overline{RIC} - RIC_j}{\overline{RIC}}$$

R_{RIC}:企业与自然环境关系物耗量系数

R_{RIC}值越大,说明企业对自然的索取量越小,两者关系越和谐。制造业的该指标会明显低于服务业,这也间接说明了为什么发达国家制造业外移,保留的制造业多是高附加值的制造业,我国产业结构调整的方向也遵循了这个原则。

2. 单位收入排污费

该指标用于替代反映企业对自然的有害排放。只有有害排放达到一定量的企业才会被要求缴纳排污费,排污费缴纳越多,说明企业有害排放越多,企业与自然的和谐风险越大。"排污费"数据在上市公司《年度报告》第十部分"财务报告"中"财务报表主要项目注释"的"管理费用"明细中列示,或"支付的其他与经营活动有关的现金"明细中列示。

RIE:单位收入排污费(The Ratio of Income and Emissions)

$$RIE = \frac{CE}{BI}$$

CE:排污费(The Cost of Emissions)

由于现有排污数据很少,相关信息披露极少,基于与捐赠同样的理由,将排污分为三个等级,并分别赋予风险值:3(单位收入排污费较高)、2(单位收入排污费较低)、1(没有披露排污费金额)。

LRIE:排污等级(The Level of RIE)

$$\overline{LRIE} = \sum_{j=1}^{n} LRIE_j / n$$

$$R_{LRIE} = \frac{LRIE_j - \overline{LRIE}}{\overline{LRIE}}$$

R_{LRIE}:企业与自然环境关系排污费系数

R_{LRIE}值越大,说明企业在同行业中对自然界有害排放越少,企业与自然越和谐。

第六节 价值增长型财务战略

企业是营利性组织,其存在的价值就是要能够"创造价值"。只有增值的企业才有价值,即收入大于成本的企业才有价值。

一、价值增长财务战略内涵

"做大做强"是任何企业都想实现的奋斗目标。"大"是规模概念、绝对数概念,财务上用销售收入量、资产量等绝对数表述,销售收入的多少代表企业的市场地位,资产量的大小代表企业控制资源的能力。"强"是质量概念、相对数概念,财务上用盈利率、价值量表示。世界500强实质是世界500大。同时保持增长和盈利性对任何公司来说都是极其困难的事,但也是任何公司都追求的目标。如果公司找到了利润与增长的平衡点,就达到了基于价值创造型的增长。为实现公司增长性和盈利性平衡点的财务战略就是价值增长财务战略。

(一)怎样衡量企业创造的价值

"价值"是一个十分模糊的概念,使用者按其使用的目的创造了无数的概念或指标来衡量企业价值,如产值、利润、现金流、股价、EVA、MVA等,也将财务管理目标冠以

"股东财富最大化"、"企业价值最大化"等名义。

从财务角度看，有价值的企业一定是能够增值的企业，直观表现为一个企业产出的价值超过其投入的价值时，价值就被创造出来了。产出的价值由其顾客评定，诞生了顾客价值维护说，企业持续盈利需要足够的顾客，一般认为需要顾客的"忠诚度"，培养顾客的忠诚度就必须引起顾客对企业的青睐，性价比、后续服务（短线产品可能有服务态度问题）等概念被创造出来。投入的价值依靠成本的节约，出现了价值链管理。

公司资本的市场价值最大化并不一定意味着价值创造，公司仅在其资本的价值超过报告的账面价值（经过调整后）时才创造价值。于是，市场附加价值（Market Value Added，MVA）就成了表示公司创造价值较理想的度量指标，MVA 结构如图 2-5 所示。

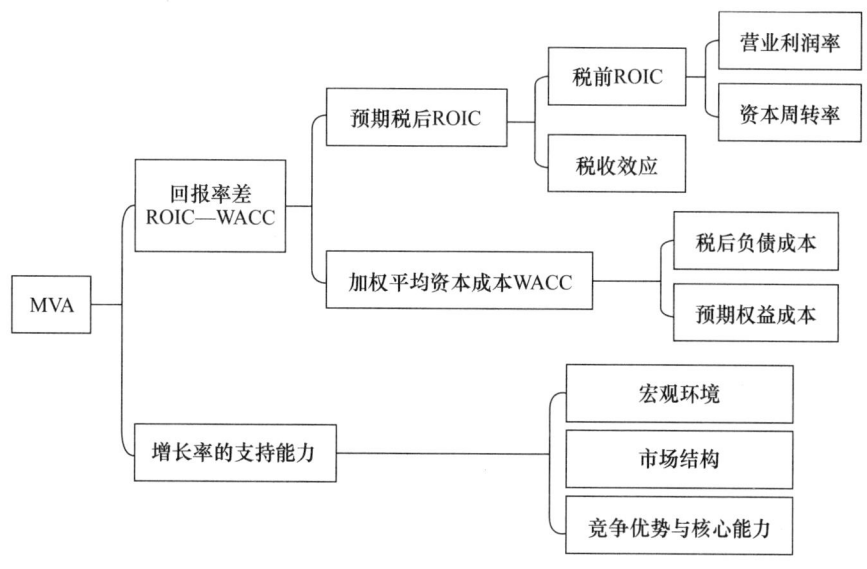

图 2-5 MVA 结构

可以看出，公司价值创造受多方因素制约。一般认为企业需要构建如下价值增长平台，如图 2-6 所示。

（二）企业凭什么创造价值

从图 2-6 可以看出，企业能否创造价值取决于外部形势和内部增长工具。外部形势对企业来说是无法改变的变量，但可以利用或规避。内部增长工具取决于能否形成两个关键变量：信誉、产品质量。这两个变量均来源于核心竞争能力的形成能力和维持能力。

企业能否形成和维持核心竞争能力，除了取决于战略、制度、风格、价值观、员工、结构和技能（麦肯锡 7S 模型），更取决于财力：公司能否保证培育与保持核心竞争力所需要的资源，评价培育与保持核心竞争力是否值得，有没有更好的办法实现培育与保持核心竞争力。

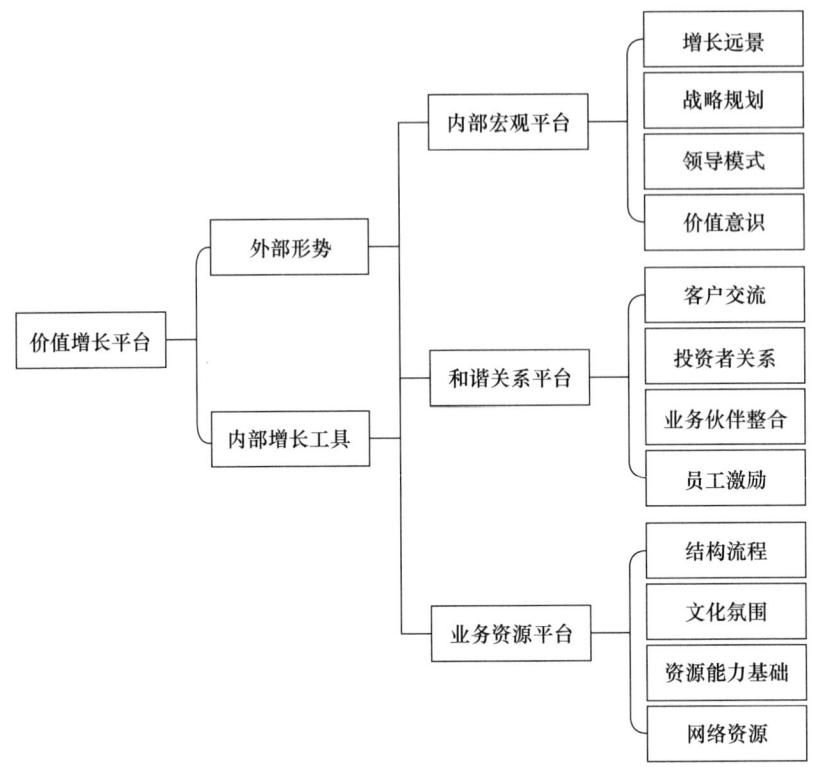

图2-6 价值增长平台结构

二、依据增长划分的企业财务战略类型

我们将"做大"的衡量指标界定为"收入增长",将"做强"的衡量指标界定为"资本市场价值增长",就可以形成如图2-7所示的象限图,产生四类典型的企业财务战略。

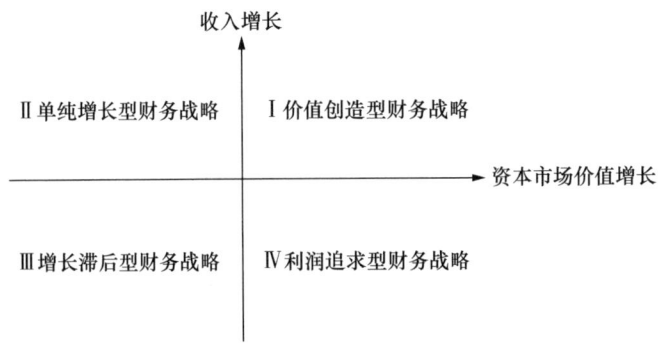

图2-7 依据增长划分的财务战略类型

（一）价值创造型财务战略

价值创造型财务战略要求企业有能力在增长与盈利之间维持一种最优的平衡，创造较高的股东价值。

价值创造型财务战略需要进一步做好以下工作：

（1）塑造积极向上的公司文化，着力培育公司健康的对待利润的心理。

（2）不断开拓公司价值空间，把公司价值链逐步发展成为价值星和价值流。

（3）实现资源的动态组合，对公司业务流程进行动态分析，在此基础上使公司成为学习型组织。

（4）实现信息实时反映和信息集成，在此基础上，通过组织结构的调整，建立相机控制体系，使公司成为"物流、资金流、任务流、人员作业和信息流"的有机整合体。

（5）正确锁定公司客户群，处理好与客户的关系，充分利用公司资源，营造一个有利于公司价值持续增长的环境。

（二）单纯增长型财务战略

单纯增长型财务战略将增加营业额作为主要目标。虽然能创造出高于行业平均水平的增长率，但长期看，预期的利润水平将无法实现。所以单纯增长型财务战略只能短期使用。

特征：易陷入"收入幻觉"，片面追求市场占有份额指标，往往不注意对客户的投入；缺乏清晰的战略思路，决策随意性大；公司文化对领导人素质的影响很大，公司成功与否与领导人的素质关系很大。

结果：高效率低效益。

对策：①与公司所有者之间保持密切关系，与投资者之间形成命运认同感。②进行明确的战略规划，进行资产重组，调整投资组合，消除无利润区；重新界定公司的核心能力，加大核心业务在公司业务中的地位。③对公司的组织结构进行再设计，完善业绩评价体系和激励机制，努力挖掘各种潜力，提高效益。

（三）增长滞后型财务战略

这种财务战略只能在企业不能保持得"更多"或"更好"时使用。

特征：业务不稳定，经济效益忽高忽低；收入增长慢于行业平均，利润水平低于行业平均；职工收入水平不高但稳定。

结果：不易成为价值增长型公司，若不能在需求上突破将死亡。

对策：①建立清晰和定量的远景，要以盈利性增长为中心。②设定清晰的战略目标，避免战略的频繁变化。③根据发展的需要，重新设计价值链，并按照价值链来调整资源配置流程和系统。④建立积极进取和致力于公司增长的领导团队。

（四）利润追求型财务战略

特征：注重提高效率，很少关注销售收入，大量降低成本以创造较高的利润；不愿在企业的无形资产方面作投资，在研究上投资较少；公司产品的知名度较高；降低成本的倾向是公司的文化主流。

结果：长期发展后劲不足，企业行为短期化现象严重。

对策：①确定增长远景，确立以价值为中心、既明确又具体化的远景目标。②在公司文化方面，创造增长型文化氛围和创业型思维方式。③在组织设计方面，建立能够支持价值增长的组织结构。④在对外发展方面，通过有选择的并购方式来获得市场份额和规模的扩张。⑤在客户信息方面，改造并加深与客户之间的关系。

三、常见的价值增长型财务战略

（一）成本领先财务战略

成本领先财务战略是指企业通过加强内部成本控制，在研究开发、生产、销售服务和广告等领域内把成本降低到最低程度，成为行业中的成本领先者的战略。低成本战略是成本领先战略的低级形态，是一种比较原始、低端的战略，在创新不足或创新缺乏吸引力时常用。

适用环境：人们购买力不强，数量型需求为主。

使用条件：企业有降低成本的空间。

常用分析方法：价值链分析，成本动因分析。

1. 价值链分析

迈克尔·波特把企业的价值活动分为成本作业和辅助作业，这些作业按业务活动的内在逻辑关系形成一条作业链。

价值链就是企业的生产经营管理活动按照业务活动的内在逻辑关系进行合理的连串而形成的作业链；价值链分析通过对企业内外部价值链的每一项价值活动及各项价值活动之间的联系的分析，区分增值作业和非增值作业以及分析联系点对价值活动的影响，为企业选择竞争战略和维持竞争提供及时的决策信息。

内部价值链分析方法包括价值工程（Value-Engineering，VE）分析（也称功能成本分析）、作业成本管理。外部价值链分析方法包括行业价值链分析、客户价值链分析、竞争对手价值链分析、供应商价值链分析。

2. 成本动因分析

成本动因（Cost Driver）指成本的驱动因素。在企业的价值链上联系的每一个价值活动都要消耗资源发生成本，成本动因可以反映引发成本发生的原因，以搞清楚企业的成本结构，有利于对成本的控制。

成本动因分为战术性成本动因和战略性成本动因。战术性成本动因指与企业具体生产作业相关的成本动因，如物耗、作业量等。战略性成本动因指从战略上对企业的成本产生影响的因素。

战略性成本动因分为结构性成本动因（Structural Cost Driver）和执行性成本动因（Execution Cost Driver）。

结构性成本动因指与组织企业基础经济结构和决定企业成本态势相关的成本驱动因素，影响的是企业基础经济结构的确定，并决定企业的成本结构，包括企业规模、整合程度、学习与溢出、技术、地理位置。

执行性成本动因指与企业执行作业程序相关的成本驱动因素,包括劳动力参与、全面质量管理、生产能力利用率、联系。

(二) 目标聚集财务战略

目标聚集财务战略是指主攻特定顾客群、特定产品或服务,以取得在某个目标市场上的竞争优势的财务战略。这种战略的成功关键取决于能否科学划分目标市场。

目标聚集财务战略是典型的专业化战略,是一种突破型、冲锋型战略或收缩型战略。

适用环境:人们购买力较强,需求开始多元化。

使用条件:企业资源和优势相对有限。巨型企业很难长期采用,因其资源足以使任何细分市场饱和。

(三) 产品差异化财务战略

产品差异化财务战略是指提供与众不同的产品和服务,满足顾客特殊需要的财务战略。在成本差距难以进一步扩大的情况下,生产比竞争对手功能更强、质量更优、服务更好的产品以显示经营差异。产品高端化战略是产品差异化战略的一种特殊情况。

产品差异化战略类似"偏才"。

适用环境:人们购买力很强,需求多元化。

使用条件:企业创新能力很强。

产品差异化财务战略能够是一种高端型、科技型战略,非常注重无形资产投资和知识产权保护,要求社会不急功近利,否则难以筹集社会资金。

产品差异化财务战略能够保证人才吸引与稳定所需资金;保证产品研发与创新所需资金;保证市场开拓所需资金;资金来源多利用风险基金;吸引资金方式多样化。

第七节 企业资源与企业财务战略匹配

企业财务战略是企业为实现预期财务目标而制订的宏观规划,它是企业战略的核心。如果企业财务战略不能与企业拥有的资源进行有效的匹配,要么造成资源闲置或利用率低下,要么企业资源不能保证财务战略而使企业战略落空。"理想很丰满,现实很骨感"就是对企业资源与其财务战略不能有效匹配的生动描述。

一、企业财务战略的适宜性选择

企业财务战略将根据不同的环境和资源进行选择,结果是不同企业采取不同财务战略,甚至是企业财务战略处于不同阶段可能会有所不同。企业财务战略的制定必须考虑宏观经济环境、企业发展阶段和企业拥有的资源,及时调整自己的战略,以保持企业发展长期稳定。

（一）宏观经济环境对财务战略的影响

企业发展的宏观环境是指企业面临的政治环境、经济周期、经济发展水平、经济体制、经济政策、社会和文化环境等。制定企业财务战略不仅要跟上当前形势的变化，关键要对经济的发展阶段做出正确的判断，同时还要关注经济形势和经济政策，深刻理解国家的经济政策，尤其是产业政策、投资政策等，这些可能都会导致企业财务及时调整策略来达到财务目标的实现。以经济周期为例，财务战略的选择和实施要适应经济运行周期，通过制定和选择灵活的财务战略来抵御大起大落的经济起伏。

在经济复苏阶段，企业应该采取扩张型财务战略。这时社会需求逐步扩大，企业可以采取积极的融资，通过增加厂房和设备、增加劳动力、建立库存、扩大产能和开发新产品等形式来积极推销自己的产品。在经济繁荣阶段，应实现快速扩张型财务战略向稳健型财务战略的逐步过渡。此时的社会需求慢慢趋向饱和，企业应注重资产的营运效率，需要对现有资源进行优化配置并且提高对现有资源的使用效率。在经济衰退阶段，应采取防御收缩型财务战略。这时企业应停止扩张，及时出售剩余的厂房设备，停产不利产品，减少雇员。在经济萧条阶段，特别在经济低迷时期，企业应建立自身的投资准则，保持市场份额稳定，压缩管理费用，放弃次要的经济利益，降低库存，减少临时员工。

（二）企业发展阶段对财务战略选择的影响

一个企业的发展会经历不同的阶段。企业的生命周期一般要经过初创期、扩张期、成熟期和衰退期四个阶段。发展阶段不同，财务战略也会改变。企业应该分析自己所处的发展阶段，采取相应的财务战略。

处于初创期的企业，企业面临显著的投资风险。在财务实力还不强的情况下，做好企业资源的优化配置，使企业得以生存发展，此时企业应采用稳健发展型财务战略。高经营风险搭配低财务风险，企业最佳的融资渠道是权益资本，股利分配政策是不分配。

处于扩张期的企业，已经具备了一定的资金实力，并逐渐主导市场，资本结构是相对稳定的。为了实现企业进一步强大，企业可以实施快速扩张型财务战略。较高的经营风险要搭配低财务风险，企业的最佳融资渠道仍然是权益资本，但投资者改变了。在这一阶段的企业应采取的股利分配政策是低的股利支付率。

处于成熟期的企业，市场需求增速有所放缓，开发新产品难度较大，其盈利能力在降低，但有较强的抗跌性，有较高的实力进行债务融资。企业应采取的财务战略是低经营风险可以搭配高财务风险，此时企业有很多的现金流量净额，企业的最佳融资渠道是债务融资。这一阶段，企业盈利能力较强，应该采取高股利支付政策来回报股东。

处于衰退期的企业，市场产品的需求降低，销售量会减少。随着现金流入的降低，企业的投入也会减少，但现金流量总体是平衡的，即为零。这时也降低了经营风险，现在要考虑的是：多久之后，产品最终也会退出市场（在有利可图的情况下）。企业应采取的财务战略是低的经营风险和高的财务风险组合，这时企业的融资渠道应选择债务资本。此阶段，企业应采取的股利政策是股利全额发放。

（三）企业所拥有的资源对财务战略的影响

企业还应就实际情况分析其拥有的资源，例如着重剖析企业的产品及其发展目标、市场定位和消费群体、技术水平、地理位置及其与政府的关系、企业文化和经营理念等，这些情况都影响着财务战略。资源代表着企业的资产和能力，企业的竞争优势建立在企业具有的独特资源和它们在特定的竞争环境中资源匹配方式的基础之上，从而影响企业战略和财务战略的制定和实施。企业战略管理，就是一种资源配置活动。

二、扩张型财务战略与企业三大资源的匹配

（一）企业物质资源能否保证企业扩张需要

（1）企业现有资源评估。评估有多少资源可以被用于企业扩张而不至于影响企业的正常生产经营。

（2）企业投资人有无足够的资金支持。一是通过查阅投资人的财务实力，看其有无增加投资的财务能力；二是评估投资人投资意愿，有财务实力并不意味着一定会增加对企业的投资。

（3）看扩张的项目有无引进战略投资伙伴计划。评估引进投资伙伴的可行性、资金实力、投资要求、资金到位进度等。

（4）若是上市公司，有无增发股票计划。评估该计划可行性，可能筹集资金的量与到位时间、资金成本等。

（5）泛金融类机构的资金利用可能性。评估资金量、到位时间、特殊要求、资金成本、使用风险等。

（6）能否得到政府或其他组织的资金支持。这种支持往往具有很大的不确定性，要充分考虑其可靠性。

（7）供应商能够提供多大的商业信用。

（二）企业人力资源能否保证企业扩张需要

（1）管理团队能否对扩张项目进行有效管理。评估管理人员的素质、经历、经验、应变能力、精力、信誉等。

（2）技术队伍能否保证扩张项目的技术需求。评估无形资产储备情况、人员技术等级、实战阅历、工作热情、身体状况。

（3）生产人员能否保证扩张项目的生产需要。评估人员数量、基本操作技能、工作热情、身体状况。

（4）营销队伍能否保证扩张后产品的市场开拓。评估营销技能、市场渠道、客户关系面与可靠程度、工作热情、身体状况。

（三）企业关系资源能否保证企业扩张需要

（1）企业内部管理团队和员工是否理解、支持企业的扩张。如果企业内部不能形成合力，就很难使企业的扩张行为达到预期的效果，甚至出现烂尾项目。

（2）扩张项目是否符合环保要求。随着全社会对环境保护的要求越来越高，那些高消耗、高排放的项目受到越来越多的限制，甚至过不了环境评估关。

（3）主要股东或战略合作伙伴是否支持企业扩张。关于扩张项目的重大决策需要股东同意，扩张项目运行中离不开主要股东或战略合作伙伴的支持。

（4）主要债权人是否愿意继续提供资金支持，主要供应商是否能够提供扩张项目所需要的物资支持，扩张项目能否稳定既有的客户群体、能否扩大消费群体。

（5）政府部门、行业、社区、相关社会团体是否容许、理解、支持扩张项目的建设。

总之，保证排除扩张项目的内外部干扰，甚至得到相关关系者的理解与广泛支持，对保证扩张项目的顺利进行非常重要。

三、稳健型财务战略与企业三大资源的匹配

（一）企业物质资源是否稳定

（1）企业现金流量是否稳定。稳健型财务战略追求的首要目标就是保证现金流的稳定，不出现大起大落，一旦现金流大起大落就证明稳健型财务战略失败。

（2）债权等财务资源是否稳定。实行稳健型财务战略的企业一般不会对外形成大量的债权，因为债权意味着企业有资源提供给其他企业或个人，这与稳健型财务战略不符，当然，为了稳健经营而发生的必不可少的债权是必要的。

保证物质资源稳定，不出现企业物质资源较大幅度的增减变化，特别是防止出现较大幅度的物质资源减少情况的发生，对稳健型财务战略的实施至关重要。

（二）企业人力资源是否稳定

（1）企业主要管理者是否稳定。实行稳健型财务战略的企业一般不会花费高薪去争夺其他企业的优秀管理者，但也不愿意自己企业的主要管理者被其他企业挖走。

（2）核心技术人员是否稳定。企业核心技术人员一旦流失，企业产品的竞争力必然遭到削弱，稳健型财务战略就无法保持。

（3）关键生产岗位人员是否稳定。关键生产岗位人员对企业产品质量至关重要，熟练工人是企业的宝贵资源，他们的流失往往意味着企业产品质量下滑的开始。没有产品质量保证就无法实现稳健型财务战略。

（4）关键营销人才是否稳定。稳健型财务战略必须要求企业的市场需求稳定，关键营销人才的流失就意味着客户的流失，稳健型财务战略就会缺乏继续实施的基础。

（三）企业关系资源是否稳定

（1）企业内部管理团队和员工是否理解、支持企业实施的稳健型财务战略。稳健并不意味着企业不发展，而是放慢企业发展速度，重在调整企业发展速度和发展质量的关系，奠定企业可持续发展的坚实基础。因此，习惯了"勇往直前"的企业管理者和员工很可能不理解、不支持这种"保守"的战略，工作积极性受到抑制，甚至出现离职潮，对企业稳健型财务战略而言就是灾难。

（2）重新审视和关注现有项目与新的环保要求是否相符。中国经济的长期高速发展付出了惨重的环境代价，以前符合环境保护要求的项目不一定符合新的环保要求。因此，

需要重新评估现有项目与环境的关系，如有无新的环保政策影响现有项目、在可预见的一段时间内现有项目是否会受到冲击，以此确保稳健型财务战略的可持续性。

（3）主要股东或战略合作伙伴对企业实行稳健型财务战略的态度。他们的态度关系到企业为实现稳健型财务战略所需要的一些重要决策能否出台。

（4）主要债权人、主要供应商、主要消费群体对企业实施稳健型财务战略的反应。如他们有什么样的反应、这些反应对企业实行稳健型财务战略是正向的还是负向的影响、影响程度有多大。

（5）政府部门、行业、社区、相关社会团体对企业实施稳健型财务战略的影响。它们往往从政策、企业环境、舆论等方面影响企业的战略。

企业关键的关系网的稳定性是企业实施稳健型财务战略的重要保障。

四、防御型财务战略与企业三大资源的匹配

（一）企业物质资源恶化的可能性

（1）企业现金流量恶化的可能性分析。防御型财务战略往往是企业处于不利地位的反映，企业力图保持现有业务规模，是否能够保持住首先反映在现金流量是否有萎缩的迹象，一旦出现萎缩就是防御型财务战略无法保持的征兆。

（2）债权等财务资源是否萎缩。紧随着企业现金量出现萎缩的就是债权等财务资源，这些财务资源出现萎缩就已经可以说明企业的防御型财务战略难以实现。此时应该做好初步的财务危机应对方案。

（3）实物资源减少情况。出现固定资产、存货等实物资源减少，且证明这种减少是不可逆转的，就可以肯定企业无法实现防御型财务战略。此时就必须完善和细化财务危机应对方案，让其具有可操作性。

（二）企业人力资源流动性

（1）企业管理者流动性。实行防御型财务战略的企业往往在薪金上无法吸引优秀的管理人才，管理人员也可能流失，此时应在保持管理人员薪金总额大致不变的情况下，精简管理人员，让企业的主要管理者薪金维持适度的上升是保证企业必需的管理者不流失的关键。

（2）技术人员流动性。实行防御型财务战略极有可能是企业业务收缩的前站，企业并不需要进行相关新产品的研究与开发，对于研究与开发型的技术人员可以让其流出，而对于必要的维护现有产品质量的技术人员要维持其稳定性。

（3）生产人员流动性。实施防御型财务战略的企业往往生产效率较低，而生产效率较低又可能与人浮于事、生产人员技术水平较低有关。因此，应该进行生产人员的精简与重组，保证企业需要的生产人员工薪待遇不受影响，甚至略有上升。

（4）营销人员流动性。实行防御型财务战略的企业最好不要再将营销业绩与工薪待遇挂钩，因为此时企业不需要营销人员开拓新的市场，应重点放在关键客户的稳定上。那么，对于那些期望依靠营销业绩获得较高薪金的营销人员就缺乏吸引力，他们可能会离开企业。企业此时应做好年龄较大营销人员的稳定工作。

（三）企业关系资源恶化可能性

实行防御型财务战略的企业无法追求发展，业务的增长为零，甚至会有所下降。因此，它对各方利益相关者都缺乏足够的吸引力，关系资源恶化的可能性大大增加。

（1）企业内部管理团队和员工与企业的关系可能恶化。特别是如果企业实行防御型财务战略，同时伴随实施了减薪策略，劳资矛盾就很容易激化。

（2）企业对 GDP 增长的贡献为零，政府可能出现由支持转为抑制。特别是在一些政府可以自由裁量的事项上，企业将面临很大的困境，原来的"黄灯"可能转变为"红灯"。除非企业的体量比较巨大，在产值、税收、就业的量上具有优势，即使企业不发展也会有重大的影响，政府担心其业务萎缩而影响自己的政绩。

（3）实施防御型财务战略往往是主要股东或战略合作伙伴的一种无奈选择，他们往往会对企业采取"鸡肋"政策，从而增加了企业与股东的不和谐因素。此时企业应努力做好主要股东或战略合作伙伴的解释、说服工作，让他们保持在企业中股权的稳定。

（4）主要债权人、主要供应商、主要消费群体会对实施防御型财务战略的企业保持警惕性，在企业的业务上往往比较谨慎，企业稍有不慎就可能失去他们。

（5）行业、社区、相关社会团体对企业的关注度会大幅下降，甚至出现负面的影响。

总之，实施防御型财务战略的企业要随时警惕可能出现的关系网络危机，注意关系危机管理。

五、收缩型财务战略与企业三大资源的匹配

（一）企业物质资源价值变现能力

（1）企业现金可能出现较大幅度的减少。一则因为业务收缩而导致现金流减少，二则可能出现资金被相关利益者转移的情况。此时企业要防止出现支付困难而加剧企业死亡。

（2）有序收回债权资源。收缩型财务战略首先应该收缩的是企业对外形成的债权，正因为连现有业务规模都无法保持才实行收缩战略，企业就不应该将资源过多被其他企业或个人占用。

（3）特别注意物质资源的变现，防止其价值流失。企业实施收缩型财务战略往往伴随物质资源的转移，而此时的物质资源一般很难卖出比较理想的价格，防止被无偿转移或贱卖是物质资源变现过程中应该关注的重点。

（二）企业人力资源有序流动

（1）维持保留业务所需的管理人员。企业实行收缩型财务战略并不是所有业务都收缩，而是有选择性地收缩，企业保留的核心业务甚至可能有所发展。对于这些保留的业务所需要的管理人员应该注意其稳定性，其他管理人员应该尽量予以裁减。

（2）技术人员、生产人员、营销人员按照有用性原则决定去留。对于适合企业保留业务需要的人员要尽可能保持其稳定性，对于不适合企业保留业务的人员要坚决予以裁减。要妥善安置分流人员，对那些难以再就业的裁减员工在下岗补贴等方面要给予优惠。

（三）企业关系资源妥善处置

（1）妥善处理企业与裁减员工的关系。实现收缩型财务战略必然伴随就业量的减少，有的员工将因被企业裁减失去工作，如果他们很难再就业，就会与企业形成较为紧张的人际关系。如果企业此时还有一些历史遗留问题，就会出现更为恶化的劳资关系。

（2）妥善处理与债权人、供应商、消费者的关系。特别是被企业收缩掉的业务，由于企业今后不再从事相关业务，就与这几类人员断绝了关系，原来的关系网络就会发生根本性的改变，如果不能妥善处理与他们之间的既有关系，就会影响企业的发展。

（3）争取政府、社团的理解，至少不要出现"落井下石"的情况。

参考文献

[1] Barney J. Firm Resources and Sustained Competitive Advantage [J]. Journal of Management, 1991, 17 (1): 99 – 120.

[2] Coase R. The Nature of the Firm [J]. Economica, 1937 (4): 386 – 405.

[3] Grant R. M. Contemporary Strategy Analysis: Concepts, Techniques, Application [M]. Cambridge, MA: Basis Blackwell, 1991.

[4] 柏培文. 对科斯企业性质观点的质疑正确吗？——与我国一些学者的商榷 [J]. 江淮论坛, 2010 (2): 46 – 51.

[5] 彼得·德鲁克. 管理：使命责任实务 [M]. 北京：机械工业出版社, 2006.

[6] 陈共荣, 廖哲韬, 艾志群. 知识经济下的人力资源评估方法 [J]. 企业管理纵横, 2002: 38 – 39.

[7] 陈兴述. 论财务战略的本质和范畴 [J]. 财会月刊, 2003 (11).

[8] 崔小宏. 加强企业财务战略管理的策略研究 [J]. 当代经济, 2015 (12): 44 – 45.

[9] 杜国用, 杜国功. 论企业性质的三个维度 [J]. 经济师, 2008 (2): 222 – 223.

[10] 范浙宁. 浅论企业财务资源运营分析 [J]. 现代商业, 2013 (30): 197 – 198.

[11] 郭伟奇. 农业企业财务战略类型选择与运用刍议 [J]. 现代农业, 2009 (10): 51.

[12] 哈里森. 战略管理精要 [M]. 大连：东北财经大学出版社, 2009.

[13] 韩文海. 德鲁克的企业目的观：追求企业利润最大化的更高境界 [J]. 东北财经大学学报, 2012 (1): 11 – 16.

[14] 荷花, 张晶. 企业生命周期不同阶段的特征与财务战略 [J]. 中国外资, 2009 (6): 34 – 35.

[15] 贺劲松. 简析企业财务战略管理 [J]. 中国总会计师, 2010 (9): 152 – 153.

[16] 黄宇红, 张卫东. 对企业性质的再认识 [J]. 企业改革与管理, 2010 (7): 18 – 20.

[17] 李晓燕, 金卫东. 企业财务战略与产品生命周期的关系 [J]. 统计与决策, 2005 (10): 148 – 149.

[18] 刘元春. 企业的起源——两种理论解说的比较分析 [J]. 当代经济研究, 1995 (4): 63 – 67.

[19] 刘站敏. 论企业财务战略 [J]. 管理观察, 2011 (24): 157 – 158.

[20] 刘志远. 国外企业专利战略及发展趋势 [J]. 科学与管理, 1998 (2): 23 – 25.

[21] 马斯腾. 关于企业的三大难题 [C] // 斯蒂文·G. 米德玛. 科斯经济学 [M]. 上海：上海

三联书店，2007：49-61.

[22] 邵华清，王斌. 浅议流动资产评估计价 [J]. 今日科苑，2007 (2)：42.

[23] 孙丽，朱晓红. 浅谈企业财务战略的用途和适用性 [J]. 会计师，2011 (5)：49-50.

[24] 谭智仁，罗干淇. 民营企业境外上市的美学——风骨系列（三）：固定资产评估篇 [J]. 资本与市场，2014.

[25] 王卉. 论企业财务战略的选择与制定 [J]. 商，2015 (31)：4.

[26] 王军，雷宏. 现代企业财务战略 [M]. 上海：立信会计出版社，1999.

[27] 王庆喜. 企业资源与竞争优势关系的经验研究 [J]. 科学学研究，2006 (4).

[28] 王子林. 资产评估理论与技术讲座 [J]. 财务与会计，1992：49.

[29] 肖岚. 国内外固定资产评估的研究 [J]. 经济论坛，2011 (12)：160-161.

[30] 谢珺. 财务资源配置对企业核心竞争力的影响研究 [J]. 时代金融，2011 (463)：21-22.

[31] 徐长泉. 企业财务战略的地位和选择 [J]. 苏盐科技，2009 (3)：16-18.

[32] 徐大建，赵永冰. 企业目的 [J]. 中州学刊，1997 (3)：16-21.

[33] 闫彦. 企业资源的战略因素分析与评价 [J]. 工业技术经济，2002：68-69.

[34] 阎达五，陆正飞. 论财务战略的相对独立性 [J]. 会计研究，2000 (9)：2-6.

[35] 杨孝海. 企业关系资本与价值创造关系研究 [D]. 西南财经大学博士学位论文，2007.

[36] 赵海超. 人力资源价值评估方法研究 [D]. 东北大学硕士学位论文，2005.

[37] 赵修章. 对科斯企业性质的再思考 [J]. 中国市场，2010 (31)：108-110.

[38] 甄朝党. 企业本质理论中的企业扩张内涵概略 [J]. 云南财贸学院学报，2002，18 (1)：21-30.

[39] 周黎明，樊治平. 企业关系资本概念框架研究 [J]. 科技管理研究，2012：170-171.

[40] 周晓惠，许永池. 论企业财务资源优化 [J]. 财会通讯（学术版），2006 (6)：27-28.

[41] 朱富国. 企业性质：基于协作系统观的动态演化论 [J]. 产经评论，2011 (6)：90-101.

第三章 企业特质与财务行为

第一节 研究背景

实证研究方法被视为一种"科学"的研究方法,受到广大研究者特别是中青年研究者的热捧,甚至研究生的毕业论文如果不使用模型就会被视为研究方法有问题,面临无法毕业的风险。但实证研究却面临一个尴尬的现实:几乎找不到一个命题能通过实证研究得到一致的结论!为什么依据相同的理论、提出同样的假设、使用一样的指标和模型、根据相同的计算软件,得出的研究结论却不一致,有时甚至得出相互矛盾的研究结论呢?问题就出在研究样本的差异上,不同的样本具有不同的特质,这种不同的特质必然产生不同的作用机理。西方国家证明了的理论未必在我国适用,上市公司实证得出的规律未必能够用于非上市公司,昨天数据得出的研究结论未必能够再次被今天的数据所证实。不少学者已经意识到样本的差异性对研究结果的影响,并提出了"企业特质"概念,但遗憾的是迄今为止尚缺乏对"企业特质"的深入研究,致使虽然有汗牛充栋的实证研究,却无法得到一致性的研究结论,更无法形成理论上的定论。

大量深入的案例研究为我们揭示了一些典型的企业为什么取得成功或为什么会失败,但鲜有企业能够"依样画葫芦"取得成功,每天都有无数的企业"前赴后继"地消失。这究竟是为什么?企业特质!世界上找不出一模一样的两个企业,甚至相同的企业在不同环境下的表现也是不同的,所谓"橘生淮南则为橘,生于淮北则为枳,叶徒相似,其实味不同"。因此,只有深入研究企业特质,从多维角度探索企业的一些共性,组合成具有一定借鉴意义的经验或教训,才有利于企业财务管理目标的实现。

现实社会中,总有一些具有某种共同特质的企业表现出一些共同的财务行为。如国有企业比民营企业更倾向于为员工谋取更多的薪酬与福利,家族企业的亲情管理行为更为普遍,上市公司比非上市公司更能"圈钱",获得成功代价较小的企业更有"四面出击"的冲动,垄断经营企业更希望将成本做大而不是缩小……凡此种种,使我们有理由相信:企业特质与企业财务行为具有某种内在的关联性。

本章首先梳理企业特质与财务行为概念，其次分别介绍企业的一些主要特质，最后提出一些典型的、与特定企业特质具有关联性的财务行为。

第二节 基本概念

一、企业特质

特质（Trait）原本用来描述个人人格特点。常说"性格决定命运"，这里的"性格"就是人的特质。那么，作为法人的企业有没有类似自然人的特质？

（一）奥尔波特的特质概念

高尔顿·奥尔波特（Gordon Allport）是美国人格心理学家，实验社会心理学之父，现代个性心理学创始人，社会促进（Social Facilitation）概念的提出者，特质理论的始创者。其对特质概念的理解具有原创性、权威性。

奥尔波特和奥德伯特于1936年仔细考证了17953个用来刻画人的特征的形容词，在提炼特质概念时，他们归纳了特质的几个性质：①特质说明了人类行为的恒常性。因而不会有两个具有完全相同的特质，每个人遇到的环境经验都不会是相同的。一个具有友好特质的人与一个具有疑虑特质的人对陌生人的反应是不同的。在这两种情况下，刺激都是相同的，但反应却不同，因为各人具有的特质不同。或者正如奥尔波特所解释的："同样都是火，它使黄油溶化，但却使鸡蛋变硬。"②人们是根据他们的特质与世界抗衡的。人们的特质就要把各种经验组织起来，特质必然导致他们的行动，因为人们只有根据自己的特质才能对世界做出反应。所以特质既能激发行为又可以指导行为。例如，如果一些人主要具有攻击性的特质，那么他们在各种广泛的情境中也是攻击性的。③人的特质不能直接观察到，它们的存在必须通过人受刺激之后重复发生的具有同样意义的行为来推断。④特质不是习惯，习惯比特质更具体。一种特质概括了许多特殊的习惯。

奥尔波特把特质定义为："具有使许多刺激在机能上等同的能力，具有诱发和指导顺应与表达性行为的等同（意义上始终一致）形式的一种神经心理结构。"他在题为《什么是个性特质》的论文中提出将特质作为个性的基本单位，并把人格特质分为共性和个性两类。

（二）卡特尔的人格特质理论

奥尔波特的理论发展到20世纪40年代，遇到了两个问题：决定个性的是哪些特质？用什么方法来确定特质？著名的特质理论专家卡特尔在这两个方面都作出了独特的贡献。

雷蒙德·卡特尔（R. B. Cattell）是美国心理学家，最早应用因素分析法研究人格。卡特尔对人格特质理论的主要贡献在于提出了根源特质，1949年用因素分析法提出了16种相互独立的根源特质：乐群性、聪慧性、情绪稳定性、恃强性、兴奋性、有恒性、敢为性、敏感性、怀疑性、幻想性、世故性、忧虑性、激进性、独立性、自律性、紧张性，并编制了《卡特尔16种人格因素测验》（16PF）。卡特尔认为在每个人身上都具备这16种特质，只是在不同人身上的表现有程度上的差异。

卡特尔提出了基于人格特质的一个理论模型（卡特尔人格特质理论），模型分成四层：个别特质和共同特质，表面特质和根源特质，体质特质和环境特质，动力特质、能力特质和气质特质。卡特尔把人格特质分为七大类：①表面特质（Surface Traits）。从外部行为能直接观察到的特质。②能力特质（Ability Traits）。表现在知觉和运动方面的差异特质，包括流体智力和晶体智力。③环境特质（Environment Traits）。由后天的环境因素所决定的特质。④体质特质（Constitutional Trait）。由先天的生物基因因素所决定的特质。⑤气质特质（Temperament Traits）。决定一个人情绪反应的速度与强度的特质。⑥根源特质（Source Traits）。指那些相互联系而以相同原因为基础的行为特质。⑦动力特质（Dynamic Traits）。指具有动力特征如生理驱力、态度和情操的特质，它使人趋向某一目标。

（三）特质与行为

特质理论（Trait Theory）是现代西方用来分析人格构成的一种主要理论，该理论认为人格由许多特质要素构成，特质是构成人格的单位，是指导个体的各种反应的心理结构，特质既能激发行为又可以指导行为。

特质必然导致行动，因为人们只有根据自己的特质才能对世界做出反应。不同的特质可能诱导不同的行为，但特质不能直接观察到，它们的存在必须通过推断，这种推断的重要依据就是行为。

（四）企业特质内涵

企业是法人，人是自然人，根据特质理论，我们认为，企业与人一样，也是有特质的。这一现象，早在20世纪90年代就被许多战略管理学家发现，他们虽然未明确提出"企业特质"这一概念，但他们的研究却发现了企业特质的存在，即"企业的特异性"。例如，他们从企业内部出发讨论企业竞争能力与长期利润的来源时，提出企业内部资源基础的特异性是企业竞争优势的真正基础。Penrose从企业内生成长及知识积累的角度，考察了企业竞争优势的根源，提出了在知识积累过程中不断扩展其生产领域的机制是企业的本质。Alchian强调不同的企业在知识积累及其适应、模仿和试错活动的方式与反应是不同的，结果对企业竞争行为的作用也不同。因而，从企业内生成长角度看，企业是异质的，企业之间组织专业化生产活动具有不同的长期动态优势，它来源于组织内部长期积累的核心知识和能力的差异。

因此，根据以上的分析，我们把特质理论与企业特异性的理论作为基础，认为企业特质的基本内涵具体包括以下方面：

（1）企业特质是一个企业区别于另一个企业的"个性"。企业特质不是企业特征，企业特征是企业的本质，是企业与非企业的区别所在，如盈利性是企业的特征。企业是不断内生成长和演化的有机体，企业在成长中所积累的知识和能力是独特的。知识和能力作为企业的关键性要素是非竞争性的和难以模仿与替代的,无法通过市场公开竞价获得,又使其他企业的模仿和替代行为面临成本约束。企业的"个性特质"是"根源特质"、"能力特质"。

(2) 企业特质可能从多个层面进行观察与分类。企业特质的概念模糊,且研究者关注的重点不同,所提取的企业特质替代也有差异,比如规模、盈利能力、流动性、股权集中度、公司结构、地理位置、所处行业等。

(3) 企业特质可以按某些共性进行归类,体现某类企业的"共性"。如关注企业声誉时,可以将企业特质分为资产运用能力、长期投资价值、财务合理性、管理水平、产品和服务质量、创新能力、吸引留住人才的能力、对环境和社会的责任等内容(Dowling, 1994);关注人力资源与创新绩效关系时,可使用企业结构、规模、行业等作为相关变量(彭红霞,2008);关注研发费用的影响因素时,选择公司规模、治理结构、公司地理位置、所在行业以及公司所有制作等指标(任海云,2009);关注企业融资行为时,用公司规模、资产有形性、盈利能力、流动性、非债务税盾和股权集中度作为变量的替代(黄辉,2009)。

(4) 研究企业的任何领域都离不开企业特质面的影响。虽然不同的研究领域所关注的公司特质千差万别,即使研究对象相同,选取的企业特质指标也会有差异,关于企业特质面的替代变量也没有统一标准。但有一点是肯定的,即研究企业的任何领域都离不开企业特质面的影响。

(5) 企业特质是一个综合词。特质即特有的品质,是一个兼具特性(特有的性质)、特点(独特的地方)、特色(独特的色彩、风格)、特征(特别的征象、标志)的综合词。目前形形色色的企业"特质"描述的都是企业目前所处的状态,这些状态的形成取决于企业组织生产的条件和统筹配置内外部各类资源的协调能力。因此,企业特质是企业生产经营活动的基本条件、生产力各要素以及组织管理水平组合在一起所表现出的综合状态。

二、企业行为

(一) 人的行为及其影响因素

人的行为是指人们一切有目的的活动,它是由一系列简单动作构成的,在日常生活中所表现出来的一切动作的统称。

影响人类行为的因素概括起来可以分为两个方面,即外在因素和内在因素。外在因素主要是指客观存在的社会环境和自然环境的影响,内在因素主要是指人的各种心理因素和生理因素的影响。

对人类行为具有直接支配意义的则是人的需要和动机。当人的需要尚未得到满足时,个体就会产生一种内部力场的张力,周围环境的外在因素则起到导火线的作用。按照德国心理学家勒温的观点,内在因素是根本,外在因素是条件,二者相互作用的结果产生了行为。所谓"近朱者赤,近墨者黑",说的是人的行为容易受到环境的影响;所谓"身居闹市，点尘不染"，则是说人的行为由于受到内在因素的支配，可以不受外在环境的影响。

分析一个人的行为时，要同时看到两个方面的因素，即不仅要深入地了解个体自身的情况，还要全面地分析他所处的特定环境。只有这样，才能弄清内外因素对个体行为的影响。

(二) 企业行为及其影响因素

企业行为是指追求一定目标的企业社会活动，企业作为社会经济的基本活动单位，在内在动力结构的驱使下，对来自外部环境的刺激作出反应。

企业是人的组合，其行为同样受内外部环境的影响。企业内在动力结构表现为企业目标，企业目标不同其行为自然不同；企业外部环境则表现为影响企业目标实现的外部条件，企业所处的外部环境不同则有不同的行为表现。

1. *市场结构对企业行为的影响*

市场体系的发育状态直接决定着企业能否有效地获得资金、劳动力、原材料等生产要素，决定着整个供、产、销过程能否顺利进行。市场环境包括市场态势、市场结构以及市场的发育程度这三个主要外部因素，它们制约或决定着企业行为。

2. *所有制结构对企业行为的影响*

企业是由不同的当事人组成的多利益体，企业行为的发生要受到利益及当事人之间的利益关系、权力、信息三个基本因素的制约。决定企业行为的一个基本因素就是这些不尽相同、有所摩擦的利益多元集合、定向形成的；主导利益的方向和强度取决于多元利益的差异程度及结合方式。所有者的权力是企业主导权力，但是，由于在现代企业内部所有权的多元性和所有权与经营权的分离，非所有者权力在一定程度上制约着企业的行为。所有制内部所有者、经营者和劳动者之间相互的利益和权力的关系对企业行为有很大的影响，不同的所有权结构导致利益结构差异，出现了各经济主体支配地位的变化，影响着企业目标的方向，决定着不同的企业行为。

3. *企业规模对企业行为的影响*

不同规模的企业的市场地位和市场行为是极不相同的。不同规模企业的财产关系、隶属关系及所处的经济体制环境有很大的差别，这种差别必然会导致企业行为的差别。与小企业相比，大企业有着优越的市场地位。大企业拥有规模和技术上的优势，产品供给在本部门本行业中往往占很大比重，产品的市场占有率也很高，在决定市场结构和供求态势方面处于明显的支配地位和垄断地位；大企业的规模优势和资金技术方面的特点造成进入壁垒，使该行业中少数大企业处于垄断地位。大企业对市场价格变动的反应程度弱，市场价格机制在调节这类企业投入产出方面是受到限制的；小企业对市场价格的反应最为灵敏，根据市场价格的变动去调整投入产出规模，按照边际成本等于边际收益的原则来确定产量，组织生产经营活动。

4. *政府行为对企业行为的影响*

政府与企业的关系直接影响企业行为目标和行为方式。政府通过财政、税收、利率等经济杠杆实现对企业的调节，政府目标只是实现企业目标的手段、途径。政府的政治和经济目标一般会通过国有企业实施，从而影响国有企业的行为；政府对非国有企业的影响主要通过政策等加以影响。

（三）企业行为的种类

企业行为是企业对环境的变化所作出的现实反应，构成企业经营管理活动的主要内容。

1. 企业生产行为

企业生产行为指企业为了实现利润最大化目标，按照投入产出相抵收益最大的原则，对发生在生产过程中的生产要素投入和产品产出进行决策的行为。它主要涉及生产要素的最佳配置、短期最优产出决策和长期最优产出决策三个方面的内容。

（1）生产要素的最佳配置。指在成本约束条件下，企业所做出的、与实现产量最大化生产要素组合相关的决策行为。边际生产力理论认为在其他生产要素投入不变的情况下，增加某种生产要素投入所带来的边际产量是递减的。因此，任意两种生产要素边际产量之比（技术替代率）等于这两种生产要素价格之比时生产要素组合达到最优配置。

（2）短期最优产出决策。指与企业短期内的最优产出相关的选择行为。短期最优产出则是指在固定投入一定的条件下，能使企业利润最大化的产量水平。根据厂商理论，当边际成本等于边际收益时，企业在短期内可以实现最优产出。不过，这只是企业实现短期最优产出的一个必要条件，产品价格大于平均成本才能保证企业盈利。

（3）长期最优产出决策。指与企业长期内的最优产出相关的选择行为。企业长期最优产出则是指企业可以变动固定投入来实现利润最大化目标的经营规模。内部规模经济与内部规模不经济的交叉点决定长期最优产出产量。

2. 企业分配行为

（1）工资性收入分配。它是企业与职工之间的利益分割，影响劳资关系。现行制度是将工资作为企业生产过程中的劳动力成本支出，是典型的资本雇佣劳动力的产物。

（2）企业对国家的纳税行为。国家凭借行政权力向企业收取税金，一般有三类税收：一是收益税类（流转税），以企业收入为计税基数，无论企业盈利与否，只要企业从事生产经营活动，就必须缴纳税金；二是所得税类，以企业利润为计税基数，只有企业在盈利条件下才必须缴税；三是其他税收，如资源占用税、专项基金税等。

（3）企业税后利润的分配。税后利润首先需要提取公积金和公益金，然后向所有者分配，剩余部分用于企业积累和扩大再生产。

3. 企业金融行为

企业金融行为指企业在生产、经营过程中进行的资金筹集、资金运用等活动，主要分为企业融资行为和企业投资行为两类。

4. 企业重组行为

企业重组行为是对企业的资金、资产、劳动力、技术、管理等要素进行重新配置，构建新的生产经营模式，使企业在发展中保持竞争优势的经营活动。企业重组行为主要包括兼并、合并与收购三类：兼并使被并企业法人资格消失或变更，合并使双方均消失而成就一个新的法人主体,收购不改变双方主体资格但会改变股权结构。

5. 企业创新行为

企业创新行为是企业通过引进新产品或提供产品的新质量、引进新技术或采用新的生产方法、开辟新市场、获得一种新原材料或半成品的新的供给来源、实行新的企业组织形式等方式而获得超额利润、赢得竞争优势的经济活动。

此外,可以从是否盈利划分企业行为,有营利性企业行为和非营利性企业行为。营利性企业行为表现为生产、流通或服务方面的行为;非营利性企业行为表现为保护资源、防止污染的活动,社会管理与协调关系方面的活动。

(四)判断企业行为合理的标准

判断企业行为合理的标准,是在平等竞争条件下,实现企业利润,增加积累,扩大再生产,以满足社会的需要。凡是符合这一标准的,为合理的、正常的企业行为;违背这一标准的,为不合理、不正常的企业行为。

三、企业财务行为

企业财务行为可以简单理解为企业从事财务活动与处理财务关系时所表现出的行为。

(一)财务

财务是企业组织资金运动(财务活动)和处理资金运动过程中的各种关系(财务关系)的事务,是一种客观存在。

1. 财务活动

指企业为生产经营需要而进行的资金筹集、资金运用、资金耗费与回收和资金分配以及日常资产管理等活动。

(1)资金筹集引起的财务活动。筹集资金表现为企业资金收入;偿还借款、支付利息或股利以及支付各种筹资费用等,表现为企业资金支出。这种因筹集资金而产生的资金收支,便形成筹资财务活动。

(2)资金运用引起的财务活动。企业把筹集到的资金对内用于购建固定资产、无形资产、流动资产以及支付工资和其他费用,便形成企业内部投资;对外购买其他单位的股票、债券或与其他企业联营而进行的投资,便形成企业对外投资。投资会引起资金支出,收回投资会引起资金收入。这种因投资而产生的资金收支,便形成资金运用财务活动。

(3)资金耗费与回收引起的财务活动。企业在生产经营过程中,一方面要发生物化劳动和活劳动耗费,另一方面要生产出产品。前者的货币表现称为费用或成本,形成资金支出;后者的货币表现称为商品的价值,通过销售商品后回收资金耗费,形成资金收入。这种因生产和销售而产生的资金收支,就构成了资金耗费与回收的财务活动。

(4)资金分配引起的财务活动。企业因生产经营活动、对外投资以及直接计入当期利润的利得和损失而形成的净利润,表明资金的增值或获取了投资报酬;企业实现的净利润要按规定程序进行分配,引起资金支出。这种因利润形成与分配而产生的资金收支,便形成资金分配财务活动。

(5) 日常资产管理引起的财务活动。日常资产管理是指对企业的固定资产和流动资产等进行的日常管理,其目的是提高资产使用效率,使企业获得较高的经济效益。在日常资产管理中,也会经常发生资金收支,从而引起财务活动。

2. 财务关系

企业的财务活动只是企业财务的形式特征,财务关系才是企业财务的本质特征。财务关系指企业在组织财务活动过程中与各方面发生的经济利益关系,可以概括为以下几个方面:

(1) 企业与所有者之间的财务关系。指企业所有者对企业投资、参与企业收益分配以及直接计入所有者权益的利得和损失等所形成的投资与分配关系,是各种财务关系中最根本的财务关系,体现了所有权的性质,反映了经营权与所有权的关系。

(2) 企业与债权人之间的财务关系。指企业向债权人借入资金,并按借款合同的规定按时支付利息和偿还本金而形成的债务清偿关系。这种关系体现的是债务与债权关系。

(3) 企业与其被投资单位之间的财务关系。企业将其闲置资金以购买股票或直接投资的形式向其他单位投资,按约定履行出资义务后,有权参与被投资单位的利润分配。这种关系体现的是所有者性质投资与受资的关系。

(4) 企业与债务人之间的财务关系。企业将其资金以购买债券、提供借款或商业信用等形式出借给其他单位后,有权要求债务人按约定的条件支付利息和偿还本金而形成的债权清偿关系。这种关系体现的是债权与债务关系。

(5) 企业内部各单位之间的财务关系。指企业内部各单位之间在生产经营各环节相互提供产品或劳务所形成的内部结算关系,体现的是内部各单位之间的经济利益关系。

(6) 企业与职工之间的财务关系。企业向职工支付工资、津贴、奖金、补贴、福利费、住房公积金、工会经费、教育经费,以及各种社会保险费等方面的薪酬而形成的经济关系,它体现了企业与职工之间的分配与债务关系。

随着市场经济的不断完善,企业与各方面的联系日益广泛,企业的财务活动和财务关系将日趋复杂,如何处理好企业与各方面的财务关系,将成为决定企业生存和发展的关键问题。

(二) 财务行为的本质

根据行为学理论,财务行为是财务行为主体在企业内外环境因素的影响和刺激下,为实现财务目标所做出的现实的、能动的反应。

(1) 财务行为包括行为主体、行为客体和行为环境三个基本要素。财务行为主体是指具有财务行为能力和行为职责的,能在财务实践活动中认识和改造财务行为客体的"财务人";财务行为客体是指财务行为作用的对象,即企业的财务活动;财务行为在形成和发展过程中,始终要受到环境的影响和制约。财务行为中的行为主体、行为客体和行为环境三个基本要素是一个有机的整体,它们共同决定着财务行为的走向和规律。

(2) 财务行为是行为主体与行为环境相互作用的外在表现。从系统论的观点看,财务系统是一个具有自主行为能力和不断与外部环境进行物质、能量和信息交换的能动机体。这一特性决定了财务行为不仅受财务人内在心理因素的支配和影响，还受财务行为环境的刺激，是两种刺激交互制约、作用和影响的结果。外部环境和财务人心理的任一要素发生变动，都会引起财务行为的波动，从而影响财务管理作用的发挥。

（3）财务行为目标既是财务行为发生的驱动机制，又是财务行为系统运行的定向机制。动机是人类行为的出发点，财务人的行为选择首先取决于其动机。动机是组织内在的需要、欲望和冲动，是针对意识或潜意识的目标而发生的，它引发并维持某一动作，是行为的原因和主要动力；目标是由动力引导的外在的诱因。财务行为的"动机"是优化配置企业财力资源，"目标"是实现资金最优化产出。财务目标的指向和重点不同，由此驱动的财务行为也就不同；财务行为又是财务目标实现的方式，财务行为优化与否关系到财务目标能否实现。根据财务行为的强度、方向和内容，可以推测出财务目标的优化程度和实现程度。

（三）财务行为的特征

（1）目标驱动性。财务目标是财务行为的驱动力，是财务行为的出发点和归宿。财务目标对财务行为所产生的驱动作用的大小，取决于人们制定的财务目标的科学性和合理性。财务目标的驱动作用主要表现在两个方面：一是导向作用。它能够把不同财务人员的思想和行为导向同一方向，使他们为完成预定任务而共同努力工作。二是激励作用。目标在未实现之前对人的行为来说是一种期望值，这种期望值会成为一种激励因素，激励财务人员同心协力，为实现财务目标而努力奋斗。

（2）管理本源性。财务行为本质上是人的一种管理活动。财务管理的职能是通过财务人员从事的多种形式的管理活动实现的，如果离开了作为管理者之一的财务人员，离开了对企业资金运动的规划与控制，企业经济效益的提高将成为一句空话。任何管理活动都必须以人的管理为出发点和归宿，只有这样，才能实施有效的管理。研究财务行为就是要通过加强对人的管理，促进企业行为的优化，保证企业向良好的方向发展。

（3）行为有效性。财务行为主体参与管理，实际上是从价值的角度对企业经济行为进行规划和控制。财务行为对经济行为的作用主要表现在对经济行为动机的激发和引导上，通过对人们行为动机的激励，引导经济行为向好的方向发展。合理的财务行为能强化经济行为，对经济行为产生积极的激励作用，从而提高经济行为的效率和效益。

（4）环境适应性。财务环境是一个多层次、多方位的复杂系统，它纵横交错，相互制约，对企业财务行为有着重要的影响。财务行为只有适应环境的变化，合理地利用环境，才能实现预期目标，达到预期效果。特别是在市场经济条件下，理财环境具有构成复杂、变化快速等特点，财务人员更应该重视对环境因素的分析和研究，根据环境的发展变化，及时调整理财策略与措施，优化财务行为，以增强对环境的适应能力、应变能力和利用能力。

（四）财务行为的构成

根据行为科学理论，财务行为可划分为动机形成、行为实施、结果检验三个阶段，与此相应，财务行为系统就分为动机、执行、结果三个子系统。

（1）财务行为动机子系统。由产生动机、引导行为的若干刺激因素组合而成，主要包括财务行为主体需要、财务行为目标、理财环境等方面。财务行为动机并不是行为主体随意产生的，而是各种内外因素共同作用的结果。财务行为主体内在需要是产生行为动机的前提，它包括生理需要、安全需要、社交需要、尊重需要和自我实现需要等要素。为了满足某种需要，财务行为主体就必须接受外部的要求（通常是指财务目标），形成一种心理上的激发力量，这就是财务行为的动机。财务行为主体内在需要的期望值越大，对外部刺激的反应越积极，产生行为的动机也就越强烈。当然，财务行为动机能否向现实转化，还取决于外部环境状况。因此，外部环境也是动机子系统内的一个重要因素。

（2）财务行为执行子系统。该系统是整个财务行为系统的核心部分，由财务行为组织机制、财务行为激励机制、财务行为约束机制等要素组合而成。财务行为组织机制是财务机构设置、财务管理体制等有机结合的产物，它直接影响整个财务人员群体的行为。财务行为的激励机制包括企业劳动人事制度、工资制度、奖惩制度、保障制度以及民主管理制度等。这些因素影响财务人员积极性、主动性和创造性的发挥。财务行为约束机制是各项财务法规、财务制度、责任制度、职业道德规范等因素的有机结合，它是财务行为的控制器和调节器，是财务行为合理进行的重要保证。

此外，财务行为执行子系统内，还包括财务行为所依赖的工作方法、工作手段等。

（3）财务行为结果子系统。由财务行为的结果及其影响两个因素组合而成。财务行为的结果是财务行为主体作用于财务行为客体所达到的状态，它表明财务行为目标的实现程度。财务行为的结果通常以信息的形式表现并输出，其影响主要表现在两个方面：一是对外部经济活动的影响，具体表现为引导、促进或制约企业的经营管理及决策；二是对财务本身的影响。财务行为系统具有反馈功能，将某种财务行为的实施结果进行反馈，可以对以后的财务行为产生引导作用。合理的行为将会被继承和发扬，不合理的行为将会被修正、优化。通过这种反馈机制，财务行为的三个子系统紧密地结合在一起，相互影响、相互作用，形成一个半封闭的系统。

以上三个子系统及其构成要素具有相对的独立性，它们从不同的侧面，在不同的层次上，以不同的方式和程度决定或影响着财务行为的某一方面或某一部分的合理化，同时彼此之间又是相互联系、相互制约、相互促进的，共同构成一个完整的财务行为结构，从而决定着整个财务行为的合理化。因此，优化某个子系统，就能实现财务行为的某一方面或某一部分的合理化；优化各个子系统，建立起科学合理的财务行为结构，就能实现整个财务行为的合理化。

（五）企业财务行为的主要种类

根据企业的五种主要财务活动，企业的财务行为主要分为以下五类：

1. 资金筹集行为

资金筹集行为也称企业融资行为，是指企业从自身生产经营现状及资金运用情况出发，根据经营策略与发展需要，经过科学的预测和决策，通过一定的渠道，采用一定的方式，利用内部积累或向企业的外部资金供给者筹集资金，以保证企业生产经营需要的经济行为。通过融资行为，企业在资金短缺时，以最小的代价筹措到适当期限、适当额度的资金；资金盈余时，以最低的风险、适当的期限投放出去，以取得最大的收益，从而实现资金供求的平衡。

企业融资的方式按照有无金融中介分为两种：直接融资和间接融资。直接融资是不经过任何金融中介机构，而由资金短缺的单位直接与资金盈余的单位协商进行借贷的行为，或通过有价证券及合资等方式进行的资金融通，如企业债券、股票、合资合作经营、企业内部融资等；间接融资是通过金融机构为媒介进行融资的行为，如银行信贷、非银行金融机构信贷、委托贷款、融资租赁、项目融资贷款等。直接融资方式的优点是资金流动比较迅速，成本低，受法律限制少；缺点是对交易双方筹资与投资技能要求高，而且有的要求双方会面才能成交。间接融资通过金融中介机构，可以充分利用规模经济，降低成本，分散风险，实现多元化负债。但直接融资又是发展现代化大企业、筹措资金必不可少的手段，故两种融资方式不能偏废。企业融资的过程就是资金资源再配置的过程，不仅能够提高社会资源配置的效率，而且还会促使资金从低效率部门向高效率部门流动。

2. 资金运用行为

资金运用行为也称企业投资行为，是企业以自有的资本投入，承担相应的风险，以期合法地取得更多的资产或权益的一种经济行为。企业投资行为可作如下分类：①按投资与企业生产经营的关系，可划分为直接投资和间接投资。直接投资是把资金投放于生产经营环节中，以期获取利益的投资。在非金融性企业中，直接投资所占比重较大；间接投资又称证券投资，是把资金投放于证券等金融性资产，以期获取股利或利息收入的投资。②按投资回收时间的长短，可划分为短期投资和长期投资。短期投资是准备在一年以内收回的投资，主要包括对现金应收账款、存货、短期有价证券等的投资；长期投资是一年以上才能收回的投资，主要包括对房屋、建筑物、机器、设备等能够形成生产能力的物质技术基础的投资，也包括对无形资产和长期有价证券的投资。③按投资的方向和范围，可划分为对内投资和对外投资。对内投资是把资金投放在企业内部，购置各种生产经营用资产的投资；对外投资是指企业以现金、实物、无形资产等方式或者以购买股票、债券等有价证券方式向其他单位的投资。④按照投资对象的形态，可以划分为金融资产投资和实物资产投资。金融资产投资是企业购买股票、债券等金融资产的行为；实物资产投资又分为扩大经营规模的生产性投资及非生产性投资，生产性投资又分为固定资产投资和非固定资产投资。现代企业在确定投资项目时必须考虑两个因素：一是所选定投资项目的盈利性，二是在若干项目中对最佳方案的筛选。

3. 资金耗费与回收行为

资金耗费行为是指企业发生物化劳动和活劳动耗费时所表现出的行为，是资金耗费的预测、决策、计划、核算、分析、考核和控制等一系列管理行为的总称。这些行为的目的是充分动员和组织企业全体人员，在保证产品质量的前提下，对企业生产经营过程的各个环节进行科学合理的管理，力求以最少的生产耗费取得最大的生产成果。

企业资金耗费行为受资金耗费管理系统的目标的影响。在不同的经济环境中，企业资金耗费管理系统总体目标的表现形式也不同,而在竞争性经济环境中,资金耗费管理系统的总体目标主要依竞争战略而定。在成本领先战略指导下,资金耗费行为是追求成本水平的绝对降低,而在差异化战略指导下则是在保证实现产品、服务等方面差异化的前提下,对产品全生命周期资金耗费进行管理,实现资金耗费的持续性降低。

资金回收行为指销售商品回收资金的行为,也可称为销售与收款行为,这些行为必须确保销售与收款业务的真实性、合法性。销售与收款行为是否实行了相互分离、制约和监督制度,应当将办理销售、发货、收款三项行为的部门(或岗位)分别设立,不得由同一部门或个人办理销售与收款业务的全过程,财会部门(或岗位)主要负责销售款项的结算和记录、监督管理货款回收。如果企业设立了专门的信用管理部门或岗位,信用管理行为就是负责制定单位信用政策、监督各部门信用政策执行情况,不得与销售行为合并。从事销售与收款行为的人员应当具备良好的业务素质和职业道德,并进行岗位轮换。对销售与收款业务进行授权批准的行为必须符合明确的授权批准方式、权限、程序、责任和相关控制措施,严禁未经授权的机构和人员从事销售与收款行为。

销售与收款行为发生是否及时,单位应当按照《现金管理暂行条例》、《支付结算办法》和《内部会计控制规范——货币资金(试行)》等规定,及时办理销售收款业务;单位应将销售收入及时入账,不得发生账外设账、擅自坐支现金行为。

4. 资金分配行为

企业的分配行为是指企业生产经营所涉及的各个主体获取收入的方式及比例安排。其内容主要包括以下几个方面:①政府向企业收取各种税收和规费,对于国有企业则还有利润。企业在生产经营过程中发生应税行为,获取应税所得,拥有应税财产或占用应税国家资源,都要按规定的标准向政府缴纳税收。②所有者获得资本收入。在股份制企业中表现为股息和红利;有时公司为扩充资本,用发放新股(即赠送红股)来代替股息和红利。③经营者,包括董事、经理、监事等,获得较高的风险经营报酬。④生产者(职工)获得工资、奖金、津贴。⑤企业自身应拥有留存收益,包括公积金和公益金。公积金是指企业按照规定从税后利润(即净收益)中提取的积累资金,可用于以丰补歉,弥补亏损,也可用于扩充生产经营规模。公益金则是专门用于职工集体福利设施的准备金。

企业分配行为起到调节国家、企业、劳动者个人三者之间的经济利益关系的作用,影响国家财政收入、企业生产、职工生活。因此,企业分配行为要贯彻合理化原则,包括兼顾国家、企业和职工个人三者利益的原则,优先满足技术改造资金需要的原则,重视发展集体福利事业的原则,职工工资性支出的增长必须低于劳动生产率增长和经济效益增长幅度的原则。企业的分配行为是否合理,主要就是看能否正确处理各个主体之间的利益关系,能否兼顾各个主体的利益。

我国企业分配行为在改革开放的过程中正在经历重大的调整,朝着适应社会主义市场经济发展要求的方向变动。从目前出现的突出问题看,体现在观念、规范、体制和管理四个方面:①观念。主要在三大观念上存在差距。一是缺乏效率分配观念,平均主义影响依然严重存在;二是缺乏人力资本观念;三是缺乏生产要素的价值贡献观念。②规范。目前企业分配结构、方式千差万别，各显神通、各具特色，这固然有从实际出发，积极探索的合理因素，但从规范操作要求看，分配选择的随意性及其非理性措施给人以混乱之感。③体制。分配方式决定于分配体制，而分配体制则植根于产权制度。一些国有企业至今分配体制改革的力度不大，经营者持股分配甚至年薪制问题难以解决，根源就在于背后的产权未能真正明晰。若将体现投资者的三大权益，即收益回报权、重大问题决策权和管理者选择权完整地交给资产授权经营系统，并明确相应的责任，必将带来分配方式的突破性变化。④管理。分配的混乱必然伴随着管理的混乱。企业若没有严格科学的管理制度及执行监控体系，就无法做到分配有序。一些经营者产生分配异常行为甚至犯罪行为，直接原因在于管理出现漏洞，尤其是财务管理混乱。

5. 日常资产管理行为

企业日常资产管理行为主要包括：资产卡片管理、资产录入、资产转移、资产维修、资产借用、资产启用、资产停用、资产退出等日常管理行为；盘点单查询、盘点单录入、盘盈盘亏明细表、盘点汇总等资产盘点行为；计提折旧、折旧月报、折旧年报、资产减值准备、资产价值重估、累计折旧明细等折旧管理行为；分类明细统计报表、部门明细统计报表、新增资产统计报表、退出资产统计报表等资产报表管理行为；操作员/权限、部门/人员信息、资产分类编码、资产属性信息等资产系统管理行为。

（六）财务行为优化的目标模式

财务行为优化的目标模式，是判断财务行为优化与否的基本标准。研究目标模式的主要目的在于，将现阶段的财务行为与其进行比较，找出差距，查明原因，纠正偏差，以实现目标模式。财务行为优化的目标模式的基本框架是：

1. 行为观念新型化

优化的财务行为是建立在优化的理财观念基础上的。近年来，我国一些企业财务行为扭曲，其根源不在方法上而在观念上。因为观念是思维的起点，起点错了，一切努力都是徒劳的，优化财务行为也就只能成为一句空话。所以，树立新型的符合时代要求的理财观念是财务行为优化的一项重要内容。理财观念受到理财环境的制约，并受财务管理的对象、要素和手段的影响。在市场经济条件下，随着企业财务管理主体地位的确立和理财自主权的落实，企业必须摒弃传统的理财观念，树立以市场经济为主体的新的观念体系，以适应市场经济发展的需要。

2. 行为目标科学化

财务行为目标是产生财务行为的诱因，并且在财务行为的整个过程中起着引导和促进作用。人们在进行理财活动时，选择或摒弃某些程序和方法总是基于某种动机和理由，由此追溯下去，最终的理由，就是财务行为目标即财务目标。财务目标既是财务行为系统运行的驱动和定向机制，又是分析和评价财务行为合理与否的基本标准。所以，财务目标科学化也是财务行为优化的一项重要内容。

3. 行为方法现代化

财务行为方法亦即财务管理方法，它是财务人员为了实现财务管理目标，完成财务管理任务，在进行理财活动时所采用的各种技术和手段。财务管理方法是确定财务行为流程的基本依据，是提高财务行为质量和效率的重要手段。财务管理方法现代化是指在财务行为中广泛地应用现代科学方法，以适应现代财务管理预测、决策、预算、控制和分析的需要。财务管理方法按其性质不同，可以分为定性方法和定量方法两类。尽管它们各有优缺点，在实际工作中应结合使用，但由于定量方法较之定性方法更具有客观性、精确性和实用性，因此，财务管理方法现代化主要是指财务管理定量方法现代化。

4. 行为组织系统化

财务行为不是单个的孤立行为，也不是各个方面单个行为的简单相加，而是一个具有内在联系的有组织的系统。财务组织系统化是指采取有效的组织方式，将财务行为系统内的各个要素以及各个方面的单个行为有机地组织起来，使之成为一个具有内在联系的能够协调运行的系统。财务组织系统化要求根据企业的实际情况和管理的需要，建立相应的财务组织，配备适量的高素质的财务人员，建立健全财务制度，把财务人员个体行为科学地组织起来，保证财务人员优化组合和财务活动有序进行。财务组织系统优化是财务行为优化的组织保证。

第三节　企业股东特质与财务行为

一、股东与企业控制权

自从提出"企业法人财产权"概念后，财务管理领域极少研究股东，而是研究企业法人财产的管理问题。但股东是企业的所有者，拥有企业终极控制权和企业剩余财产索取权，能够通过选择经营者而对企业拥有关键控制权，经营者仅对企业拥有普通控制权。因此，股东与企业财务行为之间的关系是一个绕不开的话题。

（一）企业控制权的归属——股东失去了对企业的控制？

企业控制权究竟应该由谁行使才符合企业本质以及效益、效率原则呢？

股东出资后便失去了出资财产的所有权，在企业中仅能行使股东权，从而确立了企业的法人主体地位、独立人格。股份制企业形成了企业所有权与控制权分离的现实，是不是可以说股东从此之后便失去了对企业的主导权或控制权了呢？

Berle（伯利）与Means（米恩斯）于1932年在《现代公司与私有财产》一书中提出了企业所有与企业经营分离经典命题，根据Berle与Means的管理层控制理论，经营管理层成为真实的公司代表者和控制者。但是，股东真的愿意把自己的财产放心地交给他人来支配吗？董事等管理层真的拥有不受控制的权力吗？

从某种意义上说，是股东自身的原因，诸如股权分散、"用脚投票"或干脆"搭便车"等消极行为，造成了股东大会的空壳化倾向，导致了所谓的经营层控制现象。在企业法理论与司法实践中一度产生了企业权力重心由"股东会中心主义"向"董事会中心主义"转移的认识和倾向,并出现了企业经营中的"经理革命"、"内部人控制"问题。

股份公司本身是以聚集多数人的资金,形成大资本展开规模经营为目的的,对于一个试图控制公司的投资者来说,只要拥有一定的股份数额获得一定比例的表决权便足够掌控公司。判断公司所有者是否对公司经营者失去控制时,问题的关键并不在于所有权的集中率是多少,而在于股东所持有的股份能否对董事、监事、高级管理人员的产生以及他们的行为进行有效的控制。虽然大企业的所有权结构比小企业更为分散,但其所有权的集中度已足以使大股东能有效地影响管理者和控制公司。

随着 20 世纪 80 年代机构投资的兴起与发展,企业所有权结构出现了集中的趋势。在有机构投资者的企业中,更是无法形成内部人控制。股东投资的目的是为了控制公司并获得更多的收益,绝不会把宝贵的资产控制权拱手交给他人,除非此人是自己非常信任的。事实也是如此,大股东在公司中的作用显而易见。因此,根本不可能存在所谓的控制权真空状态,股东并没有失去对管理层或者公司经营的控制。

(二)股东在企业中的作用

企业是营利性组织,首先必须有营利的基础——资源。按照 Jensen 和 Meckling (1976)的观点,企业是一组合同的连接,通过合同将组织、利用、分配资源的各环节联系在一起。但如果这个合同安排不能有效解决资源的组织、利用和分配,企业就无法有效地进行生产。

企业资源配置中涉及的三个基本问题是生产什么、怎样生产和为谁生产(如何分配)。企业通过生产商品或劳务以满足某种或某几种社会需求而获利,到底选择满足哪些需求(企业生产什么),决定着企业进入的领域及发展方向,虽然企业家可以凭借自己的经验和专业知识影响企业生产决策,但这种关系企业长远发展问题的最终决定权应该属于股东。怎样生产一般视为经营管理问题,由企业的经营管理者负责。生产后企业产生的利润或亏损怎么分配或处置,是企业股东的事。

因此,在企业基本问题上,股东扮演着非常重要的角色,是企业其他利益相关者无法取代的,也没有法理基础来取代。

二、企业股东特质的分类

由于企业的组织形式和目标愿景不同,股东可以按不同的标准进行多种分类。

(一)按股东人格分类:自然人股东和法人股东

1. 自然人股东

自然人股东是具有独立生物学特征的个人,他们的知识、阅历、财富、人生观、世界观等影响着被投资企业。自然人股东行为受个人特质的影响,而个人特质可能千差万别。最典型的自然人特质有五分法和四分法。

五分法人格特质。①情绪稳定性:焦虑、敌对、压抑、自我意识、冲动、脆弱;②外向性:热情、社交、果断、活跃、冒险、乐观;③开放性:想象、审美、情感丰富、求异、智能；④随和性：信任、直率、利他、依从、谦虚、移情；⑤谨慎性：胜任、条理、尽职、成就、自律、谨慎。

四分法人格特质。行为管理学家东尼·亚历山卓（Tony Alessandra）和麦可·欧康诺（Michael J. O'Conor）则把人格特质分为四种：①指挥者（Director）。这类型的人果敢、坚定、充满自信、重视效率、喜欢竞争、勇于接受挑战和冒险，在工作上会努力达成目标、注重最后的结果，是天生的领袖和行动者，但是比较霸道没有耐性，常常直话直说，容易得罪人，而且无法容忍别人的能力不足。②社交者（Socializer）。这类型的人乐观、活跃、积极、热心，喜欢表现、爱说话、爱表达意见，具有创意、直觉力强、人际关系很好，但是注意力无法持久，容易感到无聊，要不断寻找刺激，做事冲动，不注意细节。③协调者（Relater）。这类型的人友善、随和、愉快、谦虚、有礼，乐于和别人合作，关心别人、宽容别人，但比较谨慎小心、不敢冒险、喜欢照章行事、难有突破、不轻易改变。④思考者（Thinker）。这类型的人理性、细心、深思熟虑、注重逻辑、善于分析，做事有条理、有规律，重视细节，但比较保守、内向，有时过于吹毛求疵、要求完美。

2. 法人股东

法人是在法律上赋予一个组织具有与自然人相似的权利与义务，法人是由一群自然人构成的组织，虽然受组织中强势自然人的影响，但毕竟组织是一个团体，不可能像单一的自然人那样由个人说了算，必须符合该组织的基本目标。

法人是世界各国规范经济秩序以及整个社会秩序的一项重要法律制度。各国法人制度具有共同的特征，但其内容不尽相同。不同的法人形成了不同的法人理论，法人制度理论成为世界各国建立和完善法人制度、规范经济秩序以及整个社会秩序的理论基础。我国《民法总则》规定"法人是具有民事权利能力和民事行为能力，依法独立享有民事权利和承担民事义务的组织"。

法人具有以下一般特征：①法人不是人，是一种社会组织，是一种集合体，是由法律赋予法律人格的组织集合体。这是法人与自然人的根本区别。它可以是个人的集合体，也可以是财产的集合体。不以组织集合体名义出现在民事主体的，不能为法人。②具有民事权利能力和民事行为能力。它可以以自己的名义，通过自己的行为享有和行使民事权利，设定和承担民事义务。法人的民事权利能力和民事行为能力，从法人成立时产生，到法人终止时消灭。③依法独立享受民事权利和承担民事义务。它有自己独立的权益，可以自己的名义独立享受权利和承担义务。④独立承担民事责任。可否独立承担民事责任，是区别法人组织和其他组织的重要标志。《民法总则》规定，法人以其全部财产独立承担民事责任。

我国法人分类与国外是不一样的。国外一般首先将法人分为公法人和私法人，再将私法人按设立的基础不同分为社团法人和财团法人，按设立的目的不同分为营利法人和公益法人。我国民法首先将法人分为企业法人和非企业法人，再将企业法人分为公司法人和非公司法人，将非企业法人分为：①机关法人。即各类国家机关。判断标准：有独立的财政预算经费和行使国家权力，且依法设立，设立时即获得法人资格。②事业单位法人。大多数为国家拨款，从事公益事业的组织。自负盈亏、实行企业化经营的，仍具有公益性；不需要办理法人登记的，成立时即获得法人资格；需要办理法人登记的，经核准登记获得法人资格，对其财产的权利——类似所有权——占有、使用和有限制的收益、处分。③社会团体法人。由法人或自然人组成；不需要办理法人登记的，成立时即获得法人资格；需要办理法人登记的，经核准登记获得法人资格。社会团体法人与社团法人的区别在于，社会团体法人中，有的属于社团法人（学会、商会），有的属于财团法人（基金会）。

我国对企业法人成为企业股东没有限制，但对非企业法人成为企业股东则有限制。

（二）我国特有的分类：国有股东和非国有股东

我国实行公有制为基础的社会主义市场经济，全民所有制在我国国民经济中占有重要的地位，国家股东的目的是壮大公有制经济，这与西方国家有所区别。

（三）按权利分类：普通股股东和优先股股东

普通股股东最后受偿，但拥有企业经营管理决策权；优先股股东优于普通股股东受偿，但一般不拥有或有限拥有企业经营管理决策权。

（四）按是否为发起人分类：发起人股东和非发起人股东

发起人股东对企业成立或上市承担较多的责任和风险，其股票在企业上市后往往有一定的锁定期，但发起人股东一般拥有对企业的控制权。

（五）按股权转让自由度分类：股权自由转让股东和股权转让受限股东

一般是发起人、关键控股股东、国有股东在股权转让时有一定的限制，目的是保证企业的持续稳定经营或者保证企业的国有性质。

（六）按投资目的分类：投资型股东和投机型股东

投资型股东一般期望从被投资企业的盈利中分得红利，持股时间比较长，一般称为长线投资。投机型股东一般通过股票的买卖价差获利，不会长期持有企业股票，称为短线投资。

三、股东特质的度量指标

（一）虚拟变量度量

现有的不少关于股东特质的研究都是设置虚拟变量，将具有某类股东特质的公司设为1，不具有该类股东特质的企业设为0。这种研究方法比较粗糙，且只能用于两种特质的比较，如果出现多种股东特质就无法研究。

（二）股权结构指标

研究者将企业股东进行分类，将各类股东在企业股权中的比例作为解释变量，观察是否会对企业的业绩等造成不同的影响。由于分类方法很多，再加上股权结构不一定代表控制权的高低，致使研究结论未取得一致的结果。

四、股东特质对财务行为的影响

（一）股东特质与薪酬决定行为

一个企业薪酬的多少与公平性直接关系到劳资关系是否和谐，关系到企业的稳定与发展。但不同的股东特质有不同的薪酬决定机制，从而产生不同的薪酬决定行为。

西方国家的研究是假定企业都是按市场机制来决定员工薪酬的，股东特质的差异并不导致薪酬决定行为上的差异。因此，其主要研究的领域为股东能否通过薪酬设计来诱使管理者与所有者行动保持一致，高管薪酬与企业绩效之间、高管薪酬与盈余管理之间的关系就成为主要的研究话题。

在我国，可能存在国有企业中员工薪酬的决定行为总体比较宽松，因为从法理上讲，国有企业的员工既是职工，也是企业的所有者，作为所有者代表的政府自然应该为员工着想，工资水平相对较高。这从我国公布的行业工资水平也能够印证。民营企业的股东就可能出于利润的追逐而尽量设置比较低的薪酬。当然过高的国有企业薪酬会导致社会不公，引发社会不满情绪，因此一般国有企业都有限薪规定，特别是限制国有企业高管的薪酬。

(二) 股东特质与社会责任行为

一个企业是否愿意尽社会责任，与控股股东的社会责任意识高度相关。如果控股股东一心只想尽可能攫取高额利润，就不可能很好地履行企业的社会责任，那么就会在产品质量、环境保护、员工劳动保护等方面出现投资不足，更不愿进行社会捐赠、社会救济等行为。

(三) 股东特质与盈余管理行为

盈余管理在此处可以理解为利润操纵。上市公司特别是面临被ST的上市公司容易发生虚增利润行为；国有企业易于发生利润高估行为，因为其管理者往往具有行政身份，企业业绩与其仕途升迁有极大的相关性；民营非上市公司易于产生降低企业利润的行为，目的是尽量少缴税。

(四) 股东特质与利润分配行为

当企业有一股独大情况时，一般会出现少分配现象。因为大量的未分配利润归股东集体所有和支配，实际上是由大股东支配，大股东当然希望这部分集体支配的资金越多越好。民营企业一般倾向于少分利，但并不代表股东得到的回报就低，它通过其他方式回报股东，而不是通过利润分配，因为利润分配会使股东纳税。

(五) 股东特质与财务监督行为

如果股东过于分散，对企业管理者的财务监督行为就会弱化，因为形不成一致的股东意志。非人格化股东对企业管理者也会出现财务监督行为弱化的倾向。

(六) 股东特质与并购行为

大量的实证研究证明，无论是短期还是中期，国有企业的并购绩效增长率都比民营企业低。这与国有企业的最终决策者的知识和目的有关，国有企业股东的代表大多数是官员，对市场缺乏实地的调查与了解，他们做出的决策大多情况下是为了实现政策目标。国有企业并购多是为了改进国有资产布局和管理以及实现公共政策、产业政策等，而民营企业的并购多是出于经济目的。另外，经营权与所有者分离越彻底的公司并购越频繁。

五、民营企业的财务行为

(一) 中国民营企业的独特性

(1) 概念独特。西方国家没有民营企业的提法,使用私有企业(Private Enterprises)概念,即民间私人投资、民间私人经营、民间私人享受投资收益、民间私人承担经营风险的法人经济实体。从字面意思讲,"民营"不是所有权概念而是一个经营权概念,相对"国营"而言,是我国大一统公有制时期的产物,相当于西方的NGEs(Non-governmental Enterprises)。我国历史上曾经出现过国有民营和私有民营两种类型,自从1998年的大规模国有企业买断后,已经没有国有民营企业,现有的民营企业实质是所有权归私人的企业。

我国《公司法》是按照企业的资本组织形式来划分企业类型的,主要有国有独资企业、国有控股企业、有限责任公司、股份有限公司、合伙企业和个人独资企业等。按照上面对民营企业内涵的界定,除国有独资、国有控股外,其他类型的企业中只要不是国有资本控股,均属民营企业。

(2) 形成方式特殊。我国民营企业大致由三种路径形成:①从个体户起家,逐渐积累发展起来,或直接由家庭成员投资兴办的家族式企业;②朋友、同事参股合资开办的合伙企业;③国营或集体企业通过买断转型的企业等。

(3) 发展环境特殊。①与国有企业不平等。②生存空间有限,矛盾和冲突多,包括民营企业与国家企业之间、民营企业之间、民营企业内部所有者与管理者之间。③金融支持不足,设备科技含量低,技术改造相对滞后,导致企业发展后劲不足。④产权单一,产权不清,发展到一定程度会闹分离。⑤管理水平低,人才机制不灵活,决策盲目,风险经营,企业生命周期过短。

(二) 中国民营企业的典型财务行为

1. 不规范的财务管理行为

民营企业财务管理模式缺乏科学有效的管理机制,容易导致企业战略决策的失误:企业发展到一定规模后所产生的专制和集权化倾向,无法适应企业对人才的更高要求。民营企业要真正建立起新的现代企业财务管理模式,首先必须进行所有制改造。民营企业的发展趋势就是控股化和集约化,充分发挥家长式管理模式灵活高效的优势,还可借鉴先进的管理经验,结合自身的情况,逐渐建立起现代企业制度。中国民营企业的制度转换、管理模式的更替依赖于民营企业家素质和人格的提升与完善。

2. 对政府的财务依附行为

民营企业生存空间有限,加上我国政府掌握了大量的社会资源,民营企业要发展不能不依附政府,经常导致权力寻租行为的产生。

3. 财务短视行为

不少民营企业对自己的发展前景并不乐观,加上强烈的竞争压力,不可避免地产生短视行为,如欺诈、徇私舞弊、弄虚作假等行为。

六、家族企业的财务行为

(一) 中国文化与中国家族企业

美国著名管理学家彼得·德鲁克说过,管理是以文化为转移的,并且受其社会的价值观、传统与习俗的支配。中国家族企业根植于中国的传统文化,中国是一个家族文化传统最为悠久和深厚的国家,体现中国传统文化的最突出特征就是家族文化。传统的家族文化内涵充分体现在家族企业的管理实践中,具体表现在以下几个方面:

(1) 宗族性。家族是以婚姻和血缘关系为纽带而形成的伦理组织,家族性是中国家族文化的显著特点,宗族构成中国家族文化的中心内容。中国家族企业的企业文化当中带有浓重的关系色彩,企业主对员工的管理分成"自己人"和"外人"两种,家族成员或对家族成员有人身依附性的员工是"自己人",其余的都是"外人"。

(2) 长幼有序。中国家庭是按照长幼有序的家庭伦理建构的,父慈子孝是最重要的家庭关系,亲情是人生最珍贵的情感之一,因此,传统的中国人对待代际冲突的方法则是下一代对上一代的绝对服从(家长制),家长制使家族企业的控制者具有无上的权威,致使家族企业管理中具有浓厚的"家长制"作风。

(3) 礼俗性。中国"礼俗性"社会与西方"法理性"社会有显著区别,最根本的区别在于传统要求后代必须不可摒弃地完全接受下来,以求得家族共同体的发展,因而礼俗性成了神圣化的传统。由于礼俗性的影响,使中国家族企业较少受制度约束,而受礼俗约束。

(二) 家族企业的概念与特征

(1) 概念。家族企业(Family Enterprise)指为一个家族所有并控制的企业。广义概念仅强调家族对企业的所有权;狭义概念指企业不仅为家族成员所拥有,并且为其所控制,以血缘关系为基本纽带、以家族利益为首要目标、以实际控制为基本手段、以亲情为首要原则、以企业为组织形式。

(2) 特征。①由家族成员发起建立企业。一般有个人独创、夫妻联手、兄弟联手、父子合作等发起方式,且创建资金来自家族内部。②家族资产占控股地位。企业资产和股份(50%以上决策权)主要控制在一个家族之中,对经营决策权拥有重要影响。③家族规则与企业规则相结合。家族凝聚力在企业管理中发挥重要作用。④主要经营者为家族成员,或对家族成员具有强烈的依附性。⑤企业的所有权与经营权都是可以向家族后代传承的。

(三) 家族企业的优势与劣势

1. 优势

(1) 管理成本最低。信任危机、逆向选择和道德风险是现代企业管理成本居高不下的主要原因。家族成员凝聚力强、信任度高、沟通顺畅;员工一般实行终身制,培育了员工爱厂如家的主人翁精神和责任感;管理讲求以情动人、以行感人、以德服人,员工对企业具有人身依附关系、对老板有"知恩图报"思想。使员工稳定、劳资矛盾冲突少、人事纠纷少，从而使监督成本、代理成本、培训成本、交易成本、罢工损失、技术泄密损失等大大降低。

(2) 管理效率最高。利益的一致性使得信息传递迅速，信息能很快传递至企业的每位成员。家长制的权威领导，可使得公司的决策速度达到最快。家族整体利益使得家族成员之间容易达成共识，使其具有更高的诱因努力工作，员工对家族领导具有绝对服从精神，使决策的执行得力。家族使命感使家族成员不遗余力地把企业搞好，对企业高度负责。

(3) 管理环节最少。不需要设置庞大的管理体系和管理队伍。

2. 劣势

(1) 接班人问题。成功的家族企业背后，一定有一位出色的企业主。在国外，家族企业的继承人生下来就要当 CEO，培养他们十分严格，他们从小就在生意场耳濡目染，往往怀有超越上一代的雄心，非其他环境中成长起来的同龄人可比。但中国的富家子弟成才者极少，是否印证了古训"自古英才多磨难，向来纨绔少伟男"？独生子女也使家族企业接班人问题雪上加霜。

(2) 小富即安心理。家族企业创办之初衷多数是为全家人的温饱找一条出路或将家人的生活水平提高到一个新的层次，小富即安。体现在不重视投资和短期行为。造假、贩假、卖假损害消费者权益，无偿侵吞和掠夺资源，无视安全生产，通过血缘、亲缘关系纽带进行官商勾结，败坏了家族企业整体的社会形象。

(3) 权威 + 无能 = 灾难。中国特殊的历史背景使得成功的家族企业可以依靠创业者胆识、勇气和关系取胜，而不是依靠企业主自身素质取胜。但这种胜利在家族企业绝对权威制下会增强企业主盲目自信，当环境变化时，盲目自信可能导致决策错误。

(4) 管理无章法。绝对权威、个人决策使企业主不相信规章制度，规章制度难以对他们产生制约作用，而且制度是"内外"有别的，对"外"不对"内"。受面子、亲情、元老、观念影响使管理突围一拖再拖，负责制度贯彻的人却因怕得罪家族内成员而"打折"，使制度流于形式。

(5) 优秀人才难以引进与留住。企业用人"任人唯亲"、用"情"管理，有才能的非家族人员对企业失去信心而另觅新东家导致人才流失，企业失去活力；企业内部存在沟通障碍，即所谓的"自己人"和"外人"之间缺少共同语言，难以形成合力。若企业主专制和跋扈、自身素质不高，不能容忍能力出众的外来者，家族以外的员工没有归属感。

(6) 难以处理好利益关系。第一，元老关系。创业后的"分金银、论荣辱、排座次"三关往往给组织的健康成长造成了阻碍，可能产生大量因人设岗问题。第二，家族成员关系。企业成长后容易产生管理惰性，产权不清晰、利益分配不均使家族成员间出现派系分化与斗争，再加上自身素质原因，使家族成员可能成为管理上台阶的绊脚石。第三，与"外人"关系。一般外来人员很难享受股权，其心态永远只是打工者，始终难以融入组织，对企业缺乏责任和忠诚。

(7) 宏观环境制约着家族企业的正常演化。社会对家族企业的发展持怀疑态度，政府对以家族企业为主体的私营企业政策环境仍然不平等，对私营经济的鼓励、支持、引导政策和规范工作还不到位，家族企业发展缺乏外部金融支持，家族企业成为摊派各种费用的对象。

（四）家族企业的财务行为

1. 家族企业财务管理上的亲情行为

财务大权牢牢控制在家族核心人员手中。要害部门，尤其是财务管理和会计核算这样比较敏感的要害部门都由老板的亲戚朋友"把守"，外来人员再能干也难插手。使用财务人员信任（关系）重于能力。

2. 家族企业财务保守行为

家族企业不注重增加投资，产权的社会化和多元化变革非常缓慢，存在人才引进和激励上的保守行为，公平的薪酬体系难以设立，科学的财务决策程序难以建立，不愿轻易进行两权分离，安置家族成员和创业元老决心不够，不愿放开授权体系。

3. 家族企业财务创新行为不足

家族企业成功之后容易滋生事业和文化上的自满心理，不自觉地排斥新文化、新观点、新理念的进入，这势必阻碍企业的进一步发展。开展管理创新，实现由"重信任"文化向"重契约"文化的转变。

第四节 企业生命周期特质与财务行为

一、企业生命周期理论与生命周期划分

世界上任何事物的发展都存在着生命周期，企业也不例外。企业生命周期如同一双无形的巨手，始终左右着企业发展的轨迹。处于不同生命周期阶段的企业必定有不同的行为，以适应不同生命周期的共性，从而修正企业的状态，尽可能地延长企业的寿命。

（一）企业生命周期理论

所谓"企业的生命周期"是指企业诞生、成长、壮大、衰退甚至死亡的过程，企业生命周期理论是关于企业成长、消亡阶段性和循环的理论。

企业生命周期有两种划分，一种是自然生命周期，另一种是法定生命周期。法定生命周期来源于各个国家对不同企业形式在工商登记时对企业有效期限的限制；自然生命周期是企业自身能够生存的时间长短，是生命周期理论所研究的范畴。

马森·海尔瑞（Mason Haire，1959）首先提出了可以用生物学中的"生命周期"观点来看待企业，认为企业的发展也符合生物学中的成长曲线。在此基础上，他进一步提出企业发展过程中会出现停滞、消亡等现象，并指出导致这些现象出现的原因是企业在管理上的不足，即一个企业在管理上的局限性可能成为其发展的障碍。

从 20 世纪 60 年代开始,学者们对于企业生命周期理论的研究比前一阶段更为深入,对企业生命周期的特性进行了系统研究,主要代表人物有哥德纳和斯坦梅茨。哥德纳(J. W. Gardner, 1965)指出,企业的生命周期与生物学中的生命周期相比有其特殊性:①企业的发展具有不可预期性。一个企业由年轻迈向年老可能会经历 20~30 年的时间,也可能会经历好几个世纪的时间。②企业的发展过程中可能会出现一个既不明显上升也不明显下降的停滞阶段,这是生物生命周期所没有的。③企业的消亡也并非不可避免的,企业完全可以通过变革实现再生,从而开始一个新的生命周期。斯坦梅茨(Steinmetz L. L., 1969)系统地研究了企业成长过程,发现企业成长过程呈 S 形,一般可划分为直接控制、指挥管理、间接控制及部门化组织四个阶段。

20 世纪 70~80 年代,学者们在对企业生命周期理论研究的基础上,纷纷提出了一些企业成长模型,开始注重用模型来研究企业的生命周期,主要代表人物有丘吉尔、刘易斯、葛雷纳以及伊查克·爱迪思。

目前,企业界和理论界的研究重点开始从原有的企业生命周期研究转向对企业寿命的研究,即如何保持和提高企业的成长性,从而延长企业寿命。企业可持续发展的背后是企业对稳定利润的追逐。一个企业也只有做到可持续发展,不断地从战略转型中成长蜕变,才能不断延长企业的寿命,扩大企业的成长空间,真正实现企业价值最大化。

(二) 企业生命周期的划分

对企业的生命周期有很多划分方法,比较有名的划分类别如下:

1. 邱吉尔和刘易斯五阶段模型

丘吉尔和刘易斯(Churchill N. C. 和 Lewis V. L., 1983)从企业规模和管理因素两个维度描述了企业各个发展阶段的特征,提出了一个五阶段成长模型,即企业生命周期包括创立阶段、生存阶段、发展阶段、起飞阶段和成熟阶段。根据这个模型,企业整体发展一般会呈现"暂时或永久维持现状"、"持续增长"、"战略性转变"和"出售或破产歇业"等典型特征。

2. 葛雷纳五阶段模型

葛雷纳(L. E. Greiner, 1985)认为企业通过演变和变革而不断交替向前发展,企业的历史比外界力量更能决定企业的未来。他以销售收入和雇员人数为指标,根据它们在组织规模和年龄两方面的不同表现组合成一个五阶段成长模型:创立阶段、指导阶段、分权阶段、协调阶段和合作阶段。该模型突出了创立者或经营者在企业成长过程中的决策方式和管理机制构建的变化过程,认为企业的每个成长阶段都由前期的演进和后期的变革或危机组成,而这些变革能否顺利进行直接关系到企业的持续成长问题。

3. 伊查克·爱迪思十阶段模型

伊查克·爱迪思(Ichak Adizes, 1989)是企业生命周期理论中最具代表性的人物之一。他在《企业生命周期》一书中把企业成长过程分为孕育期、婴儿期、学步期、青春期、盛年前期、盛年后期、贵族期、官僚初期、官僚期、死亡期共十个阶段(见图 3-1),认为企业成长的每个阶段都可以通过灵活性和可控性两个指标来体现:当企业初建或年轻时，充满灵活性，做出变革相对容易，但可控性较差，行为难以预测；当企业进入老化期，企业对行为的控制力较强，但缺乏灵活性，直到最终走向死亡。

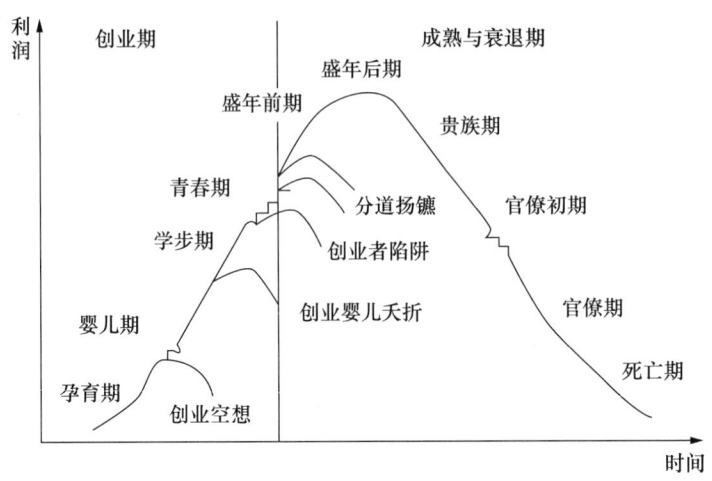

图 3-1 爱迪思的企业生命周期十个阶段

4. 我国学者对企业生命周期的划分

在西方学者对企业生命周期研究的基础上，我国学者对此又进行了修正和改进，主要代表人物为陈佳贵和李业。

陈佳贵（1995）将企业生命周期分为孕育期、求生存期、高速发展期、成熟期、衰退期和蜕变期。这不同于以往以衰退期为结束企业生命周期研究，而是在企业衰退期后加入了蜕变期，这个关键阶段对企业可持续发展具有重要意义。李业（2000）提出了企业生命周期的修正模型，他不同于陈佳贵将企业规模大小作为企业生命周期模型的变量，而是将销售额作为变量，以销售额为纵坐标，其原因在于销售额反映了企业的产品和服务在市场上实现的价值，销售额的增加也必须以企业生产经营规模的扩大和竞争力的增强为支持，它基本上能反映企业成长的状况。他指出企业生命的各阶段均应以企业生命过程中的不同状态来界定。因此他将企业生命周期依次分为孕育期、初生期、发展期、成熟期和衰退期。

二、典型企业生命周期特征

虽然不同企业的寿命有长有短，但各企业在生命周期的不同阶段所表现出来的特征却具有某些共性。本书选择爱迪思的十阶段划分法进行典型企业生命周期特征研究，主要原因：一是爱迪思是企业生命周期理论创立者，美国主流媒体评价其是 20 世纪 90 年代"唯一一名处于管理尖端领域的人"，其分类方法具有权威性；二是其分类最细，可以进行较深入的研究。

本书将其盛年前期称为"盛年期"，盛年后期称为"稳定期"，将官僚初期和官僚期合并为"官僚期",死亡期对企业的存续已经没有意义。所以,本书只研究8个典型企业生命周期特征。8个阶段的前五个为企业成长阶段,后三个为企业衰退阶段。

(一) 成长阶段与衰退阶段的不同行为模式

成长阶段:企业成功源于承担风险,紧缩的现金流,对于行动和效果的关注,任何事只要不被禁止就可以做,把问题看成机会,营销导向,企业成长是第一位。

衰退阶段:企业成功源于规避风险,过于充裕的现金流,对于行为规范和做事方式的关注,任何事只要不被批准就不能做,把机会看成问题,财务导向,个人在企业中是第一位。

(二) 成长阶段的关键问题和可能问题

为了保证顺利成长,企业应该处理好各阶段发展中的关键问题,并随时注意发展过程中的可能问题。

孕育期关键问题:责任与风险的承担,概念付诸实施;可能问题:创业空想。婴儿期关键问题:资金流的有效运转,市场的争夺;可能问题:因资金流枯竭而死亡。学步期关键问题:收入与利润的双重增长,企业的有效控制;可能问题:分权而造成企业失控,过广多元投资导致现金流枯竭。青春期关键问题:管理制度与流程的建立;可能问题:管理失控,企业内部权力斗争,企业老化。盛年期关键问题:企业创新精神的培养与巩固;可能问题:企业老化。

(三) 孕育期特征

孕育期的企业有创新的概念并开始实施,目标是市场需求的满足,陷阱是空想。企业孕育的顺利突破需要领导人敢于承担风险,并将产品概念付诸实施。特征与可能问题:追求是诞生一个全新的企业,领导人的勇气和风险意识是发展的关键,企业一般以市场需求和产品为导向,但可能存在对市场需求估计过于乐观、对利润的追求会扼杀新的企业、缺乏敢担风险的领导者。发展模型:责任承担,勇于实施,避免流于空想。

(四) 婴儿期特征

婴儿期的企业概念为市场接受,企业收入迅速增长,陷阱是资金枯竭,目标是销量增长、资金平衡。婴儿期的企业将为生存而奋斗,此时领导者的热情和资金平衡则是成长的关键。资金枯竭和企业缺乏动力是主要威胁。往往对销售收入极为关注,领导者一般独揽大权,企业缺乏制度和规范,也没有授权,资金平衡以及领导者忘我的工作投入是成长的关键。致命问题:资金不恰当地投在长线项目里,以折扣降价来刺激销售成长,企业处于亏损营运状态,讲求规范和程序化运作会降低企业灵活性,太早的授权使企业运作失控,企业领导者缺乏足够的工作热情。

(五) 学步期特征

学步期企业进入盈利阶段,收入与利润同步增加,陷阱是多元化投资和企业老化,目标是收入与利润的成长,市场份额扩大。学步期企业经过了生存的考验,其注意力应放在收入与利润的双重成长上。企业一般在业内建立了一定的市场地位,其生存有了保障,企业内部管理一般还不规范,但这是保持灵活性所必需的。致命问题:领导人将兴趣放在多元化投资上，容易造成现金流枯竭，主业得不到支持，过早地进行授权而又未能建立起相应的管理控制体系，将会造成企业失控。

（六）青春期特征

青春期企业建立了一定的市场地位，但内部管理尚未跟上，陷阱是管理失控，目标是收入与利润的增长。青春期的企业首要任务是完善企业内部管理、业务运作机制，并建立起相应的管理制度与流程，而企业领导人应带头遵守。由于规模的迅速膨胀，处于青春期的企业往往会面临管理滞后的问题，企业内部会开始出现派系和权力斗争的现象，企业的首要任务是建立完善的管理业务运作机制，并引入职业经理，通过管理制度和流程的建立可以大胆地进行授权。致命问题：规范的管理体系与企业既有的运作风格产生矛盾，领导人会首先打破制度，从而使管理失控局面持续下去，职业经理与董事会合作赶走创始人，从而使企业失去创新精神，提前进入老化阶段，过度的权力斗争会使企业产生离心力。

（七）盛年期特征

盛年期管理成熟而规范，市场地位显著，陷阱是失去创新，目标是内部规范运作、运作效率提升、收入与利润增长。盛年期企业应注重创新精神的培育和巩固，以避免进入稳定期。企业管理规范，有科学的业务计划和预算体系，其灵活性和可控性达到一致和协调，可能通过内部新项目的培育或通过收购处于孕育期的企业来实现创新精神的培育和巩固，创新精神的培育和巩固应通过流程和制度予以保证，对于创新精神的缺乏重视将会使盛年期的企业缺乏发展动力，从而步入稳定期。

（八）稳定期特征

稳定期收入与利润稳定，成长停滞，目标是财务绩效提升。稳定期的企业注重财务绩效和投资回报，它开始远离市场并缺乏成长需求。不再追求企业销售成长和市场份额的提升，不再以成长指标进行考核，不再研究客户需求，不再寻找市场机遇，而是追求财务绩效，必要时会缩减市场预算和研究开发预算，以利润率和投资回报率进行考核，转向注重内部人际关系，巩固现有成果。

（九）贵族期特征

贵族期企业内部优越感强，做事讲求程序规范，企业收入开始下滑，目标是投资回报。贵族期企业十分注重行为方式，并开始规避风险，回避问题与矛盾。资金缺乏新的投向，强调员工做事的方式，而非工作绩效与成果，对于职位、权限崇拜，缺乏创新和风险承担，不是主动地拓展市场，而是希望外部环境变得对自己有利。金玉其外：充裕的现金储备，企业处于完全受控状况，良好的收入和待遇，良好的运作秩序。败絮其中：市场地位、竞争实力迅速下降，许多问题被压制或故意回避，有能力、有创新精神的员工纷纷离职，创新行为被扼制。

（十）官僚期特征

官僚期内部管理制度制约了企业灵活性和竞争力，企业在市场上的地位迅速下降，目标是内部权力斗争。官僚期企业完全丧失了创新的能力，只剩下规章和制度。市场份额锐减，企业现金流出现问题，处于亏损营运状况，大量削减营销和研发预算，市场竞争力进一步下降，员工完全以规章制度为导向，官僚主义盛行，派系斗争，瓜分剩余利润，企业重新面临生存的问题。

三、企业生命周期内在推动因素

企业成长与衰退主要由以下四个因素决定：目的（Purpose）：想法付诸实施，对于目标和实际绩效的追求，实干；规则（Administration）：行为规范，流程与规范；创新（Entreprenureship）：创新的想法，对于机会的追求与把握；整合（Integration）：整合资源，团队合作。

单独的四个因素是有缺陷的，但如果企业能将四个因素整合在一起，其竞争力就会大增。只有P是老黄牛，只有A是官僚主义，只有E是空想家，只有I是和事佬，四个结合才能有创新精神、团队精神强、能付诸实施、企业运作体系规范。

（一）各个阶段四个因素的特点

孕育期企业要诞生必须有很强的创新精神（E），创新的缺乏将会使企业流产。

婴儿期企业运作起来后应注重的是实干（P），实干精神的缺乏将会使企业无法生存。

学步期企业市场地位初步建立后，应该再次强调创新以保持持续成长，过度强调E会使企业过度多元化，降低P会使企业发展停滞。

青春期企业应强调规范运作（A），可适当降低发展速度（P），缺乏A将会造成管理失控，降低E会使企业老化。

盛年期企业应再次强调P并逐步形成团队精神I，E的降低会使企业老化，I的缺乏会使企业产生离心力。

稳定期此时企业首先丧失的是创新，企业缺乏进一步成长动力，发展停滞。

贵族期此时企业实干精神P逐步减弱，内部一切太平，强调秩序和规范，企业开始滑坡。

官僚期企业完全丧失创新E、实干P和合作I，只剩下规范和秩序A，僵化、濒临死亡。

（二）四个因素在各个阶段的变化趋势

实干精神P在婴儿期、学步期和盛年期十分强盛，但在稳定期后逐步减弱，萌芽阶段需要明确方向后再干，青春期因强调规范而暂时减弱，贵族期开始减弱，官僚期消失殆尽。

创新精神E在企业成长阶段都十分强盛，但自稳定期开始衰退。孕育期促进企业诞生，婴儿期因强调实干而暂时降低，稳定期开始减少，贵族期迅速降低，官僚期几乎消除。

规则A自青春期开始逐步完善，到贵族期以后完全统治企业。孕育期、婴儿期、学步期尚未被强调，青春期开始强盛，盛年期、稳定期基本完善，贵族期、官僚期完全统治企业。

整合I在孕育期、婴儿期、学步期、青春期尚未强调，盛年期开始建立，在稳定期和贵族期得以巩固，但在官僚期由于派系斗争而消除。

企业内部各部门有着不同的特征，在生命周期的各个阶段有着不同的重要性。市场、研究与开发部门强调创新和执行，销售、采购、生产、财务部门强调执行和规则，人事强调规则和整合。孕育期重视研究开发、市场开拓，婴儿期重视销售，学步期重视市场、销售，青春期重视财务、人事，盛年期重视市场、财务、人事、研究开发，稳定期重视财务，贵族期重视财务、人事，官僚期重视人事。

四、企业生命周期特质度量指标

根据企业生命周期各阶段的特征，一般用以下指标予以度量：

孕育期主要考察企业产品市场需求的满足情况，一般使用销售增长率、市场占有率；婴儿期使用销量增长率、资金缺口指标；学步期采用收入与利润的成长率的比值、市场份额；青春期采用收入与利润的成长率的比值；盛年期主要观察内部规范运作、运作效率提升、收入与利润增长；稳定期主要关注财务绩效；贵族期关注投资回报；官僚期关注内部股权变化，以观察企业的权力斗争情况。

五、企业生命周期特质与财务行为

（一）孕育期的财务行为

孕育期的企业需要进行市场导向的产品发展，并选择适合的企业领导人。为保证产品的市场可行性，可进行产品概念的市场测试，市场导向的产品发展，客户选择和价值提供，确定盈利模式；为确保企业顺利诞生，领导人应有创新精神，敢于承担风险。

因此，孕育期的财务行为多放在产品的市场开拓上，会出台激励市场开拓的财务政策。同时，为了获得企业适合的领导人，在财务行为上也会出现领导人绩效评价、高薪聘请领导人等情况。

（二）婴儿期的财务行为

婴儿期企业应该致力于销售扩张，并注意保持资金平衡。

销售扩张表现为企业高度重视销售成长，花费不少的财力、物力、人力进行销售组织建设、销售区域扩展、客户发展，以及产品系列化。防止资金枯竭，企业非常重视拓展资金渠道，同时建立现金流控制体系，如每周资金运作汇报制度等。

因此，婴儿期的企业财务行为主要集中在广泛拓展企业资金来源上，同时应注重有效的资金平衡和控制。

（三）学步期的财务行为

学步期企业应该强化市场策略的制定，并对销售运作和业务范围进行有效控制。

市场策略制定要强调创新精神，将企业的主要精力放在以下业务上：客户需求、偏好分析，新机会点识别，品牌宣传，有力的销售促进，整体市场策略的制定。防止销售失控的主要工作表现为：客户信用控制，经销商控制，市场秩序控制，销售组织控制。业务范围控制的重点是防止多元化陷阱：谨慎地进行多元化发展，通过业务边界的确定来控制企业的业务范围。

学步期的财务行为主要是业务范围控制，强化市场策略，强化销售控制。

（四）青春期的财务行为

青春期企业应该引入规范的组织管理体系，并注重创新精神的巩固。规范组织管理体系：建立管理制度与流程（引入规范的管理制度，建立管理、业务流程和职责界定，建立企业管理控制体系和业务控制体系），制度在组织内推广（领导带头遵守，制度在全企业范围的全面执行），引入职业经理（聘请职业经理，明确职业经理和企业创始人的职责分工，协调矛盾），建立授权体系（开始由集权向分权转变，明确企业内部权限划分）。创新精神巩固：强化创新部门建设（强化市场部门建设，强化研发部门建设），建立创新机制（建立用以鼓励创新的制度，建立加速创新的新产品开发和推广流程）。

青春期的财务行为关注组织管理体系的引入，创新精神的巩固。

（五）盛年期的财务行为

盛年期企业应该注重业务组合管理以及创新精神的提升。通过业务组合管理规范内部业务管理，营造适合各业务单元独立发展的组织环境：明确企业的业务类型，划分业务单元，制定各业务单元的发展策略，完善适合业务组合管理的组织体系和管理模式。通过创新精神的提升延长盛年期阶段，刺激进一步成长：收购具有创新精神的企业，通过授权和划小业务单元来激发创新的精神，培养具有创新精神的人才。

盛年期财务行为集中在强调创新精神，整合业务组织上。

（六）稳定期的财务行为

稳定期的企业需要再次活化创新精神。领导人的更换、创新人才的引入和任用，市场机会的全面识别，扩大相关市场定义、刺激发展需求，划小业务单元，业务分立或分拆上市，鼓励授权。

稳定期财务行为重点放在活化创新精神的支持上。

（七）贵族期的财务行为

贵族期的企业需要通过危机感的树立来刺激并活化企业。危机感的树立：市场地位、市场份额的下降，潜在问题的大量暴露，员工离职原因和离职结构分析，新品成功率分析；企业活化：活化创新的企业文化，改变遏制创新的企业制度，划分业务单元、建立滋生创新的组织体系，适当减少控制、鼓励创新和发展，鼓励犯错，改革业绩考评体系和奖惩体系。

贵族期的财务行为关注财务危机管理，企业活化资金支持。

（八）官僚期的财务行为

官僚期企业只有通过系统的企业再造来获得重生。以组织再造建立创新的能力：企业文化重塑，组织体系再设计，制度改革，人员替换；以流程再造重新获得经营效率：业务管理流程重新设计，职责再界定；以业务重组恢复盈利能力：产品结构重组，业务运作模式再设计，盈利模式再设计。

官僚期财务行为的重点是企业再造资金支持。

第五节 企业行业特质与财务行为

一、企业行业特质

处于不同行业的企业具有不同的特质,行业特质往往决定着企业的风险与收益,企业创办时首先必须思考进入哪个行业,否则,一旦"入错行"就可能血本无归。

(一)行业与产业的关系

产业是具有某种同类属性的经济活动的集合体,是指由利益相互联系的、具有不同分工的、由各个相关行业所组成的业态总称,主要指经济社会的物质生产部门,是介于宏观经济与微观经济之间的中观经济,包括农业、工业、交通运输业等部门,一般不包括商业。第二次世界大战以后,西方国家大多采用了三次产业分类法。在中国,产业的划分是:第一产业为农业,包括农、林、牧、渔各业;第二产业为工业,包括采掘、制造、自来水、电力、蒸汽、热水、煤气和建筑各业;第三产业分为流通和服务两部分。

行业一般是指按生产同类产品或具有相同工艺过程或提供同类劳动服务划分的经济活动类别,是具有高度相似性和竞争性的企业群体,如饮食行业、服装行业、机械行业、金融行业、移动互联网行业等。

在发达国家,"industry"就是工业、行业、产业的意思,两者并没有多大的区别,他们弄不清楚我们所说的"行业"和"产业"的区别,也很难理解我们所说的"行业"和"产业"的区别。在中国,行业具有比较浓厚的计划经济色彩,政府的一个个部、委、办、局代表的就是一个个不同的行业,不同的行业就有不同的待遇和排他性利益。行业的存在导致行业机会主义的存在,因此按行业进行政府直接管理,就会导致因为怕损失行业利益而陷入行业保护进而保守和封闭的境地。

产业、行业的不同在于,从着眼点的层次上是由高到低,概念上涉及的范围是由大到小。产业的着眼点是生产力布局的宏观领域,体现的是以产业为单位的生产力布局上的社会分工,产业由行业组成。行业的着眼点是企业或组织生产产品的微观领域,体现的是以行业为单位的产品生产上的社会分工,行业由企业或组织组成。行业、产业、经济存在着从属的关系:一个产业包括多个行业,但一个行业只能从属于一个产业,产业是行业的总和,经济活动是产业的总和。

因此,本书认为,行业是比产业更为细分的一个概念,同时具有国际的可比性。

(二)企业行业的一般分类

国内外比较权威的行业分类标准,主要有六种:联合国国际标准产业分类(ISIC)、北美行业分类系统(NAICS)、我国国家统计局的行业分类标准、北美行业分类系统、富时全球分类系统(FTSE)、中国证监会的《指引》。

以上第 1~3 种属于典型的管理型，第 4~5 种属于投资型。中国证监会的《指引》虽然是针对上市公司进行行业划分，但由于其以国家统计局分类标准为主要基础，同时参考了国外主要的管理型分类标准，因此仍属于政府管理型。上证 180 指数在编制时即采用了投资型的 GICS 作为行业分类标准。

表 3-1　两种类型分类标准比较

项目	管理型	投资型
目的	国民经济内部的结构和发展状况	投资分析、业绩评价、资产配置
原则	产品导向，生产者立场	行业的投资价值同一性，消费者立场
依据	三类产业的划分	消费特征，市场需求
详略程度	详细，有利于统计和管理	略，行业稳定，使用简单、成本低
分类对象	产业活动单位	营利单位
关注	宏观的行业总量	微观的公司个体的投资价值
计算	跨行业公司产值利润分拆	每个上市公司都作为一个整体
行业特征	行业单一，注重行业产出结果	行业不单一，注重公司聚合
归属方法	主营收入	收入、盈利

两种分类标准在细类的划分上，仍都以产品同质性为基础，但在大类的划分、内容与结构方面差别很大。

1. 上市公司行业分类指引（2012 年修订）

参照《国民经济行业分类》（GB/T 4754—2011），将上市公司的经济活动分为门类、大类两级。A~S 共 19 门类，01~90 大类。

以上市公司营业收入等财务数据为主要分类标准和依据。

A 农、林、牧、渔业；B 采矿业；C 制造业；D 电力、燃气及水的生产和供应业；E 建筑业；F 批发和零售业；G 交通运输、仓储和邮政业；H 住宿和餐饮业；I 信息传输、软件和信息技术服务业；J 金融业；K 房地产业；L 租赁和商务服务业；M 科学研究和技术服务业；N 水利、环境和公共设施管理业；O 居民服务、修理和其他服务业；P 教育；Q 卫生、社会工作；R 文化、体育和娱乐业；S 综合。

具体见《上市公司行业分类指引（2012 年修订）》。

2. 国民经济行业分类代码（GB/T 4754—2011）

A~T 共 20 类，与上市公司行业分类 A~R 完全一样，另外：S 公共管理、社会保障和社会组织，T 国际组织。

在大类下分中类和小类，形成四级分类体系。

具体见《国民经济行业分类代码（GB/T 4754—2011）》。

3. 企业登记注册类型与代码

将企业分为内资（100）、港澳台商投资（200）和外商投资（300）三类。

内资企业分为国有企业、集体企业、股份合作企业、联营企业、有限责任公司、股份有限公司、私营企业、其他内资企业8类。

具体见《企业登记注册类型与代码（2011年版）》。

4. 全球行业分类标准（Global Industry Classification Standard，GICS）

是由标准普尔（S&P）与摩根士丹利公司（MSCI）于1999年8月联手推出的行业分类系统。该标准为全球金融业提供了一个全面的、全球统一的经济板块和行业定义。作为一个行业分类模型，GICS已经在世界范围内得到广泛的认可，它的意义在于不仅为创造易复制的、量体裁衣的投资组合提供了坚实基础，更使得对全球范围经济板块和行业的研究更具可比性。

新的标普全球行业分类标准把标普1500指数的成份股分为10个行业部门、24个行业组、67个行业。10个行业部门如下：基础材料（Materials）——化学品、金属采矿、纸产品和林产品；消费者非必需品（Unnecessary Consume）——汽车、服装、休闲和媒体；消费者常用品（Necessary Consume）——日用产品、食品和药品零售；能源（Energy）——能源设施、冶炼、石油和天然气的开采；金融（Finance）——银行、金融服务和所有保险；医疗保健（Medical & Health）——经营型医疗保健服务、医疗产品、药品和生物技术；工业（Industry）——资本货物、交通、建筑、航空和国防；信息技术（Information Technology）——硬件、软件和通信设备；电信服务（Telecom）——电信服务和无线通信；公用事业（Utilities）——电力设备和天然气设备。标准普尔和MSCI共同将每家公司划分入单一的GICS子行业中，依据标准是该公司的主营业务，且所参考业务须获得两家公司共同认可。尽管利润是决定其主营业务的重要因素，盈利分析和市场认知也是重要的参考依据。

具体见《全球行业分类标准》。

（三）企业行业的其他分类

除了上面的基本分类方法外，在研究企业财务问题时也常进行以下分类：

1. 垄断行业与非垄断行业

垄断（Monopoly）原指站在市集的高地上操纵贸易，后来泛指把持和独占。一般分为卖方垄断和买方垄断：卖方垄断指唯一的卖者在一个或多个市场，通过一个或多个阶段，面对竞争性的消费者；买方垄断则刚刚相反。理论推断垄断者在市场上，可以根据自己的利益需求，调节价格与产量，但至今仍没有确切案例提供支持。

一般认为，垄断的基本原因是进入障碍即进入壁垒，也就是说，垄断者能在其市场上保持唯一卖者的地位，是因为其他企业不能进入市场并与之竞争。进入障碍的产生即垄断的原因有三个：①资源垄断，即关键资源由一家企业拥有，包括关键的技术（如专利等）；②政府创造垄断，即政府给予一家企业排他性地生产某种产品或劳务的权利；③自然垄断，即一个生产者比大量生产者更有效率。

垄断行业（Monopolized Industry）分为两种：一种凭借技术上的优势，进行行业上的垄断，如美国微软公司的操作系统，因为深厚的技术优势，垄断了全球各国的电脑操作系统。另一种是由国家控制下的垄断行业，如我们国家的烟草、电力行业，由国营垄断，私人不可经营。国家垄断一般出于两方面的考虑：一是自然垄断行业，由一家企业生产和供应整个市场的产品和服务，其总成本小于由两家以上企业供应同等数量产品和服务的成本之和，意味着该行业在制度上确保垄断的供应是有经济效率的，竞争会造成资源的浪费；二是国家基于战略安全或制度方面的考虑，将一些重要的行业置于政府的直接管理之下，实行进入许可，授权垄断经营。

一般来说，在发达国家，提倡公平竞争、自由经济，垄断行业比较少。发达国家垄断行业一般为技术型的，但这种垄断也难以长久。在中国，垄断性行业包括石油石化、烟草、电信、盐业、电力、武器、新闻传媒、铁路、航空、银行等行业。由于垄断涉及垄断利润、效率、公平等问题，国家监管就比较严格，政府通常对垄断行业实行垄断价格管制。

2. 劳动密集型、资本密集型和知识密集型产业

劳动密集型产业是指进行生产主要依靠大量使用劳动力，而对技术和设备的依赖程度低的产业。其衡量的标准是在生产成本中工资与设备折旧和研究开发支出相比所占比重较大。劳动密集型产业是一个相对范畴，在不同的社会经济发展阶段上有不同的标准。一般来说，目前劳动密集型产业主要指农业、林业及纺织、服装、玩具、皮革、家具等制造业，以及部分服务业等。

资本密集型产业是指需要较多资本投入的行业、部门，如冶金工业、石油工业、机械制造业等重工业。其特点是技术装备多，投资量大，容纳劳动力较少，资金周转较慢，投资效果也慢。资本密集型产业的产品产量同投资量成正比，同产业所需劳动力数量成反比。所以，凡产品成本中物化劳动消耗比重大，而活劳动消耗比重小的产业，一般称为资本密集型产业。

知识密集型产业也称技术密集型产业，是需用复杂先进而又尖端的科学技术才能进行工作的生产部门和服务部门。其特点是设备、生产工艺建立在先进的科学技术基础上，资源消耗低；科技人员在职工中所占比重较大，劳动生产率高；产品技术性能复杂，更新换代迅速。技术密集型产业状况反映着国家科学技术发展水平，它为国民经济各部门提供先进的劳动手段和各种新型材料。

3. 朝阳产业与夕阳产业

朝阳产业与夕阳产业的划分不仅与产品的生命周期有关，而且与政府的政策有关，是一个不是很科学的分类方法，但在实践中却被大量引用。

朝阳产业与夕阳产业和产品生命周期有关，有些产品技术已经成熟，连续创新趋于枯竭，市场饱和，产品趋于同质性，竞争激烈，利润很低，一定程度上可称为夕阳产业。朝阳产业可以被认为是新兴产业，具有强大生命力，是技术的突破创新带动企业的产业，市场前景广阔，代表未来发展的趋势，一定条件下可演变为主导产业甚至支柱产业。但朝阳产业风险性依然存在，如果技术周期预计错误，就会误入技术陷阱，使投资血本无归。

朝阳产业与夕阳产业和政府的政策有关，朝阳行业是国家引导扶持的有发展前景的行

业,如我国的物联网、云计算、风电、太阳能等。夕阳行业是国家将要淘汰的不再扶持的行业,如摩托车、黏土制砖、落后产能、钢铁冶炼等。

4. 重资产行业与轻资产行业

轻资产由国际著名管理咨询公司麦肯锡提出,是根据耐克、苹果、橡树国际这样的品牌型公司,以及微软、默克制药、可口可乐等知识产权为王牌的公司的实践运作总结归纳的,并没有统一的概念与度量标准。

一般认为固定资产比重低、无形资产比重高的行业是轻资产行业。但轻资产的实质是反映对资产的态度,是"所有权"与"使用权"的权衡。重资产模式强调所有权、强调自己生产,轻资产强调使用权,采用租赁或生产外包。企业的经验、规范的流程管理、治理制度、关系资源、人力资源、企业文化等"虚"的东西恰恰就是企业的轻资产,但却非常难以计量,并且与企业绩效的关系很难说清。

5. 重要行业与一般行业

重要行业指关系到国家安全、国民经济命脉和人民生活的行业,一般由政府基于公共利益维护而严密控制。前者如交通、能源、水利、环保、通信、军工、航空航天、尖端技术,后者如基础教育、基本医疗、基本养老、基本住房等。一般行业指充分竞争的行业。

这种划分受政府意志的影响,与是否进行垄断经营有很大关系。

6. 产能过剩行业、高负债行业

产能也就是生产能力,是指在计划期内,企业参与生产的全部固定资产,在既定的组织技术条件下,所能生产的产品数量,或者能够处理的原材料数量。生产能力是反映企业所拥有的加工能力的一个技术参数,与生产过程中的固定资产数量质量、组织技术条件有很大关联。产能过剩(Excess Capacity)只是意味着资源浪费,不一定意味着产品过剩。

我国由于特殊的历史背景,一部分行业的投资规模过大,潜在的生产能力超过市场需求。煤化工、多晶硅、风电制造、平行玻璃、钢铁、水泥六大行业被列入产能过剩行业,电解铝、造船、大豆压榨等产能过剩问题较为突出的行业也被点名。官方数据显示,2012年底,我国钢铁、水泥、电解铝、平板玻璃、船舶产能利用率分别仅为72%、73.7%、71.9%、73.1%、75%,明显低于国际平均水平。尽管这些行业利润大幅下滑,但仍有一批在建、拟建项目,产能过剩呈加剧之势。

产能过剩行业意味着竞争激烈、发展受到严格控制、投资回报极低。

高负债行业指在企业的资金来源结构中,来自负债的比重很大的行业。金融行业是典型的高负债行业,另一些则是由于投资量大而不得不借款进行投资的行业,如大型基础设施建设行业中的铁路、高速公路等,它们投资回收期特别长,但利润率又很高,所以不得不借款进行投资。

从财务角度,负债是"双刃剑",要特别加强风险管理。

7. 一、二、三产业分类

世界各国把各种产业划分为三大类:第一产业、第二产业和第三产业。第一产业为第二、第三产业奠定基础;第二产业是三大产业的核心,对第一产业有带动作用;第一、第二产业为第三产业创造条件，第三产业的发展促进第一、第二产业的进步。第一产业是指提供生产物资材料的产业，包括种植业、林业、畜牧业、水产养殖业等直接以自然物为对象的生产部门。第二产业是指加工产业，利用基本的生产物资材料进行加工并出售。第三产业是指第一、第二产业以外的其他行业。第三产业行业广泛，包括交通运输业、通信业、商业、餐饮业、金融保险业、行政、家政服务等非物质生产部门。

各国划分不完全一致。通常的三大产业是联合国使用的分类方法：第一产业包括农业、林业、牧业和渔业；第二产业包括制造业、采掘业、建筑业和公共工程、上下水道、煤气、卫生部门；第三产业包括商业、金融、保险、不动产业、运输、通信业、服务业及其他非物质生产部门。我国有三大产业：农业、工业、服务业。

随着社会经济和科学进步，国民经济各部门的产值和就业人员的比例不断发生变化。其变化趋势是：起初是第一产业的比重不断下降，第二产业的比重不断上升，第三产业的比重也不断上升；随后包括第一、第二产业的物质生产部门的比重都不同程度下降，第三产业的比重持续上升。这种变化趋势在发达国家比较突出。截至目前，发达国家第三产业的产值和就业人口的比重一般都在50%以上，成为规模最大、增长最快的产业。发展中国家除新型工业化国家和地区以外，总的来说，其产业结构层次都相对落后，转变的进程也不快。但从变化趋势看，发达国家同发展中国家基本上是一致的。

二、企业行业特质度量指标

一般用行业盈利性和行业风险度量企业的行业特质，但几乎所有的财务指标都可以被使用，用同一行业的平均值来反映行业的财务状况和经营成果。

对行业特质一般采用分类比较研究方法，即依据某一标准进行行业分类，观察同一行业的均值或代表值，再与相关行业进行比较，以观察行业特质对企业财务状况和经营成果的影响。

三、企业行业特质对财务行为的影响

（一）行业特质与筹资行为

一个行业能否吸引到足够的资金与该行业的盈利水平和风险高度相关。如农业行业的盈利水平低、风险高，长期以来该行业都难以吸引到足够的资金，几乎每年的中央1号文件都聚焦这个行业，充分说明农业行业融资困难。房地产行业几乎成了我国暴利行业的代名词，据有关资料统计，中国近三分之二的富人致富都与房地产有关。所以，房地产行业集聚了大量的资金，中国房地产投资增长率多年保持在20%以上，房地产投资占全社会固定资产投资的近四分之一。融资的难易程度决定了融资行为是保守还是冒进。

（二）行业特质与投资行为

盈利水平较高、成长性较好的行业偏好于扩大自身规模的投资行为，而盈利水平低、成长性较差的行业倾向于多元化投资，拓展新的发展领域。劳动密集型行业不会在设施、人力资源开发方面进行较多投资，知识密集型行业更愿意投资到研究开发方面，资本密集

型企业多将资金投资于基本设施和生产条件上。

（三）行业特质与分配行为

发展前景较好的行业一般倾向于少分利，而将更多的资金用于企业发展。夕阳产业常选择多分利，因为它不需要更新设备或研发等投资，通过有限的市场销售额回收的现金尽可能多回报股东。

第六节 企业治理特质与财务行为

一、企业治理特质

广义的企业治理是关于企业组织方式、控制机制和利益分配的所有法律、机构、文化和制度安排。其界定的是企业与所有相关利益集团（雇员、顾客、供应商、政府等，当然也包括股东）之间的关系，包括内部控制。狭义的企业治理是指在"两权分离"的情况下，"三会一层"之间的权力制衡关系。重点关注投资者（尤指股东）与企业（尤指上市公司）之间的关系。

（一）公司治理特质

这里的公司治理是指狭义的企业治理概念，而现代公司治理的中心是董事会，因为股东大会是形式重于实质，若一切要求股东大会做主，则不如股东自己办企业。

1. 公司治理要解决的核心问题

代理成本与管理成本问题；经营者激励与开展问题；企业绩效与投资者利益保护问题。

2. 公司治理的基本框架

公司治理结构是用以处理股东（大）会、董事会、监事会、经理层彼此之间的权、责、利关系，以实现经济目标的一整套制度安排。包括产权制度、决策与督导制度、激励制度、组织制度、董事问责制度等内容。基本模式按投资者行使权力分为外部人模式（Outsider System）与内部人模式（Insider System）。

（1）外部人模式。以英国、美国为代表。主要特征有：股权分散在个人或机构投资者手中，投资者较关心短期投资回报；以资本市场为基础对管理层进行监督，直接融资是主要方式，资本市场发达、活动性高、监督得力，兼并收购频繁；通过建立健全法律法规体系来保护投资者利益和保障信息披露。

（2）内部人模式。包括大部分经合组织（OECD）和发展中国家。主要特征有：股权高度集中在内部人集团中，投资机构化程度低；通过公司内部的直接控制机制对管理层进行监督，重间接融资，通过持多数股份或其他安排控制公司，管理层可以逃避来自资本市场的外部压力而不受中小投资者的约束。主要有三种模式：银行为中心的模式，如德国；

交叉持股模式，如日本、法国；家族或政府模式，如东亚。

3. 董事会的主要职权

TIAA-CREF（全美教师保险及年金协会）的观点：选择总裁；选择欲参选进入董事会的提名人；检讨公司的长期战略。

4. 董事会要求

为了加强董事对股东的责任感：①应包括大量的独立董事（审计、薪酬及提名委员会全部由独立董事组成）；②应为董事建立一套固定的退休政策，并规定所有董事必须拥有该公司的普通股；③必须由合格的人员构成，他们必须代表不同的经验、性别、种族及年龄（每位董事必须代表全体股东，反对任命代表某一特殊利益的董事）；④必须让董事会以其认为最有效的方式，采用与这种方式相一致的方法、原则来组建实行董事会的职责和处理问题（即股东不应对董事会工作干预太多）；⑤董事会应对自身及单个董事的表现有一个评估机制（至少应有由董事会做的"年度表现回顾"）；⑥应定期召开执行会议（在董事长与总裁由一人充当的公司中，董事会应考虑选择一个或多个独立董事作为"重要董事"）。

5. 董事会的职责

全美公司董事联合会的观点：①确定公司的经营理念和使命；②选拔、监控、评估、酬劳和替换 CEO 及其他高级执行官，并确保管理层的换届继任；③审议和批准管理层的战略计划和业务计划；④审议和批准公司的财务目标、计划和行动，包括重大的资本配置和开支；⑤审议和批准非经常业务的重要交易；⑥将公司业绩与战略计划和业务计划相比较进行监控；⑦确保道德行为及遵守法律、审计及会计准则以及公司自己的治理文件；⑧评估自身实现这些职责的有效性；⑨行使法律的规定，或在公司治理文件中划归董事会的其他职能。

6. 董事的个人特征与董事会的核心能力

（1）董事的个人特征应包括：正直和责任心；见多识广的判断；财务知识（任何决策最后都是赚钱与赔钱，用钱与省钱的问题）；成熟的自信；高业绩标准。

（2）董事会（作为整体应具备）的核心能力应包括：商业判断力；管理才能；危机反映；行业知识；国际市场；领导才能；战略/远景；会计和财务。

（二）内部控制特质

内部控制指提供有效的组织和经营，并防止错误和其他非法业务发生的业务流程设计。它产生的哲学思想是两人无意识犯同一错误的可能性极小，两人合谋犯罪的难度远远大于一个人单独干。

1. 主要特点

以任何个人或部门不能单独控制任何一项或一部分业务权力的方式进行组织上的责任分工，每项业务通过正常发挥其他个人或部门的功能进行交叉检查或交叉控制。

其实质是一种管理控制，是有效执行组织策略的必备工具。

2. COSO 定义

内部控制是为达成某些特定目标而设计的过程，即是一种由企业董事会、管理阶层与其他人员执行，由管理人员阶层所设计，为达成运营的效果及财务报告的可靠性和相关法令的遵循提供合理保证的过程。

COSO（Commission of Sponsoring Organization，发起人组织委员会）是 1992 年由美国全国欺诈财务报告委员会（National Commission on Fraudulent Financial Reporting，即 Tread Way Commission）的发起人组织的专门研究内部控制问题的组织，其对内部控制的定义被全世界广泛引用。

COSO 报告的内部控制定义反映了下列基本概念：①内部控制是与企业的营运过程相互交织，为企业的基本经营而存在的一个过程；②内部控制不只是手册与表格，它受组织内各个层次的人的行为的影响；③内部控制由于其固有的局限，它只能为组织目标的实现提供合理的保证；④内部控制与要实现的目标相互配合而划分成各种类别，各类别内部控制相互区别，又相互重叠。

3. 内部控制的要素

COSO 报告将内部控制划分为五个组成部分：①控制环境（Control Environment）；②风险评估（Risk Appraisal）；③控制活动（Control Activity）；④信息与沟通（Information and Communication）；⑤监控（Monitoring）。

4. 内部控制的内容

①内部审计；②政策及程序维护；③道德规范与行为准则；④可靠员工的选拔与培养。

5. 内部控制的目标

早期人们对内部控制的理解仅限于内部牵制，且多关注于资金和资产的保护上，因此，内部的目标主要在于防止欺诈和舞弊的发生。

(1) 美国注册会计师协会审计委员会四大内部控制目标：保护企业财产安全，检查会计信息的准确性与可靠性，提高经济效率，促进企业遵循既定的管理策略。

(2) COSO 内部控制概念中提出的三大类目标：营业目标（Operations），财务报告目标（Financial Reporting）与合法合规目标（Compliance）。

(3) 我国理论界普遍认为内部控制应达到以下基本目标：规范单位会计行为，保证会计资料真实、完整；堵塞漏洞，消除隐患，防止并及时发现、纠正错误及舞弊行为，保护资产的安全完整；确保国家有关部门法律法规和单位内部规章制度的贯彻执行。

(4) 美国两位注册会计师对美国最大 78 家公司的调查问卷得出的目标：验证财务报告的可靠性，保护资产安全，促使业务运营与管理政策的一致性，提升道德品行。

6. 内部控制的局限性

内部控制不是万能的，即使设计和运行得再好，内部控制基于其固有的限制，也只能提供董事会和管理人员以合理保证达成企业目标。内部控制只能提供合理保证而非绝对保证，这与没有一个系统总能如愿以偿的事实同样不容置疑。即使在合理保证这一层面上，内部控制的运作水平也视目标而异。所以，没有完美无缺的内部控制系统，也没百分之百得以执行的内部控制制度，更没有"包治百病"的内部控制体系。

（1）内部控制本身有一定的局限性。第一，内部控制通常是针对常规业务、经常发生的业务设计的，不可能预先考虑到所有可能出现的特殊业务的情况。一旦发生非常规业务或出现特殊情况，很有可能控制不了。第二，成本效益因素的限制。成本效益原则是设计实施内部控制必须坚持的原则之一，它要求充分考虑设置控制需增加的成本与无控制所造成的损失之间的关系，权衡得失后决定是否设置控制措施，所追求的是投入与产出之间的最佳匹配。这样，即便是对常规业务的控制，设计完成的内部控制系统也不可能尽善尽美。第三，内部控制是在特定的内外部环境下设计实施的，一旦环境条件发生变化，内部控制系统就可能需要随之调整和修正。由于环境因素的变化具有不可预见性和不可控性，认识这种变化并做出反应需要时间，在内部控制系统未能得到及时修正和调整之前，它会由于滞后于环境的变化而导致控制的缺失，从而失去控制的意义。可以说，内部控制系统对常规业务的控制不可能是十全十美的，对非常规业务的控制以及变化了的环境条件下的控制就更显得力不从心了。

（2）内部控制系统的执行也有一定的局限性。第一，人们的误解、不理解，会削弱内部控制的作用。这既可能是由于制度本身的描述和表达不明确、不科学引起了人们的错误理解，也可能是由于人的素质有问题而无法正确判断和理解制度。第二，疏忽大意、无意的错漏等，也会影响控制作用的发挥。这是执行制度过程中难免出现的问题，是由执行人的素质决定的，很难避免，更不可能彻底杜绝。第三，执行落实控制制度时的形式主义，也会使控制效果不理想。如规定支票签发需经两人共同处理，除非他们两人都对有关资料进行认真审核，否则即使两人签章该控制措施也未必奏效。若存在这种单纯追求表面上的符合制度规定而忽视控制的实质内容的做法，那么，再健全科学的内部控制系统也无法取得理想的控制效果。第四，舞弊等行为也会影响控制作用的发挥。管理层、董事会、普通员工在制定和执行内部控制制度的过程中，可能会由于这样或那样的不公平、不公正，尤其是利益冲突而引发舞弊等问题。无论是一人独立进行还是两人合作，甚至是在领导者带领下的集体舞弊，都会使控制崩溃并造成极其严重的后果，多么科学严密的内部控制系统对此都没有抵御能力。

7. 内部控制的作用

①有利于经营方针的贯彻执行；②有利于提高经济效益；③有利于防止资产流失；④有利于防范违纪违法行为的发生。

二、企业治理特质度量指标

（一）公司治理特质度量指标

由于公司治理涉及三会一层，因此，度量公司治理的指标主要是股东大会治理指标、董事会治理指标、监事会治理指标和经理层治理指标，包括人员构成、人员素质、会议数量等方面的指标。虽然目前这些指标已经形成了一个庞大的体系，但由于度量指标的含义与作用、量化、权重等问题并未得到很好解决,所以并没有一套被公认的度量指标。

(二) 内部控制特质度量指标

现在主要使用企业被媒体负面曝光次数和审计机构的审计意见等间接指标予以度量,如果媒体负面曝光次数越多则说明企业内部控制越差,独立审计机构出具了非标准意见的审计报告则证明企业存在内部控制缺陷。但这两种评价很难说明企业内部控制的真实水平。

三、企业治理特质对财务行为的影响

现代大型企业的共同特征:两权分离;总经理持股很少(美国大公司老总持股为0.2%~0.5%,日本更少);总经理任期有限(一般3~5年)。因此,现代企业治理面临的主要问题是"公款"消费(与老总持股负相关)、经营决策上的短期行为(减少研发、培训、广告及设备维修等方面的支出,盈余管理与操纵)、长期投资决策上的误导("个人帝国"的建造、"过度"冒险投资等)。

(一) 公司治理与经营者财务监督

对比较容易观察的问题,如公款消费问题,相对容易解决,可以通过在公司治理中加强财务监督解决。

(二) 公司治理与经营者激励

对于隐性的问题,如"短期行为"和"盲目投资",由于无法准确识别与判断,比较难以解决,仅靠监督是不够的,还需要对管理者绩效激励。

美/英对高级管理人员激励的做法包括:基本工资、奖金(与利润挂钩);认股权。日/德的做法包括:大股东相对稳定;大股东对管理的高度介入而形成集体决策;终身雇佣制。以上对高级管理人员激励做法的差异主要是日本和德国不存在外部经理市场,日/德公司很少给高级管理人员认股权,公司经理的收入也比美国同行低得多。

(三) 公司治理与财务透明度

通过公司治理建立可靠的会计制度、独立的审计制度,以及客观、及时、充分的信息披露制度,促使企业管理高度透明。

(四) 内部控制与风险分析行为

内部控制需要根据企业的目标实现程度来确认风险,并依据风险的重要程度(风险发生所产生的损失)与风险发生的可能性进行风险分析,根据分析确定需要采取什么行动。如果企业没有内部控制就难以产生风险分析行为。

(五) 主要内部控制活动

(1) 组织规划控制。①企业组织机构的两个层面:法人治理结构和内部管理机构。②职务分工(主要解决不相容职务分离):授权批准职务与执行业务职务相分离;业务经办职务与审核监督职务相分离;业务经办职务与会计记录职务相分离;财产保管职务与会计记录职务相分离;业务经办职务与财产保管职务相分离。

(2) 授权批准控制。①授权批准的范围与方式;②授权批准的层次;③授权批准的

责任;④授权批准的程序。

(3) 文件记录控制。①建立企业组织机构职能图和授权审批权限一览表;②建立全员岗位说明书;③业务程序手册;④会计流程与会计记录。

(4) 全面质量控制。①预算体系的建立,包括预算项目、标准和程序;②预算的编制和审定;③预算指标的下达及相关责任人或部门的落实;④预算执行的授权;⑤预算执行过程的监控;⑥预算差异的分析与调整;⑦预算业绩的考核。

(5) 实物保全制度。①限制接近;②定期盘点;③记录保护;④财产保险;⑤财产记录监控。

(6) 职工素质控制。①建立严格招聘程序,保证应聘人员符合招聘要求;②制定员工工作规范,用以引导考核员工行为;③定期对员工进行培训,帮助其提高业务素质,更好地完成规定的任务;④加强考核和奖惩力度,应定期对职工业绩进行考核,奖惩分明;⑤对重要岗位员工(如销售、采购、出纳)应建立职业信用保险机制;⑥工作岗位轮换。

(7) 信息系统。企业在开展内部控制体系建设的同时规划内部控制信息系统建设,一般采用以下四个步骤:①建立内部控制体系;②对内部控制信息系统建设进行可行性分析;③对企业现有信息系统进行更新改造;④全面建成内部控制信息系统。

(8) 内部审计控制。内部审计控制的关键点有:①保持审计的独立性。内部审计控制在实施过程中,最关键也是最困难的是进行独立的控制。②保持审计监督的及时性,与外部审计控制形成互补之势。③加强对子公司和下属部门的审计监督。这是内部审计的重点。

(六) 内部控制信息沟通行为

1. 内部沟通

①领导的沟通意愿;②每个人都了解内部控制相关方面的内容,知道自己在这一制度中的角色和责任;③确保信息传递的真实;④建立信息有效沟通的渠道;⑤信息沟通中的保护条款。

2. 外部沟通

①吸收客户和供应商对产品及服务质量的信息;②反馈公司经营人员的不适当行为;③金融、保险等部门通过与外部沟通对客户公司进行检测,发现并指出客户公司内控的弱点。

(七) 内部控制与监督行为

(1) 日常经营中的监督:经营中监督,内部审计监督。

(2) 独立评价。①评价方式:外部机构评价,自我评价。②评价过程:了解被评价的内部控制制度,确定制度在现实中的运行状况,分析检查结果。

(3) 评价方法:核对清单,调查表,技术流程图。

第七节　企业规模特质与财务行为

企业规模的大小在一定程度上反映了企业的财务实力，规模的差异也导致企业财务业务和财务机构的复杂程度不同，从而影响企业的财务行为。

一、企业规模特质

根据企业的规模可以将企业分为大、中、小三个类别，所谓特大企业或微型企业只是两极的延伸。企业集团与中小企业是企业按规模分类的两极，其组织特征与典型的企业有诸多差异，财务管理也具有一些特殊性。

（一）企业集团的特质

企业集团产生的表面原因是节约交易费用和享有规模经济、范围经济、降低企业组织成本（行政费用）和分散风险的好处，最为深层的动因源自市场与企业彼此间的替代机制以及由此而带来的"交易内部化"效应，源自为抵御日益增强的竞争风险而不得不谋求资源聚合的规模优势、组织结构重组的管理协同优势以及由此而生成的整体竞争优势。

1. 企业集团的基本特征

企业集团是以一个或少数几个大型企业为核心，凭借资本、契约、产品、技术等不同的利益关系，将一定数量的受核心企业不同程度控制和影响的法人企业联合起来，组成的一个具有共同经营战略和发展目标的多级法人结构的经济联合体。

企业集团的具体特征与其所在国家、产业特性、所有制结构、内部组织结构等密切相关，但从最基本的层面看，有以下特征：①由多个法人组成。企业集团由具有共同利益的多法人企业联合组成，成员在法律上是独立核算的单位，而作为整体的企业集团却不具有法人地位。因此，存在特性与共性、个体与整体的权衡和矛盾。②组织结构具有多样性与开放性。联结关系（资本、契约、产品、技术等）、组建形式（合并、兼并、收购、分立、相互持股、直接新建等）、组织结构、协作形式多样化。③集团规模巨大。产生的原因就在于通过联合产生规模经济和聚合力，一般规模较大，但有很大的相对性。④生产经营具有连锁性和多元性。既有多家生产同类产品的企业联合关系，也有由原材料供应、生产加工、销售供应等企业组成的高度连锁相关的关系，还有共同处于一家公司控股下的业务不相关关系。集团成立后，可能有压力向相关领域扩张，也可能有动力向其他不相关行业进军。

2. 企业集团财务管理特点

（1）主体复杂化。集团财务管理的实施，既包括企业集团的成员企业内部的管理，也包括集团的核心企业或总部针对不同类型的成员所进行的不同性质的管理。

（2）控制是基础。管理的核心是控制、协调与发展，协调从某种意义上也是一种控制方式。集团控制有两个层面,一是对成员企业的经济控制,二是对集团经营业务的实际控制。前者其实是组织架构和权利分配的问题;后者为控制的实际操作以及确定标准、衡量业绩、纠正偏差的过程。

(3) 往往以资本为联系纽带。母公司根据自己的实力,子公司的产品特点、经营领域、对母公司重要程度,决定投资额和投资分散度。一般有全资子公司、控股子公司、参股子公司、关联子公司四种。

(4) 更加突出战略性。集团的形成本身就是战略选择的结果,集团的日常经营和竞争离不开集团战略,集团的成长必须有战略的指导。

3. 企业集团财权划分体制

企业集团权力大致可归纳为五个基本层次:①集团战略发展结构、股权控制结构、公司政策、制度保障体系的制定、解释与调整权;②对集团战略发展结构与股权控制结构产生直接或潜在重大影响事宜的决策管理权以及例外事项的处置权;③对集团战略发展结构与股权控制结构不构成重大影响或仅产生一般影响事宜的决策管理权;④一般的、日常性的生产、经营、财务与人事权;⑤内部职能部门、责任单位的管理决策权。

企业集团财务权利包括四个方面:①财务决策权。是财务权利的最高层次,可分解为财务战略决策权和财务运作决策权,其主要内容包括投资决策权、筹资决策权、财务收益分配权、会计政策决定权、财务领导任免权等。②财务资源调配权。即调动财务资源的权利,是决策权分化出来的权利,如预算审批权、流动资金调配权等。这种权利在分布上根据生产特点和项目性质而异,在分配上依据职务等级而异。③财务资源使用权。是最低一级权利,是保证财务资源真正发挥作用的权利,如购买办公用品、支付工资等。④财务监督权。在较低层面上,财务监督权是财务决策权派生出来的监督财务资源调配和使用情况的权利,在更高层次上,它是企业所有者监督企业经营者的财务权利。

集权与分权的差异主要不在于"权"的集中或分散,而在于"权"的范围的界定与层次的划分。

集权制。优点:聚合资源优势、贯彻实施母公司以至集团整体战略目标最具保障力;缺点:成员企业或组织机构的积极创造性与应变能力可能不断削弱。

分权制。优点:缩短信息传递的时间,减少信息传递过程中的控制问题,使信息传递与过程等相关的成本得以节约;缺点:集团管理目标换位问题。

4. 集团的财务机构

包括母公司董事会、集团财务总部、财务结算中心或财务公司、子公司财务部。

(1) 母公司董事会。拥有财务战略、财务政策(投资政策、融资政策、收益分配政策等)的制定权、调整变更权、解释权、督导实施权;财务管理体制、财务组织机构选择、设置与调整变更权;总部与子公司高层财务人员的聘任、委派、解职权;对母公司战略目标与控股权结构产生直接或潜在重大影响的财务活动的决策权,以及例外事项的处置权。

(2) 集团财务总部。为母公司董事会财务战略、财务政策、基本财务制度(组织、决策、预算、报告、高层人员委派、经营者激励制度等)、重大投融资及分配方案的制定、决策提供信息支持,发挥财务上的咨询参谋作用,在母公司董事会授权情况下,可能会直接参与上述过程;负责财务战略、财务政策的组织实施工作,并对其效果负责;协助总经理高效率地完成委托责任目标——财务预算控制;负责财务战略预算的编制、实施与监控;规划集团的最佳资本结构;协调集团内外部各利益相关者间的财务关系;检查、监督各级机构对财务战略、政策、基本制度、预算等的贯彻实施情况,建立绩效衡量的标准制度并实施业绩考核;强化财务风险监测与危机预警体系。

(3) 财务结算中心。是企业集团母公司设置的,专司母公司(及其分公司)、子公司及其他成员企业现金收付及往来业务款项结算的财务职能机构,也叫内部银行。财务结算中心在集团内部发挥着资金信贷中心、资金监控中心、资金结算中心和资金信息中心的多项职能。

(4) 财务公司。是具有财务结算中心的基本职能,同时具备对外融资、投资职能(在没有法律特别限制的前提下),在行政与业务上接受母公司财务部领导的具有独立法人实体的组织。

(5) 子公司财务部。是否单独设置,取决于集团的规模、业务的复杂程度以及空间跨度等。母公司必须遵循或维护子公司作为独立法人的权利与地位,特别是财务方面的合法权益;子公司必须遵循总部的财务战略、财务政策,将子公司自身的财务活动纳入集团的一体化范畴。

(二) 中小企业的特质

国家经济贸易委员会、国家发展计划委员会、财政部、国家统计局于2003年2月19日,以"国经贸中小企〔2003〕143号"文发布了《中小企业标准暂行规定》。根据企业职工人数、销售额、资产总额等指标,结合行业特点制定划分标准。适用于工业(包括采矿业、制造业、电力、燃气及水的生产和供应)、建筑业、交通运输和邮政业、批发和零售业、住宿和餐饮业。

1. 中小企业的特殊性

(1) 中小企业作为一个整体,对社会、经济的影响大。无论是发达国家还是发展中国家,中小企业都是经济发展和社会稳定的重要支柱。亚太经合组织21个国家和地区的中小企业户数占各自企业总数的97%~99.7%,就业占55%~78%,GDP比重占50%以上,出口总量占40%~60%。美国政府把中小企业称作"美国经济的脊梁",日本认为"没有中小企业的发展就没有日本的繁荣",德国把中小企业称为国家的"重要经济支柱"。事实证明,中小企业发展势头较好的地区也是经济最活跃的地区,广东、江浙地区的经济发展也说明了这点。

(2) 中小企业财务管理特殊、问题多。与大企业相比,中小企业的规模、组织、技术、决策机制、资源禀赋、市场地位和产业选择等综合因素决定了中小企业的经济灵活性(Economic Flexibility)。这种灵活性使中小企业这一弱势群体在激烈的市场竞争中保持长盛不衰,同时,这种灵活性也是不确定性和不稳定性,对中小企业财务管理(特别是融资方面）造成种种不利影响。

2. 中小企业财务管理的特殊性

（1）财力有限，单个企业影响小。中小企业注册资本、资产规模、净资产、收入等方面都比较小，在以销售收入和资产量作为企业排序的今天是一个不起眼的单位。另外，吸纳人员、上缴利税、提供经济增加值等方面影响小。因此，就面上而言，中小企业总体影响大，但单个企业影响很小，不会引起政府、社会的足够关注。

（2）财务抗风险能力低，存活率低。财力有限、市场占有率低、收入不稳定，导致抗风险能力低，存活率低。破产、改制的企业95%以上是中小企业。

（3）自有资金不足，信誉度参差不齐。有部分企业是属于"游击队"方式组建，出资人也没有考虑要长久经营，只想能盈点眼前利就行。

（4）难以吸引人才，管理较弱。待遇、前途是目前吸引人才的关键，中小企业是弱项，由于缺乏人才和资金，内部制度和职责分工等普遍不健全。

（5）再融资能力有限，做大做强难度大。

（6）内部治理差，外来人才很难施展拳脚。

二、企业规模特质的度量指标

度量企业规模最常用的指标是企业资产总额，由于大型企业的资产总量很大，不方便运算，常常将资产总量去自然对数处理。

另外，企业销售收入也可以作为企业规模的衡量指标，反映企业的市场份额的占有规模。但该指标只能作为替代变量，因为销售收入与企业规模并没有直接的相关性，如商业行业的资产规模可能并不大，但由于商品流转速度快而使其销售收入很高。

世界500强的度量指标就是资产规模和销售收入量，因此，该两个指标都可以作为企业规模的指标。

三、企业规模与财务行为

（一）企业集团的资金运筹行为

一般企业筹资行为包括筹资总量的确定、资本结构的安排、筹资方式和渠道的选择等，而企业集团筹资行为重点为：关注集团整体与集团成员资本结构之间的关系；实行筹资权的集中化管理；利用与集团模式改造相结合的方式筹集资金；发挥企业集团筹资的各种优势。

企业集团的筹资行为包括：①制定融资政策与决策制度；②规划资本结构（融资规模、性质、结构及时间进度安排等）；③落实融资主体；④选择融资渠道与融资方式；⑤监控融资过程并提供融资帮助；⑥考察融资及其运用效果，并合理安排还款计划。

（二）企业集团的投资行为

投资关系到集团的经营内容和发展方向，企业集团的某些投资更是关系到集团这个企业群体中的单体企业规模、成员企业数量、集团成长方向等问题。

1. 制定投资政策

管理总部基于集团战略发展结构规划而对集团及各成员企业的投资及其管理行为所确立的基本规范与判断取向标准,是企业集团财务战略与财务政策的重要组成部分,包括投资领域、投资方式、投资质量标准、投资财务标准等基本内容。

2. 确定企业集团投资管理的重点

以投资带动企业集团发展;从母公司角度分别评价投资项目;结合具体情况选择投资评价标准;从集团全局的角度为投资项目进行功能定位。

3. 选择投资领域

企业集团整体及各层级成员企业(特别是重要成员企业)对投资活动的有效范畴作出的限定,是集团战略发展结构的具体体现。目的:保证集团核心能力得到有效支持和培育。作用路径:前途命运←竞争优势←核心能力的培育与拓展←对核心能力的有效支持。

4. 确定投资方式

集团及成员企业实现资源配置、介入市场竞争的具体形式,是一种战术性支持手段。常见方式:控股,参股,收购,兼并,股权回购,资产重组,让售,附限制条件的债权投资或产权性质转换等。

资本型企业集团→资本保值增值是母公司关注的核心点→对核心成员企业绝对控股。产业型企业集团→对与总部存在母子关系的成员企业,绝对或相对控股为主。

5. 选择投资质量标准

投资质量标准为企业集团对其系列化的主导产品规定的必须达到或具备的适应市场竞争的基本功能与素质。因为,竞争优势在于低成本、高质量、多功能的产品的核心能力。产品效用=功能/成本。

6. 确定投资财务标准

投资财务标准即投资的必须收益水平。包括:①数量标准,主要是资本报酬率和资产报酬率。②质量标准,主要考察企业收益来源的稳定可靠性:营业利润占利润总额的比重,核心业务占营业利润的比重;收益的时间分布:收益期限结构=不同时间段的收益额/相关收益期内收益总额,收益期限系数比率=$\sum$(不同时间段的收益额×折现系数或期限系数)/分析期收益总额;收益的现金支持能力:销售营业现金流量比率,应收账款收现率,赊销收现折现系数比率,净营业利润现金比率。

(三)企业集团的分配行为

科学的分配制度能够合理调节各方面的利益关系,保证企业集团的顺利发展。对于集团企业,股利分配行为对内涉及母公司与子公司等彼此间的权责利关系,直接影响子公司等成员企业积极创造性的发挥与对母公司管理战略与管理权威的认同,决定着集团资源配置使用的整体效率与凝聚力;对外涉及母公司、子公司等各自与股东以及其他利益相关者的权责利关系,直接影响市场对企业集团及各成员企业价值的判断,影响投融资环境的优劣,对于能否建立起高效率的集团治理机制乃至未来发展的命运也将产生决定性的影响。

1. 企业集团分配管理的重点

集团财务分配研究的重点不是单体企业范围内的企业对所有者、债权人乃至经营者与职工的具体分配,而是成为一种"反向"的分配,即母公司(或集团核心企业)站在集团成员企业外部,对各事业部和子公司的利益调节,分配管理从经营成果的分配问题转化为集团中的利益调节与激励机制问题。

由此产生了按资本、生产技术、经营管理等要素投入的状况参与利益分配的新格局,分配的这种变化反过来成为企业集团所有制结构和组织形式变化的催化剂。分配的内容是集团母公司对集团内部发生的合作与交易事项中影响各成员最终利益的因素进行的控制和规划。

2. 内部转移价格在集团分配中的作用

企业集团内部有一个内部市场,即集团成员企业之间资金、技术、产品等交换和衔接的场所,涉及内部价格问题。除中间产品外,以技术开发为连接纽带的企业集团中新产品试制的转出价格,企业集团内各企业资金调剂时的内部利息率,集团成员间互相提供的服务的费用等,都可以属于内部价格的范畴。内部价格不仅影响企业内部的生产费用计算,还影响企业的外部交易费用(如采购费用、销售费用甚至税收等)。

内部价格的形式:以实际成本为基础确定;以标准成本为基础;以市场价格为基础。

3. 企业集团内部的利益分配方法

完全内部价格法;二次分配法;级差效益分配法——技术难度、劳动强度、原材料、劳动力价格等形成的差异归为级差效益Ⅰ,经营管理水平、技术更新改造等形成的收入差异归为级差效益Ⅱ,前者用内部转移价格调整,后者归各企业所有。

4. 企业集团分配行为一定要考虑控制权结构

高分利可能导致成员企业不得不增筹新股,导致控制权下降;股利太低可能使资本结构效率低下,企业市值被大大低估,企业极易被他人伺机兼并。

5. 分配行为的决策权

决策流程:母公司财务部→母公司董事会→母公司股东大会。

母公司财务部虽然无决策权,却是财务状况的权威发言人,负责提供支持理由。

(四)企业集团的资本经营行为

现代企业成长过程分为商品经营与资本经营两大部分。资本经营就是资本所有者或其代理人对资本进行的转化与重组,使之通过不同的形态达到快速聚积、快速集中和扩大控制影响范围的目标,最终实现企业的成长。几乎没有一个大型企业集团是单纯依靠生产和销售商品而发展起来的。

1. 企业集团资本经营策略

(1)利用资本经营实现集团的规模成长。解决规模经济问题,在财务上衡量是否规模经济可以用成本性态指标、单位成本变化指标。注意,规模不等于规模经济,规模经济有利有弊,规模要适时调整。

(2)利用资本经营实现集团的扩张。应注意企业集团剩余资源、企业联合的特点、核心企业的承受能力、生产经营与资本经营的结合等是否符合扩张的需要。

2. 企业集团的多元化与专业化

(1) 企业集团成长空间。专业化成长，即规模经济上有能力不断加大在某一领域的投入，提高市场占有的广度和深度，适时将产品更新换代，主动引导消费倾向；相关多元化（纵向型）成长，即可以建立或并购在供、产、销、运输、售后服务体系中的相关企业，实现集团生产的一体化；无关联多元化成长，即投资全新领域，开展新的业务。

(2) 多元化经营。多元化经营企业类型：单项业务型（95%以上），主导产品型（70%～95%），关联多元化型（均小于70%），无关联多元化型。

多元化经营的动机：进攻型动机，防御型动机。

外部环境影响：市场需求饱和，成本提高或销售价格降低到难以承受的程度，政府的反垄断措施，社会需求的多样化。内部影响：潜在的剩余资源需要发挥，管理者力图分散企业的经营风险，业绩与战略目标的较大差异迫使多元化，多级独立法人结构易于多元化。

多元化战略：技术相关型，市场相关型，市场技术相关型，非相关型。

多元化经营的风险与障碍：资源配置过于分散，产业选择误导，技术性壁垒和人才性壁垒，成本性壁垒和顾客忠诚度壁垒，抵制性壁垒和政策性壁垒。

多元化战略与经营业绩：无关联多元化一般在企业的主营业务风险太大、资金充裕、行业前景不佳、准备主业转型或面临重大投资机遇，企业集团纵向一体化时，成功可能较大。

(3) 专业化经营。企业能否长期发展取决于是否拥有核心竞争能力，一般情况是核心能力的形成同企业所从事的经营领域有密切关系，实行专业化经营，将主要精力集中于最熟悉、最具实力的经营领域，是增强企业竞争力的最有效途径。

(五) 企业集团的财务控制行为

企业集团财务控制体制的核心就是控制与自由的权衡。

1. 有效的集团财务控制框架

①强有力的母子公司财务控制体系，能够控制和协调各成员企业的活动；②设置合理的集团组织结构；③有效的集团财务监督体制。

2. 判断控制行为有效与否的标准

是否有助于成员企业及其员工积极性、创造性与责任感的增强，并因此在集团整体层面带来更高的财务资源配置效率。

3. 财务控制手段

责任预算制度、财务报告制度、财务总监委派制度。

4. 企业集团预算控制

预算控制是将企业的决策目标及其资源配置规划加以量化并使之得以实现的内部管理活动或过程。应遵循风险自抗、权力制衡、以人为本原则。

预算控制行为的指导思想：以市场开拓为龙头，以效率和效益为核心，以财务管理为枢纽，将企业集团的一切经营理财活动均纳入严格的预算控制体系。

主要的预算控制行为：预算目标拟订与预算编制，责任落实与推动实施，业绩报告与偏差诊治，责任辨析与业绩评价，奖惩兑现，总结改进。

5. 企业集团业绩评价

业绩评价是最有效的间接控制手段；业绩评价是建立激励机制的前提；业绩评价是业绩管理的重要内容。但是，业绩评价目标过高会适得其反。

业绩评价行为能否带来预期的效果关键看评价指标的选择，一般来说，高层注重财务指标，基层注重非财务指标。

（六）中小企业的融资行为

中小企业融资难是一个世界性难题，这里既有经济体制、经济政策方面的原因，也与中小企业自身的"天然融资屏障"有关。

中小企业频繁地转换产品和市场，由此缺乏自主品牌和稳定的主营业务等，预期收益出现不确定性（高风险性）；大多数中小企业处于创立和成长阶段，资产少、规模小、资产质量低、抗外部冲击能力弱，死亡率极高（2年内23.7%死亡，4年内52.7%死亡，5年内60%死亡）。由于缺乏抵押资产、死亡率高、贷款信息和交易成本高，金融机构一般不给中小企业贷款。

因此，中小企业融资行为主要是内源融资行为，其重点是找到一个适合中小企业的融资模式。中小企业常见的融资行为有：①吸引权益资金行为。可以采用假权益、真借贷等方式。②利用资本市场行为。国家应考虑在资本市场上为前途好的中小企业留出必要空间。③金融借贷行为。国家鼓励，机构担保，发展中小金融机构，在税收上给予优惠及风险补贴机制。④利用各种中小企业专用基金。⑤谨慎使用民间资金。

（七）中小企业的投资行为

中小企业业主开办中小企业一般都是由于资金实力相对不足，出资难度大；由于收入、资产等制约，盈余额度小，无法支撑大的项目。所以，中小企业投资行为应该以稳健为主，产业以同类产业和相关产业为主。

（八）中小企业的财务管理与控制行为

财务管理与控制行为的重点放在：

（1）提高经济效益，以此增加资信等级。

（2）规范以财务管理为中心的各项管理制度，提高财务信息的透明度，以此赢得金融部门的理解和便于其监督。

（3）加强企业间的联合，以此增加经济实力，吸引人才。

第八节　企业经营者特质与财务行为

Hambrick 和 Mason（1984）提出的高层梯队理论（Upper Echelons Theory）认为公司

管理者是不能够有效替代的，管理层的年龄、工作年限以及教育背景等特征对于形成其心理认知有着重要影响，进而管理层的偏好差异导致了组织的不同产出（如行为选择、组织绩效等）。现代企业由一些相互关联的契约联合而成，由于经营权和所有权的分离，企业中形成了一种双方委托代理的关系。企业中的高级管理人员作为特别的群体，能够控制公司的经营活动，拥有企业信息权利，为了自己的利益，他们可能通过主观意志有目的地干预企业财务活动。

一、企业经营者特质

企业经营者主要指企业的关键高管，一般包括董事长、总经理、独立董事。

（一）董事长

我国《公司法》规定：董事长是公司的法定代表人，董事长在公司中享有很高的职权：召集和主持相关会议；决定公司的大政方针；确定日常经营工作中的重大事项；买卖公司股票、债券的签字权等。我国《公司法》同时规定，在董事会闭会期间，公司董事会可根据需要授权董事长享有董事会的部分业务执行权和经营决策权。

在高管中，董事长作为董事会的核心人员，能够对企业的经营决策产生重要影响，在公司权力层中地位不可撼动，可以给企业的各种重大行为带来影响。当董事长的权力缺少有效的监督时，董事长很容易做出超越权限的行为。

（二）总经理

在现代公司制企业中，总经理负责日常经营管理、对董事会下达的指令和经营战略方针进行具体的执行，并且能够有效利用公司各种资源来使公司价值得到最大的发挥。因此，在现代企业管理体制中，企业家才能具体可以体现在总经理身上，具有企业家才能的总经理能够更好地整合各方面资源，取得更好的企业业绩，创造更多的企业价值。

总经理的年龄、职业背景、教育背景、任期等背景特征决定其所具有的企业家才能，而这种才能又会影响企业财务行为、组织运营效率，并最终影响企业的业绩。

（三）独立董事

独立董事是指独立于公司股东且不在公司中内部任职，与公司或公司经营管理者没有重要的业务联系或专业联系，并对公司事务做出独立判断的董事。独立董事承担监督之责，以达到内部权力制衡的目的，代表所有股东特别是中小股东利益。独立董事必须在人格、经济利益、产生程序、行权等方面独立，不受控股股东和公司管理层的限制。

独立董事的特别职权：①重大关联交易应由独立董事认可后，提交董事会讨论；独立董事作出判断前，可以聘请中介机构出具独立财务顾问报告，作为其判断的依据。②向董事会提议聘用或解聘会计师事务所。③向董事会提请召开临时股东大会。④提议召开董事会。⑤独立聘请外部审计机构和咨询机构。⑥可以在股东大会召开前公开向股东征集投票权。

由此可见，独立董事会影响企业的财务行为。

二、企业经营者特质度量指标

Zahra 和 Pearce（1989）的研究对企业经营者特质的度量具有源发性。他们把经营者特质分为"标签背景"和"内部特征"，"标签背景"是经营者的外部特质，包括性别、年龄、学历、工作背景和专业技能等，"内部特征"是指经营者的性格、兴趣爱好和道德品质等。一般关于经营者特质的研究都集中在"标签背景"上，因为"标签背景"能观察得到并且有相关信息可以披露并查询。

国内学者则对独立董事特质进行了更具体的分类：把年龄分为若干段。专业背景分为法律、会计、经济、技术、行政背景和其他。职业背景分类更为复杂，谭劲松（2003）把独立董事分为来自高校及科研机构的学者、注册会计师、律师、商人、离退休的人员、咨询顾问专家及其他七大类；唐清泉（2005）将独立董事分为法律、协会、会计、高校、政府部门、企业和离退休七大类；魏刚（2007）则把独立董事分为会计、律师、高校及科研机构、银行、政府及附属机构、企业和其他七类，还提出了海外背景的概念。此外，国内学者还对性别、学历、任期、兼职等方面进行度量。

三、企业经营者特质对财务行为影响

（一）企业经营者特质与财务信息披露行为

企业经营者可以出于自身目的的需要而对企业财务信息披露行为加以干预，不同的特质使干预的程度、干预的方式有所差异。

（二）企业经营者特质与财务舞弊行为

企业经营者的特质不同对待财务舞弊行为的态度也不同，有的会容忍、放纵，甚至支持指使财务舞弊，有的则具有强烈的反财务舞弊行为倾向。

（三）企业经营者特质与财务贪腐行为

企业经营者不能获取企业的剩余收益，当他们认为所得的薪酬无法达到预期的目标时，可能凭借掌握的经营管理权侵占、挪用企业的财务资源。

（四）企业经营者特质与非效率投资行为

企业经营者的报酬与企业资产呈正相关，于是刺激经营者千方百计扩大企业的规模，即使是 NPV 为负的项目也会进行投资，从而产生投资过度；当经营者的薪酬过度与企业绩效相连时，出于风险考虑，经营者会放弃一些 NPV 为正的投资项目，造成投资不足。

（五）企业经营者特质与超额融资行为

企业经营者的道德风险和逆向选择是建立在有足够的资金支配的基础上，因此，经营者总会想方设法让企业的自由现金流丰富起来，极易出现企业超额融资行为。

（六）企业经营者特质与利润分配行为

企业利润分配比例过高时，留给经营者的自由现金太少，经营者会诱导企业少分利；如果将经营者报酬与股东分红挂钩，经营者会制造高分红机会以增加自己的薪酬。

第九节 企业功能特质与财务行为

企业按功能可以分为公益企业与非公益企业。公益企业不以盈利为目的,实质是企业化管理的非营利组织,其成立是以社团法人的形式登记的。非公益企业即一般意义上的企业。

一、公益企业特质

公益企业执行非政府管理职能和非商品化职能,提供低价或免费的社会服务,不以盈利为目的,所有出资人均不谋求对非营利组织的权利,即资金提供者不谋求商业回报,不纳税,组织内部可能会缴纳个人所得税。

(一) 与公益性质企业的差别

公益企业只强调公益性,公益性质的企业不仅强调公益性,而且关注盈利性和竞争力。

公益性质的企业具备四个特征:其产品关系到国民经济发展的基本条件;在经营中存在着不同程度的垄断或寡头竞争;定价机制由政府控制,该类企业自身没有定价权;企业社会效益高于经济效益,经常承受政策性的亏损。

(二) 与公益类国有企业的差别

国有企业分为商业类和公益类两大类别,商业类又有主业处于充分竞争行业和领域的商业类国有企业,承担重大专项任务的商业类国有企业和处于自然垄断行业的商业类国有企业的具体区分。商业类国有企业以增强国有经济活力、放大国有资本功能、实现国有资产保值增值为主要目标,按照市场化要求实行商业化运作,依法独立自主开展生产经营活动,实现优胜劣汰、有序进退。

公益类国有企业以保障民生、服务社会、提供公共产品和服务为主要目标,必要的产品或服务价格可以由政府调控;要积极引入市场机制,不断提高公共服务效率和能力。公益类国有企业可以采取国有独资形式,具备条件的也可以推行投资主体多元化,还可以通过购买服务、特许经营、委托代理等方式,鼓励非国有企业参与经营。

公益性质的企业不仅包括公益类国有企业,而且包括大部分承担重大专项任务的商业类国有企业和处于自然垄断行业的商业类国有企业。

二、公益企业的财务行为

(一) 公益企业的创收行为

为了保证公益性,国家需要对其拨款或补助,也允许接受社会捐赠,为了补充经费或提高人员待遇,公益性企业也要通过业务"创收",但收费领域和标准难以确定,可能产生公益事业商业化问题。

（二）公益企业的高盈利行为

以公立医院为例，其虽然没有明确其属于企业，但其盈利水平远远高于一般营利性企业，既能获得政府补助，又能依靠收入获得利润，而获得的利润并不缴纳所得税。既然能够获取如此高的利润，为何不将其归为一般企业？

（三）公益企业的高薪金行为

一些公益企业能够获得高额利润，但按规定不能获取利润，于是就加大成本使利润消失。其中一个重要做法就是千方百计发放高额薪金。

第十节　企业其他特质与财务行为

一、企业组织形式特质与财务行为

（一）企业组织形式特质

企业组织形式是指企业财产及其社会化大生产的组织状态，它表明一个企业的财产构成、内部分工协作与外部社会经济联系的方式，反映企业的性质、地位、作用和行为方式，规范企业与出资人、企业与债权人、企业与政府、企业与企业、企业与职工等内外部的关系。

企业组织形式一般按所有制和表现形式分类。

1. 按所有制分类

所有制指生产资料占有、使用、处置并获得收益等一系列经济权利和经济利益关系的总和，即生产资料归谁所有。在市场经济国家，单一所有制企业越来越少，更多的是混合所有制企业，所以有弱化所有制的趋向，但我国的特殊国情决定了企业所有制特质研究的重要性。

（1）国有企业。也称全民所有制企业。它的全部生产资料和劳动成果归全体劳动者所有，或归代表全体劳动者利益的国家所有。

（2）集体所有制企业。简称集体企业。它的全部生产资料和劳动成果归一定范围内的劳动者共同所有。

（3）私营企业。指企业的全部资产属私人所有的企业。我国《私营企业暂行条例》规定："私营企业是指企业资产属于私人所有，雇工8人以上的营利性经济组织。"

（4）混合所有制企业。指具有两种或两种以上所有制经济成分的企业。

2. 按表现形式分类

这是国际上对企业进行分类的一种常用方法，由于此方法是法律规定的结果，也称企业的法律形式。业主制企业和合伙制企业统称为古典企业。

(1) 业主制企业。指由一个人出资设立的企业，又称个人企业。出资者就是企业主，企业主对企业的财务、业务、人事等重大问题有决定性的控制权，独享企业的利润，独自承担企业风险，对企业债务负无限责任。从法律上看，业主制企业不是法人，是一个自然人。

(2) 合伙制企业。指由两人或数人约定设立的企业。合伙人分为普通合伙人和有限合伙人：普通合伙人拥有参与管理和控制合伙企业的全部权利，对企业债务负无限连带责任，其收益是不固定的；有限合伙人无参与企业管理和控制合伙企业的权利，对企业债务和民事侵权行为仅以出资额为限负有限责任，根据合伙契约中的规定分享企业收益。由普通合伙人组成的合伙企业为普通合伙企业，由普通合伙人与有限合伙人共同组成的企业为有限合伙企业。

合伙企业的合伙人之间是一种契约关系，不具备法人的基本条件，不是法人。但也有些国家的法典中，明确允许合伙企业采取法人的形式。

(3) 公司制企业。指依公司法设立，具有资本联合属性的企业。具有法人资格，资本具有联合属性，这是公司区别于其他非公司企业的本质特征。我国国有独资公司是一种特殊的公司形式。

无限公司。指由两个以上的股东出资设立，股东对公司债务负无限连带责任的公司。

有限责任公司。指由一定数量的股东出资设立，股东以出资额为限、公司以法人财产为限对公司债务承担清偿责任的公司。有限责任公司不能对外发行股票，股东只有一份表示股份份额的股权证书，股份的转让受严格限制。

两合公司。指由一名以上的无限责任股东和一名以上的有限责任股东共同出资设立，无限责任股东对公司债务负无限连带责任，有限责任股东仅以出资额为限承担有限责任的公司。

股份有限公司。指由一定数量以上的股东出资设立，全部资本分为均等股份，股东以其所持股份为限对公司债务承担责任的公司。股份有限公司的财务公开，股份在法律和公司章程规定的范围内可以自由转让。

(二) 企业组织形式与财务行为

1. 企业组织形式与融资行为

国有企业由于融资环境比较宽松，一般会出现超额融资行为；非国有企业由于正规融资渠道较少，一般会选择非正规融资渠道，甚至出现违规融资行为。

公司制企业融资渠道比较多，可供选择的融资方式也比较多，在融资行为上会关注融资渠道、方式、成本等的比较分析；非公司制企业融资面非常有限，它们的融资行为首要关注的是能否融到资金。

2. 企业组织形式与投资行为

前述企业组织形式会影响融资的难易程度，比较容易融到资金的企业往往会出现激进的投资行为，而较难融到资金的企业更容易出现保守的投资行为。

3. 企业组织形式与分配行为

企业组织形式往往决定了个别股东在企业里的权限和议事程序的复杂程度，在国有企业和公司制企业里，经营者或单个股东的权利较小，利润分配的决策程序较为复杂，个人股东很容易出现"搭便车"行为；在非国有企业或非公司制企业，单一股东的权利更大，利润分配决策程序简单、迅速，但容易出现个人非理性分配行为。

二、企业上市资格与财务行为

上市公司的财务信息必须公开，可以通过资本市场融资，股票可以通过二级市场公开转让，上市公司的财务行为显然不同于非上市公司。

（一）上市公司特质

上市公司（Listed Company）是指所公开发行的股票经过国务院或者国务院授权的证券管理部门批准在证券交易所上市交易的股份有限公司。上市公司是股份有限公司，上市要经过政府主管部门的批准，发行的股票在证券交易所交易。

1. 上市公司优缺点

优点：①拓展资金来源，分散投资者风险；②增加股东的资产流动性；③提高公司透明度，增加大众对公司的信心；④提高公司知名度；⑤向管理人员转让股份可以缓解代理问题。

缺点：①上市成本高；②提高透明度的同时也暴露了许多机密；③有可能被恶意控股；④在上市的时候，如果股份的价格定得过低，对公司就是一种损失。

2. 暂停上市制度

上市公司如果连续两年亏损、亏损一年且净资产跌破面值、公司经营过程中出现重大违法行为等情况之一，交易所对公司股票进行特别处理，亦即ST制度，被标注的股票称为"ST股票"。对ST公司，如果再出现问题，比如下年继续亏损从而达到《公司法》中关于连续三年亏损限制的，则进行PT处理。PT制度是证券交易所对于暂停上市的公司股票流通所采取的特别安排，目的是为了增强市场流动性，切实维护广大中小投资者的利益。

暂停上市有四种情形：①上市公司股本总额、股权分布等发生变化，不再具备上市条件；②上市公司不按规定公开其财务状况，或者对财务会计报告作虚假记载；③上市公司有重大违法行为；④上市公司最近三年连续亏损。

3. 终止上市制度

上市公司有下列五种情形之一的，将由国务院证券管理部门决定终止其上市：①公司股本总额、股权分布等发生变化，不再具备上市条件，并在限期内未能消除的；②公司不按规定公开其财务状况，或者对财务会计报告作虚假记载，经查实后果严重的；③公司有重大违法行为，经查实后果严重的；④公司最近三年连续亏损，在限期内未能消除的；⑤公司被解散、被行政主管部门依法责令关闭或者被宣告破产的。

终止上市，就是失去在交易所挂牌交易的资格，又称摘牌。

(二) 上市公司的财务行为

1. 上市公司融资行为

(1) 上市融资的目标扭曲。企业融资是为了维持企业正常运行，或是扩大企业的经营规模。但是，我国有很多上市公司融资的目标却是"圈钱"。一心上市"圈钱"的公司，既没有主导产品，也没有技术优势，仅靠拼凑起来的不良资产形成了一个虚假规模，希望通过上市和发行股票向社会"钓钱"。为了达到股票发行上市、配股、增发等目的，上市公司虚报财务报告，欺骗投资者。

(2) 我国上市公司偏好外源融资。通过与西方七国融资结构的比较分析，我国融资方式表现出偏好外源融资的特点。

(3) 间接融资与直接融资存在比例失调。虽然近年来，我国直接融资发展迅速，但在融资总量中所占比重仍然偏小，间接融资仍然占绝对优势。

(4) 我国上市公司偏好股权融资。从上市公司融资结构总体态势、资产负债率、融资方式都能得出我国上市公司存在股权融资偏好的结论。

(5) 上市公司随意变更融入资金的投向。上市公司能在证券市场上融资，主要是因为投资者看好上市公司融资说明书中的优质投资项目，也就是说上市公司在融资说明书中的优质投资项目是理性投资者进行投资的一个重量级的砝码。变更资金投向从一定程度上反映出上市公司在融资的目的、资金的使用等方面存在着严重的问题。

2. 上市公司投资行为

(1) 上市公司非效率投资行为。当公司不存在能使股东价值增值的投资机会时，公司就应该将多余的现金流（FCF）支付给股东，但管理层基于个人私利的考虑，不仅希望掌握更多可以控制的 FCF，而且甚至宁可投资于收益率为负的项目也不愿返还给股东，从而导致了企业过度投资的非效率投资问题。对风险规避型经理人来说，某些投资项目虽然净现值为正，但是由于不确定性较大，担心失败的经理人可能出于自身职业的安全以及在经理人市场保持良好的声誉考虑而放弃该项投资，或选择相对更为安全的投资项目，产生投资不足。

(2) 上市公司短期投资行为。由于管理层更为看重自己在经理人市场的声誉，他们往往可能会以牺牲股东长期利益为代价，实施增加企业短期利益的投资决策，比如：管理者为了短期利益可能会减少对机器设备技术的研发投入，或者对品牌忠诚度和职工培训等无形资产方面的投资。然而，遗憾的是，从股东的角度来看，他们很难甄别上述投资是否合理，因为短期主义行为往往伴随着良好短期业绩和股价的攀升。

(3) 上市公司长期投资行为。出于资产专用性考虑，经理可能更倾向于实施有利于增加自己专用人力资本的长期投资项目，而非短期投资项目，以此延长自己的在位时间，巩固其职位；长期项目将使经理的留任对于项目的成功更加重要，从而为经理与股东讨价还价、提高自己的人力资本价值添加筹码。

3. 上市公司分配行为

(1) 送股派现行为。西方发达国家的股利支付形式主要有现金股利、股票股利、股票回购。其中最为普遍的是现金股利和股票股利。在我国，股利支付形式除了现金股利、股票股利外，还有转增、派送、送转等多种组合形式。这充分反映了我国股权结构多元化所产生的对利润分配需求的多样化现象。

（2）不分配或少分配股利行为。股票是一种高风险的投资，上市公司有责任给予投资者高额的回报。但事实上由于发行普通股无到期日，且没有固定股利支付的压力，公司往往选择不分配股利。近年来中国上市公司不分配股利的比率居高不下。

（3）股利分配随意性行为。由于没有把投资者的利益置于应有的位置上，我国多数上市公司没有明晰的股利政策目标，在股利政策的制订和实施上缺乏长远打算，股利政策缺乏连续性和稳定性，带有很大的盲目性和随意性。

（4）偏好股票股利分配行为。上市公司股票股利分配较多，在股利分配中占重要地位。很多上市公司选择了送红股的分配方式，这也构成中国上市公司股利政策的一大特色。虽然从整体来说，选择现金分红的公司要多于股票分红的公司，但从股利金额来看，相对而言，现金股利的分配率较低，股票股利的分配率较高。

（5）分配与再融资关联行为。我国上市公司上市后通过资本市场进行再融资的主要渠道是实施配股，加之证监会对配股资格有较为严格的规定，这在一定程度上也影响了上市公司的股利分配。

三、企业地域特质与财务行为

企业地域特质指由于公司的注册地不同而导致公司的财务行为差异。

（一）企业地域特质

我国由于地域范围十分广阔，各地经济发展水平差距很大，基础设施、投资力度、社会观念、市场意识、风俗习惯等方面也有不小的差距，由于企业的注册地不同而导致企业发展后果迥异的现象仍然存在。

企业地域特质可以从东、中、西划分，各地享有的政策有差异；也可以分为经济发达地区、经济发展中地区和欠发达地区。

（二）企业地域特质导致的财务行为差异

1. 融资行为差异

发达地区、东部地区经济发展水平高、社会资金丰富，上市公司数量多，企业可供选择的融资方式很多。西部地区、欠发达地区经济发展水平低、社会资金匮乏，上市公司数量很少，企业融资比较困难，可供选择的融资方式非常有限。因此，发达地区、东部地区的企业可能很重视对融资行为的研究，西部地区、欠发达地区的企业不太重视对融资行为的研究，因为它们根本没有选择。

2. 投资行为的差异

发达地区、东部地区的企业投资机会多、消息灵通，但竞争激烈，这里的企业投资实力也很强，投资经验也比较丰富，其投资行为理性化程度比较高，而西部地区、欠发达地区企业的投资行为正好相反。

参考文献

[1] Allport G. W. What is a Trait of Personality [J]. Journal of Abnormal and Social Psychology, 1931, 25 (2): 368–372.

[2] Daniel Johanson, Katarina Qstergren. The Movement Toward Independent Directors on Boards: A Comparative Analysis of Sweden and the UK [J]. Corporate Governance: An International Review, 2010 (6): 527–539.

[3] Jerry Sun, Guoping Liu, George Lan. Does Female Directorship on Independent Audit Committees Constrain Earnings Management? [J]. Journal of Business Ethics, 2011 (99): 369–382.

[4] Niamh Brennan, Michael McDermott. Alternative Perspectives on Independence of Directors [J]. Strategic Management Journal, 2004 (3): 325–336.

[5] Vineeta Sharma. Independent Directors and the Propensity to Pay Dividends [J]. Journal of Corporate Finance, 2011.

[6] 杜勇. 控股股东特质与亏损上市公司扭亏途径及效果——基于中国 2005 年亏损上市公司的经验证据 [J]. 山西财经大学学报, 2011 (7): 83–91.

[7] E. 伯格洛夫. 转轨经济中的公司治理结构: 理论与其政策含义 [M] // 青木昌彦, 钱颖一. 转轨经济中的公司治理结构. 北京: 中国经济出版社, 1995.

[8] Feist J., Feist G. 人格理论 (第5版) [M]. 李茹, 傅文青译. 北京: 人民卫生出版社, 2005.

[9] 干胜道, 田超. 基于股东特质视角的我国中央企业社会责任研究 [J]. 现代经济探讨, 2011 (4): 65–68.

[10] 干胜道. 股东特质与企业财务行为之关系研究 [J]. 财会学习, 2012 (9): 13–15.

[11] 高雷, 罗洋, 张杰. 独立董事制度特征与公司绩效 [J]. 经济与管理研究, 2007 (3): 60–66.

[12] 高吟. 行业特征、政府管制与企业资本结构: 来自我国公用事业行业上市公司的证据 [J]. 求索, 2010 (8): 59–61.

[13] 韩勇, 干胜道, 刘博. 基于股东特质的控制权转移的盈余管理研究 [J]. 经济理论与经济管理, 2012 (12): 85–98.

[14] 黄辉. 企业特征、融资方式与企业融资效率 [J]. 预测, 2009, 28 (2): 21–27.

[15] 颉茂华, 王晶, 王瑾. 公司特质、R&D 投入与公司价值 [J]. 研究与发展管理, 2015 (6): 35–44.

[16] 金晓斌, 陈代云, 路颖, 联蒙河. 公司特质、市场激励与上市公司多元化经营 [J]. 经济研究, 2002 (9).

[17] 孔翔. 中外独立董事制度比较研究 [J]. 管理世界, 2002 (8): 88–104.

[18] 李善民, 周小春. 公司特征、行业特征和并购战略类型的实证研究 [J]. 管理世界, 2007 (3).

[19] 李田香, 谭顺平. 上市公司股权转让绩效比较研究: 股东特质视角 [J]. 广西民族大学学报 (哲学社会科学版), 2015 (4): 139–142.

[20] 李维安等. 公司治理 [M]. 天津: 南开大学出版社, 2001.

[21] 梁勇, 干胜道. 基于股东特质的机构投资者与自由现金流量的监管问题 [J]. 商业会计, 2013 (3): 11–13.

[22] 刘忠瑞. 上市公司董事会构成、会议次数和公司绩效统计分析 [J]. 统计观察, 2007 (21): 90-92.

[23] 陆正飞, 叶康涛. 中国上市公司股权融资偏好分析 [J]. 经济研究, 2004 (4).

[24] 罗斐, 罗婉婉, 刘原. 独立董事对国有上市公司信息披露质量影响的实证研究 [C]. 中国会计学会高等工科院校分会第十八届学术年会 (2011) 论文集.

[25] 罗福凯, 周红根. 股东特质与企业技术资本存量的效应分析——来自我国高端装备制造业上市公司证据 [J]. 东岳论丛, 2014 (9): 90-94.

[26] 彭红霞. 企业特征、人力资源系统与创新绩效的关系 [J]. 审计与经济研究, 2008, 23 (5): 106-110.

[27] 任海云, 师萍, 王博文. 企业特征与 R&D 投入关系研究综述 [J]. 情报杂志, 2009, 28 (10): 43-46.

[28] 谭劲松, 李敏仪, 黎文靖. 我国上市公司独立董事制度若干特征分析 [J]. 管理世界, 2003 (9): 110-135.

[29] 谭劲松. 独立董事与公司治理：基于我国上市公司的研究 [M]. 北京：中国财政经济出版社, 2003.

[30] 唐清泉, 罗党论, 张学勤. 独立董事职业背景与公司业绩关系的实证研究 [J]. 当代经济管理, 2005 (2): 97-101.

[31] 唐清泉, 罗党论. 设立独立董事的效果分析：来自中国上市公司独立董事的问卷调查 [J]. 中国工业经济, 2006 (1): 120-127.

[32] 王文兵, 干胜道, 段华友. 股东特质、财务松懈与公司绩效——来自 2007~2011 年中国证券市场的经验数据 [C]. 中国会计学会财务管理专业委员会 2012 年学术年会暨第十八届中国财务学年会论文集, 2012: 1-12.

[33] 王雪荣, 韩娟娟. 独立董事制度与企业价值关系研究——基于中国两类上市公司的实证研究 [J]. 中国管理科学, 2011 (10): 55-66.

[34] 王跃堂. 独立董事制度的有效性 [M]. 北京：中国财政经济出版社, 2010.

[35] 魏刚, 肖泽忠, Nick Travlos. 独立董事背景与公司经营绩效 [J]. 经济研究, 2000 (3): 92-156.

[36] 吴树畅. 相机财务论——不确定性条件下的财务行为选择研究 [M]. 北京：中国经济出版社, 2005.

[37] 吴晓晖, 娄景辉. 独立董事对传统内部治理机制影响的实证研究 [J]. 数量经济技术经济研究, 2008 (4): 142-152.

[38] 徐虹. 不同文化背景下企业经营者行为比较 [J]. 生产力研究, 2005 (4).

[39] 徐蕾, 王建琼, 查建平. 微型企业经营者个性特质对技术接受模型核心变量的影响分析 [J]. 西南民族大学学报（人文社会科学版）, 2015 (3): 56-71.

[40] 徐蕾. 微型企业经营者个性特质对电子商务采用的预测研究——以成都微型企业为例 [J]. 经济体制改革, 2014 (6): 36-42.

[41] 杨瑞龙, 周业安. 一个企业所有权安排的规范性分析框架及其理论含义——兼评张维迎、周其仁及崔之元的一些观点 [J]. 经济研究, 1997 (1).

[42] 姚伟峰. 独立董事制度, 真的有效吗？基于上市公司行业数据的实证研究 [J]. 经济与金融,

2009 (9): 31-35.

[43] 余峰燕,郝项超. 具有行政背景的独立董事影响公司财务信息质量么——基于国有控股上市公司的实证分析 [J]. 南开经济研究,2011 (1): 120-131.

[44] 张慧,安同良. 中国上市公司董事会学历与公司绩效的实证研究 [J]. 经济学研究,2006 (1): 37-43.

[45] 郑红亮,王凤彬. 中国公司治理结构改革研究:一个理论综述 [J]. 管理世界,2000 (2).

第四章　混合所有制改革与国有企业公司治理

第一节　研究背景

中共十五大报告首次提出"混合所有制"的概念，明确指出"公有制经济不仅包括国有经济和集体经济，还包括混合所有制经济中的国有成分和集体成分"。十六大报告明确提出"积极推行股份制，发展混合所有制经济"。十八届三中全会《中共中央关于全面深化改革若干重大问题的决定》中再次明确指出"国有资本、集体资本、非公有资本等交叉持股、相互融合的混合所有制经济，是基本经济制度的重要实现形式"。2014年的政府工作报告也强调，要"优化国有经济布局和结构，加快发展混合所有制经济，建立健全现代企业制度和公司法人治理结构"。随后，上海、广东、重庆等20个省市明确了国有企业的改革方向，要大力发展混合所有制，通过实施股权多元化改革完善法人治理结构和内部运行机制，这是我国国有企业改革的重点，也是我国经济体制改革的一项重要内容，这标志着国有企业改革进入深化改革与规范治理的新时期，社会资本将在国有企业的治理中产生重要影响。国有企业混合所有制改革更是当前我国经济转型及供给侧结构性改革的重要内容。但是，国有企业混合所有制改革后，其深层次问题还是在于公司内部治理结构和机制是否完善，良好的公司治理是国有企业混合所有制改革的基础。

第二节　研究意义

自中共十八届三中全会以来，混合所有制经济已明确成为我国基本经济制度的重要实现形式。混合所有制改革也成为下一步国有企业改革的新方向，成为落实供给侧结构性改革的重要着力点。综观世界企业转型发展，大部分转轨国家的国有企业私有化改革后都经历了严重的衰退过程,但我国国有企业混合所有制改革的早期实践证明,其产出水平在不断上升。早期国有企业混合所有制改革的成功经验告诉我们,国有企业实施混合所有制改革是新形势下探索公有制经济和市场经济相结合的有效形式的进一步发展,反映了经济市场化深入发展的客观要求,为进一步推动混合所有制的理论与实践发展指明了方向。当前,厘清国有企业混合所有制改革的基本思路和实践路径,解除发展中的体制障碍,激发各类市场主体活力,打造混合所有制经济发展的新模式,对推进经济转型和深化改革是一次重大机遇,将会构筑起下一阶段经济增长的新动力。在国有企业混合所有制改革的背景下,如何形成有效的股权结构和公司治理结构,更快地使企业向现代企业转型成为国有企业管理者和学术界共同关注的话题。

第三节 研究回顾

一、关键概念

(一) 所有制及所有制结构

所有制是指人们对物质资料的占有形式,通常是指对生产资料的占有形式,是劳动者与劳动的客观条件的关系,即人们在社会生产过程中发生的人与人以及人与物关系的总和。因此,可以将所有制理解为:在社会生产过程中形成的人与人之间的物质利益关系。根据国家统计局制定的《关于统计上划分经济成分的规定(1998年)》,从资产所有权上看,将所有制分为公有制经济和非公有制经济,其中公有制经济不仅包括国有经济和集体经济,还包括混合所有制经济中的国有成分和集体成分;从结构上看,将所有制分为单一所有制经济和混合所有制经济两类,单一所有制经济包括国有经济、集体经济、私营经济、个体经济,混合所有制经济包括股份制经济、联营经济、外商投资经济(独资除外)、港澳台商投资经济(独资除外)。

所有制结构是各种不同所有制形式在一定社会形态中的地位、作用及其相互关系。它反映了所有制的外部关系。生产资料所有制是生产关系的基础,社会主义基本经济制度建立在生产资料社会主义公有制基础上。我国社会主义初级阶段的生产力发展状况,决定了其所有制结构必然是以公有制为主体,多种所有制经济共同发展。

(二) 混合所有制

混合所有制是一种很重要的所有制形式,包括微观和宏观两个层面。从微观层面上看,是指由不同所有制性质的投资主体,共同出资成立的企业法人。从宏观层面上看,是指一个国家或地区经济的所有制结构并非被单一制结构所覆盖,而是既包含了国有经济、集体经济等公有制经济,也涵盖了私营经济、外资经济、个体经济等非公有制经济,以及兼具了国有和集体成分的合资经济、合作经济等。本章所探讨的混合所有制是微观层面的混合所有制。混合所有制形式是由不同所有制的所有权主体共同投融资、相互结合而成的，是不同性质的所有权形式在同一市场主体中的融合。这些所有权主体包括公有（国有、集体所有）、私有（个体、私营）以及外资和其他产权形式。它是一种超越行业，超越公有制与私有制的局限，跨越地域甚至超出国界限制的新型所有制形式和企业组织形式，实现了不同行业、不同所有制形式、不同地区甚至不同国家的不同所有者主体的结合。

由于国有企业缺乏民营企业的活力，民营企业又无法享受从政策到资金再到项目与国企近似的待遇，因此，实施混合所有制能有效地实现双方的优势互补。混合所有制具体有以下四种优势：

1. 有利于推动企业向现代企业制度转型

国有企业改为混合所有制后，根据法人治理制度，其原有的管理格局将被打破。外来资本作为国有企业股东之一，有内在的逐利动力，对企业盈利的要求有其天然性和积极主动性，势必要求增加经营管理权力，提高企业经营效率，推动对企业的综合管理和监管机制，在较广层面促进了国有企业向现代企业制度转型。

2. 有利于加快企业的市场化和专业化

在各领域迅速实现市场化和专业化不仅需要足够的市场竞争经验，还需要齐备的人才团队，更需要相当的品牌效应，许多民营资本已经积累了专业领域内的相当实力，在灵活应对市场变动等方面强于国有资本。因此，当国有资本引入民营资本并与之结合后，原企业能够从民营资本所带来的团队中获得其欠缺的诸如经营理念、运作模式、商业品牌、市场渠道、人力团队以及市场影响力等，而这些资源借助外来资本引入国有企业，对企业而言是最为直接、有效，且成本最低的方式。

3. 有利于实现企业产权结构多元化

混合所有制能够导入包括外资资本、民营资本、社会法人资本和内部人资本在内的多种非公有资本。首先，可以满足企业资本需要，使得国有资本可以按照"有进有退、有所为有所不为"的原则进行一定程度的调配整合，将国有资本的重点放在需要绝对控制、重点把握和资本要求较高的关键行业和领域。其次，可以满足企业运营所必需的资本要求。最后，可以满足非国有资本进入原国有资本控制领域的期望。

混合的具体方式既可以采取存量转让的方式，即保持国有企业原有规模不变，重新划分企业资本比例，也可以采取增量投入的方式，在国有企业原有规模基础上增大投入，从而改变国有企业的产权结构。

4. 有利于分摊企业的内外部风险

首先，混合所有制作为非国有资本，在全社会企业中的比重不断提高，是能够独立承担风险和责任的人格化产权主体，能够与国有资本共同承担企业损失。其次，外来资本进入后，必然要求增加管理人员或变更管理层结构，这有助于在国有企业内部形成制衡机制，打破原有格局，降低"内部人控制"的风险，从而带来企业体制和机制上的变革。

（三）国有企业

国有企业，在国际惯例中仅指一个国家的中央政府或联邦政府投资或参与控制的企业。在中国，国有企业还包括由地方政府投资或参与控制的企业。政府的意志和利益决定了国有企业的行为。通常认为，国有企业作为一种生产经营性组织形式，同时具备盈利法人与公益法人的特点，其盈利性体现在追求国有资产的保值增值上，其公益性体现在国有企业的设立通常是为了达到国家调节经济的目的，起着调节国民经济各个方面发展的作用。

通过把国外有益的经验和理论与我国实际相结合，并且依据1999年《关于国有企业改革和发展若干重大问题的决定》，可以将国有企业划分为"国有经济需要控制的行业和领域"以及"其他行业和领域"（即国有经济不需要控制，或国有经济不必然参与），具体可分为以下三类：

（1）涉及国家安全的行业和自然垄断的行业，又称功能类企业：属于需要由国有经济来进行控制的行业和领域。适宜采用国家独资企业的形式，由国家进行统一立法规定，企业章程由国家制定、批准后运营。

（2）提供重要公共产品和服务的行业，以及支柱产业和高新技术产业的骨干企业，又称公共服务类企业：属于需要由国有经济进行控制的行业和领域。根据企业的社会影响力等实际情况，考虑采用国有经济绝对控股或相对控股的形式，一般按照《中华人民共和国公司法》的规定进行，保障此类行业和领域的安全性、稳定性和持续性，避免对社会产生重大影响。

（3）其他行业和领域，又称竞争类企业：国有经济可全部退出或以投资等方式持股，吸引多方投资主体，实现股权多元化，参与市场化竞争，按照市场竞争情况优胜劣汰。

（四）公司治理

"治理"（Governance）源自古希腊政治术语 κυβερναω，最初的含义是操纵或控制，与政府对国家、城市的治理类似。Bevir（2013）认为治理是由政府、市场或者网络实施的，通过法律、规则、权力或者语言等方法，作用于家庭、部落、正式或非正式的组织或者在特定领域内支配的整个过程。

直到20世纪90年代公司治理的概念才正式提出，根据《卡德伯利委员会关于公司治理的财务方面的报告》（1992），公司治理是指导和控制公司的制度，良好的公司治理制度允许董事会自由驾驭公司前进，但是在有效责任的范围内行使这种自由。学术界有关公司治理的定义大致分为三种：Shleifer 和 Vishny（1997）认为公司治理是财务投资者如何确保自己能够获取投资回报而进行的财务投资途径问题。Wartick 和 Cochran（1985）、吴敬琏（1996）、Zingales（1998）认为公司治理是一系列复杂的约束机制，是在董事会、高级管理人员、股东以及其他利益相关者之间形成的制衡关系和各种问题。钱颖一（1995），林毅夫、蔡昉和李周（1997），Gillan 和 Starks（1998），张维迎（2014）认为公司治理是一套制度安排，是一套处理利益相关者的权利、义务和责任的制度体系。因此，公司治理是以股东获取投资回报为目的而进行的一种制度安排和关系，这种关系和制度由治理机制和治理结构共同组成，其中以所有权为基础的治理结构安排以及由此所引起的治理机制运作是公司治理的关键。

（五）产权

每个学者对产权的定义各有侧重，总的来说，产权的基本含义体现在以下三个方面：第一，产权是规范人们相互行为关系的社会基础性规制，使权利与责任对称是其核心，强调权利受到责任的严格约束；第二，产权是一种排他性的、可以平等交易的法权，其构成市场机制的基础和内容；第三，产权是可以分解为多种权利并统一呈现一种结构状态的权利束。这种权利束随着社会经济生活的演变向权利和责任两个方向不断同步扩张。产权内容非常丰富，具体分为四种权利。

1. 狭义所有权

狭义所有权也称归属权，表明产权主体对客体的归属关系，排斥他人违背其意志和利益侵犯他的所有物，并且可以设置法律许可的其他权利，利用所有者的权能获取利益。

2. 支配权

支配权也称处分权或处置权，指产权主体具备在事实上或法律上安排、处理产权客体的权能。

3. 占有权

占有权指产权主体事实上的管理权，具有直接掌握、控制、管理产权客体，并对它施加实际的、物质的影响的职能。

4. 使用权

使用权指产权主体不仅具有使用产权客体而不改变其原有形态和性质或部分改变其形态而根本性质不变的权利，而且具有完全改变产权客体形态和性质的权利。

产权是包含了以上四种权利的一个权利束，其中最重要的是支配权，这四种权利可以分开，也可以合并。根据产权的基本含义和内容，可以归纳出产权具有以下六个特征：

1. 排他性

排他性实质上是产权主体对外的排斥性或对特定权利的垄断性，它不仅意味着不让他人从产权客体中受益，同时也意味着产权主体要排他性地对该产权客体使用中的成本负责。

2. 有限性

有限性是指产权之间必须存在清晰的界限，同时权利的数量大小或范围是有限度的。正确地理解产权的有限性需要从动态和静态两方面把握。从动态的角度看，产权之间的界限是可以变化、移动的；从静态的角度看，在某一特定的时间点上，任何产权之间都存在绝对清晰的界限。

3. 可转让性

可转让性也称可交易性或可让渡性，是指产权主体有权按照双方共同决定的条件将产权客体转让给他人。产权的转让是产权主体的一种经济行为，可分为整体转让和部分转让，四种权利中的任何一项或任意几项的组合都可以成为转让的对象。产权的转让还可以分为无限期转让和有限期转让，狭义的产权转让必然是无限期转让。

4. 行为性

行为性是针对产权权能而言的，是指产权主体在财产权利的界区内有权做什么、不能做什么或有权阻止别人做什么。

5. 明晰性

明晰性是指不同产权或不同主体的产权，其边界是明确的。任何产权，如果其所有者是确定且唯一的，则这个产权就是明晰的。反之，则是模糊的。造成产权模糊的原因是产权归属关系不清，或者是财产在转让过程中的权利归属不清。

6. 可分解性

可分解性是指特定财产的各项产权可以分属于不同主体的性质。产权的可分解性包括产权权能行使的可分工性和产权利益的可分割性，并且可以在不同的层次上体现出来，但是产权的可分解性不是无限度的。

二、理论基础

（一）产权理论

1. 马克思产权理论

马克思产权理论是马克思的重要理论之一，在社会的生产和发展中，有着举足轻重的地位。该理论的基础体现在对法权关系、意志关系和经济关系三者的辩证研究中。其中产权关系作为一种法权关系，是反映经济关系的意志关系，而这种意志关系由经济关系本身决定，即经济基础决定上层建筑，上层建筑中包括法律、意志等内容，所以产权关系作为一种法权关系，归根结底是由生产关系决定的。

马克思在论述私有财产制度时指出："私有财产的真正基础，即占有，是一个事实，一个不可解释的事实，而不是权利。只是由于社会赋予实际占有以法律的规定，实际占有才具有合法的性质，才具有私有财产的性质。"因此，不同社会经济形态的生产关系会发展出不同的产权关系。其中，马克思研究的产权包括一系列与财产有关的各种法定权利，包括所有权、占有权、使用权、支配权等，这些权利既能够统一于一个主体，又能够分属于不同主体，例如土地所有权和土地经营权分离、资本所有权和资本经营权分离。

2. 西方产权理论

1960年，科斯发表的论文《社会成本问题》，被视为西方产权理论的奠基之作。经过德姆塞茨、张五常、诺斯、威廉姆森等学者的不断丰富和发展，西方产权理论逐渐形成了一个比较完善的理论系统。学界将《社会成本问题》的主要观点进行总结概括，形成了"科斯定理"：第一，在没有交易成本的情况下，产权的初始配置不会影响它的最终配置或社会福利，即只要初始产权清晰界定给一方，市场行为就能够自动达到资源有效配置；第二，当存在交易成本时，产权的初始配置将影响产权的最终配置，也可能影响社会总体福利，"在初始产权清晰界定后，仍有可能通过交易提高社会福利"。然而在真实的情况下，交易成本是一定存在，产权的初始配置至关重要。社会总体福利由此依赖于产权界定是否清晰、产权配置是否优化和交易成本是否最小化这三方面。

（二）公司治理相关理论

1. 古典经济学的公司治理理论

亚当·斯密（Adam Smith）最早进行有关公司治理方面的研究，在其经典著作《国富论》中对由于股份制公司所有权与经营权相分离，进而产生治理问题有这样的描述："合伙公司的成员完全为自己打算，而股份公司的董事却在为他人尽力。因此，对公司资本用途的监督，后者不会像前者那样卖力，疏忽和浪费就在所难免。"因此，股份公司为了取得更好的效益，必须化解公司所有者和经营者之间的利益冲突，而完善、有效的激励和监督机制无疑是问题解决的保障。

2. 制度学派的公司治理理论

20世纪30年代初，伯利（Berle）和米恩斯（Means）合著的《现代公司与私有财产》一书中提出公司所有者的目标是获取支配权和剩余索取权，由于公司股权分散化的发展，大部分股东将自己的投票权委托给他人，进而弱化了其对公司的支配权，结果导致了公司经营者日益处于公司的控制地位，其自利行为也愈加强烈。因此，在公司治理中应该以公司股东对经营者的监督、制衡为努力方向，最终实现股东利益最大化。1967年，新制度学派代表人物加尔布雷思（Galbraith）在其《新工业国》一书中也认为资本主义垄断企业的权力已经从资本家手里转移到由高级管理人员和科学技术人员等组成的"专家组合"手里。

3. 委托代理理论

委托代理理论研究的重点是如何防止具有自利倾向和独立利益的代理人损害委托人利益，这也是公司治理理论所要解决的核心问题。现代公司经营具有高度复杂性，而且所有者众多，这使得所有者不能对企业进行直接经营管理，需要把经营权委托给职业经理人，而经营风险仍由所有者承担。

美国经济学家Hart（1995）认为由于信息不对称和契约不完备，从而形成了代理问题。一方面，虽然委托人与代理人签订了代理契约，但由于公司实际经营中发生的问题难以完全预料，因此，代理人可能会利用契约中预留的发挥空间来侵害委托人利益。另一方面，委托人获益的要求和代理人追求自身利益的倾向难以完全一致，由于存在信息不对称，在机会主义思想的影响下，代理人很可能会为了实现自身的利益而损害委托人的利益。因此，在公司治理的过程中，必须通过有效的监督和制约促使代理人与委托人利益目标协调一致。我国经济学家张维迎（1999）认为现代公司的两个重要组成部分是资本和能力，委托人在最初选择代理人时，对代理人的情况难以全面了解，其工作能力也需要在公司经营过程中逐步显现。因此，如何有效地约束和激励代理人，防止其在经营活动中滥用公司资本，造成委托人利益损失极为重要。

4. 利益相关者理论

利益相关者理论是指企业的经营管理者为综合平衡各利益相关者的利益要求而进行的管理活动。与传统的股东至上主义相比，该理论认为任何一个公司的发展都离不开各利益相关者的投入或参与，企业追求的是利益相关者的整体利益，而不仅仅是某些主体的利益。

Cochran 和 Wartick（1988）认为公司治理问题是公司董事会、管理者、所有者以及其他利益相关者在公司经营过程中，相互影响进而产生的限制公司发展的一系列问题。钱颖一（1995）认为可以将公司治理结构看作一套用来协调投资者、经营者、员工以及与公司经营活动密切相关者之间关系的制度安排。良好的公司治理结构，能够充分实现制度安排的优劣互补，降低代理成本，使投资者收益最大化。

5. 现代管家理论

20世纪90年代以来，现代管家理论得到迅速发展，它从代理理论的对立角度揭示了经理人和委托人之间存在的另一种关系，为解决公司治理问题提供了新的思路，在一定程度上弥补了代理理论的不足。现代管家理论侧重于对经营者激励的研究，从新的人性假设出发，认为荣誉、成就和责任这些精神层面的激励因素远高于物质的激励和约束作用，主张公司所有者应该充分信任经营者，合理授权，而经营者则应充分感激信任、实现自身价值，自觉为公司经营管理尽心尽责。该理论对公司治理中如何选择对公司经营者合理、有效的激励方式有着重要的指导作用。现代管家理论认为在经营者的自律基础上，经营者与股东以及其他利益相关者之间的利益是一致的。Donaldson（1990）作为现代管家理论的代表人物，认为经营者对精神层面，如尊严、信仰、成就以及荣誉的追求，会激励其不断努力，像"管家"一样为公司勤勉地工作和服务。

三、文献回顾

本部分对我国混合所有制改革及国有企业公司治理的研究文献进行系统梳理，主要集中在：一是对混合所有制改革内核的梳理，明晰相关概念的联系与区别；二是从混合所有制改革的必然性总结关于国企混合所有制改革的相关成果；三是针对混合所有制改革路径中制度方向、顶层设计、简政放权等方面进行梳理；四是分析混合所有制改革及国有企业公司治理之间的内在联系，讨论如何完善国有企业公司治理结构与激励机制。

（一）混合所有制改革方面的研究

1. 混合所有制改革的内涵研究

混合所有制的出现源于国有企业改革，是国有企业所有权改革渐进推进的结果，并在探索国有企业与市场经济相结合的形式和路径中得到发展（赵春雨，2015）。关于混合所有制的研究在20世纪80年代就有不少学者开始，政府也在十五大报告中首次提出"混合所有制"的概念，十七大正式提出以现代产权制度为基础发展混合所有制经济，十八届三中全会再予以强调混合所有制经济是基本经济制度的重要实现形式，除了理论上的继续探索之外，更主要是想解决大型国企特别是大型国有垄断企业存在的问题，解决长期以来争论不休的"国进民退"和"国退民进"问题。准确把握国企混合所有制改革的方向，前提是要正确理解混合所有制的内涵和外延。然而，目前理论界对"混合所有制"概念的界定并未统一。其中，李维安（2014）指出现代企业制度只要不存在所有权歧视，天然就是混合所有制。与李维安（2014）不同，何自力（2014）提出混合所有制不是一种独立的所有制形式，公有制经济成分与非公有制经济成分相混合这一特点本身并不能规定或反映混合所有制的性质，混合所有制体现什么样的社会属性，取决于公有经济成分与非公有经济成分的实力对比，取决于特定的经济和政治环境，取决于特定的政策和法规，归根结底取决于基本经济制度的性质。多数研究从宏观和微观两个层面解释，在宏观层面混合所有制是指在我国社会主义初级阶段公有制经济和非公有制经济同时并存的所有制结构。公私并存的宏观层面的混合所有制具体到微观层面，是指两种或两种以上的原生所有制结合而成的次生所有制，或者说是由公有制和私有制这两种基本所有制形式结合而成的一种新生的所有制。虽然混合所有制的内涵不尽相同，但究其本质，混合所有制是在股份制的基础上实现不同性质的所有制的融合，要求混合所有制公司中各种性质的资本之间的关系是平等的，都是公司的投资者和股东，它们按照股权大小通过公司的董事会来决定公司的经营发展，共享企业发展的收益，共担企业发展的风险（肖贵清，2015）。吴万宗等（2016）指出作为所有制结构优化的产物，混合所有制是资源在经济运行中实现优化配置的整体要求，为混合所有制企业中不同性质的资本能够实现共赢奠定了制度基础。

2. 混合所有制改革的必然性研究

混合所有制改革对实现公有制经济和非公有制经济的良性互动，促进多种所有制资本取长补短、相互促进、共同发展具有重要作用。新常态下经济增长面临下行压力、国有企业改革遭遇多重阻力以及非公经济的发展遇到了"天花板"瓶颈是混合所有制改革的主要动因（殷西乐等，2015）。发展混合所有制经济的目的是认识到我国传统的所有制经济的不足和我国经济转型期出现的问题，以不断完善社会主义市场经济体制（常修泽，2004），满足生产力发展和生产关系相应变化的要求，符合社会主义最终达到共同富裕的要求（周鸣磬，2004）。大力发展动态混合所有制经济，可以避免所有制结构刚性化及其导致的资源错配，建立国有经济与民营经济的共舞格局。因此，学术界普遍认为着力解决当前国有经济运行中存在的问题是中央大力推动混合所有制改革的初衷。混合所有制经济能够融合民资的创新效率，对国有经济的发展具有重要意义，同时混合所有制经济能够给予社会公众一个公平的竞争环境，有效抑制腐败现象的发生。因此，国有企业混合所有制改革具有政治和经济上的双重战略意义（高青松，2016）。

混合所有制经济发展对国有资本及国有企业的激励效应，为国企混改的必然性提供了证据。卢俊（2014）认为推进混合所有制深化国企改革，有助于重塑市场经济的微观基础，推进国企体制的市场化，促进国企效率效益的最优化，增强国有经济的控制力，实现国企主导能力的最大化，增强国有经济的影响力。针对混改对国企业绩的提升作用，戚聿东和柳学信（2008）通过对比国企在各类股权存在形式下业绩优劣的方式，从侧面发现国有相对控股公司几乎所有绩效指标都是最好，进而推导出混合所有制的建立对改革国企产权模式十分必要的观点。同样是从股权角度出发，卢俊（2014）和武常岐、张林（2014）的观点则更激进一些，他们认为国企混改中，国有资本参股而非控股应当是更好的选择，企业控制权的改革对于国有资本保值增值，提升企业竞争力的作用会更明显。张晖（2006）、吴振球（2009）和陆军荣（2012）则从我国经济发展所处的阶段出发直接解读混改对垄断行业国企竞争力的提升作用，提出混合所有制的企业竞争模式更适合转轨国家自然垄断行业改革，对于提升企业业绩、提高全要素生产率增长和前沿技术进步有正向影响。陈林和唐杨柳（2014）支持上述观点，认为以部分民营化为代表的"混合所有制"改革大方向是正确的，可以彻底改变我国国企经营绩效低下的现状，降低国企的政策性负担，此外，他们还进一步研究发现，垄断性行业的混合所有制改革效率高于竞争性行业。

3. 混合所有制改革的实现路径研究

混合所有制改革应建立在有效的制度基础上，保证国有资产保值增值，保证国有经济健康快速稳定发展。首先，发展混合所有制经济要坚持社会主义方向（夏小林，2014），国企混合所有制改革并不是国企私有化，虽然国企私有化被普遍认为可以提高经济效益和竞争力，但是私有化是否应大量铺开应依赖于私有化政策制定时的政治目标（Fuchs和Uebelmesser，2014）。在中国特定制度的背景下，不少学者提出要认真贯彻中共十八届三中全会精神，坚持唯物史观、马克思主义经济学和科学社会主义，保证国有经济在中国特色社会主义道路上蓬勃发展。如项启源和何干强（2014）指出采取混合所有制经济形式来推进国企改革，必须坚持用马克思主义基本原理来理解国企。也有学者通过解读研究中共十八届三中全会关于混合所有制改革部分内容后，认为国企混改不是简单的"国退民进、中退外进"，更不能"只混不控"、"以卖代混"（蒋海曦和田永，2014）。刘凤义（2016）认为发展混合所有制经济应该认清和理顺政府、市场、企业的三者关系，不能将其简单看作一种机械关系，它们并非一种机械组合，而是镶嵌在与本国国情相结合的社会制度体系和制度结构中。所以与改革必须在迎合政治利益和约束的条件下进行的观点相符合（Shleifer和Vishny，1998）。结合上述研究发现，发展混合所有制经济应当坚持公有制逻辑而非私有制逻辑来研究、理解和解决公有制问题，国企改革不等于产权改革，不是简单的国企放权就能搞活企业。通过发展混合所有制经济推动国企改革，必须坚持社会主义方向，具体来说，就是必须坚持公有制经济成分在混合所有制经济中的主体地位，必须发挥国有经济对混合所有制经济发展方向和发展方式的引领作用。

混合所有制改革不仅要符合相应的制度，也需要科学的顶层制度为其保驾护航。李正图（2014）指出混合所有制经济的发展要从宏观、中观和微观三个层面进行全方位、立体型、多层次、全景式的顶层设计。具体来说，混合所有制经济是基于公有制经济与非公有制经济在同一时空中"并存"的现实，在产权市场、资本市场和企业并购市场等共同构成的前提和平台上，依据现代产权制度和现代企业制度的制度保障而逐步发展起来并将逐步演进下去的。卢俊（2014）认为政府应为推动国企混改做好顶层设计，尊重群众首创精神；统一规划，稳步推进；转换企业经营机制，使国企成为真正的完全的市场主体；统一政策，一企一策，探索混合所有制的多种形式、多种模式，分类进行研究，分类提出措施，切忌"一刀切"。王卫中（2016）借鉴西方国有企业改革的经验，提出国有企业改革的方式是多样化的，但其相同点都是顶层设计，从上而下推进，这和改革循序渐进的内涵是相通的，对我国也有很重要的借鉴意义。臧跃茹（2016）同样认为国有企业发展混合所有制经济总体要求自上而下、分层分类推动实施，并根据地方国有经济分布特点，尊重基层的创新精神。

混合所有制改革需政府简政放权，成立国有资本投资、运营公司，实行分类管理。国有企业混合所有制改革，关键在于转变政府职能，进一步推动政府简政放权，减少行政审批事项，大幅度削减政府通过国有企业行政性配置资源事项，更好地发挥社会力量在管理社会事务中的作用，加快由"管人、管事、管企业"向"管资本"为主转变（罗良文，2016）。郑志刚（2015）认为混合所有制改革一个可能的实现路径是，国有资本通过持有（附加一定条件同时达到一定比例的）优先股来向民间资本做出排除隧道挖掘，直接干预和经营企业的庄重承诺，以此更好地实现国有资产增值和保值的目的。因此有学者从整体性出发，构建了"分层分类"的整体改革框架。如梁法院等（2014）和中国社会科学院工业经济研究所课题组等（2014）根据"国家使命"调整国有经济功能定位和布局，将国企分成公共政策性、特定功能性和一般商业性三种类型，建立"国有经济管理委员会—国有资本运营公司或国有资本投资公司——般经营性国企"的"三层三类全覆盖"管理体制。

还有部分学者从企业角度出发，对混合制改革进行研究，如完善企业治理结构、实行管理层和员工持股计划、建立长效激励约束机制等。如邱霞（2015）认为混合所有制是国有企业产权制度改革的基础，只有建立了与现代企业制度相适应的产权制度，才能够完善企业的治理结构。国有企业产权制度改革主要有整体上市、民营企业参股、国有企业并购和员工持股四条基本路径，国家应在充分考虑不同路径的适用条件和绩效差异的基础上，稳步推进混合所有制改革：一是将整体上市作为混合所有制改革的首选路径；二是"国退民进"与"国进民退"相结合，在母公司层面更多采取整体上市、民营企业参股的方式，而在子（孙）公司层面可以更多采用国有企业并购的方式，实现不同层面的混合所有制；三是平稳有序地推进员工持股计划。这部分的文献回顾重点将放在下面进行讲述。

（二）混合所有制改革与国有企业公司治理

混合所有制是国有企业改革的基本方向，国有企业的混合所有制改革绝不仅仅是产权的简单混合，更主要的是治理机制的规范（邱霞，2015）。汤吉军（2013）认为经过多年努力，全国90%以上的国企完成了公司股份制改革，从形式上建立了包括股东大会、董事会、监事会和经理层的内部治理结构，但从运行机制和实际效果看，离完善的现代企业制度还有很大差距。

1. 国有企业混合所有制企业治理存在问题

根据学者研究来看，国有企业混合所有制改革中存在一些问题，具体为：一是混合所有制企业中国有资本和非公有资本的股权结构不明确及相关权利保护不到位。二是混合所有制企业的公司治理结构及运作机制有待进一步完善。三是因公司法中并没有明确党组织在公司治理的法定地位，虽然取消国有企业领导干部行政级别的建议在学术界多次被提及，但党政干部直接管理企业的现象仍然存在，这与混合所有制企业治理和市场化竞争机制的要求相矛盾（杨红英，2015；刘斌，2016）。

2. 国有企业混合所有制企业治理构想

在国资委"分类别、分功能"的混合指导思想下，在各地纷纷进行"次顶层设计"的大背景下，应当如何完善混合所有制公司治理具有时代与实践意义。认清混合所有制企业公司治理的特殊性是完善其公司治理的前提与基础。张敏（2015）提出混合所有制企业在股权结构上具有特殊性。公司控制权由股权结构决定，因此股权结构是决定公司治理结构的基础。她分别分析了国有绝对控股公司、国有相对控股公司和国有参股公司治理的特殊性，认为国有绝对控股公司应着力解决"内部人控制"现象严重、中小股东利益被侵占的问题；国有相对控股公司应着力解决因股权相对集中所带来的内耗问题；国有参股公司应着力解决防止其他非国有大股东侵犯国有股的利益、防止国有资产流失问题。

公司治理结构里有两个互为表里的关键性安排，一个是公司控制构架，另一个是激励制度，两者通过彼此间的良性互动，谋求以股东利益为主导的公司价值的最大化。在公司控制构架方面的研究，首先，要解决国企经营者"政商"双重身份。桁林（2011）反思了国企改革的三次大潮后认为，第三次国企改革高潮中，反垄断与去行政化是国企改革的重要任务，而建立职业化和规范的经理人制度则是国企改革的方向。因此，黄再胜（2011）、李维安（2014）都主张国企治理改革的路径是从行政型治理向经济型治理转换，而经济型治理的基础是市场，应该推行国企经营者选择机制的二元化改革，实行国企经营者的分类管理。其次，混合所有制企业内部治理是一个统一的有机体，需要多重手段结合。如梁法院等（2014）从内部治理与外部治理两方面同时出发，提出内部治理应逐步建立和加强以外部董事为主的董事会机制，建立规范的董事会议事规则和累积投票制度，扩大监事会权利；外部治理应建立完善的经理人市场机制。杨红英和童露（2015）根据委托代理关系在"股东—董事会—经理人"三者间构建了一个双重委托代理关系，从董事会治理模式、董事会构成以及董事会信息共享机制、权力制衡机制和决策机制等方面，提出应该明确不同行业中国有资本与非公有资本的股权结构，并在公司内部治理结构中增加非公有资本的话语权，完善激励约束机制、职业经理人选聘机制、绩效评价机制、信息披露机制和监督机制，切实提高混合所有制企业的治理效率。刘汉民（2001）提出治理的三种思路，一是建立独董制度，二是充分发挥债权人的治理作用，三是让职工参与公司治理。在激励制度方面的研究，作为混合所有制企业，中央企业负责人的薪酬激励与行政任命制存在着较大矛盾，行政任命的中央负责人薪酬不宜过高，但央企也参与市场竞争，如何通过薪酬激励留住人才是一个两难问题。高明华（2015）认为对于国有控股的混合所有制企业，如果企业负责人享受了行政体系中的级别待遇（对于政府董事而言），就不能再享受市场体系中的市场化薪酬；如果享受了市场体系中的市场化薪酬（对于独立董事和高管人员而言），就不能再享有行政体系中的级别待遇，即不能交叉使用两种薪酬体系。张敏（2015）认为，应当在混合所有制企业内部引入具有独立地位的第三方对企业的薪酬设计进行决策、考核和监控，可借鉴对上市公司信息披露的强制要求规则，建立混合所有制企业的信息披露制度。

第四节 实践案例

一、中国建筑材料集团有限公司概况

中国建筑材料集团有限公司（以下简称中国建材集团）于 2003 年成为国务院国有资产监督管理委员会直接监管的中央企业，是中国最大的集科研、制造、流通于一体的综合性建材产业集团，目前已发展成为规范治理、科学管控、实行市场化运行的控股型集团公司。中国建材集团在 2014 年 7 月 15 日被国资委列入双试点企业，即发展混合所有制经济试点，落实董事会职权试点。在央企中，中国建材集团推行混合所有制的基础较好，条件较为优越，处于完全竞争性领域。中国建材集团在央企中率先、自发探索混合所有制，其力度大、成效显著。过去 10 年，中国建材集团通过发展混合所有制快速做大做强，2015 年列《财富》世界企业 500 强 270 位。

二、中国建材集团混合所有制改革案例分析

（一）股权层面——通过联合重组实现股权结构多元化

1. 联合重组的方式、标准与条件

2005 年中国建材行业正处于结构调整的关键时期，占建材行业 GDP 达 70% 的水泥行业，由于竞争激烈，许多民营水泥企业处于破产的边缘。这时，需要大型企业有所作为，推进行业内的战略性重组，提高行业集中度并遏制恶性竞争。中国建材集团作为国有大型企业责无旁贷，以董事长宋志平为主的董事会决定通过在资本市场募集资金在行业内实施战略性重组，即联合重组。联合重组的并购整合方式，既考虑被重组方的感受，又强调由大企业通过兼并重组，提高产业集中度，发挥市场协同作用，引领行业结构调整，带动中小企业共同发展。中国建材集团于 2005 年 3 月发起设立中国建材股份有限公司，新设立的中国建材于 2006 年 3 月在香港联交所挂牌上市，上市初期共募集资金 20 多亿港元。2006 年 6 月中国建材拿出上市募集的一半资金，以 9.61 亿元并购徐州海螺水泥 100% 股权，受到广大投资者的高度关注和肯定，不到一年时间，股票从每股 2 港元一路飙升突破 30 港元。良好的产业与金融互动推动了中国建材集团的进一步并购重组，中国建材借势向淮海经济区和东南经济区挺进，多次增发股票募集资金，发展和组建了中联水泥、南方水泥、北方水泥三大主要水泥公司。

在联合重组发展混合所有制的过程中，中国建材集团制定了三条标准来选择联合重组的对象：一是符合公司战略的企业；二是能够接受规范化管理、运作规范、效益良好的企业；三是能与现有企业产生协同效益的企业。

为吸引民营企业参与联合重组，中国建材集团给出了三个条件：一是公平的收购价

格，在政策允许范围内可以适当溢价收购；二是将部分股权留给被收购企业或企业家，一般为30%；三是将原有企业老总转变为混合所有制企业的职业经理人，继续做管理者。这三个条件被董事长宋志平称为"三盘牛肉"。"三盘牛肉"解决了国有企业混合所有制改革中与市场接轨、厘清产权关系和建立职业经理人制度等核心问题，确保了国有企业混合所有制改革中的所有者到位。

2. 多元化的股权结构

中共十八届三中全会提出，"国有资本、集体资本、非公有资本等交叉持股、相互融合的混合所有制经济是基本经济制度的重要实现形式"。因此，国有企业混合所有制改革的关键在于实现股权多元化，消除"所有制"的限制，解决国有企业"所有者缺位"的问题。中国建材集团的混合所有制改革可分为四个层面。

（1）上市公司层面。

中国建材等企业通过优化股权结构，组建成立了规范管理、科学运营的混合所有制上市公司。如二级企业中国建材股份有限公司作为香港上市公司吸纳了大量社会资本，目前国有股权占比46.67%，公众投资者持股占比53.33%。中国建材通过资本市场筹集资金，较大程度上解决了水泥联合重组的资金问题，其中很大一部分资金用于支持水泥行业的联合重组，为中国建材集团的混合所有制改革提供了保障。

（2）所属业务板块层面。

中国建材水泥板块（水泥公司）、玻璃纤维板块（中国巨石）、轻质建材板块（北新建材）等引入了非公有制资本，实现了混合所有制改革。水泥公司与民营企业的一些股份形成国有资本和民营资本交叉持股的混合所有制企业。中国巨石成立之初即是混合所有制企业，而后通过上市、引入外资投资者、战略投资者、重大资产重组等方式走在混合所有制改革的前沿，入选双项试点，包括混合所有制改革试点和央企董事会行使三项职权试点，成为核心改革企业。北新建材作为上市公司成为混合所有制企业。

（3）生产经营企业层面。

在水泥厂层面的企业里，给原来所有者留30%左右的股权，鼓励员工持股，发展员工持股的混合所有制企业。如南京凯盛成立之初主要资本是人力资本，因而自2003年实现员工持股、国有资本进入后，南京凯盛获得了中国建材集团这个大平台的支持，而内部员工持股机制焕发了民营部分股权带来的活力；通过联系员工个人利益和公司整体利益，实现了长效激励机制。目前，生产经营层面混合所有制改革进行得较为广泛，但未完全实现理想中的改革，所以混合所有制改革后续操作空间仍较大。

（4）集团公司层面。

集团全面把握集团发展战略，负责整体的指导和规划，逐步推进具体层面混合所有制改革开展，推动成员单位混合所有制改革。中国建材集团正探索在集团层面建立国有资本投资公司，将集团公司由管理具体的业务转变为管理国有资产、社会资产和民营资产，使集团成为战略和投资决策中心。同时积极摸索董事会选聘高级经理人员、考核业绩及管理薪酬等方面职权的改革，从而充分释放企业活力。

(二) 公司治理层面

1. 规范的公司治理结构

国有企业混合所有制改革不是简单地将国有企业和民营企业混在一起，而是在联合重组的基础上，实现资本、人才、技术等资源效能的有效发挥，公司治理成为国有企业混合所有制改革成功的决定性因素。混合所有制改革表面是股权问题，实质是公司治理的市场化及高管身份的转变问题，这需要从股东、董事会和经理人三方面构建一个完整的公司治理闭环，即通过股权多元化，建立规范的董事会和经理人制度，建立一种规范、有效的治理结构和机制。中国建材集团形成了"股东会—董事会—经理层—员工"委托代理模式，国有资本和民营资本是出资人代表，董事会是决策机构，经理人是经营决策的执行者，这样就形成了政企分开、所有权和经营权分离的规范治理结构。明晰的治理结构进一步明确了股东会、董事会、监事会和经理层的职责，使治理结构中的每一层级各负其责，形成了董事会与经理层、董事长与总经理之间相互制约的格局，这有利于加强董事会与股东利益保持一致，使董事会代表所有国有资本股东、社会资本股东和民企资本股东对管理人员进行控制和监督。

2. 市场化的运营与管理机制

国有企业混合所有制改革必须打破行政体系，建立市场化的运行和管理机制。中国建材集团在混合所有制改革中提出了"央企市营"的概念，该概念的内涵包括五个方面：股权多元化；规范的公司制和法人治理结构；职业经理人制度；内部市场化机制；依照市场规则开展企业运营。同时总结了一套"三五"管理整合模式，即5N、5C和5I。5N包括运营模式的一体化、模式化、制度化、流程化、数字化；5C包括市场营销集中、采购集中、财务集中、技术集中、投资决策集中；5I包括净利润、售价、成本费用、现金流、资产负债率五个关键经营指标。"三五"管理整合模式的核心是一体化和数字化，通过资源整合、管理理念和文化的统一，开展对标管理实现整合后的效益最大化。经过以上分析可知，中国建材集团采取"央企市营"和"三五"管理模式管理联合重组后的混合所有制企业，这样的混合所有制改革被宋志平称为"国企的实力+民企的活力=企业的竞争力"。同时，宋志平将混合所有制企业比作一杯茶水，国有企业是水，民营企业是茶叶，两者混合在一起变成的茶水没办法分开，也没必要去分开，正是这样一种包容思想实现了国有资本、社会资本和民营资本的包容性增长。因此，中国建材集团在联合重组中作为资源整合者，充分整合国有企业资本和民营企业资本，通过股权结构多元化实现市场化的运营和管理机制，是国有企业混合所有制改革的典范，探索出了具有中国特色的混合所有制改革方式。

3. 严格的董事会制度

第一，董事会构成。董事会是国有企业混合所有制改革的关键。在公司治理的实践中，董事会有单层董事会和双层董事会两种架构。单层董事会架构是股东将企业的经营决策权和监督权委托给董事会，双层董事会架构是股东将企业的经营决策权和监督权分别委托给执行董事会和监督董事会（监事会）。中国建材集团采用的则是双层董事会架构，在执行董事会的基础上设有专门的监事会。此外，鉴于我国国有企业的特殊性，还设有党委对企业的经营管理活动进行监督。世界各国金融主管部门通过立法要求提高独立董事在董事会中的比重，中国建材集团董事会成员有 10 人，其中外部董事 6 人，在其下属的上市公司中，外部独立非执行董事占董事的半数及以上，这些外部董事与经理人之间不存在社会关系。在董事会下，中国建材集团设立了战略与投资委员会、提名委员会、薪酬与考核委员会、审计与风险管理委员会四个委员会。为保持专业委员会的独立性，薪酬与考核委员会、审计与风险管理委员会成员全部由外部董事组成，战略与投资委员会、提名委员会成员中外部董事占多数，这些委员会除了提名委员会由党委书记任召集人之外，其他都由外部董事担任召集人。可见，中国建材集团的董事会具有较强的独立性，而规范独立的董事会有助于保护民营中小股东的利益。

第二，董事会决策沟通机制。中国建材集团作为董事会试点单位，不仅通过竞聘的方式聘请外部董事解决了决策人员来源问题，还建立了规范有序的决策机制与沟通机制。在董事会召开前，公司按规定时间提前将会议议案发送给所有董事，保证董事有充分的时间和条件获取相关信息。在董事会讨论中，董事逐个发言，并对每位董事的发言进行记录，最后让所有董事对记录审阅并签字，对每项决策都进行唱票，以此增强董事会的规范性。董事会下的四个专门委员会通过召开定期会议和不定期会议，对影响公司发展的重大事项认真讨论并形成议案，提交董事会审议，为董事会科学决策提供保障，并对经理层的工作提出建议和指导。此外，中国建材集团在内部董事与外部董事、外部董事与经理层之间建立了良好的沟通机制，使外部董事获取充分的企业和行业信息，保证决策质量。例如，每年组织外部董事深入企业和市场进行实地考察和调研，邀请外部董事参加公司重要会议和重大活动，使董事会在决策前，能多角度了解相关信息并力求决策的有效性；对公司所有事务，不拉拢外部董事，不隐瞒外部董事，确保外部董事的独立性和决策的客观公正；充分尊重外部董事的"自组织"，充分发挥"主导外部董事"作用，保证外部董事之间的充分沟通和交流。

4. 公开透明的经理人制度

国有企业发展混合所有制，除了建立治理型董事会解决决策的问题以外，还需解决执行层的经理人问题。按照《公司法》的规定，总经理应由董事会选聘或者解聘，副总经理则由总经理提名、董事会批准。但在实际中，国有企业的总经理不仅由国资委等部门直接任命，甚至部分副总也由国资委直接委派，导致董事会的法定权力形同虚设，公司治理效率低下。在此背景下，中国建材集团遵循市场化的规律，在混合所有制改革中告别传统体制机制，实现高管身份从亦官亦商向职业经理人和企业家转变，建立了市场化的经理人选聘、考核与激励制度和决策机制。

国有企业混合所有制改革中的职业经理人有三种来源：一是原国有企业的经理人转化为职业经理人，不仅包括身份上的转变，还包括思维、观念和能力方面的转变；二是从市场上公开选聘，与民企、外企在职业经理人市场中争夺人才；三是在兼并收购中，将被并购企业的经理人跟着企业重组进来。中国建材集团在混合所有制改革中综合运用了以上三种方式来选聘职业经理人,特色在于采取"七三原则":中国建材收购70%的股份,其余30%留给其他投资者或民企创业者,将民营企业的企业家转变为混合所有制企业的职业经理人,这既可以使民企的资本保全和升值,又可以使民企的活力在国有企业混合所有制改革中发挥作用。例如中国建材下属的南方水泥有限公司有150家水泥企业,其中65%为民营企业,15%为地方国企,20%左右为混合所有制企业,半数企业的经理人由民营企业家转型而来。对职业经理人的考核与薪酬坚持市场定价,根据业绩、能力和职业操守给出职业化待遇,做不好则被淘汰。

在国有企业混合所有制改革中,经理人要向职业经理人转变,完成股东会和董事会交给的经营任务和绩效目标。中国建材集团在协调董事会和经理人的关系及解决董事会与经理层的决策冲突中有两条原则:一是规范决策;二是合理授权。规范决策就是明确决策的步骤,将决策和执行分开,由董事会制定公司发展战略、做决策、把握发展方向,并指导和促进经理人创造性地开展工作。如果董事会的决策内容太多,可以将经营性事务授权给经理层,由经理人做决策并执行,这是董事会权力的延伸,有利于实现内部制衡与市场效率的结合。

三、中国建材集团混合所有制改革经验总结

不同企业应结合自身特点选择实现股权层面混合所有制改革,实现国有资本与民营资本融合。因企施策,一企一策,成熟一个再推进一个,从而保证改革规范有序地进行。不同的企业有不同的行业背景、市场规律,中国建材混合所有制改革充分考虑了各种因素。

相对于其他行业,中国水泥市场的竞争程度较高,且水泥行业有较强的地域发展的特点。水泥行业价格战严重扰乱市场环境,中国建材在水泥行业连续开展并购整合,吸纳优质民营资产进入中国建材阵营,利用国企优势,在同一平台下规避同业恶性竞争,实现规模效益,达成双赢。其中,中国建材集团提出的"三盘牛肉"具有良好的实践启示意义。民营企业振石集团有限公司缺乏发展所需的大量资金。1998年,中国建材集团联合民营企业振石公司发起成立中国巨石,以其为上市主体登陆资本市场。一方面,募集大量资金用于扩大经营;另一方面,持续降低国有资本持股比例,还引入民营资本和外资,在保障国资控股基础上,最大程度实现企业资本多元化。南京凯盛是一家人才资本和技术要素贡献占比较高的企业,通过对企业经营业绩和持续发展有直接或较大影响的科研人员、经营管理人员和业务骨干等持股,使得员工的利益与股东利益一致,有利于员工为企业的发展付出更多的努力,具有很好的激励效果,将员工与企业效益捆绑在一起,以提高公司盈利水平,是一个双赢的举措。

中国建材已经实行混合所有制的企业,其公司治理有较大程度的提高。中国建材在混合所有制改革中注重引入真实自然人股东,实现所有者到位,提高公司治理效果。中国建材形成了股东会—董事会—经理层的委托代理格局,注重给予民营企业等话语权,形成了规范治理结构,努力实现进一步的政企分开、所有权和经营权分离。同时进一步明确了股东大会、董事会、监事会、经理层的职责,推动发展了各负其责、相互制约的格局,这有

利于使董事会代表国有资本股东、社会资本股东的利益。同时,丰富了监事会的成员构成。此外,中国建材还注重聘用培养职业经理人。

四、中国建材集团混合所有制改革效果评价

(一) 国有企业角度

1. 国有资本的杠杆效应增强,国有资本保值增值

2002 年,中国建材集团经营状况极其困难,到了难以继续经营的境地。而过去 10 年,中国建材集团通过发展混合所有制实现了快速做大做强。根据中国建材年报,统计了国有资本规模变动的情况,从 2006 年到 2015 年中国建材国有资本迅速增长,从 36.39 亿元增长到 342.84 亿元,扩大了 9 倍多。同时,国有资本保值增值率总体上均在 1 以上,实现了国有资本的保值增值,也反映了企业价值不断快速提升。

混合所有制改革的实质是引入非公有制的资本。中国建材国有股的比重从 63.69% 下降到 46.67%,企业净资产由 57.14 亿元增加到 734.61 亿元。由此可见,混合所有制改革通过国有股减持,引入民营企业,净资产的规模不断扩大,以少量国有资本带动大量社会资本,充分发挥了国有资本的杠杆效应,推动企业持续发展。

2. 引入市场化机制,提升管理水平

中国建材混合所有制改革努力打破行政管制,从而建立起市场化的运行和管理方法。一些民营企业家在混合所有制改革中带着股份参与进来,使得所有者实现真正到位。内部的天然监督的实现,可以从底层确保现代企业制度的实现。

在混合所有制改革中,中国建材集团提出了"央企市营"这一概念,其特征包括:股权多元化;规范的公司制和法人治理结构;职业经理人制度;内部市场化机制;依照市场规则开展企业运营。中国建材全面推进公司治理,建立了规范的法人治理结构,形成了独具特色的"三五"经营管理模式。中国建材实施"价本利"新经营理念,以"八大工法"和"六星企业"为核心推进深度管理整合,建立了完善的绩效文化体系,推进品牌统一、集中采购、协同销售,降低生产成本,提高经济效益。经过以上分析可知,中国建材采取"央企市营"概念及先进管理模式管理混合所有制企业,实现了精细化管理。

(二) 民营企业角度

1. 有利于民营企业持续发展

我国处在经济转型升级的关键阶段,面临的主要矛盾就是产能过剩。水泥行业竞争激烈,恶性竞争愈演愈烈。自虎山水泥采用更为先进的干法水泥生产线开始,浙江水泥等企业也普遍上马先进生产线,然而扩张的产能却致使全行业亏损。此外,民营企业发展始终受到各方面限制,比如资金、地位、平台。中国建材带领行业摒弃过去无序恶性竞争,积极倡导共生多赢的包容性竞争模式,达成市场协同的目的。参与混合所有制改革的企业无一"反水",中国建材的收购有利于稳定市场秩序,有利于民营水泥企业持续发展。如果没有国有资本的支持与行业整合,可能很多企业会因恶性竞争,不复存在。

2. 与国有资本实现资源互补

中国巨石发展成为世界领先的企业，离不开国有资本的支持。中国巨石的发展壮大，与混合所有制息息相关。民企巨石集团通过混合所有制改革，与中国建材等共同设立了中国巨石，在产业发展上，不仅获得了政策方面的支持，还通过上市募集资金，在资本市场获得了大量可供公司发展的资金支持。中国巨石发展借助了国有企业资本雄厚、技术发展支持度高的优势。面对发展已有几十年的海外玻纤企业，与中国建材合作，巨石奠定了三大全球优势。中国巨石自主创新能力不断增强、科技研发投入不断加大。目前，公司玻璃纤维的生产及技术水平逐渐赶超国外企业。中国巨石在核心技术方面处于领先地位，如建设大型蓄水池、加工大漏板、燃烧纯氧等技术。到2015年底，中国巨石有效专利已达434件，其中发明有57件，包括6件涉外发明授权。在短短十几年间，中国巨石已成为国家创新型试点企业、国家重点高新技术企业，拥有国家级企业技术中心、博士后科研工作站。

（三）企业员工角度

1. 有利于职业经理人的成长

中国建材依照市场化这一规律，在混合所有制改革中，冲破传统国有企业体制机制，建立了经理人选聘市场化及经理人考核与激励制度，从而从亦官亦商的高管身份向职业经理人和企业家方向转变。混合所有制企业的职业经理人一部分是由民营企业的企业家转变的，实现了发挥民企经理人的经验，释放了民企的活力。依据业绩、能力和职业操守给出职业经理人的待遇，做不好的经理人则会被淘汰。这样的考核方式使得经理人有不断付出、提升业绩的压力与动力。这样的制度有益于职业经理人的成长，促进其提升专业水平，提高业务能力，使其迅速成为真正的职业经理人。

2. 员工可获得高额回报

混合所有制国有企业强调市场化的经理人考核与激励制度，员工不再领取行政体系下的工资，而是根据能力、业务领取薪酬及奖金等。此外，员工持股可使部分员工获得高额回报。高额回报激发了员工的工作热情与动力，通过绑定员工的一部分现实利益与企业未来长远效益，员工积极性被充分调动，员工的企业归属感加强，会带动企业更加快速发展。

五、对国有企业混合所有制改革的建议

（一）建立市场化的运营管理机制

联合重组是国有企业混合所有制改革的有效途径，在联合重组过程中应尽量减少政府干预，根据市场化的要求进行联合重组，即在充分竞争的市场中，政府应该营造良好的市场环境，使国有企业在充分遵循市场规则的基础上与民营企业共同建立市场化的运营管理机制。

（二）合理利用资本市场

国有企业通过联合重组实施混合所有制改革，其所需的资金除了通过现金和债券支付

以外，还可通过组建上市公司、引入社会资本和民营资本的方式来获取。"统计显示，国企改革指数自 2014 年 4 月 1 日创立以来，已经累计大涨近五成。"可见，国有企业混合所有制改革概念受到了资本市场的青睐与热捧，因此，国有企业混合所有制改革可通过资本运营的方式在国内资本市场上解决资金短缺的问题。

（三）完善公司治理结构与机制

国有企业混合所有制改革需要在"股东—董事会—经理人—员工"四者之间建立一种职责清晰、相互制衡的公司治理结构。兼并重组发展混合所有制，一方面要在联合重组中为民营企业经营管理者保留一定的股份，实现股权结构多元化，使国有资本、社会资本、民营资本、员工形成利益共同体，规范公司治理；另一方面要建立规范、独立、有效的董事会、监事会和专业委员会，在内部董事和外部董事之间建立良好的决策沟通机制。最后通过原国有企业经理人转型、外部招聘和重组留任的方式获取职业经理人，在职业经理人与董事会之间建立分工明确的决策控制和决策经营机制，实现经理人（或被并购企业的企业家）与董事会的有效治理。

（四）建立健全民营企业退出机制

随着未来混合所有制改革的推进，其中一个不可忽略的问题就是完善退出机制。在混合所有制改革推行过程中，一部分民营企业也心存疑虑，担心利益难以得到保障。建立完善的退出机制能够大大增强民营企业家参与混合所有制改革的决心。退出机制是建立混合所有制企业产权流动的市场机制，使公有资本投资者与非公有资本投资者产权能够流动。建立明确的退出机制，在规划之下资本都可以自由进退。完善的退出机制既要保证民营资本可自由退出，还要保证民企不被无故驱逐。退出机制不仅需要资本市场和外部监管制度的改革相配合，还需要保证非公有资本持有一定比例的股权，保证其在经营管理中的话语权。

（五）加强监管，保障国有资产不流失

在混合所有制改革中，一个突出问题是对国有资产的监管。混合所有制改革要坚持政府引导，市场运作，宜改则改，稳步推进。混合所有制应切实保护混合所有制企业各类出资人的产权权益，杜绝国有资产流失。混合所有制改革应当公布改革方案细则，资产评估方法和结果、交易方法和交易价格，使每个环节都置于监督之下；应当保证在公开的资本市场或产权交易市场公开竞价，绝不允许国有股权私下交易；应当以市场对资源配置是否起决定性作用来推动国有企业改革；应当防止由于职工持股造成国有资产流失；应当明确责任追究制度。

第五节　总结与展望

发展混合所有制经济是深化国有企业改革的重要举措，有利于促进各种所有制经济共同发展。国内外学者尤其是我国学者深入探讨了国有企业混合所有制改革的概念内涵、内在逻辑、实现路径和改制后公司股权结构及公司治理结构,为我国国有企业混合所有制改革提供了借鉴的思路和改革的方向。通过典型案例的分析,我们不难发现,国有企业混合所有制改革有其适合的经济领域,也有各自不同的行业背景和特征,在实施国有企业的混合所有制改革过程中,我们要分类推进国有企业的混合所有制改革、建立混合所有制企业治理机制与合法合规的操作规则、营造国有企业混合所有制改革的良好环境等。

参考文献

[1] Bevir M. Governance: A Very Short Introduction [M]. Oxford, UK: Oxford University Press, 2013.

[2] Donaldson L., Davis J. H. Stewardship Theory or Agency Theory: CEO Governance and Shareholder Returns [J]. Australian Journal of Management, 1991 (16): 49 – 64.

[3] Fuchs K., Uebelmesser S. Can There be too Much Privatization? The Role of Political Incentives [J]. CESifo Economic Studies, 2014, 60 (4): 722 – 746.

[4] Gillan S. L., Starks L. T. A Survey of Share – holder Activism: Motivation and Empirical Evidence [J]. Contemporary Finance Digest, 1998, 2 (3).

[5] Hart. Corporate Government: Some Theory and Implication [J]. The Economic Journal, 1995 (5): 105.

[6] Shleifer A., Vishny R. A Survey of Corporate Governance [J]. Journal of Finance, 1997, 52 (2).

[7] Shleifer A., Vishny R. W. Politicians and Firms [J]. Quarterly Journal of Economics, 1994, 109 (4): 995 – 1025.

[8] Wartick S. L., Cochran P. L. The Evolution of the Corporate Social Performance Model [J]. Academy of Management Review, 1985, 10 (4).

[9] Zingales L. Corporate Governance [M] //New – man P., (Ed.), The New Palgrave Dictionary of Economics and the Law. New York: Macmillan, 1998.

[10] 伯利, 米恩斯. 现代公司与私有财产 [M]. 甘华鸣等译. 北京: 商务印书馆, 2005.

[11] 陈林, 唐杨柳. 国有企业部分民营化能否减轻其政策性负担 [J]. 经济与管理研究, 2014 (7): 42 – 51.

[12] 常修泽. 一部实用且有新意的产权交易著作——评何亚斌同志专著《产权交易新工具》[J]. 产权导刊, 2004 (12): 62 – 63.

[13] 高明华. 公司治理与国企发展混合所有制 [J]. 比较管理, 2014 (2): 76 – 83.

[14] 高青松, 唐芳. 国有企业混合所有制改革理论研究进展及评述 [J]. 改革与战略, 2016 (12): 149 – 154.

[15] 何自力. 发展混合所有制经济要坚持社会主义方向 [J]. 山东社会科学, 2014 (11): 23 – 26.

[16] 黄速建. 中国国有企业混合所有制改革研究 [J]. 经济管理, 2014 (7): 1 – 10.

[17] 贺卫. 从权力转移到企业目标的变化——读加尔布雷思《新工业国》引起的思索 [J]. 经济问题探索, 1994 (10): 7 – 9.

[18] 桁林. "大国有"战略下国企改革的任务与趋势——对国企三次改革大潮的反思 [J]. 福建论坛(人文社会科学版), 2011 (10): 140 – 146.

[19] 黄再胜. 转型期国企经营者的身份博弈与经济后果 [J]. 当代经济科学, 2011 (6): 103 – 108.

[20] 蒋海曦,田永.用《资本论》研究成果推进我国全面深化改革——全国高等财经院校《资本论》研究会第31届年会综述[J].经济纵横,2014(10):122-124.

[21] 陆军荣.所有权与自然垄断产业规制——组合模式及选择[J].中国工业经济,2012(8):30-42.

[22] 卢俊.推进混合所有制深化国有企业改革[J].宏观经济管理,2014(9):45-48.

[23] 李维安.深化国企改革与发展混合所有制[J].南开管理评论,2014(3):1.

[24] 李明义,段胜辉.产权经济学[M].北京:知识产权出版社,2008.

[25] 李正图.积极发展混合所有制经济:战略构想和顶层设计[J].经济学家,2014(11):100-101.

[26] 刘凤义.论发展混合所有制经济中的两个理论问题[J].中国特色社会主义研究,2015(1):33-38.

[27] 刘汉民,刘锦.资本结构、公司治理与国企改革——"资本结构与公司治理研讨会"综述[J].经济研究,2001(10):83-85.

[28] 刘斌.国有企业混合所有制企业治理设计构思[J].企业改革与管理,2016(1):39-40.

[29] 刘珺.混合所有制改革背景下的国有企业公司治理研究[D].天津大学硕士学位论文,2015.

[30] 罗良文,梁圣蓉.供给侧改革背景下国有企业混合所有制改革的理论逻辑与实践路径[J].湖南社会科学,2016(4):120-124.

[31] 梁法院,丁胡,冯磊.新一轮国有企业改革中发展混合所有制经济研究[J].未来与发展,2014(4):72-75.

[32] 林毅夫,李周.现代企业制度的内涵与国有企业改革方向[J].经济研究,1997(3):3-10.

[33] 马克思,恩格斯.马克思恩格斯全集(第一卷)[M].北京:人民出版社,1972.

[34] 娜日苏.国有企业混合所有制改革路径及效果研究[D].北京交通大学硕士学位论文,2016.

[35] 钱颖一.企业的治理结构改革和融资结构改革[J].经济研究,1995(1):20-29.

[36] 戚聿东,柳学信.深化垄断行业改革的模式与路径:整体渐进改革观[J].中国工业经济,2008(6):44-55.

[37] 邱霞.混合所有制改革的路径分析[J].西部论坛,2015,25(2):33-39.

[38] 孙永祥.公司治理结构:理论与研究实证[M].上海:上海人民出版社,2002.

[39] 汤吉军.不完全契约视角下国有企业发展混合所有制分析[J].中国工业经济,2014(12):31-43.

[40] 童露,杨红英.国有企业混合所有制改革中的联合重组与公司治理——基于中国建材集团的案例分析[J].技术经济与管理研究,2015(10):39-44.

[41] 王卫中.国有企业改革三个层面的框架设计[J].东岳论丛,2016(3):143-151.

[42] 武常岐,张林.国企改革中的所有权和控制权及企业绩效[J].北京大学学报(哲学社会科学版),2014,51(5):149-156.

[43] 吴万宗,宗大伟.何种混合所有制结构效率更高——中国工业企业数据的实证检验与分析[J].现代财经,2016(3):15-25.

[44] 吴振球.规制重构中自然垄断性行业经济效率的分析——基于国家铁路运输业等三个行业的研究[J].宏观经济研究,2009(10):25-30.

[45] 吴敬琏.建立有效的公司治理结构[J].天津社会科学,1996(1):75-78.

[46] 肖贵清,乔惠波.混合所有制经济与国有企业改革[J].社会主义研究,2015(3):50-56.

[47] 肖楠. 混合所有制改革背景下中国巨石的公司治理研究 [D]. 北京交通大学硕士学位论文, 2015.

[48] 夏小林. 国有资本"一股独大"何错之有——简论关于国企改革的若干问题 [J]. 经济导刊, 2014 (6): 28-32.

[49] 项启源, 何干强. 科学理解和积极发展混合所有制经济——关于改革和加强国有企业的对话 [J]. 马克思主义研究, 2014 (7): 5-14.

[50] 谢军. 中国混合所有制企业国有产权管理研究 [D]. 武汉理工大学博士学位论文, 2013.

[51] 杨红英, 童露. 论混合所有制改革下的国有企业公司治理 [J]. 宏观经济研究, 2015 (1): 42-51.

[52] 亚当·斯密. 国富论 [M]. 胡长明译. 北京: 人民日报出版社, 2009.

[53] 殷西乐, 李维安, 武立东等. 网络治理、混合所有制改革与治理能力现代化——第八届公司治理国际研讨会综述 [J]. 南开管理评论, 2015, 18 (6): 146-153.

[54] 约瑟夫·费尔德, 李政军. 科斯定理1-2-3 [J]. 经济社会体制比较, 2002 (5): 72-79.

[55] 杨琪飞. 国企混合所有制改革模式法治探索 [D]. 云南大学硕士学位论文, 2015.

[56] 臧跃茹, 刘泉红, 曾铮. 促进混合所有制经济发展研究 [J]. 宏观经济研究, 2016 (7): 21-28.

[57] 张明泽, 李忠海. 国企改革演进的关键路径——基于混合所有制视角 [J]. 现代经济探讨, 2016 (7): 15-19.

[58] 张敏. 论混合所有制企业公司治理的特殊性 [J]. 青海社会科学, 2015 (6): 58-65.

[59] 张维迎. 理解公司——产权、激励与治理 [M]. 上海: 上海人民出版社, 2014.

[60] 张维迎. 从公司治理结构看中国国有企业改革、企业理论与中国企业改革 [M]. 北京: 北京大学出版社, 1999.

[61] 张晖. 转轨经济中自然垄断行业规制改革及绩效差异的比较研究——竞争、所有制与激励机制选择 [J]. 经济评论, 2006 (6): 105-114.

[62] 赵丹. 混合所有制企业公司治理研究 [D]. 中共中央党校硕士学位论文, 2016.

[63] 赵春雨. 混合所有制发展的历史沿革及文献述评 [J]. 经济体制改革, 2015 (1): 48-53.

[64] 郑志刚. 国企公司治理与混合所有制改革的逻辑和路径 [J]. 证券市场导报, 2015 (6): 4-12.

[65] 周鸣磬. 大力发展混合所有制经济 增强公有制经济活力——混合所有制经济的理论与实践研讨会综述 [J]. 探索与争鸣, 2004 (8): 29-30.

[66] 邹硕. 国有企业混合所有制改革对策研究 [D]. 湖北工业大学硕士学位论文, 2016.

[67] 中国社会科学院工业经济研究所课题组. 论新时期全面深化国有经济改革重大任务 [J]. 中国工业经济, 2014 (9): 5-24.

第五章 大众创业与家族企业公司治理

第一节 研究背景

当前,我国正处于经济结构调整和产业转型升级的关键阶段,为适应经济发展新常态,减轻经济下行压力,国家鼓励"大众创业、万众创新"。在国家"大众创业、万众创新"战略驱动下,各类创业主体积极投入创新创业的实践。据统计,2016年第一季度全国新登记市场主体301.1万户,各级工商登记部门平均每分钟要给37家市场主体签发"出生证明";从增速上看,第一季度新增市场主体继续保持两位数的增速,比上年同期增长10.7%,明显快于经济增速。"互联网+"和新兴服务业市场主体增速明显加快,如信息传输、软件和信息技术服务业新登记企业6.2万户,同比增长39.7%;文化、体育和娱乐业新登记企业2.7万户,同比增长37.9%。同时,调查显示,小微企业发展呈现良好势头,小微企业开业率达71.4%,其中初次创业企业占84.6%。第一季度,全国创业投资市场可投资本存量增加18.4%,总规模超过4000亿元,继续保持上升态势。全国创业投资市场新募集基金共计65只,新增可投资于中国大陆的资本量约为372亿元,同比增长15%。第一季度创业投资市场投资阶段前移趋势明显,初创期、早中期占全部投资数量的74.8%。创投机构主要投资仍集中于新兴产业领域,其中互联网领域居首位。第一季度创业投资市场退出交易活跃,退出交易数量573笔,超过2014年全年总量,其中新三板退出占比达86.4%。天使投资稳中有升,2016年第一季度全国天使投资机构披露投资金额超过22.36亿元,同比增长7.8%。无论是从创新创业企业数还是创新创业融资额来看,都取得了良好的发展势头。据统计,目前我国内地80%以上的民营企业为家族企业,在全世界范围内,家族企业的比例也高达65%~80%。全球500强企业中大约有1/3是家族企业,美国80%~90%的企业是家族企业,许多声名显赫的大公司如杜邦、福特、柯达、安利、摩托罗拉等都是家族企业。同时,在新一轮创新驱动下催生的创新创业企业中约有80%的企业采取家族经营的模式。如何加强创新创业背景下家族企业的公司治理成为现实中和理论界探讨的热点话题。

第二节 研究意义

新常态下促进经济增长的传统动力已经减弱,2015年6月,国务院发布《关于大力推进大众创业万众创新若干政策措施的意见》,中央政府希望以"大众创业、万众创新"的方式找到国内经济增长的新动力。随着经济新常态的转型挑战,家族企业领导人必须继承发扬新时代商业文明,不断创新,顺应"大众创业、万众创新"的潮流,进行战略上的转型,实施再创业,改良中国家族企业的基因。我国大众创业多以家族企业的形式存在,家族企业之间在公司创业导向上的表现普遍存在差异。家族企业进行二次创业在一定程度上是为了实现企业规模的不断扩张,这不仅要用家族资本去有效融合社会的财务资本,还要尽可能地融合外部的人力资本,有效合理利用企业资源与优化治理结构。目前大多数家族企业的财务监控存在缺陷,分配与激励体制不健全,内控与约束不完善,导致财务管理流于形式。那么对于具有家族企业性质的大众创业而言,这一漏洞将会一贯延续下去,这就会影响其健康发展壮大。因此构建中国特色的家族企业公司治理机制,解决产权、监控两大企业财务宏观问题是大众创业与家族企业发展壮大的关键。

第三节 研究回顾

一、关键概念

(一)创业

任何家族企业的诞生都是创始人创业的结果。创是开始做、开创、创造、创办、创制、创立等意思;业就是企业、事业、行业、职业、学业等意思。《辞海》把创业解释为开创建立基业、事业。创业是一个人发现了一个商机并加以实际行动转化为具体的社会形态,获得利益,实现价值,即创业是创业者对自己拥有的资源或通过努力对能够拥有的资源进行优化整合,从而创造出更大经济或社会价值的过程。创业是一种劳动方式,是一种需要创业者运营、组织、运用服务、技术、器物作业的思考、推理和判断的行为。创业研究虽然经过了几十年的发展,但至今还没有形成一个成熟的理论,在创业定义、概念框架和研究边界等方面仍没有达成共识。最初,科尔(Cole,1965)提出,把创业定义为"发起、维持和发展以利润为导向的企业的有目的性的行为"。杰夫里·提蒙斯(Jeffry A. Timmons)在其所著的创业教育领域的经典教科书《创业创造》(*New Venture Creation*)中定义:创业是一种思考、推理结合运气的行为方式,它为运气带来的机会所驱动,需要在方法上全盘考虑并拥有和谐的领导能力。霍华德·H. 史蒂文斯（Howard H. Stevens）认为："创业是一种管理方式，即对机会的追踪和捕获的过程，这一过程与其当时控制的资源无关。"并且进一步指出："创业可由以下七个方面的企业经营活动来理解：发现机会、战略导向、致力于机会、资源配置过程、资源控制的概念、管理的概念和回报政策。"

对于创业概念，可以从以下四个方面理解：

（1）创业是一个复杂的创造过程——它创造出某种有价值的新事物。这种新事物必须是有价值的，不仅对创业者本身有价值，而且对社会也要有价值。价值属性是创业的重要社会性属性，同时也是创业活动的意义和价值。

（2）创业必须要贡献必要的时间和大量的精力，付出极大的努力。要完成整个创业过程、创造新的有价值的事物，就需要大量的时间，而要获得成功，没有极大的努力是不可能的，并且很多创业活动的创业初期是在非常艰苦的环境下实现的。

（3）创业要承担必然的风险。创业的风险可能有各种不同的形式，取决于创业的领域和创业团队的资源。但通常的创业风险主要是人力资源风险、市场风险、财务风险、技术风险、外部环境风险、合同风险、精神方面的风险等几个方面。创业者应具备超人的胆识，甘冒风险，勇于承担多数人望而却步的风险事业。

（4）创业将给创业者带来回报。作为一个创业者，最重要的回报可能是其从中获得的独立自主，以及随之而来的个人的物质财富的满足。对于追求利润的创业者，金钱的回报无疑是重要的，对其中的许多人来说，物质财富是衡量成功的一种尺度。通常，风险与回报呈正相关关系。创业带来的回报，既包括物质的回报也包括精神的回报，它是创业者进行创业的动机和动力。

（二）大众创业

"大众创业"是中国经济增长的新引擎。李克强总理于2014年9月10日在夏季达沃斯论坛上首次提出了"大众创业、万众创新"这个观点，该观点一经提出就引起了社会的广泛关注。2014年11月20日首届世界互联网大会上，总理再一次提倡要"促进互联网共享共治，推动大众创业万众创新"。2015年3月3日至3月15日全国两会上，李克强总理在政府工作报告中指出要把"大众创业、万众创新"打造成推动中国经济继续前行的"双引擎"之一。提出"大众创业、万众创新"是中国政府在经济新常态背景下做出的重要战略布局。"大众创业、万众创新"的目的是推动经济良性良好发展。

大众创业指中国大众借助中国改革的政策优势来创立起自己的家业，积累自己的有形资产和财富。大众创业即大众持续为自己做产生个人成就和个人财富的工作。

（三）家族企业

受我国传统文化的影响，我国大众创业多以家族企业的形式存在。家族企业就是指资本或股份主要控制在一个家族手中，家族成员出任企业的主要领导职务的企业。美国学者克林·盖尔西克（1998）认为，判断某一企业是否是家族企业，不是看企业是否以家庭来命名，或者是否有好几位亲属在企业的最高领导机构里，而是看是否有家庭拥有所有权，一般是看谁拥有股票以及拥有多少。这一定义强调企业所有权的归属。中国台湾学者孙治本（1996）则将是否拥有企业的经营权看作家族企业的本质特征。他认为，家族企业以经营权为核心，当一个家族或数个具有紧密联系的家族直接或间接掌握一个企业的经营权时，这个企业就是家族企业。家族企业就是家族控制和管理的企业（Drucker，1974）。美国著名企业史学家钱德勒（Chandler，1978）在对家族企业进行实证研究的基础上，界定了家族企业："企业创始人及其最亲密的合伙人（和家族）一直掌有大部分股权。他们与经理人维持紧密的私人关系，且保留高阶层管理的主要决策权，特别是在有关财务政策、资源分配和高阶层人员的选拔方面。"钱德勒将这种"现代工商企业"称为"企业家式或家族式的企业"，认为家族企业具有不同于公众企业的典型的社会特征，家族企业是与公众企业相对应的概念。Lansberg（1983）认为，企业中家族成分会导致管理者的管理行为不同于非家族企业，企业与家族自身发展之间存在相互影响关系，如家族成员将家族企业看作个人或者家族的事业。

家族企业一般分为以下三类：

（1）纯粹的家族式企业。这种家族式企业从老板到管理者再到员工，全都是一家人。这种企业是最纯粹的家族式企业。这种家族式企业一般规模非常小，通常称为作坊。

（2）传统的家族式企业。传统的家族式企业是由家族长来控制大权，关键的岗位基本都是由家族成员来担当的，外来人员只能处于非重要的岗位。

（3）现代的家族式企业。现代的家族式企业是家族持所有权，而将经营权交给有能力的家族或非家族成员。也就是说，家族持有所有权、股权，但是经营权不一定是家族成员。如果家族成员有能力，就由家族成员来担当管理职责；如果家族成员没有这种能力，就把它交给有能力的非家族成员。这是现代化家族企业的一种趋势，很多大型的国际级的家族式企业，基本上都在走这样的道路。而走这条路的关键，就是所有权和经营权必须剥离。

（四）职业经理人

为弥补传统的家族式管理制度所产生的局限，实现企业的可持续发展，家族企业的发展需要引入优秀的职业经理人。职业经理人，是指在一个所有权、法人财产权和经营权分离的企业中承担法人财产的保值增值责任，全面负责企业经营管理，对法人财产拥有绝对经营权和管理权的职业，由企业在职业经理人市场（包括社会职业经理人市场和企业内部职业经理人市场）中聘任，而其自身以受薪、股票期权等为获得报酬主要方式的职业化企业经营管理专家。美国企业史学家钱德勒（1978）认为，以管理作为其终生职业并已成为负责经营大型单位企业的人就是职业经理人，他称为"管理资本主义"。

综上，我们将职业经理人定义为把经济资源从生产效率低和产量较少的领域转移到生产率较高和产量较大的领域的人。职业经理产生的根本原因是企业在发展壮大的过程中资本占有与经营才能的不对称，职业经理人作为一种特殊的人力资本是对企业家内部人力资源供给不足的有效补充。

二、理论基础

（一）公司治理理论

公司治理理论详见第三章第六节，此处不再赘述。

（二）产权理论

产权理论详见第四章第三节，此处不再赘述。

（三）企业生命周期理论

企业生命周期理论，是企业的发展与成长的动态轨迹，包括发展、成长、成熟、衰退几个阶段。企业生命周期理论的研究目的就在于试图为处于不同生命周期阶段的企业找到能够与其特点相适应并能不断促使其发展延续的特定组织结构形式，使得企业可以从内部管理方面找到一个相对较优的模式来保持企业的发展能力，在每个生命周期阶段内充分发挥特色优势，进而延长企业的生命周期，帮助企业实现自身的可持续发展。有两种主要的生命周期方法——一种是传统的、相当机械地看待市场发展的观点（产品生命周期/行业生命周期）；另一种更富有挑战性，观察顾客需求是怎样随着时间演变而由不同的产品和技术来满足的（需求生命周期）。

自20世纪50年代以来，许多学者对企业生命周期理论开始关注，并从不同视角对其进行考察和研究，其发展历程大致可归纳为以下几个阶段：

1. 企业生命周期理论的萌芽阶段（20世纪50年代至60年代）

在1960年以前，关于企业生命周期的论述几乎是凤毛麟角，对企业生命周期的研究刚刚起步。在这一阶段，马森·海尔瑞（Mason Haire，1959）首先提出了可以用生物学中的"生命周期"观点来看待企业，认为企业的发展也符合生物学中的成长曲线。在此基础上，他进一步提出企业发展过程中会出现停滞、消亡等现象，并指出导致这些现象出现的原因是企业在管理上的不足，即一个企业在管理上的局限性可能成为其发展的障碍。

2. 企业生命周期理论的系统研究阶段（20世纪60年代至70年代）

从20世纪60年代开始，学者们对于企业生命周期理论的研究比前一阶段更为深入，对企业生命周期的特性进行了系统研究，主要代表人物有哥德纳和斯坦梅茨。

哥德纳（J. W. Gardner，1965）指出，企业和人及其他生物一样，也有一个生命周期。但与生物学中的生命周期相比，企业的生命周期有其特殊性，主要表现在：第一，企业的发展具有不可预期性。一个企业由年轻迈向年老可能会经历20~30年时间，也可能会经历好几个世纪的时间。第二，企业的发展过程中可能会出现一个既不明显上升也不明显下降的停滞阶段，这是生物生命周期所没有的。第三，企业的消亡也并非不可避免的，企业完全可以通过变革实现再生，从而开始一个新的生命周期。斯坦梅茨（Steinmetz L. L.，1969）系统地研究了企业成长过程，发现企业成长过程呈S形曲线，一般可划分为直接控制、指挥管理、间接控制及部门化组织四个阶段。

3. 企业生命周期理论的模型描述阶段（20世纪70年代至80年代）

在20世纪70年代到80年代，学者们在对企业生命周期理论研究的基础上，纷纷提出了一些企业成长模型，开始注重用模型来研究企业的生命周期，主要代表人物有丘吉尔、刘易斯、葛雷纳以及伊查克·爱迪思。

丘吉尔和刘易斯（Churchill N. C. 和 Lewis V. L.，1983）从企业规模和管理因素两个维度描述了企业各个发展阶段的特征，提出了一个五阶段成长模型，即企业生命周期包括创立阶段、生存阶段、发展阶段、起飞阶段和成熟阶段。根据这个模型，企业整体发展一般会呈现"暂时或永久维持现状"、"持续增长"、"战略性转变"和"出售或破产歇业"等典型特征。葛雷纳（L. E. Greiner，1985）认为企业通过演变和变革而不断交替向前发展，企业的历史比外界力量更能决定企业的未来。他以销售收入和雇员人数为指标，根据它们在组织规模和年龄两方面的不同表现组合成一个五阶段成长模型：创立阶段、指导阶段、分权阶段、协调阶段和合作阶段。该模型突出了创立者或经营者在企业成长过程中的决策方式和管理机制构建的变化过程，认为企业的每个成长阶段都由前期的演进和后期的变革或危机组成，而这些变革能否顺利进行直接关系到企业的持续成长问题。伊查克·爱迪思（Ichak Adizes，1989）可以算是企业生命周期理论中最有代表性的人物之一。他在《企业生命周期》一书中把企业成长过程分为孕育期、婴儿期、学步期、青春期、盛年前期、盛年后期、贵族期、官僚初期、官僚期以及死亡期共十个阶段，认为企业成长的每个阶段都可以通过灵活性和可控性两个指标来体现：当企业初建或年轻时，充满灵活性，做出变革相对容易，但可控性较差，行为难以预测；当企业进入老化期，企业对行为的控制力较强，但缺乏灵活性，直到最终走向死亡。

在这一阶段，西方学者已经将企业生命周期理论研究更为深入和完善了，因此这一阶段是企业生命周期理论研究的繁荣阶段。

4. 企业生命周期理论的改进修正阶段（20世纪90年代至20世纪末）

在西方学者对企业生命周期研究的基础上，我国学者又进行了修正和改进，主要代表人物有陈佳贵和李业。

陈佳贵（1995）对企业生命周期进行了重新划分，他将企业生命周期分为孕育期、求生存期、高速发展期、成熟期、衰退期和蜕变期。这不同于以往以衰退期为企业生命周期结束研究，而是在企业衰退期后加入了蜕变期，这个关键阶段对企业可持续发展具有重要意义。李业（2000）在此基础上又提出了企业生命周期的修正模型，他不同于陈佳贵将企业规模大小作为企业生命周期模型的变量，而是将销售额作为变量，以销售额作为纵坐标，其原因在于销售额反映了企业的产品和服务在市场上实现的价值，销售额的增加也必须以企业生产经营规模的扩大和竞争力的增强为支持，它基本上能反映企业成长的状况。他指出企业生命的各阶段均应以企业生命过程中的不同状态来界定。因此他将企业生命周期依次分为孕育期、初生期、发展期、成熟期和衰退期。

5. 企业生命周期理论的延伸拓展阶段（21世纪初期）

目前，企业界和理论界的研究重点开始从原有的企业生命周期研究转向对企业寿命的研究，即如何保持和提高企业的成长性，从而延长企业寿命。企业可持续发展的背后是企业对稳定利润的追逐。一个企业也只有做到可持续发展，不断地从战略转型中成长蜕变，才能不断延长企业的寿命，扩大企业的成长空间，真正实现企业价值最大化。

针对不同的周期应采取不同的战略，从而使企业的总体战略更具前瞻性、目标性和可操作性。依照企业偏离战略起点的程度，可将企业的总体战略划分为如下三种：发展型、稳定型和紧缩型。企业要生存并获得发展，必须根据企业的自身情况结合外部因素选择适合自身的发展战略。

（四）企业制度创新理论

创新最早来源于技术领域，亚当·斯密在《国民财富的性质和研究》中就指出，国家的富裕在于有了分工，而分工之所以促进经济增长，则是因为有了在某些较为简单的分工基础上的改良工作，致使劳动者发明了节省劳动力的机械，促进了生产力的发展。但创新理论则是由熊彼特首次提出。熊彼特在《经济发展理论》一书中，以创新理论为核心视角，研究了在资本主义社会背景下的经济发展，提出了经济发展的理论体系。所谓创新，就是建立一种新的生产函数，是把以前没有过的生产要素和生产条件作为新的组合引入生产体系。其后的戴维斯和诺斯都继承了熊彼特的创新观点和理论，并在此基础上发展创新了其制度创新的学说。

企业制度的创新是在满足生产力不断发展变化的需要，为提高其经济效益，而对制度的构成要素及其相互的结构进行的变革。这里包括几个基本的认识：一是企业制度创新的目的，是为了提高企业的经济效益；二是企业制度创新的源泉在于满足生产力发展的需要，解决现有生产关系不能适应生产力的发展；三是创新的内容包括两个方面，一个方面是企业制度的构成要素，包括各种企业制度，如组织制度、产权制度、管理制度等，另一个方面就是各种制度相互之间的关系，即相对的结构、内容变革或者其所处地位变化，都代表着制度发生了新的变化。家族企业在发展过程中其企业管理制度也应当随着企业成长情况而不断创新变革。

（五）控制论

20世纪40年代控制理论兴起，它最先被应用于理工科领域，强调控制系统的信息传递和信息反馈功能。20世纪60年代，控制论的应用范围扩大，相继出现了管理控制理论和社会控制理论等衍生控制理论。

管理学中的控制论包含四个要素，即控制目标、控制标准、控制差异以及控制手段。控制理论包括决策、执行、记录和反馈四个流程。管理学中的控制论强调通过信息反馈来揭示控制活动与控制标准之间存在的控制差异，并针对控制偏差采取纠正措施。在进行控制过程中，依据实现目标与控制重点的不同将控制活动分为事前控制、事中控制和事后控制。

控制活动对于企业生产经营都是意义重大的，尤其对于所有权和经营权分离的家族企业。完善的控制系统可以保障企业内部各项活动的有序运行，引领企业在发展过程中不偏离企业既定的发展目标。

三、文献回顾

（一）大众创业发展现状

"大众创业、万众创新"人群主要集中在"90后"年轻创业者、大企业走出的连续创业者、科技人员创业者、海外归国创业者和农民工返乡创业者五大群体。创新型孵化器、天使投资人、创业投资机构、互联网金融平台等创业服务机构和投融资体系，为创新创业提供了强大推力，形成了良好的运营机制和社会氛围（郭曼、郭雷风，2016）。

尽管大众创业蓬勃发展，但是由于大众创业项目集中于小微企业、创新型企业，融资规模较小且不具备资本运作的空间，缺乏对大额资本的吸引力，因此面临着融资难、资本不足的局面。同时大众创业过程中也存在着技术、渠道、管理、营销等企业运营资源的缺乏状况（赵科源、于锦雯，2015）。李敏（2015）在针对农民工返乡创业的问题中也提出资金短缺和贷款困难是影响创业的关键因素，创业融资难、缺乏金融服务阻碍着大众创业的实效（周建荣、姚建峰，2016）。资本结构的合理安排和融资策略选择影响着企业特质、治理结构和企业资源，从而进一步影响企业的财务行为、财务治理与财务战略。针对融资战略，赵科源和于锦雯（2015）认为可以采取股权众筹来解决资本资源问题，而李敏着重于财政资金的扶持和金融产品的创新。栾福明等（2016）认为税收优惠可有利于大众创业资金安排，优化财务战略。高燕（2017）从实行股权激励角度，以及企业搭台、大众创业的新思路，以此来达到企业融资、融人、融源的目的。在大众创业的财务监控层面，由于其各种分配与激励体系不健全，内控与约束机制不完善，容易产生财务风险，影响企业的财务业绩。因此在大众创业过程中不可避免地产生产权与监控两个企业财务宏观问题。受我国"非我族类其心必异"等传统文化影响，我国大众创业多以家族企业的形式存在，再加上现有数量众多的家族企业，使得家族企业在中国经济中的地位和作用不可小觑。因此，对大众创业过程中资本结构、融资战略、财务监控等问题的解决将进一步促进家族企业及中国经济的发展。

（二）家族企业公司治理研究

1. 国内与国际治理结构研究比较

Gersick等（1998）认为家族企业是一个由企业、所有权和家庭三个独立而又相互交叉的子系统组成的，而且由于家族成员扮演的角色远远多于非家族成员，他们相互之间的交往要比非家族成员深入和广泛得多。Neubauer等（1998）在Gersick的基础上提出更为复杂的家族企业公司治理结构，由一般企业的7种角色演变为15种角色（如图5-1所示）。Carlock和Ward（2001）认为，由企业内的家族成员组成的家族理事会，正式或非正式地讨论家族企业事务，在企业中发挥着积极作用，家族企业形成管理层、所有者、董事会、家族和理事会五方相制的治理结构。Berghe和Cachon（2002）认为仅有这五个方面还不全面，不能有效对家族企业进行分析，因此在此基础上又提出雇员、供应商、顾客和政府、环境、社会，以及经济制度、文化、价值观三个层面的家族企业治理结构。

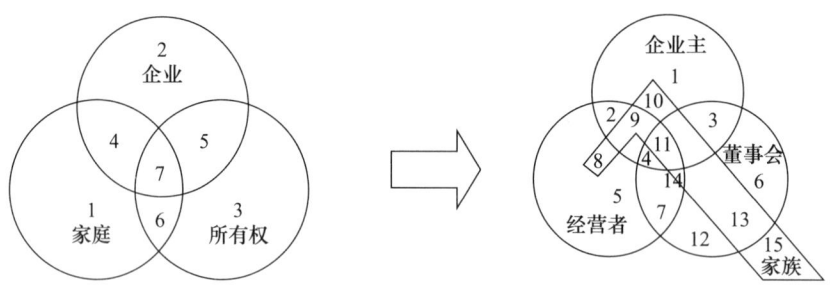

图 5-1　非家族企业与家族企业关系比较

Mustakallio、Autio 和 Zahra（2002）建立了家族企业"契约—关系"治理模型，他们认为，家族企业治理是基于社会信任的正式的契约治理和基于私人信任（家族信任）的非正式的关系治理的融合。但是仅有契约关系存在不能够对家族企业产生有效治理，还要制定家族企业规则制度、监督制度，因为这会对家族企业的决策质量产生影响。因此为了防止家族利益主体对公司其他利益主体的侵蚀，外部董事存在的合理性引起了学者的激励讨论。Ford（1988）在实地考察和实证分析的基础上，对外部董事的观点提出了反对意见，对家族企业聘请外部董事的做法进行了批评，认为外部董事缺乏家族企业的特有知识与文化，对企业发展的价值不大。Johnson（2004）还进一步指出，外部董事和作为董事的家族成员并没有形成统一团队、达成默契，难以在解决代理问题上发挥积极作用。相反，Schwartz 和 Barnes（1991）认为，外部董事在处理事务时更多从理性角度出发，更多地考虑经济标准，有利于提高家族企业决策的质量，促进企业的发展。Carlock 和 Ward（2001）非常强调家族企业应当拥有经验丰富的外部董事，因为其能够为家族企业战略提供更多有创意和建设性的建议，更加符合市场发展规律，有利于保持企业的活力。

虽然建立在血缘、姻缘基础上的家族治理在中外古今都得到了认可，但是随着时代的发展，如今知识时代、知识经济的到来不得不对这种亲缘家族式的治理进行调整，引进外部高素质人才势在必行。因此外部经理在家族企业的治理结构中发挥着越来越重要的作用。Chua、Chrisman 和 Sharma（2003）指出，作为非家族成员的经理层是一个很重要的群体，他们在战略决策中具有重要作用，家族和他们的关系会对家族企业治理结构的完善和家族企业的继承产生重要影响。但是由于外部经理在评价时主要从经济标准角度出发，这就打破了家族成员从家族角度出发评价的规则，因此家族成员会在一定程度上对外部经理产生戒备心理。Mitchell 等（2003）利用交易成本理论和社会认知理论，强调以协调家族价值观和管理价值观的"承诺认知"来避免家族成员和外部经理之间的摩擦，经理需要在更宽范围内增强对家族企业复杂问题的认知。Spector 和 Christopher（2001）还具体设计了激励、指导作为非家族成员的经理在现有家族企业治理框架下如何与家族成员进行有效合作，获得职业成功的方法与工具。

由于深受传统文化的影响，中国式家族企业在发展过程中更容易受家族影响，家族文化深深影响着一个家族企业的组织架构和决策机制。我国家族企业正面临着制度变迁和制度创新，处于转轨期和立于知识经济面前的家族企业如何通过治理结构优化和制度完善实现家族企业的可持续发展，这是家族企业急需解决的问题。因此家庭或家族制度演变成"一只看不见的手"（刘清平，2002），正是在厚重的"家文化"支配下，中国式家庭关系的模式也就自然地被移植到了华人企业之中，并且一直伴随和影响着企业的发展。于立等（2003）对三环模式进行了理论分析，认为只要家族企业有一套健全、有效的治理模式，也能发挥现代企业的功能，而其中职业经理人是家族企业治理结构的关键所在。钱海婷（2008）增加了管理岗维度，从四维度来分析治理结构的演变，认为治理结构的不断演进推动了家族企业的成长，家族企业在发展初期并不一定要实行股权多元化来促使企业发展，但从长远观点来看是必然的，也符合企业成长的路径。

林乐芬（2003）从资本结构角度对我国家族企业治理结构进行分析，认为家族成员是家族企业股权的绝对拥有者、剩余索取权和剩余控制权的占有者。后来许多学者从不同影响因素对家族治理结构的演进进行了探析，例如李晓菲（2010）的社会资本分析，王岚等（2009）的基于中国传统文化的分析，边文霞（2011）的基于企业契约理论的博弈分析，甘德安的复杂性自组织理论分析，以及许莹和黄宇驰（2008）的基于熵理论分析。吴炯（2011）认为家族企业的构建基础是家族社会资本，相对于其他社会资本而言，家族社会资本具有较强的资产专用性，因此其成为家族企业分立治理结构选择的关键因素，提出统一治理结构、双边治理结构和第三方治理结构。沈纯（2011）针对产权关系对江、浙、沪三地6家家族企业进行实地访谈，发现产权在家族企业刚刚开始启动时，具有高度的分散性，在成长时期越来越集中，到成熟期家族企业产权逐步由高度统一向分散发展，主要形式是上市；管理控制权也具有类似的分散集中过程，到最后管理控制权被分散到职业经理人手中。

2. 资本结构与融资策略研究

企业的资本结构安排与融资策略选择会影响企业特质、治理结构和企业资源，从而对财务行为、财务治理和财务战略产生影响，因此在研究企业财务的宏观问题时必须考虑资本结构安排与融资策略选择。

根据中国家族企业情况，其所有权与经营权是否分离并不重要，重要的是保证家族企业高效率地运行。资本结构是企业治理至关重要的一方面，而家族企业资本结构是家族企业治理结构最为重要的方面。我国家族企业所有权高度集中在家族手中，分析家族企业资本结构，不仅有助于探明企业的"来龙"，更重要的是可能找到其治理结构优化的"去脉"（林乐芬，2003）。在我国，家族式企业资本结构比较单一，以内部融资为主，商业信用为辅，很少向银行借款，企业的资产负债率较低，财务风险较低。其原因在于：在创业过程中，银行一般不对家族企业进行融资支持。刘平青、陈文科（2003）通过对转轨期中国家族企业资本结构进行研究发现，家族企业融资以内源融资为主，然后是债务和股权融资。尽管在上市之后，股权得到稀释，但是家族成员仍然掌控着绝对的控制权。马春爱等（2009）从一个家族的融资意向及融资决策来分析家族企业资本结构的形成，发现一个家族的资本结构深受家族控制欲望、家族在群体中的地位、家族企业家的个人特征、企业自身特征等因素影响。周颖、艾辉（2011）就家族控制权大小分析对资本结构的影响，发现家族控制权在50%～100%时，基于破产效应、负债控制效应、财务风险的考虑，会降低上市公司的银行借款率；家族控制权在0～50%时，与流动负债关系不大，与银行借款呈正相关，但不显著。

在我国75%的私营企业中存在家族式组织或家族式管理，我国家族企业面临生命周期过短、企业规模不大、企业发展资金严重不足、治理效率低下等问题，究其原因，家族企业的这些问题都和家族企业融资结构休戚相关。家族企业融资包括财务资本融资和人力资本融资（周志强等，2012），因此，家族企业融资应该是"家族资本"、"员工资本"、"社会资本"三位一体的融资模式。在初创期，家族企业主要采取内源融资为主、外源融资为辅的融资模式进行财务资本融资，成长期则偏向于内源融资兼外源融资的融资模式，成熟期就更注重外源融资（储小平、陈晓红，2003）。在人力资本方面，初创期主要以家族成员为主，在成长期会引进中高层次职业经理人，成熟期就大力引进高层次职业经理人，开放绝大部分关键岗位甚至总经理职位，选拔与培养德才兼备的继承候选人（田银华，2006；Peter和Sabine，2007；耿成轩、李南，2009；周志强，2012）。耿成轩（2010）通过内生结构和外部环境因素讨论家族企业融资选择问题，发现家族企业融资行为取向本质上是其内生异质性结构的映射，但是由于不同融资方式会导致控制权发生变化，在强烈的控制权偏好下的融资行为决策，具有显著的内源性融资倾向。赵宇恒等（2015）引入金字塔控制调节作用，通过对沪深两市的上市家族企业进行实证研究发现，具有控制权偏好和风险规避的家族经理人具有内源性融资倾向，更倾向于采取低负债融资策略。然而家族企业选择债务融资更多的不是为发挥债务的治理效应，而是为控制更多的资源，以为其资金侵占提供便利（冉茂盛、李文洲，2014）。但随着企业规模的不断扩大与发展，仅仅依靠自身累计资本增长难以满足企业生产发展的需求，往往会选择外部融资（葛永盛、张鹏程，2014），而且引入外部投资者会对公司治理效率产生有效的调节作用。

3. 内部激励与控制研究

内部分配与激励、内部控制与约束是企业财务宏观问题三大基点之一监控的两大核心问题，通过采取有效的内部分配与激励、内部控制与约束措施，可以降低风险，提升企业财务业绩，提升企业财务信息披露质量，完善披露的财务信息解读。

由于家族企业的复杂性和特殊性，存在着双重代理问题。CEO薪酬激励作为公司治理机制之一，对代理问题产生影响。家族控股可以提供有效的监督，从而降低代理成本，因此相比非家族企业会较少采用薪酬激励机制。家族CEO可以利用权力自定薪酬，以侵占公司利益，家族CEO薪酬明显比非家族CEO的高，而薪酬业绩敏感性却相应地比较低（Cohen和Lauterbach，2008；Michiels A.，2013）。因此绝大多数家族CEO薪酬高于非家族CEO薪酬，家族成员参与管理对家族企业高管薪酬的影响尚不显著（陈家田，2012）。只有所面临的风险值上升时，家族CEO薪酬才和非家族CEO薪酬相似，并且当多个家族成员介入管理，形成一定程度的相互监督作用，才能降低家族CEO薪酬。家族企业所有权集中下的监督与薪酬激励的替代效应，会降低代理成本，从而减少风险、提高财务绩效

（陈家田、唐德善，2013）。还有学者发现家族企业高管薪酬并没有表现出明显的利益侵占行为，相反，他们认为较高的现金薪酬会对风险性薪酬产生替代作用（Weisskopf J. P.，2011）。对于家族企业的职业经理人却有相反的效果，"家"文化会对作为外部人员进入家族企业产生负面影响，阻碍职业经理人发挥帮助企业发展的作用。但是可以通过合理地制定职业经理人的业绩目标和薪酬方案，并通过各种手段切实地维护与其之间的心理契约，最终达到有效激励职业经理人服务于本企业的目的（许晓明等，2012）。如提高物质分配、加强自我实现需求满足、奖赏激励等行为（潘军旭，2011；周志强等，2011；Holmstrom 和 Milgrom，1991）。

辛宇和吕长江（2012）通过案例研究表明，公司股权激励计划兼具激励、福利和奖励三种性质。家族企业的控股股东认为管理层存在道德风险，并且通过股权激励的方式来减少管理层可能危害股东利益的自利行为。Chava 和 Purnanandam（2010）分析了管理层接受风险激励对于公司财务政策的影响，研究表明，对于 CEO 以及 CFO 的以股票和期权为基础的激励能够显著影响公司的财务政策。Armstrong 和 Vashishtha（2012）研究发现，股票期权对于收益波动性的敏感度使得风险规避的 CEO，有动力接受更高的系统风险。

家族企业的控制环境更注重家族文化特色，虽然风险点相对集中，但是由于监控体系缺位造成对风险点的评估缺乏全面、系统的评估和防范，并且在各层次的控制中较为宽松，因此较容易出现信息不对称及信息沟通不畅等问题（于而立，2003），并且在每个生命周期其内部控制的执行力不同，其中在成熟期执行力最强（辛金国、郑明娜，2006）。马牧云（2008）对家族企业的内部管理进行研究，发现主要存在职责分工不明确、缺乏法人治理制度两个缺陷。会计信息、资产和经营活动控制缺乏有效性等不足也是内部控制和约束欠缺的表现。由于大多数家族企业控制者对企业控制权有强烈的执念，并倾向于让其子女继承企业，因此应该更加重视家族企业的内部控制结构，建立有效的内部控制体系（刘圆圆，2009）。针对家族企业的内部控制治理，李慧（2011）认为可以从改善家族企业的内部股权结构，扩大融资渠道，降低财务风险与重视人才资源，提升企业的自身价值几方面进行改善。

4. 治理结构与经营绩效研究

我国家族企业围绕着企业形态、关系治理和公司治理三个维度进行演进变化。在企业形态维度阶段，家族企业是一个由家族单体控制的个体企业，慢慢发展为一个控制权分散，并引进外部经理人，但终极控制权还是掌控在家族内部的复杂型企业，该维度可以很好地指明控制权、家族和企业各个阶段的对应和结合。在公司治理维度上主要体现家族企业控制权的转移和分配，在这个阶段控制权、所有权逐渐社会化，管理人员也从家族人员过渡到专业人员。在关系治理维度中，由纯家族式关系转换到外部正式契约，打破家族企业成长的束缚，从而实现与社会资本的不断融合，实现家族企业的持续发展（王岚、王凯，2009）。那么最终这会不会导致去家族化呢？刘丽琳（2011）对家族企业控制权问题研究后发现，家族始终控制着企业，尽管企业所有权和经营权会逐步分离，但家族只会部分让渡两权。所以，家族企业通常表现出所有权结构相对或绝对集中（Schulze 和 Lubatkin，2003），实证表明强关系治理强契约的治理结构才是最符合家族企业发展的治理模式。因此尽管家族企业存在着两权集中、家长制管理等问题而导致的侵占控制权私利，剥夺债权人、中小股东利益（郭斌，2013），但是在当今市场经济、法治社会和契约精神的条件下，绝大部分民营企业是选择家族制或者泛家族制来实施对企业的管理（边文霞，2011）。

针对家族企业两权集中、家长制管理等问题，有关学者提出家族企业治理结构的变革模式，引入职业高管（毕艳杰，2007），在家族企业内部和外部采取不同的代理关系（周生春、范烨，2008），如强调社会资本（郭斌，2013）等。但是单纯增加外部人员或采取不同代理关系对公司业绩并不会产生多大影响，毕艳杰（2007）对324家家族控股上市企业研究后发现引入职业高管对企业绩效并没有影响，只是单纯改变了治理结构，因此创新和变革治理结构才是关键所在。在家族企业中，家族控制力与上市家族公司业绩之间呈显著正相关，高管薪酬和总经理控制力也是表现出一样的结果（于健南、石本仁，2008）。由创业者本人或其家族成员担任CEO的企业，其经营效率要比由非家族成员担任CEO的企业高（McConaughy，1998）。申尊焕、郑秋亚（2004）主要采用描述性分析和聚类分析对我国家族上市企业业绩进行了分析，认为家族企业的主营业务利润、净利润与家族持股比例呈显著正相关关系。陈凌（2005）提出两权分离的企业制度只是成功企业模式的一种，对于家族企业而言，保持一定的股权和控制权有利于家族企业经营绩效的稳定与提高，应引入正式的治理机制，采用关系治理和契约治理相结合的方式，提高经营管理水平才是关键（陈凌，2009）。沈伟晔（2012）表示家族企业的家族高管控制程度与经营绩效呈正相关关系，李娜、王宣喻（2014）也提出中国控股家族拥有的投票权与现金流权的分离度越小，家族企业绩效反而表现得越好。

第四节　实践案例

一、美的集团简介

美的集团创立于1968年，是一个主营家电制造行业的大型综合性企业集团，其经营领域以白色家电为主，还涉足物流、房产、照明、彩电以及金融等领域。其2016年的集团销售整体收入达到221.73亿美元，首次进入《财富》世界500强名单，列第481位。

2013年美的集团在深交所上市，旗下除了拥有小天鹅、威灵控股两家子上市公司，同时也为德国库卡集团最主要股东（约95%），并且在埃及控股一家埃及公司。2014年美的集团取代新希望占据A股Top100上市家族企业的榜首。美的品牌价值达到653.36亿元，位居全国最有价值品牌第五名。

美的集团拥有多个知名品牌，例如美的、小天鹅、美菱。拥有完整的家用空调、中央空调、洗衣机、冰箱、微波炉、洗碗机、吸尘器、加湿器、空气净化器和灶具等白色家电的几乎全系列。美的在世界范围内拥有约 200 家子公司、60 多个海外分支机构及 10 个战略业务单位，产品远销 200 多个国家和地区。

二、美的集团的发展历程

1968 年何享健先生集资 5000 元在北窖带领 23 名员工创立了美的集团，由一个生产药瓶盖的生产组发展成了中国 500 强企业，其主要的集团发展变革可以分为三个阶段。

第一阶段是在 1997 年之前，美的集团处在产业发展初期。1980 年开始生产电风扇，正式进入家电行业。1984 年开始制造空调，1991 年开始家电多元化产品发展，1993 年美的进行内部股份制改革，美的电器在 A 股上市，成为首家上市的家电企业。

第二阶段是美的集团发展的核心关键阶段。1997 年美的事业部全面改造，实行高度放权经营模式，这是美的里程碑式的改革。之后的七年直至 2004 年，美的经历了收购压缩机行业，并在 2000 年实施了迄今为止争议最大的 MBO（Management Buy – Outs）即管理层收购，美的股份从北窖镇经济发展总公司手中收购了 54.52 万股法人股，成为其第二大股东。同年政府完全退出，美的成为一家全民营的企业。

第三阶段是从 2004 年开始，美的推行了四大调整，部署了重要区域投资布局，调整其生产基地。这一年美的开始与国外跨国家电企业合作，除了技术合作，还伴有资本融合和收购，美的与东芝合作，收购了荣事达、美菱，进入了空调洗衣机行业。美的的组织模式在"十一五"期间进行了根本性调整，优化了原来的事业部，组建了日电集团、制冷集团以及电机事业部和房产事业本部，产品事业部组建成为区域事业部，使得企业横向、纵向形成了协同价值体系。

如今的美的集团正以"成为中国家电行业领军者、世界白电行业前三强"为战略愿景，逐步实现进一步的深化转型，不断推动经营质量持续提升，恪守以消费者为中心的理念，通过技术创新、品质提升与精品工程，实现产品领先、战略领先，获得了公司的重新增长。

三、美的集团财务管理模式变迁

美的集团经过将近 50 年的发展，同步于其公司发展的历程阶段，其财务管理模式大致也分三个阶段：第一阶段（建厂初期，1968 年至 1997 年），美的集团经历了其财务管理模式不断寻找定位方向、缓慢发展的阶段。第二阶段（1998 年至 2004 年），集团不断发展并遇到瓶颈。由于万宝集团放权后成为一盘散沙，并最终破产倒闭的痛苦经验，美的不想放权。但是从另一方面，美的事业已经看似达到封顶，利润规模扩大受到阻碍。经过艰难决策，美的总裁何享健大刀阔斧地带领美的进行了组织结构改革，最终决定实行高度放权的事业部体制。第三阶段（2005 年至 2010 年），经过多年发展不断改进优化，不断调整企业的经营和管理目标后，美的集团目前的财务管理模式是一个分层管理、统分结合的状态，并且分别从横向和纵向对集团整体财务体系进行了有效的管理。2009 年，美的实现逆市增长,实现主营业务收入同比增长7%,"净利率"、"现金流"、"存货周转率"和"应收账款周转率"等主要指标均达到美的历史最好水平。同时,产品结构不断优化,美的高能效、高技术、高附加值的战略性产品销售比例大幅提升。2009年,美的实施了事业部制优化调整,在原来产品事业部的基础上搭建起横向协同的区域事业部,实现"研、产、销"无缝对接;2010年,在对内外销市场进行整合的基础上,积极推动内销公司实体化和海外国家公司化。为有效支持集团营销体制变革,集团财务系统以促进内部价值链协同为原则,对集团内外销财务职能进行了有效整合,重构内外销财务管理流程,并从预算管理、绩效考评、成本管理等方面实行多维度价值管理,促进内部有效协同,充分挖潜产业链价值。营销变革的成功实施,使近两年的营销费用总额降幅达10%,而且2010年实现主营业务收入同比增长超过45%。

美的集团创立初期,由于美的民营企业性质以及其在这一阶段生产的产品比较单一,企业规模较小,不需要设置太多的管理层级,所以选择的是集权型的管理模式,在资金的使用、分配等方面由管理者和决策者同意调配和安排,保证了有限资源最大最有利的使用。这种集权型的财务管理模式为美的企业的初期发展奠定了坚实的基础。

快速成长也带来了诸多前所未有的问题,美的也遇到了发展的瓶颈。当时美的集团已具有了较大规模,产品也更加多元,涉及空调、厨具、家电等众多品牌。单靠领导层的有限能力和精力已经不能管理好日趋庞大的企业了,美的变革势在必行。在此次结构调整中美的创新地引入了事业部制,将美的集团分成了五大事业部:压缩机事业部、厨具事业部、家庭电器事业部、电机事业部、空调事业部。各事业部之间由于产品差异而相互独立,各个事业部都相对一个单一产品类型的小规模企业,在经营管理上享有很大的自主权,自行组织生产、研发、销售、核算、管理等日常经营项目。对于集团总部,事业部是其生产中心和利润中心。美的集团的分散化管理,必然会影响财务管理结构,这一时期的财务管理模式由集权过渡为分权,将集团由大化小,各事业部管理更加直接,打破了天花板效应,有利于集团整体目标的完成。各事业部的财务部门直接受控于集团总部的财务部,对总部直接负责,财务人员也是由总部选拔、安排到各事业部。

这样做的好处有:首先,各事业部和集团总部执行的会计制度相统一,方便会计核算和比较;其次,减少了工作层面,提高了工作效率,当总部需要报送一项财务数据时,无须先通知各事业部的财务经理、负责人,再由经理通知相关部门或者人员,而是直接由总部通知事业部财务人员,同时也避免设计的层级过多而导致信息延误、信息失真或者基于私利的信息造假;再次,由于财务部门并不隶属于各事业部,是一个独立的核算机构,这样有利于更加有效、真实的信息采集,可以避免利润中心为了完成目标而故意粉饰报表,进行信息造假,确保了财务的独立性和公正性;最后,有利于加强统一的管理和监督,各事业部设置的财务部门也相当于集团委派的监督机构,实时、全面地对事业部的生产、销售、管理等情况进行汇总和记录,集团总部通过报送的财务资料对各事业部进行分析,全面协调集团内部资源配置情况,指定经营管理目标和总体计划,实现资源高效配置。

美的集团的最终财务管理模式纵向分为四层:集团公司财务部、产业集团财务部、事业部直属财务部、基层职能单位财务核算岗位，各个层级上都有不同定位，并且财务职责分工明确，分别对所处公司提供必要的优质支持，并进行相应的管理和监督，积极创造经营价值和资本增值。各层级财务部门又根据工作岗位范围划分为预算管理、财务管理、融资、资金结算、审计检查五大类。在这样的模式下，只有通过统分结合，建立集成一体化财务管理模式，才能促使财务职能更好地满足集团整体的监控需求。这样的财务管理模式才是体系化和专业化的，才能最大限度地保证整体的财务信息的畅通和一致性。

集团公司财务部：一级财务管理机构。如果把一个集团财务系统整体看作一列火车，那么集团公司财务部就是火车头，整列火车由车头提供动力，指明方向，提供各种帮助。因此集团公司财务部门的职责就是为集团整体发展方向和经营战略提供数据支持和财务服务，对下属各事业部进行管理和监督，起到控制和顾问的作用。集团财务部门以预算为基础，管理和监督下属各事业部的财务管理状况，确保财务部设有预算、资金管理、成本费用核算、税务、审计等机构和岗位，对整个财务公司财务系统进行管理。

产业集团财务部：二级财务管理机构。相当于一个承上启下的管理机构，其上层管理机构是集团公司财务部，对下直接管理机构是事业部，直属财务部。主要职责就是根据集团财务部制定的年度计划、目标等宏观指标和管理方向，针对所辖事业部制定较为详细的财务管理要求，并且对事业部工作进行监督和指导。当事业部在生产经营过程中遇到需要审批审核的财务事项时，首先向直属上层产业集团财务部进行汇报，而产业集团财务部也需要定期或不定期地将下辖事业部财务管理状况向总部汇报，以便管理人员随时全面了解集团运营管理情况。

事业部直属财务部：三级财务管理机构。各事业部是企业集团的利润中心，主要以生产和销售为主，事业部的财务人员由集团统一选拔和调配，直接受控于集团财务部，事业部财务部门的主要职责是核算、监督和评价，做好事业部的资产管理、成本核算，及时准确、详尽地向集团财务部报送各项财务数据，提供相关信息，以便集团了解各事业部经营状况，制定宏观生产经营计划。事业部财务部门通过"管"和"算"两个手段，为企业管理提供财务依据。财务管钱，通过资金的运作实现增值；会计管账，对经济活动进行计量和核算，提供量化依据。"算为管用，管算结合"，发挥财务管理的核心作用，真正做到向管理要效益。

基层职能单位财务核算岗位：四级财务管理机构。在事业部内设置的基层职能单位是生产、销售、供应等业务部门。设置这一层级的财务管理岗位，是为了将成本、财务、销售联系起来，财务核算成本与销售情况，同时财务数据信息反作用于成本管理，更好地进行经营管理。这一层级的主要职能是：做好相关业务的真实、原始财务数据的记录，进行差异分析，提供各项控制指标的数据依据。

各层级财务会计部门根据工作职责，将岗位细化为五大类，分别为预算管理、财务管理、融资、资金结算、审计监察，每个大类又将职责分解，分为若干具体岗位。

（1）预算管理：计划考核、预算管理、财务风险管理、统计类职位。

（2）财务管理：税务筹划、财务体系规划、成本管理、会计核算、应收会计、应付会计、费用会计、成本会计、办税员、总账会计、会计管理、外派财务经理类职位。

（3）资金结算：资金管理、结算会计、出纳等职位。

（4）审计监察：审计、监察、董秘等职位。

通过这些调整和改革，我们可以看到美的集团的良性发展变化：从产业发展的情况来看，1997年之前美的集团只有一个制造基地在顺德总部，产品只有空调、电饭煲、风扇、电机等。2004年美的集团从顺德延长到芜湖、中山、广州、合肥，产品结构从家用和商用空调到微波炉、热水器等。到了2010年美的集团布局了14个国内生产基地，辐射华南、华中、华东、华北四大区域，在越南、白俄罗斯、埃及建立了三大海外生产基地，设立了全球60多个海外分支机构。

从销售量来看，美的集团2000年时刚刚突破100亿元的销售规模，当时出口只有1.4亿美元。但是到了2010年，销售规模已经突破1100亿元，出口已经超过50亿美元。"十一五"期间，销售规模增长了17%，平均利润增长了16%。截至2014年底，美的集团归属于上市公司股东的净利润达到105.02亿元，整体毛利率达到25.46%，同比上年上升2.17%。

四、美的集团财务管理模式的合理性分析与借鉴

（一）美的集团财务管理模式的合理性分析

通过上述对美的集团财务管理模式的介绍，可以发现美的集团成功地平衡了集权和分权的财务管理模式，每次遇到发展瓶颈，美的集团都选择对内部组织结构进行优化调整，发挥出企业的内生动力，这也是家族企业特有的强大优势。美的通过吸收先进的财务管理经验，重视现金管理，形成了特有的集成性财务管理模式，使自身始终处于不败之地，经营业绩节节攀升。

（1）美的重视财务管理，并不断改革升级管理模式。在美的集团各个上升发展的阶段，其财务管理模式也相应地作出了调整，最终达到了集权和分权的完美结合，这是非常难的。很多公司一直无法很好地灵活运用集权和分权，集权和分权的划分界限很模糊。过于集中会使下级单位的活力得到抑制，也不能很好地结合自身和市场的发展及时作出调整；过度放权会使权利得到滥用，会导致无法预计的后果。美的不仅分析宏观经济，寻求家族企业融资困难的解决办法，而且在积极拓宽海外市场的同时，拓宽自己的国际视野，引进先进的财务管理经验和成熟的现金管理手段。这些都非常值得我国还处在发展阶段的家族企业学习和借鉴。

（2）公司管理层次清晰、权责利明晰。美的集团内部有合理的职责划分界限，将财务事项按照重要性、紧急性等因素进行划分，将财务事项对应的决策权与管理权分配到每一层级，这一点通过集团内部的分权手册就有详细的说明。例如：集团总部对重大财务决策、高层领导人事任免具有表决权，事业部对经营事项涉及财务的部分享有决策权等。同时，美的各层级内部也有清晰的岗位说明书，对各岗位的定位、权利、职责、考核指标、上下级对口部门都有详细的叙述。即使是新到岗的人员，通过阅读岗位说明书，也会快速了解该做什么、该怎么做。为了激发事业部的积极性和主动性,美的也授权二、三级财务机构一定的权限,主要包括一定额度的投资决策权和预算审批权、建设项目的建议权、事业部以及下属企业的人事任免和奖惩权等。

(3)美的集团建立了完善的公司财务管理构架,四层管理模式使得责权分明。企业若想做大,管理结构必须完善,才能保证大型机器的正常运转。完善的财务管理构架必须不断适应企业发展的需要,美的集团经历了多次重大改革和优化,才设立了四层管理模式而达到分而治之。它的分权不是放权,而是"统分结合",集团控制现金大权,经营权的分散极大地激发了事业部的自身活力,促进了集团整体的快速发展。

上文中提到的四层管理模式,使得每一层级的财务部门都有着明确的职责岗位划分,协同合作,提供了高效准确的财务信息。这样也为集团制定企业战略和计划、投融资方面提供了精准的数据。

(4)重视集中的现金管理,设立财务公司。由于白色家电行业的特征,美的集团对资金的需求非常大,而且还要求周转速度快。2010年,美的集团和广东威灵共同出资5亿元成立了美的集团财务有限公司,成为广东省家族企业财务公司第一人,从而实现了集团整体资金管理,提高了资金的收益,最重要的是降低了融资成本。财务公司成立后,为美的集团及其下属事业部门提供了一系列的金融服务,迈出了"产融结合"的第一步。

财务公司设立后,美的集团又对集团整体资源进行了调整优化,而且更加明确了企业集团母子公司的产权关系,也能对控股公司的投资决策进行制约。集团通过股份权益享有对子公司的控制权利,下属子公司可以部分行使自己的权利。财务公司这样既可以对集团整体资金进行管理和运作,也对下属子公司的资金活动进行了监督,极好地保证了集团和下属公司经营目标的高度一致。另外,财务公司作为独立于集团和下属公司的第三方,可以客观介入投资项目的审批,有效地执行集团总部的政策,利用其专业知识,充分发挥财务公司的融资优势。

(5)美的集团建立了风险管理体系和完善的绩效考核制度。美的集团居安思危,如何保证企业在市场趋于饱和、国际经济形势恶化的大环境下保持强大的竞争力和高速的发展是美的建立风险管理体系的客观因素和需求。美的集团不仅重视企业内部的财务风险,而且还关注宏观经济形势,特别注意利率变化、汇率变化、金融政策和国际大宗商品价格的变化,及时从财务管理方面对企业经营生产活动进行干预。

集团实行EVA和BSC指标的双重考核模式,并且自2010年开始,实施三年战略管理目标考核制度,规范偏离集团整体战略的短期行为,保障集团长期的发展,并且其内部财务考核制度也非常完善。

(二)美的集团财务管理模式的借鉴

通过以上对于美的集团发展之路的分析,发现美的总是在集权和分权之间寻找平衡点,企业也在权力和利益之间相互转变。每当美的集团的发展遇到瓶颈,就对组织结构进行优化和调整,使整体企业集团重新焕发活力。可以想象,若是在一成不变的经济环境下,外部竞争和市场需求都不发生变化,也就不用对组织结构进行调整,只要有一套可行的管理方法就可以维持生产经营。然而 21 世纪最大的特点就是变化，无论是国际环境还是国内的经济、市场、政策等方面，甚至不进步就等于退步，就很容易被市场淘汰。美的集团正是因为时常调节自己以适应时代发展和市场变化，不断制定、调整科学合理的管理模式，使自身立于不败之地。因此根据美的的案例的成功经验，我们可以总结出，构建符合我国国情和现代化企业制度要求的企业财务管理模式应当遵循以下原则：

（1）产权清晰原则。现代企业制度是一种产权制度，它是产权制度的一部分，它以产权为依托，对各种经济主体在产权关系中的权利、责任、义务进行合理有效的组织、调节和制度安排，具有"产权明晰、责权明确、政企分开、管理科学"等特征。我国现代的企业集团主要是依靠产权关系而联系在一起的经济体，划分各成员企业之间的责、权、利关系，最有效的就是以产权关系为基础。同样，在构建财务管理模式的过程中，也需要依靠产权制度，遵循产权清晰的原则。出资方按其出资占被投资公司所有者权益的比例享有权利，同时必须承担相应的责任；被投资方独立核算、自主经营，同时也必须接受出资方的监督。产权关系是现代企业制度的前提和基础，集团总部与集团内各公司间的权、责、利关系也是以产权关系为依据而建立的，因此，产权清晰也是构建财务管理模式的基础。只有坚持产权明晰原则，明确成员之间的财产关系，才能以此为基础建立科学合理的企业财务管理模式。

（2）效益性原则。企业的各种经营管理行为都是以实现利益为目标的，因此在企业管理的过程中也需注重效率和效益相结合的原则。庞大的管理机构、复杂的管理程序看似非常细化，其实是忽略了管理成本的。复杂的财务管理系统一方面使得人员成本、运行成本增加，另一方面时间成本也相应增加。因此构建财务管理模式也应结合运行成本，实现效益与效率的双赢。

（3）实用性和前瞻性原则。财务管理是集团的重点工作之一，建立科学合理的财务管理模式，能够对企业整体的理财活动进行有效的管理和控制。财务管理模式应兼顾实用性和发展性。首先，企业经营追求的是利益和利润，组织架构、财务模式都是为实现企业目标而制定的，如果制度、程序过于烦琐和臃肿，非但不能提高管理效率，反而会为制度所累。因此，应注重制度的实效性。其次，成功的企业集团为我们提供了很好的财务管理范例，但如果直接照搬过来未必可行，因为行业性质差异、组织结构不同、发展阶段等因素的存在，所适宜的管理手段也不可能完全相同。好的范例可以借鉴，但应结合自身情况，具体情况具体分析。最后，市场在变，企业也必须适应其变化，会计基本假设中有一条"持续经营"，假设企业是良性发展的，因此在制定管理模式时，也必须要考虑企业的可持续发展，将财务管理与集团整体发展思路相结合。

（4）权责利相结合的原则。构建集团财务管理模式最根本的任务是协调集团以及子公司之间的权、责、利的关系。只有这三种关系有机结合，才能最大程度地发挥财务管理模式的各项职能。"权"是指财务权利，"责"是指经济利益，企业都有趋利避害的心理，但是享受到利益也必须承担责任。建立财务模式，就是要对各方的权、责、利关系有效结合并加以规范，使它们形成各司其职又能相互牵制的统一整体，从而约束和规范各方的行为。任何职务享有的权利都应与其承担的义务相对称,还要与其对应的利益保持一致。对三者的约束,归根结底是对人的约束,充分调动员工的积极性,可以有效地提高财务管理工作的质量和效率,这就需要建立权责利相结合的激励机制和约束机制。

(5) 集权与分权相结合的原则。企业集团财务管理模式的核心就是明确管理权利与经济利益的界限,集权与分权是针对这一问题反映的两种控制方式。集权和分权都是在企业发展过程中总结出来的经验,在一定时期和企业发展情况下确实能带来积极的作用,但是应注意"集权有度,分权合理",极端的集权和分权的优势同时又能规避其不足,在实现集团整体目标的前提下,优化资源配置,才能调动子公司的主观能动性,提高管理效率。所以,企业在制定和调整财务管理模式时,不应拘泥于一种形式,而应结合自身情况,合理划分权限,协调好集权和分权的关系,使二者达到均衡的状态。

五、我国家族企业财务管理模式建设的总结和建议

(一) 案例总结

伴随着市场竞争愈加激烈,优胜劣汰也是必然结果,企业集团组织结构在横向和纵向范围内都不断扩张和延伸。通过以家族企业代表——美的集团作为研究对象,对美的集团发展过程中的财务管理模式进行了分析和说明,重点总结了美的集团可借鉴的优点,并且得出了以下结论:

(1) 构建企业财务管理模式,必须要结合企业自身情况和外部影响因素。外部影响因素要考虑经济模式、市场环境、所处行业性质和特征、经济政策等因素;企业自身情况主要是集团组织结构、企业规模、成长阶段、领导和员工能力等。任何脱离了实际的制度和模式,都是没有意义的,也不能给企业带来积极的作用。

(2) 企业财务管理模式的三种类型,即集权型、分权型及集权和分权相结合。各种管理模式各有优劣,在企业发展的不同阶段,结合企业实际,恰当地选择管理模式都能为发展带来积极的作用。例如美的集团的案例,目前它正实行的是混合型的管理模式,财务管理是"集权为主,适度分权,集分结合"。集权和分权相结合的财务管理模式能够充分发挥集团总部的调控职能,有利于企业整体目标的实现。另外子公司也有一定范围的决策权,其积极性和主动性能被调动。加上决策灵活,能及时应对外部市场或环境变化,提高了管理效率,因此很多大型集团都采用此模式。

(3) 公司治理结构是财务管理模式建立的基础。完善的治理结构具有"产权清晰、权责明确、政企分开、管理科学"的特征,而合理的财务管理模式必须建立在产权清晰的基础上,依靠产权关系,划分权责利的关系,明确各组成部分的关系,从而相互配合,相互制约,形成有效的财务管理模式。

(4) 财务管理模式一旦确定,并非一成不变,应随企业发展方向调整、战略目标变化、管理需要、政策要求等影响条件不断修正和调整,平衡集权和分权之间的关系,以保证财务管理始终能够为企业发展起到积极的促进作用,充分体现财务管理模式的战略意义。

（5）财务管理模式是明确各层级财务权限的依据，在企业中，最能体现管理层级的就是对资金运行的控制。企业集团应结合财务管理模式、制定相匹配的资金控制模式。资金就是企业的血液，合理的资金运营控制会对集团价值增值和资金使用效率都产生积极的影响作用。美的集团率先投资成立财务公司，对集团整体资金进行统筹管理优化利用，这是企业集团的大势所趋。

（二）对策建议

要解决我国家族企业发展过程中以及财务管理模式构建过程中存在的问题，就需要结合家族企业自身情况，考虑企业所处的生命周期阶段以及所在行业状况等影响因素。

1. 明晰家族企业的两权：股权和控制权

责权利的统一和明晰对于家族企业来说尤为重要，通过明确员工包括成为管理层的家族成员的责权利来规范其行为和权限，保证个人利益与企业利益的高度统一，才能促使企业稳健、可持续地发展。相对集中的股权可以使得创业初期的家族企业能有更统一的目标和前进方向，资源高度整合，执行力也会得到更大的体现。

家族企业成立初期是凭靠信任、血缘关系筹集的来自家族成员内部和亲朋好友的创业资金，企业创立后随着发展壮大，一旦企业发生重大危机，由于产权不明晰而造成的纠纷在家族企业中尤为多见。通过进一步合理分配股权，使得家族成员按照比例持有公司股权来参与企业经营和分红，可以削减这种矛盾，并且还能防止企业最终落到一个或者几个家族成员的手中。

个人英雄崇拜在家族企业中比较常见，企业主通常由家族中年长或有能力者担当，他对家族企业来说就是灵魂人物，一旦企业主无法找到合适的继任者，就会引发企业内部的权力和利益斗争，出现内讧。因此对家族企业两权的改革，不是单纯地交出股权或者控制权，而是要先明晰责权利的范围，由人治向法治转变。

2. 构建合理的家族企业的内部组织架构

通过美的发展案例我们发现，其阶段性成长的突破都是通过企业内部架构的调整和优化达到的。通过组织架构的合理设置，其相对应的财务管理模式也会进行相应的调整和优化来适应其组织架构的发展需求。它的四级管理模式非常值得我们学习借鉴，每一级的岗位职能范围都得到明确合理的规范，充分地发挥了财务管理的各项职能，使得企业取得良好向上的辉煌业绩。

3. 规范财务和监管制度，引进先进的财务管理经验

之前提到的家族企业由于家长制度的决策机制，经常会任命信任的人来负责财务这个重要的部门，而这个人选是否具有财务专业知识并不是最重要的考核条件。因此很多家族企业的财务部门只具有简单的记账、会计功能，并没有真正重视财务管理的筹款、预算、计划、融资和监督职能。

在家族型企业中，很多家族成员不遵守规章制度，随意借款和投资，盲目担保，胡乱开支，财务管理非常混乱，在很长一段时间内部分资金被占用，利用率非常低，更有甚者，流失部分资金。因此建立内部的监管机制尤为重要。

中国家族企业的研究刚刚起步,但是日美等发达国家的家族企业已经有了上百年的历史,其丰富的财务管理经验是非常值得我们学习的。美的集团的案例中,它不但股改上市,还不断地引进先进的财务管理手段,通过设立财务公司实现国内资金的高度集中管理,在海外资金方面设立了多个区域的现金池,加速资金的流动,并且拥有统一财务管理系统,升级 ERP 现代化的管理软件来提高财务管理的效率和有效性。事实也多次证明,一个人或者一个家族的聪明智慧是有限的,只有不断通过学习、不拘一格地吸引家族企业的有用人才,引进先进的财务管理观念,充实企业的软实力,才能使财务管理制度不断地走向合理与完善。

4. 要不断探索适应企业发展的财务管理模式

古今中外,所有的企业都要经历初创期、成长期、成熟期和衰退期。不同时期的企业有着不同的经济特征,其所需要的财务管理内容也就不同。每个时期的企业有其自身难以克服的困难和缺点,如果没有抓住企业的阶段优势,规避阶段风险和劣势,企业也很难质变到下一个时期。

初创期的家族企业是企业最容易失败流产的阶段,资金、制度以及市场的不稳定性、一点点的疏忽和影响都能影响到整个企业的生存和命运。灵敏、创新的企业决策是至关重要的,而财务方面则应该把注意力放在初期需要大量先进的资本筹措和建立起稳定的财务制度方面。大多企业在这一时期会主动或者被动地选择集权的财务管理模式,这样更有利于企业的统一决策,资源的整体结合,集中能力扩大企业的市场份额,保证企业资金链的循环和稳定。

成长期的家族企业会选择多元化横向纵向的方式扩大企业的产业链,达到不断扩张的目的。企业此时会把注意力放在开拓市场、提升市场占有率方面,为了企业的资本迅速扩充而冒进一些高风险高回报的项目。虽然此时的企业比初创期时更加稳定,财务风险得到了降低,但企业应该考虑高速发展背后的隐藏危机。家族企业的家长制在此时会加大地阻碍企业的发展,适度的放权更加有利于企业的内生动力发挥。此阶段的企业现金流不稳定,需要更好地扩宽融资渠道,防止现金链的断裂而使企业蒙受损失。

成熟期的家族企业市场优势地位稳固,成长速度放缓,新产品开发和多元化经营是多数企业的选择,但是并不意味着完全的零风险,盲目的多元化发展失败的例子也很多。财务管理更多地应放在筹资、投资策略,使用财务杠杆,加速利润的快速增长上。新产品新技术的开发是企业保持活力的源泉,可以保障企业的可持续发展。

衰退期的企业应健全组织管理和约束机制,为企业的更新换代和生命延续找到新的保障。

5. 完善家族企业的金融支持体系

融资困难一直是中小企业,尤其是家族企业的困扰之一。作为社会主义现代化市场经济的重要组成部分,国家和政府应多出台鼓励扶持的政策,设立专门针对家族企业的融资平台,对现有金融机构进行政策性约束,改善家族企业的融资环境。另外,企业自身也应该积极寻找筹融资办法,上市融资也是很多具有一定规模的家族企业的选择。

第五节 总结与展望

在国家"大众创业、万众创新"战略背景下,我国家族企业抓住机遇实施了有效的二次创业。国内外学者从创新创业的背景、现状、存在问题等方面,对家族企业的创新创业问题、企业治理问题展开了有益的探讨,形成了相应的成果。但通过案例研究发现,家族企业的公司治理并非一蹴而就,需要一个长期的积淀和经验教训的总结。从家族企业自身来看,除了要抓住国家战略机遇进行合理的重组和改革外,还需要加强股权结构改革,完善公司治理结构,以市场为导向,建立现代企业制度。从政府等外部治理要素看,更要为创新创业和家族企业的公司治理提供良好的金融、信贷方面良好的外部环境,以助推家族企业的公司治理变革。

参考文献

[1] Adizes I. Corporate Lifecycles: How and Why Corporations Grow and Die and What to do about it: Ichak Adizes [J]. Prentice Hall, 1988, 25 (1): 128.

[2] Armstrong C. S., Vashishtha R. Executive Stock Options, Differential Risk – taking Incentives, and Firm Value [J]. Journal of Financial Economics, 2012, 104 (1): 70 – 88.

[3] Behavior F. F. O. H., Haire M. Modern Organization Theory: A Symposium [M]. Wiley, 1959.

[4] Carlock R., Ward J. Strategic Planning for the Family Business: Parallel Planning to Unify the Family and Business [M]. Springer, 2001.

[5] Chandler, Alfred Dupont. The Visible Hand: The Managerial Revolution in American Business [M]. The Belknap Press of Harvard University Press, 1978.

[6] Cohen S., Lauterbach B. Differences in Pay Between Owner and Non – owner CEOs: Evidence from Israel [J]. Journal of Multinational Financial Management, 2008, 18 (1): 4 – 15.

[7] Chava S., Purnanandam A. CEOs Versus CFOs: Incentives and Corporate Policies [J]. Journal of Financial Economics, 2010, 97 (2): 263 – 278.

[8] Chua J. H., Chrisman J. J., Sharma P. Succession and Nonsuccession Concerns of Family Firms and Agency Relationship with Nonfamily Managers [J]. Family Business Review, 2003, 16 (2): 89 – 107.

[9] Ford R. H. Outside Directors and the Privately – Owned Firm: Are They Necessary [J]. Entrepreneurship Theory and Practice, 1988, 13 (1): 49 – 57.

[10] F. Neubauer, A. G. Lank. The Family Business: His Governance for Sustainability [M]. London: McMillan Press, 1998.

[11] Gardner J. W. How to Prevent Organizational Dry Rot [J]. Rice Thresher, 1965, 53 (5).

[12] Johnson P. Shared Thinking and Interaction in the Family Business Boardroom [J]. Corporate Governance: The International Journal of Business in Society, 2004, 4 (1): 39 – 51.

[13] Lander K. E. Management—Tasks, Responsibilities, Practices: by P. Drucker, Heinemann [J].

Long Range Planning, 1974, 7 (6): 84.

[14] Lansberg I. S. Managing Human Resources in Family Firms: The Problem of Institutional Overlap [J]. Organizational Dynamics, 1983, 12 (1): 39 – 46.

[15] Lewis V. L., Churchill N. C. The Five Stages of Small Business Growth [J]. Social Science Electronic Publishing, 1983, 3 (3): 21 – 35.

[16] Mustakallio M., Autio E., Zahra S. A. Relational and Contractual Governance in Family Firms: Effects on Strategic Decision Making [J]. Family Business Review, 2002, 15 (3): 205 – 222.

[17] Miller D. The Correlates of Enterpnuership in Three Types of Firms [J]. Management Science, 1983, 29 (7): 770 – 791.

[18] Nees D. B., Greiner L. E. Seeing Behind the Look – alike Management Consultants [J]. Organizational Dynamics, 1985, 13 (3): 68 – 79.

[19] Steinmetz L. L. Critical Stages of Small Business Growth : When They Occur and How to Survive Them [J]. Business Horizons, 1969, 12 (1): 29 – 36.

[20] Schwartz M. A., Barnes L. B. Outside Boards and Family Businesses: Another Look [J]. Family Business Review, 1991, 4 (3): 269 – 285.

[21] Spector B. The Family Business Compensation Handbook: Practical and Perceptive Advice on Rewarding and Motivating Family and Non – Family Employees [M]. Family Business, 2001.

[22] Schulze W. S., Lubatkin M. H., Dino R. N. Exploring the Agency Consequences of Ownership Dispersion among the Directors of Private Family Firms [J]. Academy of Management Journal, 2003, 46 (2): 179 – 194.

[23] Timmons J. A., Spinelli S., Ensign P. C. New Venture Creation [J]. Encyclopedia of Creativity Invention Innovation & Entrepreneurship, 2010.

[24] Van Den Berghe L. A. A., Carchon S. Corporate Governance Practices in Flemish Family Businesses [J]. Corporate Governance: an International Review, 2002, 10 (3): 225 – 245.

[25] 边文霞. 家族企业治理结构演变研究——基于企业契约理论的博弈分析 [J]. 北京工商大学学报（社会科学版），2011 (6): 58 – 64.

[26] 毕艳杰. 引入职业高管与家族企业治理特征的演变 [J]. 经济经纬, 2007 (1): 119 – 121.

[27] 陈佳贵. 关于企业生命周期与企业蜕变的探讨 [J]. 中国工业经济, 1995 (11): 5 – 13.

[28] 陈家田, 唐德善. 家族企业双重委托代理与CEO薪酬激励 [J]. 学术界, 2013 (11): 97 – 103.

[29] 陈凌, 鲁莉劼. 家族企业、治理结构与企业绩效——来自于浙江省制造业的经验证据 [J]. 中山大学学报（社会科学版），2009, 49 (3): 203 – 212.

[30] 郭钰. 我国家族企业内部会计控制问题研究 [D]. 黑龙江八一农垦大学硕士学位论文, 2016.

[31] 郭曼, 郭雷风. 我国大众创业生态体系建设的思考——基于我国"千人计划"创业人才入选情况分析 [J]. 科技管理研究, 2016, 36 (5): 36 – 40.

[32] 高燕. 推行有效股权激励实施"大众创业"战略 [J]. 经济问题, 2017 (4): 97 – 99.

[33] 郭斌. 社会资本、组织惯例与终极股东控制——基于中国家族企业公司治理的实证研究 [J]. 财贸研究, 2013 (5): 139 – 147.

[34] 耿成轩, 李南. 基于生命周期的家族企业融资行为动态变迁探析 [J]. 管理世界, 2009 (9): 180 – 181.

[35] 葛永盛,张鹏程.家族企业股权融资偏好及治理效应的实证研究[J].科研管理,2014（9）：87-97.

[36] 韩文国.中国家族企业制度理论分析[D].吉林大学博士学位论文,2012.

[37] 克林·盖尔西克.家族企业的繁衍：家庭企业的生命周期[M].北京：经济日报出版社,1998.

[38] 李业.企业生命周期的修正模型及思考[J].南方经济,2000（2）：47-50.

[39] 李文洲,冉茂盛,黄俊.大股东掏空视角下的薪酬激励与盈余管理[J].管理科学,2014,27（6）：27-39.

[40] 李敏.大众创业背景下农民工返乡创业问题探究[J].中州学刊,2015（10）：79-82.

[41] 李晓菲.我国家族企业的治理结构变迁：一个社会资本的角度[J].四川经济管理学院学报,2010,21（4）：31-33.

[42] 李娜,王宣喻.制度视角的家族治理与企业绩效研究——来自中德上市家族企业的对比证据[J].南方经济,2014（10）：82-99.

[43] 林乐芬.家族企业资本结构与治理结构的路径选择[J].当代财经,2003（10）：65-67.

[44] 刘清平.家族企业变迁与中国经济转轨[J].江汉论坛,2002（10）：28-31.

[45] 刘丽琳,张志彬,张四梅.家族企业治理结构的选择[J].湖南科技学院学报,2011,32（5）：111-113.

[46] 栾福明,王雨佳,韩平飞.完善支持大众创业的税收政策探讨[J].经济纵横,2016（2）：48-51.

[47] 马春爱,马栋.家族企业特性与中国的家族企业发展[J].生产力研究,2009（12）：171-173.

[48] 潘军旭.基于家族理性的职业经理人激励机制[J].云南财经大学学报（社会科学版）,2011（4）：126-128.

[49] 钱海婷.四维度的家族企业治理结构演进分析[J].管理现代化,2008（4）：26-28.

[50] 沈纯.家族企业治理结构演变的实证研究[D].华东理工大学硕士学位论文,2011,49（3）：203-212.

[51] 沈伟晔.基于经营绩效视角的家族企业治理结构研究[J].统计与决策,2012（24）：187-189.

[52] 孙治本.台湾家族企业的内部整合及其领导风格[J].战略与管理,1996（5）：112-120.

[53] 田银华,周志强,廖和平.动态三环模式与家族企业产权契约治理研究[J].商业经济与管理,2012（7）：40-48.

[54] 吴曜廷,陈凯,韩金池.高校毕业生自主创业及相关问题研究[J].考试周刊,2015（102）：161-162.

[55] 许莹,黄宇驰.基于熵理论的家族企业治理结构变迁分析[J].科研管理,2008（S2）：154-160.

[56] 许晓明,姚凯,陈扬.中国家族企业职业经理人激励模型及其理论探讨——基于"家"文化的视角[J].当代财经,2012（9）：72-79.

[57] 于琛.中国家族企业财务管理模式的研究[D].北京交通大学硕士学位论文,2015.

[58] 周建荣,姚建峰.浅谈支持大众创业的金融体系建设[J].商业经济研究,2016（8）：180-181.

[59] 周颖,艾辉.金字塔结构、终极股东控制权与资本结构——基于中国上市家族企业面板数据的实证研究[J].软科学,2011,25（1）：120-123.

[60] 周志强,田银华,廖和平.产权视角下家族企业融资模式研究[J].湖南科技大学学报（社会

科学版),2012,15(3):61-64.

[61] 周生春,范烨.社会资本、治理结构与家族企业代理问题[J].浙江社会科学,2008(12):7-13.

[62] 赵宇恒,金世辉,尹雪娜.家族企业特征与投融资政策选择[J].中南财经政法大学学报,2015(5):54-61.

[63] 赵科源,于锦雯.股权众筹助推大众创业万众创新[J].理论视野,2015(9):71-73.

[64] 朱仁宏.创业研究前沿理论探讨——定义、概念框架与研究边界[J].管理科学,2004,17(4):71-77.

第六章 海外投资与财务尽职调查报告

第一节 研究背景

随着经济全球化的不断推进,更多的国内企业将目光投向海外以获取广阔的国际市场、优势资源、高新技术和核心设备,由此借助全球资源链整合各国优势资源推动本国乃至世界经济的快速发展,力争在第三次经济全球化浪潮中占据主导地位。近年来,我国企业顺应全球化趋势,海外投资成果丰硕,据普华永道所发布的报告披露,2016年中国大陆企业的海外并购投资金额与上年相比增幅高达246%,达到2209亿美元,接近2015年的3.5倍,其中有51宗大额海外投资交易金额高达甚至超过10亿美元,是2015年的两倍(普华永道,2017),表明我国企业海外投资热情空前高涨。

但是由于国际环境风云变幻,各国情况千差万别,我国企业海外投资面临着各种风险,其进程并不是一帆风顺的,产生了不少失败的案例,一些企业还因此交付了高昂的"学费"。中国政法大学企业法务管理研究中心和美国贝克·麦坚时国际律师事务所合作开展的关于企业海外投资风险调查发现,企业海外投资所面临的最大忧虑是未经披露的债务风险以及难以预见的担保法律责任风险。这些风险的产生说明企业在实施投资并购项目时缺乏事先充分的尽职调查,在未对被投资单位情况进行全面、彻底的掌握的前提下便贸然作出投资决策,由此使企业陷入巨大的财务风险之中,甚至导致投资失败。财务尽职调查作为海外投资的关键环节,是规避海外投资风险的有效途径,成为影响海外投资成败的关键因素之一。

因此,本章将海外投资与财务尽职调查报告作为研究主体,分析全球及本国海外投资背景趋势并阐述财务尽职调查在其中的重要作用,厘清相关概念及理论,整理近年研究成果,并针对事实案例进行分析,据此得出海外投资与财务尽职调查报告相关结论,为我国今后海外投资的发展提出有效建议。

第二节 现状与问题

一、海外投资趋势

(一) 主要国家(地区)吸引海外投资情况

根据 2016 年联合国贸易和发展组织发布的《全球投资趋势监测报告》(联合国贸易和发展组织,2016),2015 年全球 FDI 反弹超出预期,但生产性投资滞后,主要表现为以下特征:

1. 发达国家成为海外投资青睐对象,亚洲发展中经济体 FDI 流入量表现依旧抢眼

全球 FDI 流动重心再次向发达国家倾斜,2015 年流入发达国家 FDI 占全球的 55%(见图 6-1),成为吸引 FDI 的中坚力量。其中,欧盟的 FDI 流入量明显增长,流入美国的海外直接投资流量是 2014 年的 4 倍(受单个剥离资产交易的影响,2014 年美国海外直接投资流入量处于极低水平)。发达国家 FDI 流入量反弹如此强劲,主要是因为跨境并购驱动。

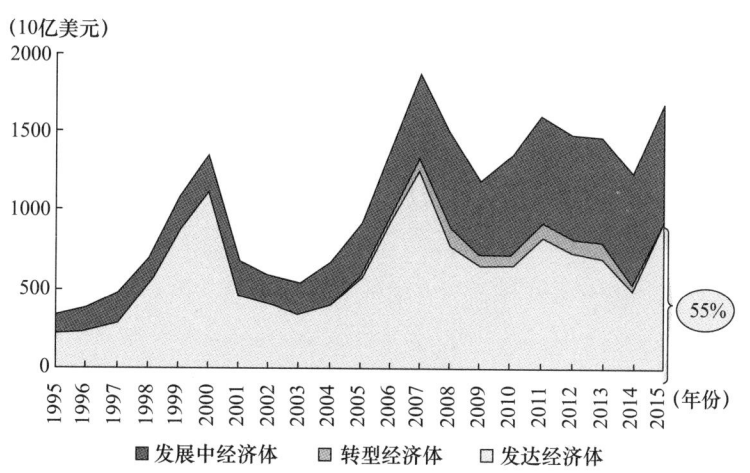

图 6-1 1995~2015 年全球 FDI 总量及各类经济体流入量

注：有关数据不包括加勒比离岸金融中心数据。
资料来源：联合国贸易和发展组织(UNCTAD)。

发展中经济体 FDI 流入量达到 7410 亿美元的历史最高水平,较 2014 年增长 5%。其中,亚洲发展中经济体 FDI 流入量突破了 5000 亿美元,蝉联全球各地区中的榜首地位,其 FDI 流入量超过欧盟及北美,占全球 FDI 流动的 30% 左右,发展中经济体继续在全球前十大外资流入地中占据重要地位,比重达到 50%(见图 6-2),美国则重返全球十大 FDI 流入地榜首。

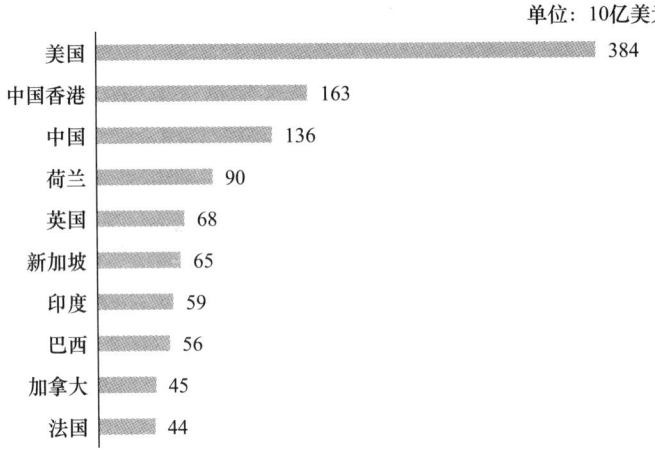

图6-2　2015年全球十大FDI流入地

资料来源：联合国贸易和发展组织（UNCTAD）。

中国香港吸引的FDI达到1630亿美元的历史最高点，成为全球第二大外资流入地。流入中国大陆的FDI增长了6%，达1360亿美元。流入新加坡的FDI小幅下降了4%，为650亿美元。流入印度的FDI增长了近1倍，达590亿美元，表明印度政府采取措施改善投资环境，发挥了积极的作用。

2. 其他发展中国家及转型经济体的FDI流入量下降，跨境并购大幅飙升，生产性投资低迷

流入非洲的FDI出现大幅度下降，达到31.4%，约为380亿美元，其主要原因是流入撒哈拉以南非洲的外国投资大幅减少。流入拉美地区的FDI在2015年再次下降了11.2%，达1510亿美元。国内需求放缓以及初级商品价格跳水导致出口大幅萎缩，严重冲击了流入该地区的外国投资。受地缘政治因素以及市场信心下滑的影响，流入转型经济体的FDI进一步下降54.1%，为220亿美元（见表6-1）。

2015年，全球跨境并购显著增长，跨国企业利用其持有的创纪录的现金以及全球宽松的流动性积极展开并购，以促进收入增长并提高效益。全球跨境并购净值在2015年达6437亿美元，较2014年增长了61.4%。其中，制造业跨境并购增长132%，达3390亿美元。非金属矿产品加工以及机械设备、电子元件制造业的资产并购的增长尤其令人瞩目。服务业的并购表现不一，金融业的并购有所减缓，但房地产及运输部门的并购增长强劲。受石油价格跳水的影响，原油、天然气行业的并购交易下降了68%。整个采掘业的并购下降了51%。发达国家是全球跨境并购的重心。对欧盟企业的并购净额大幅上升了68%，达2690亿美元。与发达国家形成鲜明对比的是，对发展中国家的跨境并购在2015年下降了43.7%，仅为676亿美元。2015年全球已经宣布的"绿地投资"持续低迷，较2014年

仅增长了0.9%。其中，发展中经济体的"绿地投资"① 大幅下降，特别是非洲以及拉美及加勒比地区的"绿地投资"分别下降了19.2%和23.2%。

表6-1 2014~2015年各地区及主要经济体FDI流入量、跨境并购及"绿地投资"

地区及经济体	FDI流入量			跨境并购			已宣布的"绿地投资"额		
	2014年（10亿美元）	2015年（10亿美元）	增长率（%）	2014年（10亿美元）	2015年（10亿美元）	增长率（%）	2014年（10亿美元）	2015年（10亿美元）	增长率（%）
全球	1245	1699	36.5	398.9	643.7	61.4	714.3	720.7	0.9
发达经济体	493	936	89.9	274.5	566.8	106.4	229.6	247.5	7.8
欧盟	254	426	67.6	160.6	269.2	67.6	122.4	139.8	14.2
北美	146	429	193.5	44.1	242.3	449.0	77.7	76.6	-1.4
发展中经济体	703	741	5.3	120.1	67.6	-43.7	459.1	439.4	-4.3
非洲	55	38	-31.4	5.1	20.4	303.6	88.0	71.1	-19.2
拉美及加勒比	170	151	-11.2	25.5	10.1	-60.2	89.3	68.6	-23.2
亚洲发展中经济体	475	548	15.5	89.3	35.3	-60.5	280.6	299.3	6.7
转型经济体	49	22	-54.1	4.2	9.3	120.8	25.7	33.8	31.8

资料来源：《2016全球投资趋势监测报告》。

（二）主要国家（地区）开展海外投资情况

据《世界投资报告2016》（王辉耀和苗绿，2016）统计，2015年世界主要国家（地区）开展海外投资主要呈现出以下特点：

1. 美国是全球最大对外投资来源国，中国对外投资力度维稳

相较于2014年，美国2015年的对外直接投资流量虽有所下滑，但仍居全球第一，达到3000亿美元；日本则取代中国香港，以1290亿美元的对外直接投资流量位居全球第二；中国紧追日本，以1280亿美元位居全球第三（如图6-3所示）。

2. 投资自由化政策逐步放开

在对外政策方面，2015年，46个国家出台了96项涉及外资的政策措施，其中有71项政策关于自由化与便利化，相比2014年增长了51%；13项政策涉及对外资加强限制或监管，比2014年增加了4项，但低于2006~2013年间出台的限制政策数量的总和；中性政策有12项。可以看出，出台的政策中高达85%的措施旨在扩大开放，促进投资，比例高于过去10年的平均水平（如图6-4所示）。

3. 全球海外直接投资主要集中于服务业，制造业仍占据着重要份额

2015年，全球对外直接投资行业分布有了显著变化：高达64%的对外直接投资流向

---

① 绿地投资，又称新建投资、创建投资，是指母国企业在东道国境内直接投资建立新工厂、新分部的FDI投资模式。

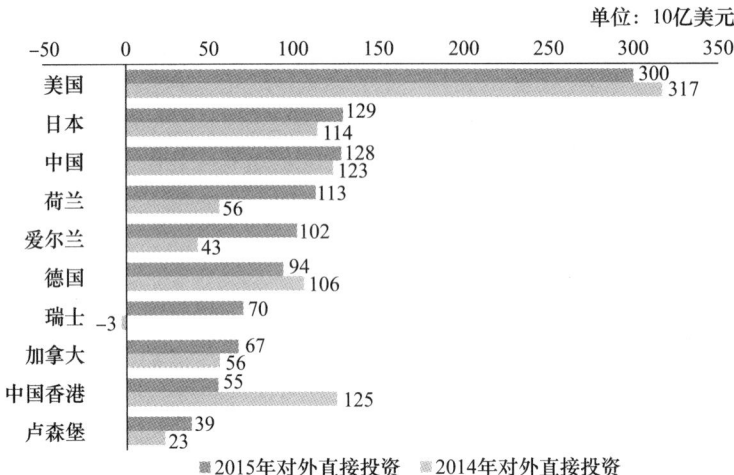

图6-3　2014~2015年全球外国直接投资前十大来源国（地区）

资料来源：贸发会议（UNCTAD）《2016年世界投资报告》。

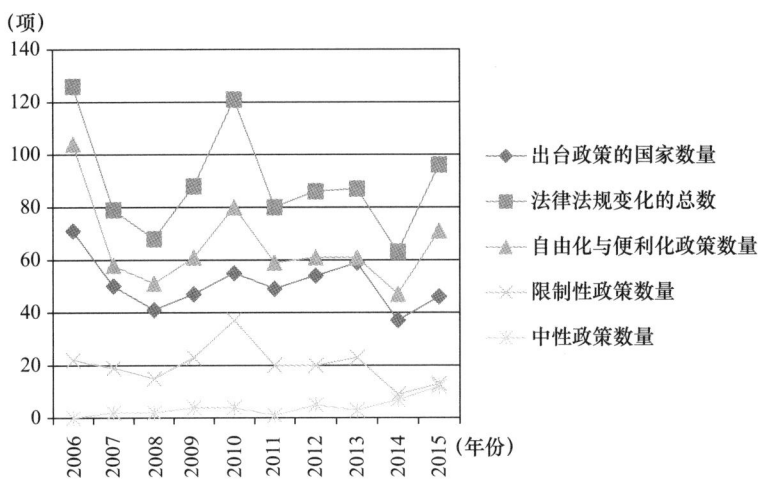

图6-4　2006~2015年世界投资促进政策出台数量情况

资料来源：贸发会议（UNCTAD）《2016年世界投资报告》。

服务业，极大地带动了产业效率的提高，有利于国际分工进一步深化，在加剧服务行业竞争的同时促进全球资源优化配置；制造业仍在对外直接投资中占据一定份额，这主要是由于制药等行业出现一些大规模交易，占当年全球跨国并购总金额的比重提高了50%以上，促使制造业比例上升；7%的对外直接投资流入了第一产业，这是因受到2014年以来初级商品价格大幅下跌影响，原材料、能源行业的跨国企业大幅削减资本开支，海外再投资缩紧，导致全球对第一产业的投资流入量下滑（如图6-5所示）。

（三）我国企业海外投资现状

近年来，中国对外投资增长势头更加迅猛，特别是自"一带一路"战略提出后，我

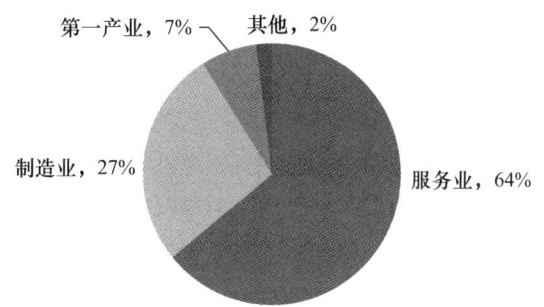

图 6-5 全球对外直接投资主要行业分布

资料来源：贸发会议（UNCTAD）《2016 年世界投资报告》。

国海外投资取得显著成效。中国与全球化智库（CCG）根据公开资料及相关研究机构、企业信息，对海外投资案例进行分析，在统计分析的基础上可以看出我国海外投资具有以下特点：

(1) 中国对外投资流量接连攀升，民营企业"走出去"步伐加快。

自 2005 年以来，我国对外直接投资流量不断攀升，特别自 2012 年以来增长速度尤为显著，2015 年更是达到 1456.7 亿美元，成为世界第三大对外直接投资来源国（见图 6-6）。2016 年，我国对外直接投资更是迈上新台阶，1~7 月，中国企业对外投资增长 60% 以上，达到 1028 亿美元，已经接近 2015 年全年的水平。我国对外投资发展如此迅速主要得益于国家政策的放开、政府资金的支持及人民币汇率波动。自 2014 年开始，我国对外投资审批环节简化，形成"备案为主、核准为辅"的审批机制，对外投资政策不断放开，推动企业加快"走出去"的步伐。政府实行宽松的货币政策，使得实体资金面整体趋于宽松，为我国海外投资发展提供了资金动力。2015 年，人民币贬值有利于我国开展出口业务，同时企业进行海外优质资产配置以抵御人民币汇率进一步下降所带来的风

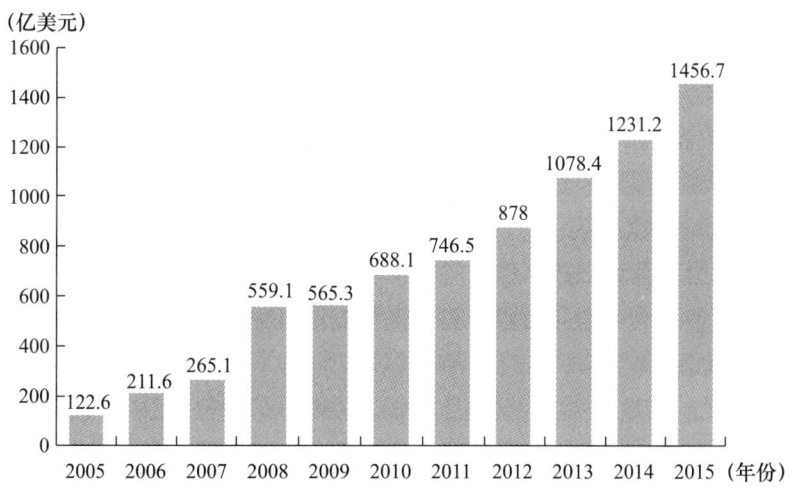

图 6-6　2005~2015 年中国对外直接投资流量

资料来源：中国与全球化智库（CCG）数据库。

险。综上因素,使得近年来我国海外投资形势利好。

随着国际竞争日益激烈及国际合作日益频繁,越来越多的企业在全球范围内进行资源配置、开拓海外市场。据博鳌亚洲论坛统计,从 2013 年起,民营企业已代替国有企业,成为我国走向世界市场、进行境外投资的主体。据 CCG 的数据统计显示,从 2014 年开始,我国企业海外并购更为活跃,2015 年更是高达 397 起,是 2013 年的 4 倍,占当年总投资案例数的 53%;投资金额方面,2015 年投资金额达到 3963.19 亿美元,同比增长 280%(见图 6-7),占总投资金额的 66%。2016 年上半年,民营企业海外并购 290 宗,披露的并购金额 1094.2 亿美元,分别占比 64%、36%。

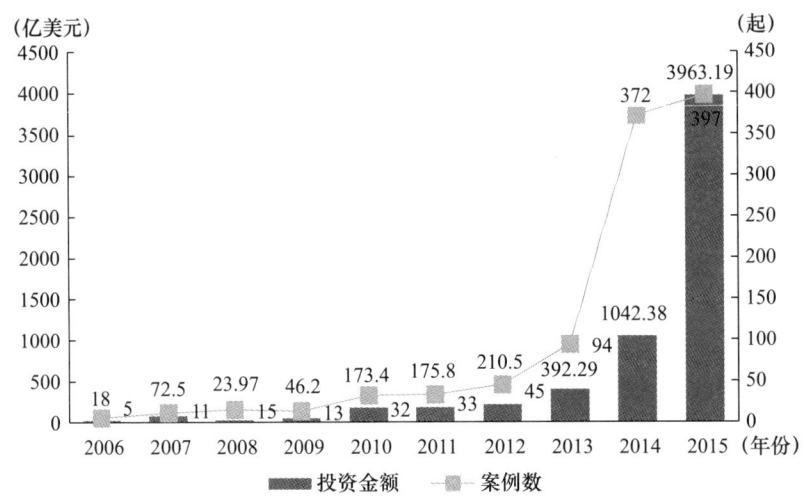

图 6-7 2006~2015 年民营企业海外投资情况

资料来源:中国与全球化智库(CCG)数据库。

(2)对外投资首超吸引外资,中国开始步入资本净输出阶段。

2015 年,中国实际使用外资金额 1356 亿美元,同比增长 6%,位列全球第三。中国对外直接投资(ODI)1456.7 亿美元,较同年吸引外资(FDI)高出 100.7 亿美元,首次实现直接投资项下资本净输出(见图 6-8)。中国综合国力的不断提升,"一带一路"建设和国际产能合作的加快推进,对外投资政策体系的不断完善,多双边务实合作深入推进等共同助力中国企业"走出去",中国对外投资进入了发展快车道。

(3)对外投资以海外并购为主,绿地投资金额庞大。

据中国与全球化智库(CCG)统计,2000~2016 年上半年,中国企业对外投资 2858 起案例,其中海外并购案例数高达 2515 起,占总案例数的 88%,由此可见,海外并购成为中国企业"走出去"的主要方式。从 2006 年开始,我国海外并购案例数不断攀升,2014 年加快增长速度,同比增长 40%。2015 年,我国海外并购再接再厉,再创历史新高,达到 498 起(见图 6-9)。我国企业之所以如此热衷于海外并购,主要是通过此途径获得资源、技术、品牌和市场渠道。

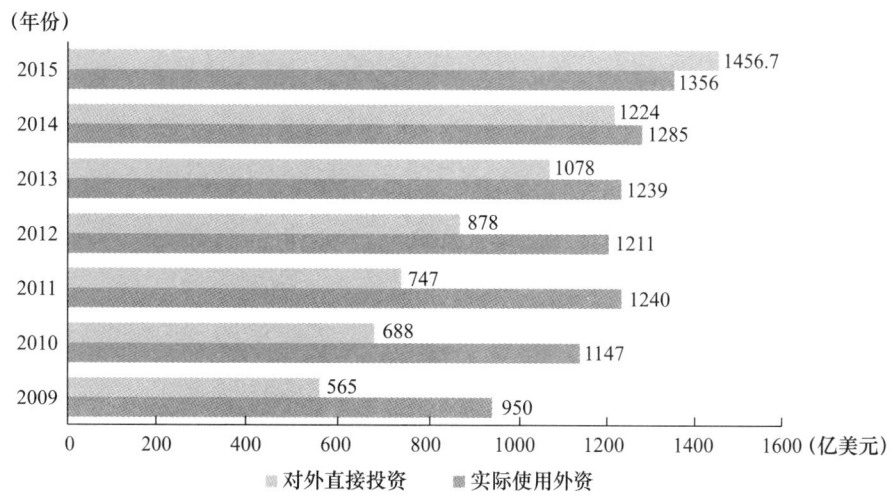

图6-8 2009~2015年中国双向直接投资对比

资料来源：《中国对外直接投资统计公报》（2015年）。

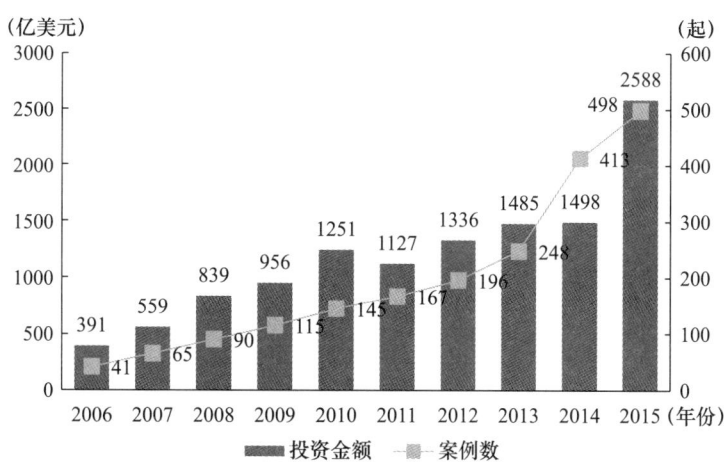

图6-9 2006~2015年中国企业海外并购状况

资料来源：中国与全球化智库（CCG）数据库。

我国绿地投资虽在案例数量上不及海外并购，但在投资金额上已超过海外并购。我国开展绿地投资的主要是一些劳动密集型和资源密集型企业，以期在发展中国家（地区）获得资源、劳动力优势。2015年，我国绿地投资再创新高，无论是案例数量还是投资金额都实现新的突破（见图6-10），这主要是因为"中国制造"寻求转型升级，越来越多的企业将目光投向德国，根据德国联邦外贸与投资署的数据，与2014年相比，2015年中国在德投资项目数量增长了37%。

(4) 海外投资主要集中于亚、欧及北美, 美国备受青睐。

从我国海外投资区域来看 (见图 6-11), 我国投资区域多元化, 但主要集中于亚太、欧洲及北美等区域。据 CCG 披露, 2015 年我国在亚洲投资 180 起, 涉及投资金额 3865.75 亿美元; 在欧洲投资 177 起, 投资金额 1769.14 亿美元; 在北美投资 152 起, 投资金额为 503.71 亿美元。

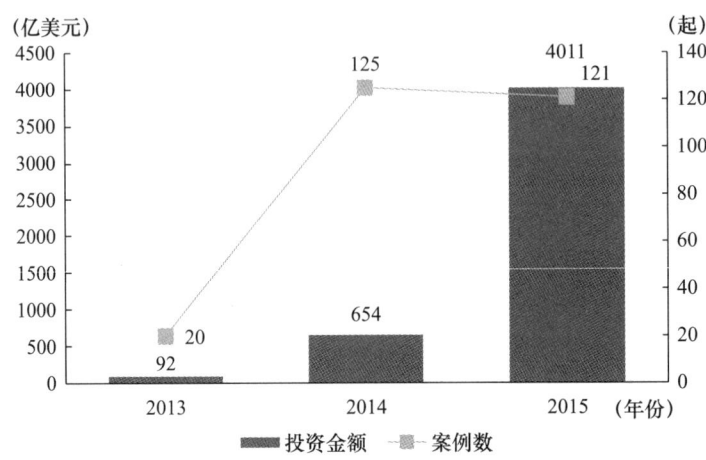

图 6-10　2013~2015 年我国绿地投资情况

资料来源: 中国与全球化智库 (CCG) 数据库。

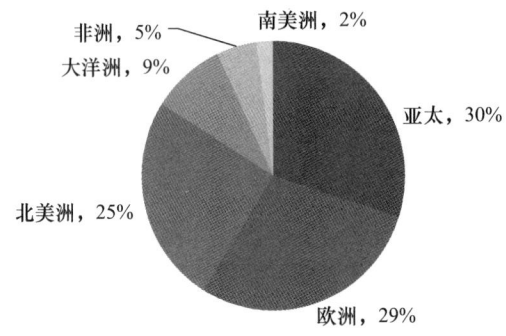

图 6-11　2015 年中国企业海外投资区域分布

资料来源: 中国与全球化智库 (CCG) 数据库。

从投资国别来看, 美国备受我国企业投资的青睐 (见图 6-12)。根据 CCG 的统计, 2015 年中国企业在美国投资案例 129 起, 投资总金额达到 482.67 亿美元, 与 2014 年相比分别同比增长了 24% 和 94%。仅 2016 年上半年在美投资额就已达到 2015 年全年的 93%。

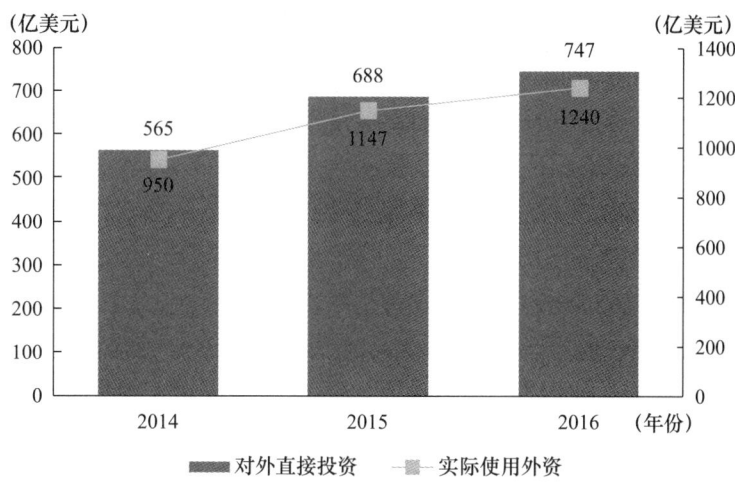

图 6-12 2014~2016 年上半年中国企业在美国投资情况

资料来源：中国与全球化智库（CCG）数据库。

（5）投资主体趋于多元化，有限责任公司占主导地位。

据《中国对外直接投资统计公报》（中华人民共和国商务部等，2016）披露，2006~2015 年我国境内海外投资主体趋于多元化，主要表现在：从境内投资主体的数量看，对境外投资的国有企业在境内投资主体中所占比例由 2006 年末的 26% 减少到 2015 年的 5.8%，而有限责任公司所占比重则相应地由 33.0% 上升至 67.4%，私营企业、股份有限公司、股份合作企业等的占比总体上呈下降趋势（见表 6-2）。

表 6-2 2006~2015 年境内不同类型投资主体数量占比　　　　单位：%

年份	2006	2007	2008	2009	2010	2011	2012	2013	2014	2015
有限责任公司	33.0	43.3	50.2	57.7	57.1	60.4	62.5	66.1	67.2	67.4
私营企业	12.0	11.0	9.4	7.5	8.2	8.3	8.3	8.4	8.2	9.3
国有企业	26.0	19.7	16.1	13.4	10.2	11.1	9.1	8.0	6.7	5.8
股份有限公司	11.0	10.2	8.8	7.2	7.0	7.7	7.4	7.1	6.7	7.7
股份合作企业	9.0	7.8	6.5	4.9	4.6	4.0	3.4	3.1	2.5	2.3
外商投资企业	4.0	3.7	3.5	3.2	3.2	3.6	3.4	3.0	2.6	2.8
港澳台投资企业	2.0	1.8	1.8	1.8	2.0	2.4	2.2	2.0	1.8	1.9
个体经营	—	—	—	—	—	0.8	1.6	0.7	0.9	0.9
集体企业	2.0	1.8	1.5	1.2	1.1	1.0	0.8	0.6	0.5	0.4
其他	—	0.7	2.2	3.2	6.6	0.7	1.3	1.0	2.9	1.5

资料来源：《中国对外直接投资统计公报》（2006~2015 年）。

(6) 企业海外投资涉及行业广泛，但以第三产业为主。

从投资行业分布来看，2015年中国企业海外投资行业分布广泛，但主要集中于租赁和商务服务业、金融业等第三产业，其对外直接投资流量接近全年对外投资总流量的42%（见表6-3）。中国企业正通过投资不断向价值链上游延伸并扩大全球版图，增强国际竞争力。虽然文化/体育和娱乐业在全年对外直接投资流量中仅占1.2%，但相对于2014年同比增长236.6%，成为我国企业新兴投资行业。

表6-3 2015年中国对外直接投资流量行业分布情况　　　单位：亿美元、%

行业	流量	同比	比重
租赁和商务服务业	362.6	-1.6	24.9
金融业	242.5	52.3	16.6
制造业	199.9	108.5	13.7
批发和零售业	192.2	5.1	13.2
采矿业	112.5	-32.0	7.7
房地产业	77.9	17.9	5.3
信息传输/软件和信息技术服务业	68.2	115.2	4.7
建筑业	37.4	10.0	2.6
科学研究和技术服务业	33.5	100.5	2.3
交通运输/仓储和邮政业	27.3	-34.7	1.9
农/林/牧/渔业	25.7	26.4	1.8
电力/热力/燃气及水的生产和供应业	21.3	21.0	1.5
文化/体育和娱乐业	17.5	236.6	1.2
居民服务/修理和其他服务业	16.0	-3.2	1.1
水利/环境和公共设施管理业	13.7	148.1	0.9
住宿和餐饮业	7.2	195.5	0.5
其他	1.3	—	0.1
合计	1456.7	18.3	100.0

资料来源：《中国对外直接投资统计公报》（2015年）。

由上可见，我国企业海外投资领域从过去的能源、资源类投资逐渐转向包括高新技术、服务贸易在内的多元化领域。

(7) "一带一路"沿线国家投资活动活跃，"一带一路"战略初见成效。

2015年末，中国对"一带一路"相关国家的直接投资存量为1156.8亿美元，占中国对外直接投资存量的10.5%。存量位列前十的国家是新加坡、俄罗斯联邦、印度尼西亚、哈萨克斯坦、老挝、阿联酋、缅甸、巴基斯坦、印度、柬埔寨（见表6-4）。

表6-4 "一带一路"相关国家的直接投资存量前十的国家 单位:万美元

国家(地区)	2015年流量	2015年底存量
新加坡	1045248	3198491
俄罗斯联邦	296086	1401963
印度尼西亚	145057	812514
哈萨克斯坦	-251027	509546
老挝	51721	484171
阿联酋	126868	460284
缅甸	33172	425873
巴基斯坦	32074	403593
印度	70525	377047
柬埔寨	41968	367586

资料来源:《中国对外直接投资统计公报》(2015年)。

二、我国企业海外投资的制约因素

(一) 宏微观制度培育与改革不到位

近年来,在我国海外投资迅速发展进程中,一个全新的挑战阻碍着海外投资的进一步突破,那便是国有企业面对的海外东道国尤其是发达国家戴着"有色眼镜"的国家安全审查。实际上,华为在美国的遭遇可以说明,在我国产业化升级进程不断加快的趋势下,即便是非国有企业也会遭遇同样的困境。出现这种问题主要原因是中国无论是国有企业还是非国有企业都或多或少存在着现代企业制度不够完善、组织机构不够规范等问题,这也成为中国企业在海外投资进程中最致命的制度硬伤。在众多领域均暴露出宏观制度改革与培育不到位。以监管体制为例,资本流入与流出对母国和东道国的国民经济影响机制有着显著差异,因此对两者的监管思路与路径也要有所区别。引入外资着重对进入外资进行监管,具体包括进入审核和进入后在国内市场后续动态监测。海外投资不同,东道国所关心的关键内容是能否进入东道国并保证其对东道国经济社会发展不产生负面影响。站在母国角度,尤为重要的是保持母国对海外投资后续动态追踪,并预防其海外投资过程中对母国经济发展产生的负面效应。因此,投资母国一贯的做法是对海外投资实行登记制,同时持续并全程掌握对海外投资的动态进程。反观我国,对海外投资与引进外资实行相似的审核制度,却缺乏对海外投资流出海外后的后续监管。一方面,审核制度极大降低了企业的投资效率,漫长的审核进程会使企业错失机遇;另一方面,事后监管不到位使我国不能及时判断和有效规制海外投资对我国产业结构调整和就业等多方面带来的负面效应。

(二) 投资支持体系亟待改进与创新

在国家战略与行业规划指引下,将海外投资的支持体系作为海外投资的机制保障。纵观全球海外投资发展历程,国家特别是发展中国家海外投资的增长离不开包括融资支持、信息支持、法律法规支持、外交支持在内的投资支持体系。近年来，国家和地方有关部门积极推进海外投资发展并取得一定成效，但与实际发展形势仍存在一定差距。在海外投资迅猛发展的时代背景下，我国仍缺乏统一的海外投资法，在投资进程中企业融资能力不足成为阻碍海外投资顺利进行的首要因素。另外，海外市场信息缺乏、政府政策扶持力度不到位和扶持政策手段少也成为海外投资的重要障碍。实际上，我国企业海外投资遇到各种政策体制障碍，恰好是企业在国内发展中所遇到各种政策制度障碍的外部表现。在协调各部门利益基础上深入推进相关领域的制度变革才能有效降低和消除这些障碍。在融资困境这一问题上，我国企业特别是民营中小企业融资难问题不仅限于海外投资，它早已成为我国中小企业经济发展中所面临的重要瓶颈，这主要是由于我国金融体系改革滞后和对民营经济的歧视所造成的；海外市场信息缺乏既是因为本国中介服务机构国际化发展水平较低，同时也是相关政府未能提供一个公开、透明的信息平台；政府扶持政策力度不到位主要是由于相关政府职能变革与服务意识不到位，部门间缺乏有效沟通与协调，这些均表明我国相关政府机构运行机制与发展开放性经济不匹配（潘悦，2013）。

（三）缺乏战略规划和战略协调

BCG（波士顿咨询公司）的调查发现，在海外投资中，一方面，不少企业缺乏清晰的并购路线图，并购目的含混不清，或对协同效应理解不足。比如有的企业急于做大做强，未做充分的准备就盲目进入陌生领域进行海外并购；有的企业不具备清晰可操作的海外并购路线图来为其"走出去"战略提供支持。另一方面，缺乏足够的国际资源和专业经验，过分依赖投行等中介机构提供目标企业信息，也使企业在搜寻和筛选并购目标时困难重重。另外，BCG通过案例分析发现，清晰的并购战略以及对标的的深入了解和全面评估是中国企业成功实现海外并购不可或缺的因素（卫一夫等，2015）。

（四）投资前期尽职调查欠完善

一方面，国内企业的尽职调查团队由于缺乏国际经验，对海外商业模式认识不到位，组织和协调相应人力、物力、财力开展尽职调查能力有限，在调查过程中对风险进行识别和量化评估能力有限。这些不足在我国企业海外投资过程中，特别是与国际竞争对手竞争时变得更为突出。另一方面，中国企业在参与海外投资时急于在短期内取得海外并购竞标项目，往往由于时间紧迫而使财务尽职调查不到位甚至忽视财务尽职调查。除此之外，我国企业内部决策权利通常集中在总部，导致实际开展前期工作的尽调团队受权不足，不能及时作出必要的判断和决策，因而错失投资时机或是为后期投资整合埋下风险隐患。

（五）企业投资整合不到位

取得投资标的并不意味着企业投资已经成功，关键还要观察未来长期的投资表现。部分企业无法达到投资预期目标很大一部分原因就是投资整合不到位，特别是开展海外并购企业缺乏并购后整合规划，进而出现投资方和被投资方无法在关键决策上达成一致，这不仅影响企业投资成效，而且还会妨碍被投资企业日常经营。另外，由于存在国际差异，国与国之间的文化差异成为企业海外投资整合的一大障碍。我国企业海外投资时通常将尽职调查重任交付给项目经理，而项目经理往往手握多个项目，没有足够的时间和精力来了解标的企业文化（卫一夫等，2015），最终导致后期投资整合困难重重。

三、海外投资政策最新动向和重要问题

（一）海外投资政策的最新动向

从各国的外资政策看，大多数新的投资政策措施都致力于推动开放和促进投资，但投资保护主义开始大行其道。2015年，85%新出台的政策措施旨在扩大开放、促进投资，亚洲新兴经济体在这方面表现得尤为突出。在限制性措施和规定方面，不断增加的新的举措主要反映了对战略行业和敏感行业中外国所有权的戒心。

越来越多的国家采取措施加强了对外资的国家安全审查。这一趋势加剧了对投资保护主义的担忧。一些国家扩大这一概念，将国家安全审查的范围扩大到重要的基础设施、战略性新兴产业以及被认为涉及国家利益的各种情况。此外，一些国家要求企业披露的商业信息范围不断扩大。为防止国家安全审查成为投资保护主义的手段，各国需要在国家安全审查的政策空间与审查程序的透明度及公正性方面作出平衡。联合国贸发组织也加强了对全球投资保护主义趋势的监督和定期报告机制。

国际政策方面，国际投资协定的数量和影响继续扩大。截至2015年底，全球国际投资协定总数达到3300多个。尽管每年新签国际投资协定数量有所下降，但由于投资协定特别是大型区域一体化协定涉及更多国家，因而其经济和政治影响力有所增强。最新签订的国际投资协定遵循了不同的协定范本。同时，区域协定往往规定，签约方的双边条约继续有效，从而使得投资规则体系更加复杂。目前，全球近150个经济体正围绕至少57个新的国际投资协定进行谈判。

（二）海外投资体制改革

近年来，针对目前国际投资体制的种种缺陷和缺失，国际社会掀起了国际投资协定体制改革的浪潮。目前，第一阶段的改革努力已经取得了阶段性成果，主要表现在：①在国家层面，越来越多的国家意识到改革国际投资协定体系的必要性，近100个国家参照联合国贸发组织的《投资政策框架》以及《国际投资体系协定改革路线图》重新审评了各自现有的国际投资协定，其中近60个国家根据贸发组织上述框架文件修订或起草了新的双边投资协定范本。②在双边层面，一些国家已经开始商谈新一代的投资协定，引入了一些新的条款，如投资促进及可持续发展条款等。③在区域层面，对一些原有的区域投资协定的重新评估正在进行，几个超大型区域投资协定的谈判已经完成或正在推进。④关于投资协定体制改革的探讨不断深入。2015年联合国第三届国际发展融资会议通过的《亚的斯亚贝巴行动纲领》要求联合国贸发组织继续就国际投资协定体制改革问题发挥引领作用。

目前，联合国贸发组织引领的国际投资协定体制改革正在进入第二阶段。在这一阶段，各国在继续签订新一代的投资协定的同时，也将梳理、修订或重新谈判现有的数量庞大的国际投资协定，提高这些协定的质量和水平。同时，各方将更重视区域投资政策及规则的协调与整合，着手解决当前国际投资体制日益碎片化的倾向，新一代国际投资规则可能逐步形成。2016年G20峰会通过的《全球投资政策制定指导原则》，为未来的国际投资

体制改革提供了坚实的基础和指南。

四、财务尽职调查在海外投资中的重要性

财务尽职调查是投资人或者并购方对目标企业进行调查与分析的一个重要手段，在企业的资本运作中发挥着十分重要的作用，财务尽职调查的结果对企业的正常经营有着直接影响。近年来我国企业随着我国改革开放的不断深化，特别是在"一带一路"大战略的指引下，不断进行海外投资，加快"走出去"的步伐。但是我国企业普遍缺乏海外投资经验，根据历史数据统计显示，我国企业海外并购失败的很大一部分原因是财务尽职调查流于形式、财务尽职调查不到位。合理、规范、有效的财务尽职调查是影响企业海外投资成功的关键因素。财务尽职调查在海外投资中的重要性主要体现在以下几方面：

1. 能充分揭示财务风险或危机

对开展海外投资的企业而言，财务尽职调查是风险管理的第一步。在投资活动中，被投资企业通常从自身利益的角度出发，竭力掩饰自身存在的问题，往往会对财务报表及财务状况进行粉饰，隐藏其在生产经营中存在的重大问题，使得投资方很难准确判断目标企业资产的真正价值与盈利能力，从而增加了并购风险。由专业的财务人员针对目标企业与投资有关的财务状况进行审阅、分析和核查，如未决诉讼、大宗担保等预计负债，主要财产设施是否被抵押等，可以摸清目标企业真实的财务状况，有利于合理评估投资风险，尽可能减少财务风险和危机。

2. 分析企业盈利能力、现金流，预测企业未来前景，为确定收购价格和收购条件提供依据

被投资企业内在价值除了取决于当前财务账面价值外，更重要的是取决于企业未来的发展收益。发现企业内在价值和发展潜力，是海外投资成功的关键所在。所以对企业内在价值进行评估和考量必须建立在尽职调查的基础上，由专业财务人员进行财务尽职调查可以通过账面信息对企业内在价值进行评估和考量，进一步发现目标企业的内在价值，为海外投资决策提供依据。同时，收购价格同样建立在目标企业未来价值的估算基础之上。对于目标企业的资产现状，一般在做企业价值评估时就已经分析清楚，但是未入账的企业负债以及或有负债事项虽然发生在交易之前，但是它们的入账时间往往会被延迟到交易之后，因而投资方会因为在交易前没有发现重要的未入账负债和重要的或有负债而在交易中蒙受重大损失。通过财务尽职调查，查清未入账的负债和或有负债，并持续关注未决诉讼、重大的售后退货、自然损失、对外担保、期后重大合同的签订及履约情况、期后大额付款以及其他投资方关注的可能影响未来收益的事项。目标公司的这些责任虽然不能躲避，但投资者可以在确认这些事项时作为筹码从应付卖方的款项中作相应扣除，作为向目标企业就收购价格进行谈判的依据，或由卖方提供相应的担保以转移风险。

3. 了解资产负债、内部控制、经营管理的真实情况，是投资及整合方案设计、交易谈判、投资决策不可或缺的基础

目标企业对自身各项风险因素了解非常清楚，但会向并购方极力掩饰。因而，并购方

有必要通过实施尽职调查来补救双方在信息获知上的不平衡。通过尽职调查明确该项目存在哪些风险和法律问题，双方便可以就相关风险和义务应由哪方承担进行谈判，并购者可以决定在何种条件下继续进行并购活动（杨鉴淞和刘严萍，2006）。对企业而言，并购活动是一项复杂的系统工程，不管双方出于何种动机，收购工作结束后，才仅是完成并购方案的第一步，并购项目成败的关键是并购后的整合工作。通过尽职调查，可以了解到并购双方并购后，在企业管理、企业组织和企业文化等方面是否能融为一体，为今后投资整合方案设计、交易谈判以及最后做出投资决策奠定基础。

4. 判断投资是否符合战略目标及投资原则

在多变的国际大环境中，企业识别有投资价值的项目尤为艰难。通过对被投资企业进行全面的财务尽职调查，投资者对目标企业所有重大方面有了一定的了解，企业在此基础上，可对被投资企业进行全面衡量，明确被投资企业是否具有投资价值。企业开展海外投资要有一定的战略规划，以期利用海外投资帮助企业获得战略协同效应。财务尽职调查对海外企业现金财务、经营状况等关键指标进行分析，企业据此可对未来企业发展前景进行预判，并与本企业战略定位结合考虑，判断投资是否与企业未来战略目标相契合。

第三节　研究回顾

一、关键概念

（一）海外投资定义

1. 定义

根据国家发展和改革委员会 2014 年第 9 号令《境外投资项目核准和备案管理办法》规定，"境外投资项目是指投资主体通过投入货币、有价证券、实物、知识产权或技术、股权、债权等资产和权益或提供担保，获得境外所有权、经营管理权及其他相关权益的活动"。本书关于海外投资的研究与该定义一致。在借鉴戴春宁（2009）对海外投资概念深入分析的基础上，可从以下几方面对海外投资进行理解：

投资主体。进行海外投资的投资主体主要包括两大类：第一类是中国境内的各类法人，包括各类工商企业、国家授权投资的机构和部门、事业单位等，这些机构受中国内地法律的管辖约束，属于中国境内的法人机构；第二类则是由国内投资主体控股的境外企业或机构，境内机构通过一些境外企业或机构对境外进行投资，这些境外企业或机构不属于中国内地的法人机构，不受内地相关法律的制约，但境内机构通过这些境外机构向境外进行投资时，仍然需要按照国内有关企业投资项目核准的政策规定，履行相应的核准手续。与国际惯例相同，在国内具有投资资格的自然人也可在境外投资。

投资地区。适用于境外投资项目核准的投资地区，不仅包括外国，也包括中华人民共和国所属的香港特别行政区、澳门特别行政区和台湾地区。即凡在中国大陆地区以外的任何地区进行的投资，均为境外投资。

出资形式。境外投资所投入资产的形式十分广泛，包括货币资金的投入，股票、债券、信托凭证等金融资产的投入，各类实物资产的投入，知识产权、专有技术等无形资产的投入。由此可见，只要是向境外的资产输出行为，无论是以什么方式出现，都应按照境外投资项目核准的有关规定履行相应的行政许可手续（李开孟，2007）。

投资方式。它包括各类新建项目及改扩建项目的初始投资、再投资，也包括收购、合并、参股、增资扩股等权益投资活动，还包括对境外投资提供担保的行为。

投资领域。境外投资的行业领域，可涉及我国国内法律允许投资的国民经济各领域。

2. 分类

以时间长短为划分依据，海外投资可分为长期投资和短期投资，主要以投资周期是否在一年以上为界限，投资周期在一年以内（包括一年）为短期投资，投资周期在一年以上则是长期投资。

以投资主体是否具有海外企业实际经营权为依据，海外投资可分为海外直接投资和海外间接投资。海外直接投资指投资者参与企业的生产经营活动，拥有实际的管理权、投资权的投资方式，其投资收益要根据企业的经营情况决定，浮动性较强。海外间接投资指投资者通过购买外国公司的股票、公司债券、政府债券、衍生证券等金融资产，依靠股息利息及买卖差价来实现基本增值的投资方式，收益较为固定。

根据发改委有关文件，目前我国导向性支持的，也是国际上常见的四种投资类型分别为：一是能弥补国内资源相对不足的境外资源开发类项目；二是能带动国内技术、产品、设备等出口和劳务输出的境外生产型项目和基础设施项目；三是能利用国际先进技术、管理经验和专业人才的境外研发中心项目；四是能提高企业国际竞争力、加快拓展国际市场的境外企业收购和兼并项目。

（二）财务尽职调查

1. 定义

尽职调查（Due Diligence）又称为"尽责调查"（陈中江，2012），在国外也称为"审慎性调查"。三者的内含是基本相同的。由于尽职调查应用的范围比较广，目前尚无统一的定义，需根据具体目的对其进行定义。举三种定义：

（1）企业尽职调查：是对企业的财务及经营活动进行调查分析，是一个包括调查、分析及诠释的互动过程，所进行的程序在性质和程度上一般仅限于所需了解的信息。

《保荐人尽职调查工作准则》定义：保荐人尽职调查是指保荐人对拟推荐公开发行证券的公司（简称发行人）进行全面调查，充分了解发行人的经营情况及其面临的风险和问题，并有充分理由确信发行人符合《证券法》等法律法规及中国证监会规定的发行条件以及确信发行人申请文件和公开发行募集文件真实、准确、完整的过程。

（2）财务审慎性调查：是委托方委托独立的中介机构或者由其自身的专业部门，对某一拟进行并购或其他交易事项的对象的财务、经营活动所进行的调查、分析（陈弘达，2010）。

(3) 财务尽职调查，即由财务专业人员针对目标企业与投资有关财务状况的审阅、分析、核查等专业调查。

2. 分类

根据尽职调查目的不同，将财务尽职调查分为为融资目的而进行的财务审慎调查，收购、兼并中的财务审慎调查以及由于出售目的而对自身进行的财务审慎调查三大类。

为融资目的而进行的财务审慎调查，企业举债往往采取担保、抵押或信用等方式，在信用方式下，金融机构一般要对企业的财务现状、财务前景情况进行充分的了解、论证，以确保款项的收回。在担保方式下，担保方则要求被担保方提供诸多背景资料，以对其投资前景作出理性的判断。

收购、兼并中的财务审慎调查，在并购正式实施之前，往往要求对被并购方进行深入细致的调查。这种调查往往分为三个方面进行：

（1）商业调查：对收购对象的市场现状、市场前景的调查。一般由专业的咨询公司来做。

（2）法律事务调查：法律事务调查涉及被并购对象一切可能涉及法律纠纷的方面，如并购对象的组织结构、正在进行的诉讼事项、潜在的法律隐患等，该项工作一般由律师事务所来进行。

（3）财务审慎调查：财务审慎调查往往不会涉及收购价的确定，但是，只要是并购方委托的事项，如了解被并购方的内部控制、或有负债、或有损失、关联交易、财务前景等，都可以成为财务审慎调查的范围。这些调查结果会对并购的进行与否有直接的影响。

由于出售目的而对自身进行的财务审慎调查。对于一家拟出售的企业，若买主尚不得而知，则为了让潜在的买方感兴趣，卖方一般会请专业机构进行财务审慎调查，以便在对方需要时提供调查结果。

3. 流程

财务尽职调查层层递进，财务专业人员项目立项后加入项目组实施财务尽职调查，拟订计划需建立在充分了解投资目的和目标企业组织架构的基础上，财务尽职调查报告必须通过复核程序后方能提交（见图6-13）。

4. 范围

鉴于财务尽职调查的目的及调查重点不同，其范围一般可概括为：①策略概览，即了解目标历程，包括历史与背景、行业、交易等；②业务概览，即了解业务，包括管理层结构、产品与服务、影响业务经营因素、相关产品研发等；③会计及信息系统，即关注会计及内部控制，包括业务管理、审计、内控、财务制度、会计政策等；④销售，即了解主要收入来源，包括销售、顾客、产品组合及定价、渠道、关联方交易等；⑤采购与供应，即了解成本结构，包括出售货物成本、经营支出；⑥资产管理，即了解净资产的基础，包括财产、厂房和设备、存货、应收款、现金流量、营运资金、债务、应付款等；⑦风险管理，即了解如何管理业务风险，包括承诺、或有事项、员工福利、环境；⑧财务前景资料，即了解依据和假设；⑨税务，即了解纳税风险，包括税项和征税等。

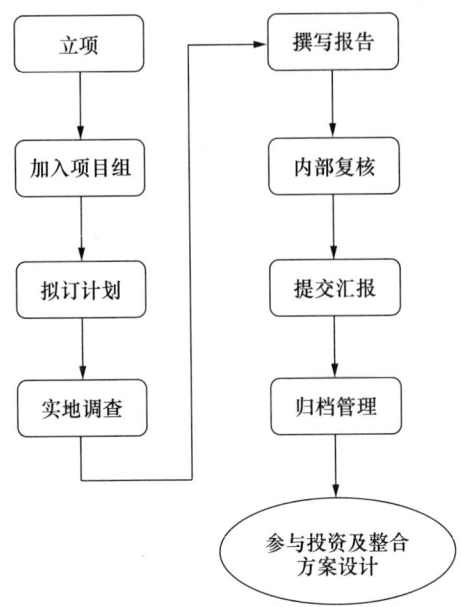

图 6-13 财务尽职调查流程

5. 重点

财务尽职调查重点主要涵盖被调查企业会计主体概况、财务组织、薪酬税费及会计政策、会计报表及表外项目。

会计主体。包括取得营业执照、验资报告、章程、组织架构图；了解会计主体全称、成立时间、注册资本、股东、投入资本的形式、性质、主营业务等；了解目标企业历史沿革；对会计主体的详细了解应包括目标企业以及所有具有控制权的公司，并对关联方作适当了解；对目标企业的组织、分工及管理制度进行了解，对内部控制初步评价。

财务组织。包括财务组织结构（含具有控制权的公司）；财务管理模式（子公司财务负责人的任免、奖惩、子公司财务报告体制）；财务人员结构（年龄、职称、学历）；会计电算化程度、企业管理系统的应用情况。

薪酬政策。包括薪资的计算方法，特别关注变动工资的计算依据和方法；缴纳"四金"的政策及情况；福利政策。

会计政策。包括目标企业现行会计政策；近三年会计政策的重大变化；与我们的差异，以及可能造成的影响（量化）；现行会计报表的合并原则及范围；接受外部审计的政策，及近三年会计师事务所名单；近三年审计报告的披露。

税费政策。包括现行税费种类、税费率、计算基数、收缴部门；税收优惠政策；税收减免/负担；关联交易的税收政策；集团公司中管理费、资金占用费的税收政策；税收汇算清缴情况；并购后税费政策的变化情况。

会计报表。重点调查目标企业资产负债表、利润表和现金流量表。资产负债表中重点对资产负债结构及资产质量进行分析；利润表中重点关注销售收入、销售成本、期间费用、其他业务利润及税收,并据此对未来损益进行研判;现金流量表中重点观察目标企业历年现金流量情况,特别关注经营净现金流能否满足融资活动的利息支出净额,并结合资产负债表及利润表,寻找除销售收入以外是否还存在主要的经营资金来源,对经营净现金流的贡献如何(高成创投基金,2010)。

6. 财务尽职调查报告内容

财务尽职调查后应提交书面报告。负责财务尽职调查的部门必须建立质量控制程序,财务尽职调查报告完成后必须按质量控制程序进行审核,最终由部门主管批准后方可报送项目组;报告总结(结论)须经项目组讨论通过,如存在不同意见,财务尽职调查报告也应向决策者汇报。在提供报告时,要严格遵照委托协议书所明确的范围,未经委托人书面授权许可,不得向任何第三方发放财务审慎调查报告。在财务审慎调查报告中,要明确委托方和受托方所承担的责任。如果要向委托人提供报告初稿,应注意报告初稿中可能存在尚待更正或修改的地方,为此,要特别提醒委托人注意,以免其产生错误的认识。对于向委托人提供过的每一份初稿,都应注明起草日期,并保留一份副本存档。通常情况下,财务尽职调查报告内容应结合会计进行的财务尽职调查的内容和范围,通常情况下,财务尽职调查报告的内容包括(高成创投基金,2010):

(1) 公司基本情况、发展历史及结构。具体包括法定注册登记情况、股权结构、下属公司、重大的收购以及出售资产事件及经营范围。

(2) 企业人力资源。主要有管理架构(部门及人员)、董事及高级管理人员的简历、薪酬及奖励安排、员工的工资及整体薪酬结构、员工招聘及培训情况和退休金安排。

(3) 市场营销及客户资源。具体调查标的公司产品及服务、重要商业合同、市场结构、销售渠道、销售条款、销售流程、定价政策、信用额度管理、市场推广及销售策略、促销活动、售后服务、客户构成及忠诚度。

(4) 企业资源及生产流程管理。主要调查企业加工、生产设备及使用效率、研究及开发、采购策略、采购渠道、供应商以及重大商业合同。

(5) 经营业绩。具体包括企业会计政策、历年审计意见、三年的经营业绩、营业额及毛利详尽分析、三年的经营及管理费用分析、三年的非经常项目及异常项目分析、各分支机构对整体业绩的贡献水平分析。

(6) 公司主营业务的行业分析。着重分析标的企业所处行业现状及发展前景、国外特殊的经营环境和经营风险、公司在该行业中的地位及影响。

(7) 公司财务情况。三年的资产负债表分析、资产投保情况分析、外币资产及负债、历年财务报表的审计师及审计意见。

(8) 利润预测。未来两年的利润预测、预测的假设前提、预测的数据基础及本年预算的执行情况。

(9) 现金流量预测。重点关注资金信贷额度、贷款需要和借款条款。

(10) 公司债权和债务。债权方面,着眼于标的企业债权基本情况明细、债权有无担保及担保情况、债权期限以及债权是否提起诉讼。债务方面,包括债务基本情况明细、债务有无担保及担保情况、债务抵押、质押情况、债务期限和债务是否提起诉讼。

（11）公司的不动产、重要动产及无形资产。主要关注企业土地权属、房产权属、车辆清单、专利权及专有技术以及以上资产抵押担保情况。

（12）公司涉诉事件。包括公司作为原告诉讼事件及作为被告诉讼事件。

（13）其他有关附注。包括公司股东、董事及主要管理者是否有违规情况、公司有无重大违法经营情况以及上级部门对公司重大影响事宜。

（14）企业经营面临主要问题。包括困难或积极因素，并针对困难因素提出相应应对措施。

二、理论基础

本部分主要依据尹作亮（2006）所构建框架体系具体阐述海外投资理论，从宏观和微观两大视角分类列明海外投资主要理论。

（一）宏观视角海外投资理论

1. 边际产业扩张理论

边际产业扩张理论是日本学者小岛清教授在研究本国国情基础上，结合本国对外直接投资特点，对美国和日本的对外直接投资进行比较研究，从而提出边际产业扩张理论。小岛清教授在其代表作《对外直接投资》中对该理论进行了系统的阐述。

边际产业扩张理论的核心内容是：从宏观角度，利用比较优势理论考察不同国家在资源要素禀赋上存在的差异，指出对外直接投资应该从本国已经处于或即将处于比较劣势的产业，即边际产业开始，并依此进行。其结果不仅可以使国内的产业结构更加合理、促进本国对外贸易的发展，而且还有利于东道国产业调整、促进东道国劳动密集型行业的发展，对双方都产生有利的影响，使两个社会福利提高，实现合理国际分工。但该理论是一个阶段性理论，是对发达国家与发展中国家之间以垂直分工为基础的投资的解析，并且认为发展中国家缺乏接受高新技术的能力，只能接受发达国家的边际产业。

该理论对我国海外发展有一定的启示意义。我国企业"走出去"可从转移边际产业开始，逐步优化国内产业结构，有力推动国内产业结构升级，逐步实现产业递进，向高附加值产业延伸。中小企业凭借其小批量生产、适应力强等优势，更容易在海外市场立足，可大力鼓励中小企业发展海外业务。在区位选择上，应选择那些经济、技术发展水平和我国差距较小的国家（地区），有利于充分发挥我国产业的比较优势。

2. 国际直接投资发展阶段理论

国际直接投资发展阶段理论主要以邓宁和日本学派为代表，后者则以小泽辉智为主（刘宏，2014）。

（1）邓宁的国际直接发展阶段理论。

邓宁在《解释不同国家国际直接投资定位：一种动态发展路径》一文中，探究了以人均 GNP 为标志的经济发展阶段与一个国家的外国直接投资（外资流入），以及一个国家对外直接投资（资本流出）与一国净的对外直接投资之间的关系。同时也对对外直接投资阶段进行了划分,并对各阶段国际直接投资的特征和国际直接投资发展阶段顺序推移的内在机制进行了全面的解释,将国际直投投资划分为四个阶段:

第一阶段:人均 GNP 低于 400 美元(包括 400 美元)。这一阶段国家的企业还没有产生所有权优势,因此不会产生直接投资净流出。另外,受东道国条件制约,这一阶段外资总的流入量不大。

第二阶段:人均 GNP 在 400~1500 美元。在这一阶段,在利用东道国资源及劳动力成本优势的基础上,外资流入量增加。在对外直接投资方面,由于当地企业自身还未产生较强的所有权优势以克服国际生产的基本障碍,对外投资流出仍停留在较低的水平。但在邻国已开始实行通过引进技术及进入国际市场等形式,进口替代投资的经济发展战略。

第三阶段:人均 GNP 在 2000~4750 美元。在这一时期,人均净投资流入开始下降,对外直接投资流出量增加,这是由于东道国企业所有权优势和内部化优势大大增强。同时,这一阶段标志着专业化国际直接投资过程开始。

第四阶段:人均 GNP 在 2600~5600 美元。此时,标志着迈入国际直接投资净流出时期。随着东道国经济发展水平的提高,企业凭借其较强的所有权优势和内部化优势,能够发现并利用海外区位优势。

(2)国际直接投资发展阶段理论的发展。

小泽辉智和波特竞争阶段论都是上述理论的延续。小泽辉智的理论核心是强调世界经济结构特点对经济运行特别是对投资的影响,进而提出国际直接投资模式。小泽辉智认为世界经济结构主要呈现以下特点:一是每一个经济实体内部的供给方和需求方都有差异;二是企业是各种无形资产的创造者和交易者;三是各国经济发展水平和实力科层结构明显;四是各国政策都有一种从内向型向外向型转变的趋势。各国经济发展水平和实力的科层结构明显,说明经济发展水平差异决定了利用外资和对外直接投资的形式和速度;各国政策中都有一种从内向型向外向型转变的趋势,这说明一个国家的产业结构升级是一个循序渐进的过程,这一过程是利用外资和对外直接投资经验的积累。

在波特的竞争发展理论中,提出了四个特征明显的国家竞争发展阶段:资源要素驱动阶段、投资驱动阶段、创新驱动阶段以及财富驱动阶段。

根据邓宁这一理论,我国对外直接投资已迈入第三阶段,即专业化国际投资阶段。处于这一阶段的国家人力资本和技术水平得到提升,对外投资迅速增长。因此,无论是从政府层面还是从企业层面都要积极采取措施,加快实施"走出去"战略。

(二)微观视角海外投资理论

1. 垄断优势论

海默博士利用美国 1914~1956 年对外投资的有关资料,对跨国公司的对外投资行为进行了实证分析。研究表明,美国对外直接投资和对外证券投资具有不同的行为表现。传统的经济理论无法对其进行解释,海默在对传统理论批判的基础上,作出如下解释:

(1)跨国公司进行国际直接投资的根本原因是市场的不完全竞争。

传统的国际资本流动理论认为,企业面对的海外市场是完全竞争的,即市场参与者所面对的市场条件均等,且无任何因素阻碍正常的市场运作。海默认为,传统理论对海外市场的描述是不正确的,现实中完全竞争市场并不常见,普遍存在的是不完全市场。

(2)现实的经济活动中至少存在着四种类型的不完全市场。

一是产品市场的不完全,即商品的特异化、商标以及价格联盟等。二是资本和劳动力等生产要素市场的不完全,表现为获得资本的不同难易程度以及技术水平差异等。三是由规模经济所导致的市场不完全,即企业由于大幅度增加产量而获得规模收益递增。四是由政府经济所导致的市场不完全,如关税、汇率等。在海默看来,美国企业之所以会跨越国境,在海外建立子公司,就在于它拥有某种优势,这种优势能够使其获得比国内市场高并超过东道国当地竞争者收入的利润。

(3)跨国公司进行对外直接投资是为了最大限度地发挥其垄断优势,以赚取超额利润。

跨国公司拥有的垄断优势主要有以下类型:技术优势、管理优势、资金优势、知名度优势、销售优势、规模优势,跨国公司可最大限度地发挥这些垄断优势,赚取超额利润。

垄断优势论以不完全的市场竞争代替完全的市场竞争,说明企业可以运用其组织上的效率和优势与当地企业展开角逐。此外,将跨国公司作为研究对象的主体,把对外直接投资和对外证券投资区分开来,创立了独立的跨国公司理论。

2. 内部化理论

英国学者巴克利和卡森1976年在《跨国公司的未来》中提出内部化理论,又称市场内部化理论。

内部化理论沿用了科斯的新厂商理论和市场不完全的基本假定,认为:由于市场的不完全,若将企业所拥有的科技和营销知识等中间产品通过外部市场来组织交易,则难以保证厂商实现利润最大化目标;若企业建立内部市场,可利用企业管理手段协调企业内部资源的配置,避免市场不完全对企业经营效率的影响。企业对外直接投资的实质是基于所有权之上的企业管理与控制权的扩张,而不在于资本的转移。其结果是用企业内部的管理机制代替外部市场机制,以便降低交易成本,拥有跨国经营的内部化优势。因此,跨国公司为追求利润最大化,通过权衡外部市场交易成本和内部资源配置流动成本来决定是否外部交易实行内部化,从而提高经济效益,认为这是跨国并购的一个直观动因。

内部化理论研究各国企业之间产品交换形式及企业国际分工与生产的组织形式,认为跨国公司正是企业国际分工的组织形式。内部化理论由此能解释大部分对外直接投资的动因(项代有,2015)。

3. 产品生命周期理论

产品生命周期理论是美国哈佛大学教授弗农在《产品周期中的国际投资与国际贸易》中首次提出的。

产品生命周期是产品的市场寿命,即一种新产品从开始进入市场到被市场淘汰的整个过程。该理论对产品生命周期进行动态分析,把产品的整个生命周期依次划分为导入期、增长期、成熟期和衰退期。这个周期在不同的技术水平的国家里,发生的时间和过程是不一样的,其间存在一个较大的差距和时差,正是这一时差,表现为不同国家在技术上的差距,它反映了同一产品在不同国家市场上的竞争地位的差异,从而决定了国际贸易和国际投资的变化。为便于区分,弗农把这些国家依次分成创新国(一般为最发达国家)、一般发达国家和发展中国家。不同的产品生命阶段将依次在不同类型国家之间转移生产。国际直接投资是这种产品周期转移生产更迭的必然结果,由此引发并购行为。

(三) 财务尽职调查

关于财务尽职调查的相关理论还有待完善,目前尚不成熟。综观国内尽职调查实际操作,特别是大型集团企业进行海外并购,通常会委派本公司投资、财务部的人员初步了解被并购目标公司的基本情况,一旦立项确定并购则会聘请专业的财务顾问或者会计师事务所从事尽职调查。并购方的财务人员对本公司的财务经营运作比较了解,但涉及海外不同类型的公司,专业的财务顾问或会计师事务所凭借在人员配备、沟通协调、专业能力或实践经验等方面的优势,能有效推动海外并购的有序进行。财务尽职调查目前分为两部分:一部分对历史数据进行审计调查,也就是调查报告类由国内会计师事务所负责,属于事务所常规的咨询类项目;另一部分对财务数据预测作出的企业估值由国内大型评估师事务所负责。会计师不仅为并购方提供投资数据和风险分析报告,还为评估师事务所提供历史数据做趋势分析,评估师选择恰当的折现比率来确定目标公司的投资价值。二者的工作均对谈判方案有重要的影响,并为投资者谈判价格的确定提供基础。

三、文献回顾

(一) 有关海外投资研究

本章从全球海外投资发展现状及趋势出发,阐明我国现阶段企业"走出去"所面临的国际环境,以及世界经济发展的整体趋势,进而观察我国现阶段海外投资发展现状及前景,在肯定发展机遇的同时探讨海外投资进程中所面临的困境,从而整体把握我国海外投资发展情况。因此,有关海外投资的研究,本章主要从全球海外投资发展趋势和我国海外投资发展现状两方面进行阐述。

全球海外投资发展趋势方面,全球海外投资迅速增长,但未来发展存在一定的不确定性。根据联合国贸易和发展会议所发布的《世界投资报告2016》显示:2015年世界经济增长缓慢,但全球对外投资流量强劲复苏,主要投向欧美等发达国家经济体;投资行业集中在服务业;全球跨国并购呈井喷式增长;国际整体投资政策趋向自由化与便利化发展。这表明全球海外投资迅速增长,我国发展海外投资顺应了现阶段世界经济发展潮流。但全球海外投资发展也存在着一定的不确定性。联合国贸易和发展会议2017年在日内瓦发布《全球投资趋势监测报告》,表明2016年全球外国直接投资流量明显下滑,其中欧洲地区的降幅达到近30%。展望2017年,一系列不确定因素或将导致外国直接投资的复苏之路继续面临坎坷。

我国海外投资现阶段发展情况方面,我国海外投资迎来"繁荣期",但仍面临诸多挑战。中国与全球化智库(CCG)统计整理发现:2015年,中国对外投资迈上新台阶,流量首次位列全球第二。在投资主体方面，民企、国企齐头并进；主要投资到亚、欧及北美地区；并购与绿地投资都呈显著增长；制造业投资较多，投资行业整体呈多元化发展，我国现阶段海外投资迎来发展"繁荣期"，无论是发展数量还是质量都有了一定提升。但我国企业在海外投资进程中仍面临政治、法律、经济等诸多挑战。李锋（2016）研究发现，近10年来中国企业海外投资风险频发于美澳等发达国家的能矿资源行业，而且中央企业是受害主体。究其原因，资源掠夺论、技术窃取论、不公平竞争论、国家安全威胁论四类质疑成中国企业海外投资风险的主要外因。政治方面，因为投资接受国或地区政局的动荡、战争的爆发、大选后政权的更替、反对派势力的掣肘、金融风险的发生等多重因素的存在，中国企业的海外投资面临着极大的政治风险，中国海外投资经常出现无法投产、收益锐减甚至血本无归等困境（徐俊杰和单敏飞，2016）。同时，随着"一带一路"战略的推进，中国企业在沿线国家的国际直接投资领域、范围和规模不断扩大。地缘上与我国"一带一路"战略及多个海外投资重点地区重合，推升了我国海外投资企业面临的政治风险。因此，对政治风险进行管控在中国企业"走出去"过程中的作用举足轻重（黄河和Starostin Nikita，2016）。除此之外，我国企业海外投资利益难以保护。尽管我国政府在制度、机构建设、投资服务、人员安全等方面保护海外投资利益，但仍然存在应进一步明确海外投资战略规划、海外投资法律制度残缺、保护主体单一、政府和企业缺乏有效配合机制等问题（祝宁波和李新广，2016）。其中，法律风险贯穿海外并购整个环节，并购战略确定及计划阶段的目标筛选，并购实施阶段的尽职调查、合同谈判、融资及交割均面临着法律风险（徐凯和王定贤，2014）。随着环境保护意识在全球范围内的提升，中国的海外投资面临着现实的环境风险，这给中国海外投资的发展带来了困境（韩秀丽，2013）。同时，蓝虹（2013）研究表明，近年来，中国海外投资快速发展，在积极改善东道国环境保护、履行社会责任方面取得了显著成效，赢得了东道国和国际社会的好评，已成为中国企业实现"走出去"战略的重要途径，但也因未有效沟通交流、专业经验和治理能力不足等影响了其可持续发展。综上所述，我国海外投资面临着诸多挑战阻碍着我国企业"走出去"进程。

（二）有关财务尽职调查研究

财务尽职调查主要应用于企业并购中，并在其中发挥着举足轻重的作用。并购前企业面临着各种风险，尽职调查的目的就是要发现价值，发现瑕疵，规避风险（秦米源，2013）。这说明财务尽职调查不仅能够帮助企业识别有价值的目标，还能有效规避风险。由此可见，财务尽职调查对企业并购有着重大影响。对投资者而言，信息不对称风险是投资过程中的最主要风险之一，为降低该风险聘请在会计、审计财务、税务、金融、组织行为管理等方面具备明显专业优势和人才优势的会计师事务所，对被投资企业进行财务尽职调查成为降低投资过程中信息不对称风险的最常用手段（王璐，2014）。吴庆念（2009）研究认为财务调查是降低企业并购风险的重要手段，财务调查的结果直接影响并购的成败。同时，朱加艳（2016）也认为高质量的尽职调查，一方面能够改变信息不对称的状况，另一方面又可以明确提示风险，从而为并购活动的顺利实施以及后期的并购整合奠定成功基础。曹雪刚（2015）进一步指出我国企业海外并购失败的很大一部分原因是财务尽职调查流于形式、财务尽职调查不到位，尽职调查在避免跨国并购财务风险中起着关键作用。由此可见，财务尽职调查能够有效帮助企业识别投资价值、规避信息不对称风险，最终为成功的企业并购奠定基础。

财务尽职调查中也存在着一定风险。在现阶段，企业开展尽职调查活动的水平还不高，无法为并购活动提供相应的决策依据，有时甚至还会为并购活动埋下失败的伏笔（朱加艳，2016）。财务尽职调查对目标企业的发展定位评估不够准确，会计信息不尽真实、可靠，也会对财务尽职调查的结果产生一定影响（盛东花，2013）。因此，在实行尽职调查的过程中要有效规避财务尽职调查自身风险，充分发挥其在海外投资中的有效性。

第四节 实践案例

通过上述分析，可知财务尽职调查在企业海外投资中扮演着重要角色。为此，本节选取中投投资黑石和吉利收购沃尔沃两大案例，从实际角度出发，进一步剖析海外投资与财务尽职调查。另外，中投公司与吉利公司，一个是主权财富基金，一个是民营企业；一个海外投资历经坎坷，一个海外投资进展顺利，个中原因值得我们深思。

一、中投公司海外投资案例

（一）中投公司简介

中国投资有限责任公司（简称中投公司）于2007年9月29日在北京成立，是经中国国务院批准设立的从事外汇资金投资管理业务的国有独资公司。中国财政部通过发行特别国债的方式筹集15500亿元，购买了相当于2000亿美元的外汇储备作为中投公司的注册资本金，是全球最大的主权财富基金之一。中投公司的投资范围主要是对外负责外汇储备的多元化投资，并在可接受的风险范围内，争取长期投资收益最大化。其投资标的包括境内外币类金融产品，境外股票、债券、基金、衍生工具等多种金融产品。中投公司还可以从事委托贷款、外汇资产受托管理、发起设立股权投资基金和基金管理公司等业务。公司实行政企分开、自主经营、商业化运作的模式。中投公司成立后，中央汇金投资有限责任公司作为中投公司的全资子公司整体并入，该公司自设董事会和监事会，负责投资并持有国有重点金融企业的股权，代表国务院行使股东权利，不开展其他任何商业性经营活动，不干预其控股企业的日常经营活动。在分工上，汇金将继续做股权投资，即承担推动银行改革的任务，代表国家作为出资人长期持有这些金融机构的股权；母公司中投公司主要负责海外运作。

（二）黑石公司简介

1985年，史蒂夫·施瓦茨曼和彼得森离开他们当时所在的雷曼兄弟，各自投入20万美元，联手创业，成立了黑石公司。起初黑石公司规模很小，除了施瓦茨曼和彼得森外只有两个助理，在华尔街，是名副其实的小公司。黑石的成立主要是受当时华尔街并购狂潮的推动，两位合伙人也想从杠杆收购、以小博大的游戏中分一杯羹，但是，很快他们就意识到，像他们这样，资本弱小，又无知名度，根本无法参与到杠杆收购的博弈中。于是，他们做起了私募基金。

成立之初的黑石，就确立了不同于当时主流（敌意收购）的友善收购策略，并坚持下来，成为黑石的标志性策略，该策略让黑石在并购市场上树立了良好的形象，也不失为黑石成功的法门。解决了募集资金的问题，黑石的业务开始风生水起，黑石的第一笔交易是以5亿美元杠杆收购了运输之星51%的股权，这一转手，让黑石赚了6亿美元。其后，黑石著名的投资还包括2005年收购温德汉姆国际；2006年收购德国电信；2006年收购飞思卡尔芯片公司；2007年收购权益写字楼投资信托公司；2007年收购杜莎集团等。很快，黑石成长为私募界的领袖，其业务范围也得到了扩大，并于2007年在美国上市。现在的黑石业务范围主要包含四大块：私募股权基金、另类资产投资（房地产基金、夹层基金、对冲基金等）、不动产投资和金融咨询。

（三）中投投资黑石案例分析

1. 投资历程及效果

2007年5月，尚在筹备中的中投公司以30亿美元的价格认购了美国黑石集团约10%的股本，每股价格为29.61美元，为IPO价格的95.5%。但是，该权益锁定期为4年，且中投公司在黑石的董事会中不占有席位。黑石此次IPO实现融资规模71.33亿美元，其中，中投公司以30亿美元代价取得黑石1.01亿股股票，拥有黑石份额9.4%，占融资比的42.1%，每股均价29.61美元；社会公众共以41.33亿美元代价取得黑石1.33亿股股票，拥有黑石份额13.6%，占融资比的57.9%，每股均价31美元。

2007年6月22日黑石上市首日，股价很快从发行价31美元飙升至38美元，按收盘价35.06美元算，中投一日暴赚5.5亿美元。但黑石上市第二天，股价就开始一泻千里，最低时跌到3.55美元，彼时中投浮亏高达27亿美元，跌幅为83%。中投公司仍在2008年10月通过子公司增持了黑石2.5%的股权，成交价格在9～10美元，约耗资2.5亿美元，此举将中投公司对黑石投资的平均成本摊薄至25.25美元。

2011年6月，解锁时刻到来，中投公司的选择是继续持有。虽然2009年之后，黑石股份探底之后开始回升，到2011年在15美元/股上下波动，但这笔投资账面浮亏仍然接近一半。当时身为全国政协委员的中投公司副总经理汪建熙表示，中投是一个长线投资者，如果觉得公司有长期投资价值，就可以继续持有。他表示现在黑石还没有达到股票发行价，但是其利润水平在美国同类私募股权基金中排在前列，且一直有给投资者分红，中投投资黑石的锁定期是四年，未来如果黑石继续经营表现良好，中投不排除延长投资期限。同时，他还指出中投的资金来自财政部特别国债，期限是10～15年，从而给中投长期持有黑石股权创造了条件。

该笔投资完成后不久，次贷危机全面爆发，金融海啸向全球蔓延，黑石公司股价受整个大环境的影响,一跌再跌,而中投公司的该笔投资则陷入巨额浮亏的泥潭7年,直到2013年12月黑石的股价终于超过中投的认购价。截至2014年7月,中投对黑石的投资浮盈接近10亿美元,中投公司投资30多亿美元,苦等七年最终获得10亿美元。

2. 案例分析

中投公司投资黑石虽然最终扭亏为盈,但资金被套牢7年之久,个中原因值得思考。通过了解中投投资黑石的投资历程,可以看出存在以下不足:一是海外投资过于急切。投资发生时,中投公司尚在筹备之中。也就是说,公司的公司治理、投资决策体制、风险管理框架、人员配置等都尚未真正完成。二是对于海外企业而言,中投公司代表着政府的利益。中投公司购买的黑石股票是不具有投票权的,也不能参与董事会。这很可能是由于中投公司的主权财富基金背景,而不得不做出的妥协退让。三是未进行尽职调查。此次投资从洽谈到达成协议速度非常快。中投公司与黑石大中华区主席、香港财政司前司长梁锦松接洽前后不超过三周,便谈妥了所有细节,中投公司并未对黑石公司开展详尽的财务尽职调查便匆匆作出投资决策。从中可看出,财务尽职调查在海外投资中扮演着重要角色。

美国黑石集团是一家全球领先的另类资产管理和提供金融咨询服务的机构。中投公司选择黑石,或许就是冲着其在私募股权投资(PE)行业中的领先地位、先进的资产管理理念与高收益水平,甚至还有可能看中在其发展史上很难找到在中国市场投资的影子。我们很难再找出其他更适合的理由来支持中投公司的这笔投资业务,因为其存在着许多不解的疑团。

这次投资的宏观经济环境尽职调查分析,值得怀疑;锁定4年的持股期限,值得商榷。锁定股权的期限,并不能像债券那样能锁住收益率,反而是将收益"押"在了美国股市上。4年的时间足够股市发生翻天覆地的变化,况且当时次贷危机已"崭露头角",房贷市场已出现明显的紧缩,美国经济环境的不确定性越来越大,虽然黑石未有在贷款担保债务证券(CLO)等次贷产品上的投资业务,但次贷危机的连锁反应很显然会波及银行等金融行业主体,以及导致高额的资本市场融资成本,从而会给黑石带来资金链供应上的压力。因此该投资期限不但限制了30亿美元在4年内的流动,其背后还隐藏着较高的系统风险。对中投公司来说,这是个很不利的投资条件(张光红等,2009)。

宏观投资环境的调查非常重要,尤其是要警惕一些有风险隐患的市场,而中投公司这次投资不利,就是因为对市场判断失误,财务尽职调查工作不到位,导致了投资时机的选择不当。中投公司尚在筹备之中,且与被投资单位相关人员接触不过三周便作出巨额的投资决策,并未对当时的宏观经济环境,特别是美国经济环境进行充分调查,对海外市场认识不足,使得之后的巨额投资深陷美国股市的泥淖,7年后才最终摆脱亏损的困境。

二、吉利收购沃尔沃案例分析

(一)吉利集团简介

浙江吉利控股集团(以下简称吉利)是由李书福于1986年创建的,于1997年正式进入轿车行业,2004年在香港证券交易所上市。吉利集团总部位于浙江杭州,在成都、宁波、济南等地建有汽车整车与动力总成制造基地。吉利成立多年来,一直专注于技术创新与人才培养,迄今为止取得了快速的发展,现资产总值超过千亿元,连续五年进入世界500强,连续14年进入中国企业500强,是中国汽车行业十强,是国家"创新型企业"和"国家汽车整车出口基地企业",并于2013年荣登《财富》世界500强"榜单。目前吉利已拥有专利技术1万余项,下属子公司已生产制造10余个系列共30多个整车产品。吉利进入汽车行业的20年里,汽车的产销量逐年递增,目前已拥有近千个服务网点与750多家品牌4S店,在海外也设有约350个销售服务点,汽车销售覆盖面越来越广,截至2016年底,吉利汽车累计社会保有量超过500万辆,吉利商标被认定为中国驰名商标。吉利快速迅猛的发展势头,为其走入国际汽车市场奠定了基础。为了提升品牌的影响力,吉利集团也先后发起了一系列的跨国并购行为。2006年,吉利收购英国锰铜公司约30%的股份,成为其最大的控股股东;2009年,吉利收购了澳大利亚DSI自动变速器公司,控制其100%的股份。这些海外成功并购的经验,加快了吉利走向世界的脚步,为其对沃尔沃的收购奠定了坚实的基础。

(二)沃尔沃公司简介

沃尔沃始创于1927年,总部位于瑞典哥德堡,是瑞典最大的汽车集团,同时也是北欧最大的汽车集团,是世界著名的豪华汽车制造商。VOLVO在拉丁语里是"滚滚向前"的意思,沃尔沃公司也不负名字的寓意,发展稳步向前。沃尔沃产品种类繁多,汽车公司旗下有零部件、大客车、载重车等子公司,在生产生活领域也有涉猎,此外,在北欧的飞机、生产工程、船用发动机领域,沃尔沃也占据很大的市场。沃尔沃生产的汽车性能优异、安全可靠,在汽车安全方面被消费者认可,随后发明了多项安全技术,并于1972年推出了第一个儿童专用后座,沃尔沃凭借其为数众多的安全产品,被公认为"世界上最安全的汽车"。

1999年,美国福特汽车斥资64亿美元收购沃尔沃,拥有其100%的股份,使沃尔沃成为其全资子公司。但是沃尔沃汽车的销量在收购后的十几年里并未像之前一样大幅增长,反而一路狂跌,2008年的国际金融危机更加剧了困境。终于在2010年,中国吉利控股集团斥资18亿美元,从美国福特手中收购了沃尔沃的轿车品牌。

(三)吉利收购沃尔沃案例分析

1. 投资历程及效果

2007年受全球金融危机影响,福特深陷财政困难,亏损高达126亿美元,为此不得不将其旗下的品牌路虎、捷豹卖掉,但是还未对沃尔沃放手。2008年,吉利组建了自己的项目团队,聘请了国际尖端的律师事务所、会计师事务所等,正式着手开展对沃尔沃的收购。2008年1月,吉利拜访福特高层提议收购沃尔沃,但是福特公司并未放手,没有出售意向。虽然如此,但吉利并未放弃收购沃尔沃的意向。2008年12月,深陷危机的福特公司终于宣布出售旗下沃尔沃品牌,这一消息引发了业界的轰动。全球众多汽车厂商跃跃欲试打算收购沃尔沃,但是福特公司优先选择了吉利集团。2009年,出于对知识产权的保护,福特对吉利的收购提议探讨了好几个月,吉利也组建了谈判团,终于在2009年

10月28日达成了一致,福特选择了吉利作为沃尔沃的优先竞购方。2010年3月28日,吉利集团与福特公司正式签署了沃尔沃的收购协议。吉利实现了对沃尔沃100%股权的收购,包括其关键技术与知识产权。截至2010年8月,吉利完成了对沃尔沃的全部收购,此次跨国并购尘埃落定。并购完成之后,为了对并购公司进行整合,吉利首先对沃尔沃的董事会进行了重组,聘请沃尔沃前总裁兼CEO为副董事长,同时广揽人才,对沃尔沃的管理结构进行了变革,将中国作为并购后的沃尔沃的战略中心。同时吉利坚持了沃尔沃公司的管理独立性,将沃尔沃的总部仍然设立在瑞典,使其保持沃尔沃在国际的品牌形象以及市场。

吉利收购沃尔沃,从吉利集团自身出发主要基于以下动因:一是获取沃尔沃的先进技术,提高品牌影响力。沃尔沃本身在豪华汽车领域一直是佼佼者,拥有多项专利技术储备。反观我国自主品牌创新不足,技术能力有限,要想在全球汽车领域占有更大的市场,需要投入更多的人力财力以及时间。吉利本身的技术以及资金储备存在着不足,单单依靠吉利自身的发展是不够的,缺乏自主创新也不是短时间内可以突破的。吉利通过对沃尔沃的收购,丰富了其汽车的品牌产品,得到了沃尔沃豪华车技术,找到了一个通往高端车市场的捷径。二是提升市场份额。沃尔沃是北欧最大的汽车公司,在国际有着众多的4S店以及销售网点,占据着广阔的国外市场。吉利对沃尔沃的收购,使其快速拥有了沃尔沃在国际的销售网点以及市场,能够让自己快速打开国际市场。获得了沃尔沃的先进技术,使吉利汽车打破了很多国际贸易壁垒,提高了自身的技术,有助于海外市场的突破(郭璇,2010)。

吉利收购沃尔沃就近几年财务数据来看是成功的。就经营状况而言,收购之前的沃尔沃在2007年曾实现45.83万辆的全球销量纪录,然而,受金融危机影响,沃尔沃的经营状况急转直下:2008年沃尔沃全球销量374297辆,同比下降10.6%,税前亏损额高达17亿美元;2009年,沃尔沃全球销量334808辆,同比下降18.3%,税前亏损9.34亿美元。收购之后,沃尔沃的销售状况得到了极大的改善:2014年全年,沃尔沃汽车集团全球零售销量达到465866辆,在2013年427840辆的基础上,同比提升8.9%。该数字高于2011年的449255辆,刷新了2007年以来的全球销量纪录。2014年营业利润达22.52亿瑞典克朗,与上年的19.19亿瑞典克朗相比增长了17.4%,2014年沃尔沃汽车集团全年销售收入为1299.59亿瑞典克朗,2013年全年收入则为1222.45亿瑞典克朗。在疲软的欧洲市场,沃尔沃表现稳定并持续增长:2014年沃尔沃汽车集团在包括瑞典在内的西欧市场销售了243514辆汽车,同比增长11.4%,而2013年则为218567辆。技术研发与产品更新方面,自福特1998年收购起,在沃尔沃身上投入了高达300亿美元,并试图将沃尔沃的研发与产品融入到福特的体系之内。但由此造成沃尔沃的生产平台都严重依赖福特,自身产品更新所需的研发与技术得不到支持。老旧的产品线、乏善可陈的内外设计、沿用福特时期的发动机和车型平台更新车型,都制约着沃尔沃的发展。吉利收购之后的沃尔沃,通过"沃尔沃概念车三部曲"明确设计理念、"去福特化"摆脱掣肘、"SPA"与"DRIVE-E"构筑研发平台,在产品层面逐步勾画了可期的未来。

2. 案例分析

吉利与沃尔沃在品牌、技术、管理水平等各个方面，都存在着巨大差距，并购过程历经艰辛，并最终获得成功。吉利对沃尔沃的收购，一方面使得沃尔沃摆脱了当时的经营困境，并在之后实现了稳步增长，另一方面吉利集团无论是专利技术还是市场占有率都实现了重要突破，以此达到了两者互惠共赢。通过对吉利收购沃尔沃全过程的分析，可以看出吉利集团此次海外并购的成功主要原因如下：

（1）对宏观环境的全面把握。2008年下半年美国的次贷危机迅速蔓延为全球金融危机，为海外投资带来机遇。在此背景下，许多外国的资产价值被严重低估，这正是中国企业利用海外并购走出国门的大好时机。通过海外并购，中国企业可以用较低的成本，获取到梦寐以求的汽车国际品牌、核心技术和国际营销渠道。这是中国实现技术跨越的一个捷径，可以迅速提高中国汽车产业的软实力。吉利并购沃尔沃，正是利用这次机遇，帮助中国自主品牌汽车尽快走向国际市场，利用沃尔沃的国际知名品牌，彰显中国汽车业的实力。因此金融危机这个大背景也是此次并购成功的一个外部因素。

（2）吉利基于对自我战略的坚持。吉利为了实现"最安全、最环保、最节能的好车，让吉利汽车走遍全世界"的战略目标，提出了将核心竞争力从成本优势重新定位为技术优势和品质服务。为了突破自我发展的壁垒，吉利坚持内外兼修的原则。对内则通过引进外部高级人才来加强核心能力的建设，完成自主知识产权的研发与制造，改进生产工艺流程，完善生产质量管理，加强管理体系建设。对外则通过并购全球第二大DSI自动变速器厂，实现了汽车核心零部件自动变速器的生产。国内汽车产业整合规划为"四大、四小"集团，而吉利短期内在品牌、技术、国际化市场、产品质量等多个重要维度下难以获得质的提升，产业定位与企业定位难以改变，面对不利于自身长远发展的现状，吉利将并购战略放到了全球，通过缜密准备，实现了蛇吞象的并购，为企业实现战略目标打下了基础。

（3）并购的前期准备充分。吉利在并购前期掌握了并购过程中出现的风险，从专业人才的聘请、政治风险的防范、资金的融资渠道到工会的调解方面都做了充分的准备。吉利的董事长李书福早在2007年就开始着手准备收购沃尔沃，与福特总部进行过多次协商。吉利坚信福特是出于战略性出售，并聘请了庞大的外部专业收购团队来进行辅导与协助，如并购事务顾问洛希父子公司、法律事务顾问富尔德律师事务所、财务事务顾问德勤会计师事务所、汽车公司整合咨询顾问罗兰贝格公司，以及全球知名的并购公关公司博然思维等，除此之外，华泰汽车总裁童志远和从事企业高管的沈辉联合加盟吉利。在专业机构的帮助下，吉利掌握了并购活动中所有的危机点。而美国在并购中也并没有夹杂任何政治因素，吉利作为民营企业的这个身份使海外收购经常遇到的"政治风险"减为最小。收购价格也大大低于此前报价，相关品牌、知识产权也均归属吉利所有。吉利多方筹措获得收购所需资金，融资方案得到了各方的踊跃参与。经过多次沟通与调解，沃尔沃工会也表态支持。最终，吉利击败众多竞争者，使得并购取得成功。

三、投资案例比较

通过将中投海外投资案例与吉利收购沃尔沃比较，虽然，中投公司的政府背景相较于民营企业的吉利而言会在东道国面临着更大的政治风险,阻碍投资顺利进行,但两者最大的差异是投资过程中对宏观经济环境的把握以及财务尽职调查的开展。

吉利集团为并购沃尔沃做了多年的前期准备工作,从自身发展战略出发,把握金融危机的机遇,开展详尽的财务尽职调查,充分考虑了并购中所涉及的各种风险,为之后的成功收购及后来吉利与沃尔沃的互惠共赢奠定了基础。在宏观经济环境方面,吉利利用金融危机许多外国的资产价值被严重低估之时,用较低的成本,获取到梦寐以求的汽车国际品牌、核心技术和国际营销渠道。在财务尽职调查方面,聘请国内或者国外的咨询公司等进行尽职调查,包括 Rotschild 投资银行、德勤财务顾问、富尔德律师事务所、中国海问律师事务所、瑞典 Cederquist 律师事务所和博然思维集团等都参与了尽职调查。经过多年的调查分析,了解了并购全过程能预见的风险,并采取相应措施进行规避。反观中投投资黑石公司,宏观经济环境方面,宏观投资环境的调查不到位,使得投资之后便遭遇金融危机,投资资金迅速缩水,接连亏损。财务尽职调查方面,缺乏全面的财务尽职调查。自身尚在筹备期便开始接触被投资目标,前后接洽不过三个月便作出最终投资的决策,尚未全面掌握被投资单位情况,贸然投资,使得投资资金被套牢 7 年。

综上,可以看出高质量的财务尽职调查能够有效规避企业海外投资中的重大风险。

第五节　总结与展望

一、总结

(一) 全球海外投资稳步增长,但未来仍具有较大的不确定性

2015 年世界经济增长缓慢,但全球对外投资流量强劲复苏,主要投向欧美等发达国家经济体;投资行业集中在服务业;全球跨国并购呈井喷式增长;国际整体投资政策趋向自由化与便利化发展,发展前景一片大好。但 2016 年全球外国直接投资流量明显下滑,其中欧洲地区的降幅达到近 30%。展望 2017 年,一系列不确定因素或将导致外国直接投资的复苏之路继续面临坎坷。因此,全球海外投资近年来虽稳步增长,但国际环境风云变幻,有着众多的不确定因素,这都会影响未来全球海外投资的发展趋势。

(二) 我国顺应全球化趋势,海外投资步入"黄金时期",但仍面临诸多挑战

2015 年,中国对外投资迈上新台阶,对外投资首超吸引外资,中国开始步入资本净输出阶段,投资流量首次位列全球第二。在投资主体方面,民企、国企齐头并进;主要投资到亚、欧及北美地区;并购与绿地投资都呈显著增长;制造业投资较多,投资行业整体呈多元化发展,我国现阶段海外投资迎来发展的"黄金时期",无论是发展数量还是质量都有了一定提升。我国抓住全球海外投资稳步增长的发展机遇,顺应全球化趋势,大力开展海外投资。但由于我国海外投资起步较晚,缺乏经验,缺乏战略规划和战略协调,投资

支持体系亟待改进，创新宏微观制度培育与改革不到位，前期财务尽职调查不完善以及后期投资整合不到位，再加之国际环境瞬息万变，使得我国海外投资仍面临着诸多挑战。

(三) 财务尽职调查能够有效识别被投资企业价值，规避企业海外投资中信息不对称风险

投资之前，由专业财务人员进行财务尽职调查可以通过账面信息对企业内在价值进行评估和考量，进一步发现目标企业的内在价值，为海外投资决策提供依据。同时，专业的财务人员针对目标企业与投资有关的财务状况进行审阅、分析和核查，如未决诉讼、大宗担保等预计负债，主要财产设施是否被抵押等，可以摸清目标企业真实的财务状况，有利于合理评估投资风险，尽可能减少财务风险和危机，有效规避海外投资过程中的信息不对称风险。

二、展望

(一) 顺应潮流，迎接挑战，加快"走出去"的步伐

现阶段，我国海外投资已取得一定的成效，我国应在现有发展水平基础上，进一步提升海外发展质量，提升我国企业的国际竞争力。企业更好地利用国际国内两个市场、两种资源，不断增强经济发展的动力和后劲，这是新常态下提高我国对外开放水平、促进经济结构调整、实现国民经济可持续发展的紧迫任务。中共十八大报告指出"加快走出去步伐，增强企业国际化经营能力，培育一批世界水平的跨国公司"。这为经济新常态下加快推进"一带一路"战略和"走出去"战略做出了战略部署。面对现有的国际环境，我国应迎接挑战，进一步提升对外开放水平，培育一批世界水平的跨国公司，推动中国主导的全球产业链升级。

(二) 全面分析，深入调查，开展高质量财务尽职调查

开展海外投资时，企业应在投资前通过各种渠道进行尽职调查，要从经营、财务等多个方面对外部经济环境和内部企业条件进行全面调查和研究，充分了解相关市场信息和法律法规，了解目标企业真实的经营业绩和财务状况以及目标企业所面临的潜在风险。通过对目标企业状况进行详尽调查，预测可能使目标企业出现不利情况的因素，力求得到无偏差的评估价值。另外，企业应聘请经验丰富、声誉良好的国际性中介机构，包括投资银行、会计师事务所、资产评估事务所、律师事务所，针对目标企业情况展开资料收集、尽职调查。对目标企业提供的信息进行证实，对重要性事项自行调查取证，以提高评估结果的中立性，力求将海外投资风险降到最低。

参考文献

[1] 曹雪刚. 关于跨国并购中财务尽职调查相关要素识别与分析 [J]. 中国乡镇企业会计，2015 (5)：225 - 226.

[2] 陈弘达. 财务审慎调查在企业并购中的应用 [J]. 中国注册会计师，2010 (6)：71 - 72.

[3] 陈中江. 财务尽职调查研究 [J]. 会计师，2012 (8)：3 - 5.

[4] 戴春宁. 中国对外投资项目案例分析——中国进出口银行海外投资项目精选 [M]. 北京：清华

大学出版社，2009.

　　[5] 郭璇．吉利汽车收购沃尔沃的成功案例及其启示 [J]．对外经贸实务，2010（12）：70 - 72.

　　[6] 韩秀丽．中国海外投资中的环境保护问题 [J]．国际问题研究，2013（5）：103 - 115.

　　[7] 黄河，Starostin Nikita．中国企业海外投资的政治风险及其管控——以"一带一路"沿线国家为例 [J]．深圳大学学报（人文社会科学版），2016（1）：93 - 100.

　　[8] 江苏高成创业投资管理有限公司．尽职调查实务及案例分析 [R]．中国法学会培训中心杭州会议，2010.

　　[9] 蓝虹．中国海外投资对东道国环境和社会的影响 [J]．中央财经大学学报，2013（7）：65 - 71.

　　[10] 李锋．中国企业海外投资风险：现状、成因与对策 [J]．现代管理科学，2016（3）：58 - 60.

　　[11] 李开孟．境外投资及其核准管理 [J]．中国投资，2007（4）：102 - 105.

　　[12] 联合国贸易和发展组织．全球投资趋势监测报告 [R]．联合国贸易和发展会议，2016.

　　[13] 联合国贸易和发展组织．世界投资报告 [R]．联合国贸易和发展会议，2016.

　　[14] 刘宏．跨国公司经营与管理　国际投资视角 [M]．大连：东北财经大学出版社，2014.

　　[15] 潘悦．全球化背景下中国海外投资的战略拓展 [J]．全球化，2013（8）：62 - 73.

　　[16] 普华永道．2016 年中国企业并购市场回顾与 2017 年展望 [R]．普华永道，2017.

　　[17] 秦米源．并购前的尽职调查与风险防范 [J]．广西社会科学，2013（2）：64 - 67.

　　[18] 盛东花．浅谈财务尽职调查 [J]．财会通讯，2013（5）：127 - 128.

　　[19] 王辉耀，苗绿．中国企业全球化报告 2016 [M]．北京：社会科学文献出版社，2016.

　　[20] 王璐．有效开展财务尽职调查的几点体会 [J]．中国注册会计师，2014（1）：94 - 96.

　　[21] 卫一夫，利嘉伟，罗英，原舒．中国企业海外并购新时代 [J]．首席财务官，2015（19）：50 - 53.

　　[22] 波士顿咨询公司．乘风破浪正当时——中国企业海外并购的势与谋 [R]．中国发展高端论坛，2015.

　　[23] 吴庆念．论财务尽职调查中的问题及其对策 [J]．商场现代化，2009（8）：316 - 317.

　　[24] 项代有．中国企业海外并购财务风险管控因素研究 [M]．上海：立信会计出版社，2015.

　　[25] 徐俊杰，单敏飞．中国海外投资面临哪些政治风险，如何防范 [J]．人民论坛，2016（31）：120 - 121.

　　[26] 徐凯，王定贤．海外投资并购中的法律风险防范 [J]．国际经济合作，2014（3）：26 - 29.

　　[27] 杨鉴淞，刘严萍．不完全信息下的企业并购 [J]．商业研究，2006（21）：96 - 98.

　　[28] 尹作亮．中国海外投资理论建构的探析 [J]．市场论坛，2006（8）：98 - 100.

　　[29] 张光红，王坤，吴航．中国投资有限责任公司海外投资案例分析 [J]．改革与战略，2009（1）：81 - 85.

　　[30] 中华人民共和国商务部，中华人民共和国国家统计局，国家外汇管理局．2015 年度中国对外直接投资统计公报 [M]．北京：中国统计出版社，2016.

　　[31] 朱加艳．企业并购中财务尽职调查风险探析——基于企业并购案例分析 [J]．商业会计，2016（12）：28 - 30.

　　[32] 祝宁波，李新广．中国海外投资利益、风险与保护状况分析 [J]．东岳论丛，2016（4）：187 - 192.

第七章 企业融资与上市程序

第一节 问题与背景

随着社会化大生产的发展,生产者自身的资本积累和有限的借贷资本已经难以满足企业发展的巨额资金需求。企业资金短缺已成为目前我国企业发展过程中所面临的普遍性问题。资金是企业资本循环的血液,是企业成长过程中一个重要的推动力量。所以企业融资对企业的发展而言是一个重要的环节。

从企业的融资方式来看,它可以分为两类:债务性融资和权益性融资。前者包括银行贷款、发行债券和应付票据、应付账款等,后者主要指股票融资。债务性融资构成负债,企业要按期偿还约定的本息,债权人一般不参与企业的经营决策,对资金的运用也没有决策权。权益性融资构成企业的自有资金,投资者有权参与企业的经营决策,有权获得企业的红利,但无权撤退资金。

当企业选择权益性融资时,就出现了企业通过向社会公开发行股票来筹措资金、建立股份有限公司的办法来使企业取得所需的资金,即企业上市融资。企业上市融资已成为一条现代企业融资发展、规范经营、做大做强的必经之路。世界百强企业无一不是上市公司。

从2016年至今,中小板、创业板IPO分别新增75家、139家上市公司。截至2017年4月29日凌晨,沪深两市共有3204家上市公司年报全部出炉(仅*ST烯碳无法按期披露)。总体来看,2016年全年所有A股公司合计实现营业收入325176.40亿元,同比增长10.21%,其中第四季度营收99002.25亿元,环比上升23.61%。企业上市融资极大地带动了企业的发展,提高了企业的收益能力。中国证监会主席刘士余在"2017中国金融学会学术年会暨中国金融论坛年会"上指出,在稳健中性的货币政策取向下,中国必须加快发展资本市场。我国资本市场对央行货币政策信号的反应应当比以往任何时候都要更加灵敏和及时,应当利用有效的货币政策时间窗口,不失时机地深化中国资本市场改革,不失时机地向货币政策借势借力,促进资本市场发展。资本市场的发展不仅促进了企业上市融资，而且对企业自身具有重大意义，同时对于地方经济的发展也有着举足轻重的作用。因此，我国当前及今后的重要工作即为大力发展资本市场，推动企业上市融资。

所以充分认识企业上市融资的意义，全面认识和了解企业融资与上市程序，大力发展资本市场，推动企业上市融资，是我国当前以及今后一段时间内的重要工作。因此，本章将企业融资与上市程序作为研究主体，分析并厘清上市企业的相关概念及理论，整理近年研究成果，并针对相应的案例进行分析，据此得出企业融资与上市程序相关结论，为今后我国企业的上市与融资发展提出有效建议。

第二节 研究回顾

一、关键概念

（一）融资

融资（Financing）即资金融通，有广义与狭义之分。广义上，它是指资金由资金供给者手中向资金需求者手中运动的过程。融资包括资金融入和融出这两个同时存在的方面，资金供给者融出资金，而资金需求者融入资金。狭义上，融资主要是指资金的融入。融资活动涉及三方面当事人，即资金融入者、资金融出者和为融资双方提供各种中介服务的银行或其他金融机构（如证券公司、证券交易所、投资银行等）。

（二）融资方式

从资金融入方面看，融资的主体是资金融入者，即资金需求者。根据融资主体的不同，可以分为政府融资、企业融资和个人融资等。从资金融出方面看，融资的主体是资金的融出者，即资金供给者。资金融出主体的不同，反映资金来源的不同。根据资金来源的不同，可以将融资分为内源融资和外源融资。

1. 内源融资和外源融资

内源融资是指企业依靠其内部积累进行融资并将其用于投资。它包括三种具体形式：资本金（除股本）、折旧基金转化为重置投资和留存收益转化为新增投资。外源融资则是指企业通过一定方式从该企业外部融入资金用于投资。按照融资优序理论，内源融资只有在企业创立初期或者发展到一定规模后才能发挥重要的作用，现实中大部分的企业总是存在着资金供求的矛盾，并因此推动着外源融资的发展。外源融资按融资时所采用信用方式的不同，可以分为直接融资（证券信用）和间接融资（银行信用）。直接融资就是企业直接从资金提供者那里取得资金，资金从盈余部门流向短缺部门不必通过金融中介机构。直接融资在融资形式上又可以分为债券融资和股票融资（主要是上市融资）。间接融资是指企业依靠商业银行等金融机构以信贷的形式取得资金，资金在盈余部门和短缺部门之间的流动是通过金融机构充当信用媒介实现的。

2. 上市融资

上市融资属于权益性外部融资，关于上市融资在理论界还没有明确的界定，根据相关文献以及人们共同的理解，在我国可以理解为上市企业从自身生产经营现状及资金运用情况出发，根据企业未来经营与发展策略的要求，通过证券市场，发行股票筹集生产经营所需要资金的一种经济活动。按照进入证券市场的方式，上市融资可以分为直接上市（首次公开发行股票）和间接上市（借壳上市）。前者是指通过IPO（首次公开发行）成为上市企业进行的融资活动，具体指将所经营公司的全部资本等额划分，表现为股票形式，经批准后上市流通，公开发行。流通中的股票由投资者直接购买，短时间内可筹集到巨额资金，即证券交易所承认的发行人在其交易所市场上从事公开挂牌交易的行为，该股票的发行公司也就成为上市公司。后者主要指通过借壳上市、MBO、控股大股东等间接方式成为上市企业的融资活动。

(三) 上市的相关概念

1. 首次公开募股

首次公开募股（Initial Public Offerings，IPO）是指一家企业或公司（股份有限公司）第一次将它的股份向公众出售（首次公开发行，指股份公司首次向社会公众公开招股的发行方式）。通常情况下，上市公司的股份是根据向证监会出具的招股说明书或登记声明中约定的条款通过经纪商或做市商进行销售。一般来说，一旦首次公开上市完成后，这家公司就可以申请到证券交易所或报价系统挂牌交易。有限责任公司在申请IPO之前，应先变更为股份有限公司。

另外一种获得在证券交易所或报价系统挂牌交易的可行方法是在招股书或登记声明中约定允许私人公司将它们的股份向公众销售。这些股份被认为是"自由交易"的，从而使得这家企业达到在证券交易所或报价系统挂牌交易的要求条件。大多数证券交易所或报价系统对上市公司在拥有最少自由交易股票数量的股东人数方面有着硬性规定。

2. 整体上市

整体上市是指上市公司通过收购其母公司的资产，或者是其母公司重新发行股票吸收合并上市公司股票，实现母公司上市。整体上市是相对于拆分上市而言的。

3. 拆分上市

拆分上市是指一个母公司通过将其在子公司中所拥有的股份，按比例分配给现有母公司的股东，从而在法律上和组织上将子公司的经营从母公司的经营中分离出去进而实现子公司上市。

(四) 资本市场结构

在资本市场上，不同的投资者与融资者有不同的规模大小与主体特征，存在着对资本市场金融服务的不同需求。投资者与融资者对投融资金融服务的多样化需求决定了资本市场应该是一个多层次的市场体系（如图7-1所示）。

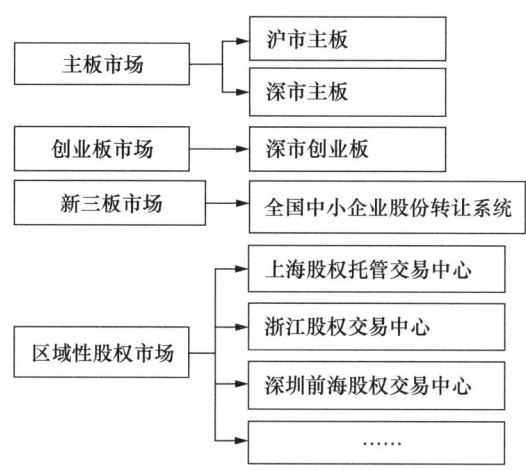

图7-1 多层次资本市场结构

我国资本市场从20世纪90年代发展至今，资本市场已由场内市场和场外市场两部分构成。其中场内市场的主板（含中小板）、创业板（俗称二板）和场外（场内）市场的全国中小企业股份转让系统（俗称新三板）、区域性股权交易市场、证券公司主导的柜台市场共同组成了我国多层次资本市场体系。

1. 主板市场

主板市场也称为一板市场，指传统意义上的证券市场（通常指股票市场），是一个国家或地区证券发行、上市及交易的主要场所。主板市场对发行人的营业期限、股本大小、盈利水平、最低市值等方面的要求标准较高，上市企业多为大型成熟企业，具有较大的资本规模以及稳定的盈利能力。

2004年5月，经国务院批准，中国证监会批复同意深圳证券交易所在主板市场内设立中小企业板块。从资本市场架构上也从属于一板市场。中国大陆主板市场的公司在上交所和深交所两个市场上市。主板市场是资本市场中最重要的组成部分，很大程度上能够反映经济发展状况，有"国民经济晴雨表"之称。

2. 创业板市场

创业板市场又称二板市场，是地位次于主板市场的二级证券市场，以NASDAQ市场为代表，在中国特指深圳创业板。创业板市场在上市门槛、监管制度、信息披露、交易者条件、投资风险等方面和主板市场有较大区别。其目的主要是扶持中小企业，尤其是高成长性企业，为风险投资和创投企业建立正常的退出机制，为自主创新国家战略提供融资平台，为多层次的资本市场体系建设添砖加瓦。2012年4月，深交所正式发布《深圳证券交易所创业板股票上市规则》，于2012年5月1日正式实施，并于2014年进行修订（深证上〔2014〕378号），将创业板上市规则加以完善。

3. 全国中小企业股份转让系统

全国中小企业股份转让系统，是经国务院批准设立的全国性证券交易场所，全国中小企业股份转让系统有限责任公司为其运营管理机构。2012年9月20日，公司在国家工商总局注册成立，注册资本30亿元。上海证券交易所、深圳证券交易所、中国证券登记结算有限责任公司、上海期货交易所、中国金融期货交易所、郑州商品交易所、大连商品交易所为公司股东单位。

由于全国中小企业股份转让系统的定位是"以机构投资者和高净值人士为参与主体，为中小微企业提供融资、交易、并购、发债等功能的股票交易场所"，因此，其市场生态、研究方法、博弈策略、生存逻辑等，都和以中小散户为参与主体的沪深股票市场有着显著的区别。

4. 区域性股权市场

区域性股权交易市场（下称"区域股权市场"）是为特定区域内的企业提供股权、债券的转让和融资服务的私募市场，一般以省级为单位，由省级人民政府监管，是我国多层次资本市场的重要组成部分，亦是中国多层次资本市场建设中必不可少的部分，对于促进企业特别是中小微企业股权交易和融资，鼓励科技创新和激活民间资本，加强对实体经济薄弱环节的支持，具有积极作用。

目前全国建成并粗具规模的区域股权市场有青海股权交易中心、天津股权交易所、齐鲁股权托管交易中心、上海股权托管交易中心、武汉股权托管交易中心、重庆股份转让系统、前海股权交易中心、广州股权交易中心、浙江股权交易中心、江苏股权交易中心、大连股权托管交易中心、海峡股权托管交易中心等十几家股权交易市场。

二、理论基础

（一）资本结构理论

最早的以MM理论为核心的资本结构理论单纯地注重外部因素对公司资本结构的影响。21世纪以来，资本结构理论以信息不对称为前提进而得以快速发展，学术界重点开始分析资本结构的内部因素。这些理论归纳起来主要包括委托代理理论、融资次序理论、信号传递理论、控制权理论、权益筹资风险理论、企业金融成长周期理论等。

1. 委托代理理论

Jensen和Meckling（1976）提出委托代理理论，首次将委托代理关系引入资本结构的分析框架中，发现代理成本是企业所有权结构的决定因素。该理论将公司资本结构看成是一种用来最小化代理成本的工具，指出企业内部和外部投资者之间潜在的冲突决定着最优的资本结构，企业要在代理成本和其他融资成本之间进行取舍，以实现企业价值最大化的目标。

2. 融资次序理论

融资次序理论是Myers提出的，该理论认为企业的融资决策应根据成本最小化原则来依次选择不同的融资方式，即企业融资选择总是先内源、后外源，在外源当中又总是先债务、后权益。Davidson（1989）在对瑞典小企业所有者（管理者）样本进行分析的基础上得出了类似的结论，即小企业增长最重要的动因是"预期金融回报"和"独立性的增长"，当预期增长可能导致所有者控制权的损失时，净的效应为延缓增长。换言之，当小企业扩张与独立发展发生矛盾时，所有者会保持企业的独立性为重。Lopez – Gracia 和 Aybar – Arias（2000）从控制权的角度提出了民营企业的融资次序。

3. 信号传递理论

Ross（1977）首次提出信号传递理论，他指出 MM 理论中假定了市场对公司的经营行为拥有充分信息，然而现实中经理人员本身是内部人，了解其企业收益的真实分布状态，而投资者不了解，如果市场高估企业证券价值，经理人员将从中受益；反之，如果企业破产，经理人员将受到相应的惩罚，因此投资者将高负债看作企业高质量的一个信号。对任一负债水平而言，低质量企业的边际预期破产成本都较高，其经理人难以模仿高质量企业进行债务融资。这样，高质量的企业通过发行更多的债券可以将自己与低质量的企业区分开。可见，该理论是市场有效为前提条件的。

4. 控制权理论

随着 20 世纪 80 年代接管活动的日益活跃，有关资本结构理论的研究重点转向探讨公司控制权与资本结构的关系。资本结构控制权理论就是以融资契约的不完全性为研究起点，以公司控制权的最优配置为研究目的，分析资本结构如何通过影响公司控制权进而影响公司价值。该理论的主要代表人物 Aghion 和 Bolton 认为，对于一个对企业控制权有偏好的经营者来说，企业融资结构的先后顺序是内部融资、发行股票、发行债券和银行贷款，但从有利于企业治理结构和建立约束监督机制来说，其融资结构的顺序正好相反。

5. 权益筹资风险理论

历来我国学术界均认为筹资风险主要是指债务筹资所带来的风险，即其具有到期不能还本付息使得企业破产的风险。这种筹资理论建立在企业所有者与经营者高度统一的背景下，在这样的背景下企业不需对自身产生的经济或法律责任负责，只需关注对于债权人还本付息的义务，权益筹资作为永久性资金没有风险。然而，随着社会经济的发展，现代公司制度的逐渐完善，企业所有者与经营者开始分离，企业的经营者作为管理人员要承担对所有者和债权人同时负责的双重责任。因此，企业权益筹资所带来的资金也存在一定的风险，而原有的主流筹资风险理论已经不能全面分析企业筹资所带来的风险。权益筹资风险具有客观性、隐蔽性以及可控性等特点。具体表现为当企业运用权益资金经营时会产生经营不确定性导致企业对资金使用结果无法判断的风险，同时还存在由于权益筹资带来股权结构变化所带来的风险，因此权益筹资风险具有客观性特点。由于权益筹集资金属于没有到期还本付息压力的永久性资金，且在目前的法律环境下，企业无须为投资或经营失败所带来的经济损失负责，因此许多企业无法意识到权益筹资的风险，从而掩盖了权益筹资具有风险的实质。同时权益筹资风险的释放具有渐进性，是企业多种问题日积月累的结果，一旦爆发，将会产生严重后果，给股东带来损失。因此，权益筹资风险与负债筹资风险相比，具有隐蔽性特征。权益筹资的可控性是指权益筹资风险可以被识别、分析和控制（罗放华，2006）。

6. 企业金融成长周期理论

20世纪70年代，Weston 与 Brigham 提出了企业生命周期的假说，Brigham 等将企业生命周期与融资结合，提出了企业金融成长周期理论。该理论认为，企业在其发展历程中普遍存在一个金融成长周期，即小的、新建的、信息不透明的企业多依赖内部融资、贸易融资或天使融资，当其逐步发展时，可获得间接融资，最后是通过公共权益和债务市场进行融资。该理论虽然涉及小企业的融资问题，但它只是对企业融资路径的一般性描述，不适用于所有的小企业，因为企业的规模、年龄和信息不透明程度等并不是完全相关的。Berger 和 Udell（1988）则指出小的、年轻的、信息不透明的企业多依赖于初始内部融资、贸易信贷或天使融资。Fluck（2000）在最优金融合约的框架下采用博弈论的分析方法，提出了一种较为独特的生命周期形态。他认为企业在发展初期将首先选择外部权益或可转债，然后是留存收益，最后是长期债务或外部权益。

（二）融资结构理论

1. 早期企业融资结构理论

早期融资结构理论对资本结构的研究建立在一系列假设基础上，并形成了完整、系统的资本结构理论体系。1952年，美国经济学家 D. Durand 在《企业债务和权益成本计量方法的发展和问题》中将当时企业融资结构的理解归纳为三种，提出了净收益理论、净营业收益理论和传统理论。

（1）净收益理论。

该理论认为在企业各种筹资方式中，负债成本率低于权益成本率；财务杠杆率的变动不影响负债成本率和权益成本率。基于以上两点认识所得出的结论是：企业采用债务融资总是有利的，利用负债融资，提高企业的财务杠杆比率，可降低总资本成本率，从而提高企业的市场价值。当企业100%使用债务资金时，企业的市场价值最大（赵建红，2004）。

（2）净营业收益理论。

该理论的基本观点是虽然负债成本率低于权益成本率，但提高财务杠杆率所产生的财务风险将导致权益成本率上升，从而抵消财务杠杆率的变动对资本成本率的影响。所以这种理论所依赖的基本假设是财务杠杆率的变动不会对企业资本成本率产生任何影响。基于这种假设所得出的结论是企业的资本结构和企业成本与企业的价值无关，不存在最佳资本结构优化问题。

（3）传统理论。

该理论是介于以上两种理论之间的一种折中理论，认为每个企业都存在一个最佳的资本结构，一般来讲，在最佳资本结构的点上，负债的实际边际成本率与权益资本的边际成本率相同。企业可以通过财务杠杆的使用来降低加权平均的资本成本，并增加企业的总价值，但财务杠杆的利用伴随着财务风险，从而引起债务资本成本和权益资本成本的提高。

2. 现代企业融资结构理论

现代资本结构理论形成于20世纪50年代，跨越到70年代后期，它以 MM 定理为中心，沿着两个主要分支发展：一个分支是探讨税收差异对资本结构的影响，被称为"税差学派"；另一个分支研究破产成本与资本结构的关系，发展成为财务困境成本学派，形成"破产成本主义"和"财务困境主义"，这两个分支最后合并为权衡理论。

(1) MM理论。

1958年美国经济学家Modigliani和Miller提出了MM理论，并在《美国经济评论》发表了著名的《资本成本、公司财务与投资管理》一文。在最初的MM理论中，Modigliani和Miller假设了一系列完善的资本市场条件，如无税收、无交易成本、无破产成本、无信息不对称问题等。在这些假设基础上，他们运用套利原理，证明企业的融资结构与其市场价值无关，即企业的总价值将不受资本结构变动的影响。然而，公司所得税是客观存在的，无税收的假设显然与现实不符，于是Modigliani和Miller（1963）在《企业所得税和资本成本：一项修正》中引入公司所得税因素，得出使企业市场价值最大化的最优融资结构应该全部为债务融资的结论。Miller（1976）在美国金融学会上所做的报告中引入个人所得税因素，指出当存在个人所得税时，负债经营的节税效应会被个人所得税所抵消，对企业价值的影响不像人们想象的那么大，这就是所谓的"米勒修订"。

修正后的MM理论虽然较先前有了一些改进，但在其理论背后的假设条件中，仍然存在非现实的假设——公司不承受任何与财务风险相关的成本。然而，在公司经营的现实条件下，随着公司负债比重的增加，不仅增加了公司减税收益（税收挡板效应），而且也增加了公司破产的可能性。

(2) 平衡理论。

根据修正的MM定理，企业负债越多，市场价值越大，最佳融资结构应当是100%的负债，这显然与事实不符，因此20世纪70年代末，一种新的企业融资结构理论——平衡理论诞生了。该理论在MM定理的基础上放松了关于无破产成本的假定，认为制约企业无限追求免税优惠的关键因素是由债务上升而形成的企业风险。由于债务的上升提高了企业陷入财务危机甚至破产的可能性，这种风险的增加使企业的额外成本（破产成本和代理成本）加大，从而降低了企业的市场价值。因此，最佳企业融资结构是在免税优惠带来的收益和债务上升带来的成本之间选择最适点。

平衡理论阐明了负债融资的两重性（收益和风险），通过引入均衡概念使企业融资结构具有了最优解的可能性，使企业融资结构理论大大地迈进了一步。

(3) 米勒模型。

1976年，正当平衡理论处于鼎盛期的时候，Miller发表了题为《债务与税收》的论文，对平衡理论进行了批评。他指出，平衡理论忽略了两个事实。根据当时的实例分析，破产成本只占企业资产的5%，不足以抵消免税优惠，而且，从20世纪20年代至50年代企业利润率从平均10%~11%上升到了52%，而非金融机构企业负债比在此期间却没有很大变化。接着，他引入个人所得税的作用，通过均衡税率的概念解释了企业负债率从整体上看依赖于企业税率和各收入等级的纳税人可以提供的资金来源，从个量分析和总量分析两方面再次证明了MM定理，即对单个企业而言，最佳企业融资结构是不存在的（李雯，2004）。

但是，Miller 的驳论建立在 1986 年美国税法改革以前的背景下，1986 年企业所得税下降到 34% 以后，利息免税优惠对企业的吸引力下降，因而企业可以转移给投资人的利息优惠也减少了，Miller 理论受到了挑战。

（4）新综合理论。

20 世纪 80 年代以后，一种试图综合平衡理论和米勒模型的新方法逐渐形成，它在米勒模型中引入平衡论的财务危机分析，综合了两种观点，因而被称为新综合理论。

新综合理论的主要特点是将不稳定因素引入市场均衡分析之中，指出企业的期望免税现值因受企业各种不稳定因素的影响是一个不稳定的量，一般随企业负债率的上升而下降。同时，举债并非获得免税优惠的唯一途径，因此，当存在其他免税途径时，企业通过增加债务融资来增加免税优惠的想法是不现实的。

（5）非对称信息论。

非对称信息论是在 20 世纪 70 年代发展起来的，其经典著作是 George Akerlof 的《有隐患的市场》。第一个尝试用非对称信息论来解释企业融资结构的是施蒂格利茨，其基本假设是企业经营者和投资者对企业破产概率有不同预测。但真正把这一理论引入企业融资结构分析中的却是罗斯。他放松了 MM 定理关于充分信息的假定，提出在非对称信息条件下，经营者知道企业的真实信息而投资者却不知道，因此只能通过经营者输送出来的信息间接地评价企业的市场价值。企业的负债—资产结构就是一种把内部信息传给市场的信号工具。负债—资产比上升意味着经营者对企业的未来收益有较高预期，企业的市场价值增大，因此是一种积极信号。此外，他还对破产企业的经营者加上了"惩罚"约束以确保信息的可靠性。继罗斯之后，Miles 和 Majluf 考察了非对称信息对企业融资成本的影响，在罗斯模型的基础上建立了企业的"融资顺序"理论。他们认为，由于破产风险和代理成本的存在，股票融资会被投资者视作企业经营不良的信号，从而低估企业的市场价值。

因此，企业融资的顺序首先是内部融资，其次是债券融资，最后才是股票融资。企业必须选择多种融资方式，并且最好遵循融资顺序这一结构安排。此外，激励理论和控制权理论也在非对称信息的假设下，分别对企业融资结构与经营者之间的关系以及企业融资结构与经营控制权之间的关系进行了研究，前者的代表人物是 Grossman 和 Hart（建立了担保模型），后者的代表人物是 Aghion 和 Bolton。以产品和要素投入市场相互作用的融资结构模型则将工业组织理论引入分析，从而探讨了在竞争的产品市场中企业融资结构和企业战略的关系以及企业融资结构与企业产品或要素投入之间的关系。

从以上分析可以发现，不同的理论和模型分别从不同的角度对企业融资结构进行了探讨，得出的结论也不尽相同，而非信息论的引入则使整个研究达到了一个新的高度，从而使现代企业融资结构理论呈现出多层次的特点。

（三）效率理论

现代经济学的核心是效率理论。古典经济学鼻祖 Adam Smith 在《国富论》中就阐述了经济学的精髓是分工效率理论和竞争效率理论。新古典经济学继承了亚当·斯密的竞争效率思想，却抛弃了其分工效率理论，用配置效率——帕累托效率，取代了效率概念，虽然树立了帕累托效率在经济学中的统治地位，却由于其狭隘性和静态性多遭批评。此后，在对主流效率理论进行批判的同时，新奥地利学派和新制度经济学提出了动态效率理论。具体可以分为管理协同效应论、经营协同效应论、财务协同效应论、多样化经营论，以及价值低估论。

（四）财务管理目标理论

财务管理目标理论是研究在一定社会经济环境下财务管理目标的形成、表现和实现的理论，是财务管理理论结构体系中的一个重要组成部分。财务管理目标理论是沟通财务管理理论与财务管理实践的桥梁。财务管理目标理论是财务管理理论系统和实践系统运行的定向机制。

三、文献回顾

企业融资是现代企业理论的重要组成部分。在公司融资中，企业的契约理论是基础。Coase（1937）开创了"企业的契约理论"。之后由 Alchian 和 Demsetz（1972）、Willamson（1975）、Jensen 和 Meckling（1976）、Ross（1977）、张五常（1983）、张维迎（1998）以及其他学者加以开拓，现代企业理论开始深入企业内部来研究企业的行为、活动，包括融资结构和行为。

1. 公司治理结构方面

Berle 和 Means（1932）最早提出公司治理问题，Jensen 和 Meckling（1976）、Fama 和 Jansen（1983）、林毅夫（1995）、张维迎（1998）、孙永祥（2002）等都在公司治理结构方面提出了自己的研究观点。公司治理结构方面资料充实，国内外学者进行了大量这方面的研究。

2. 资本结构理论方面

由于资本结构是融资结构的核心环节和基本内容之一，而融资结构对企业权力的分配具有决定性的影响，因此资本结构的研究及理论演进对公司融资影响深远。Modigliani 和 Miller（1958）在《美国经济评论》第 48 卷发表的《资本成本、公司财务以及投资理论》被视为资本结构新研究时代的开启。MM 最早基于完美市场，提出在没有税收的情况下，杠杆公司的价值与无杠杆公司的价值相等。换句话说，此时公司价值与资本结构无关。经过 MM 自身的修订和补充，MM 定理进一步发展和完善，形成了两个分支：一支主要研究企业所得税、个人所得税和资本利得税之间的税差与企业融资结构的关系，通常称为"税差学派"，以 Farrar（1967）、Shavell（1966）、Brennan（1978）等为代表；另一支主要研究企业破产成本对企业融资结构的影响问题，称为"破产成本学派"，以 Betker（1978）、Altman（1968）等为代表。

Robichek（1967）、Scott（1976）、Rubinmstein（1973）、Mayers（1984）等对两个分支归纳总结，最终形成了平衡理论：企业最优融资结构取决于各种税收收益与破产成本之间的平衡。随着20世纪70年代非对称信息理论研究的发展，Mayers（1984）、Narayanan（1978）等诸多学者开始从不对称信息的角度对企业融资问题进行研究，其中包括新优序理论、代理成本理论、控制权理论、信号理论等。新优序融资理论（The Pecking Order Theory）指出，企业最优的融资顺序为内部融资、债务融资、股权融资（Mayers，1984）。依据代理理论、企业理论和财产所有权理论，对信息不对称下的企业融资结构问题进行系统的分析和解释，创立了代理成本学说（Jensen 和 Meckling，1976）。Harris 和 Raviv（1990），Aghion 和 Bolton（1992）根据模型，延续 Jensen 和 Meckling 的研究思路，提出了企业的控制权理论，该理论基于企业融资结构，提出企业在决定收入分配的同时，也决定了企业控制权的分配，最优的负债数量取决于在信息和惩戒管理者机会的价值与发生调查成本的概率之间的平衡，这些理论都客观分析了负债对企业资本结构与企业价值的影响，强调合适的负债比例才能实现企业的最低资本成本及最大市场价值。国内基于资本结构方面的研究更多的是基于实证的研究，研究不同条件下企业融资结构对融资的影响。

3. 私募股权方面

作为高新技术中小企业的典型代表，互联网公司深受 PE、VC 的青睐，同时，PE 和 VC 也是互联网公司的最初融资来源。Josh Lerner（1997）对全球 PE 自20世纪80年代到1995年的发展进行了回顾，并对比分析了美国和欧洲发展不同的原因。随着 PE 术语的应用，创业投资不仅包含对企业早期的投资，也包括企业后期的投资和收购（Mike Wright 和 Ken Robble，1998）。一方面，创业企业的经营团队能力和努力对创业企业成功至关重要，需将经营团队和投资企业的利益紧紧"绑"在一起；另一方面，创业企业的经营团队可能为了获得更多的个人好处而采取机会主义行为，损害投资企业的利益，有必要在合同中将一部分控制权配置给投资企业（与所有权配置无关）以提高投资效率，科斯定理在创业投资上的体现就是创业投资机构为"寻找对方"支付"寻找费用"（Gompers，1993）。进一步，Neher（1998）从人力资本的专有性角度解释了分期投资机制，分期投资机制能减少创业企业家的承诺。Black 和 Gilson（1999）从创业企业内部控制权对创业企业家的激励角度出发，运用博弈论的研究方法，比较了 IPO 和企业并购对企业资本退出战略选择的影响，认为股权式融资将使企业更加大胆，而债务资本上升将使企业更加保守。此外，还有学者利用收集的硅谷风险投资的数据进行 Probit 回归和风险比率模型的实证分析认为，创新型的风险企业相对更容易获得风险投资（Hellmann 和 Puri，2000）。

4. 中小企业的上市融资方面

陈稳进（2002）对中外企业的融资结构进行比较分析，并针对中国企业给出建议；在经济转轨时期我国中小企业的融资行为符合西方成熟国家的金融成长周期理论（陈晓红和刘剑，2003）；通过考察发达国家自公司制企业诞生以来企业融资方式的变化，发现企业融资具有明显的阶段性（马建春，2005）；吴晓灵（2006）对私募股权基金对中国资本市场发展的作用、中国发展私募股权基金的紧迫性和政策环境进行了研究；邓康桥（2006）对私募股权投资存在的委托代理风险和投资价值评估风险进行了分析并提出了一些政策建议；刘建勇（2009）从中小企业融资结构的意义、现状特点、影响因素与优化措施、变化规律四个方面对我国中小企业融资结构的研究现状进行了综述。

5. 融资结构方面

根据林毅夫和姜烨（2006）、林毅夫和孙希芳（2008）、林毅夫等（2009）、林毅夫和徐立新（2012）提出的新结构经济学最优金融结构理论，处于不同经济发展阶段的经济体具有不同的要素禀赋结构，并由此内生决定了与其相适应的最优产业结构。姚耀军和董钢锋（2013）基于2005~2011年中国省级面板数据考察了金融发展和金融结构对技术进步的影响。刘芹（2012）认为通过知识产权质押的方式可以缓解创新性中小企业的融资问题。通过分析深圳、重庆、成都、西安、武汉和北京等多个地区高新技术企业及风险投资情况，得出突变创新的高新技术企业倾向于获得风险资本融资，而创新幅度较小的渐进创新高新技术企业倾向于获得债务资本融资；风险资本促使企业倾向于采取积极的市场战略，债务资本促使企业采取适度的市场策略；产品创新特性对企业产品市场策略的制定具有显著的影响（龙勇、常青华，2008）。

第三节　制度背景

一、企业上市融资政策

根据2015年12月30日中国证券监督管理委员会《关于修改〈首次公开发行股票并上市管理办法〉的决定》，《首次公开发行股票上市管理办法》对企业发行条件、发行程序、详细披露、监督管理，以及监管和处罚提出做了详细的规定。

1. 总则

为了规范首次公开发行股票并上市的行为，保护投资者的合法权益和社会公共利益，根据《证券法》、《公司法》，制定本办法。在中华人民共和国境内首次公开发行股票并上市，适用本办法。境内公司股票以外币认购和交易的，不适用本办法。首次公开发行股票并上市，应当符合《证券法》、《公司法》和本办法规定的发行条件。

发行人依法披露的信息，必须真实、准确、完整，不得有虚假记载、误导性陈述或者重大遗漏。保荐人及其保荐代表人应当遵循勤勉尽责、诚实守信的原则，认真履行审慎核查和辅导义务，并对其所出具的发行保荐书的真实性、准确性、完整性负责。为证券发行出具有关文件的证券服务机构和人员，应当按照本行业公认的业务标准和道德规范，严格履行法定职责，并对其所出具文件的真实性、准确性和完整性负责。

中国证券监督管理委员会（以下简称"中国证监会"）对发行人首次公开发行股票的核准，不表明其对该股票的投资价值或者投资者的收益作出实质性判断或者保证。股票依法发行后，因发行人经营与收益的变化引致的投资风险，由投资者自行负责。

2. 发行条件

（1）主体资格。

发行人应当是依法设立且合法存续的股份有限公司。经国务院批准，有限责任公司在依法变更为股份有限公司时，可以采取募集设立方式公开发行股票。自股份有限公司成立后，持续经营时间应当在三年以上，但经国务院批准的除外。有限责任公司按原账面净资产值折股整体变更为股份有限公司的，持续经营时间可以从有限责任公司成立之日起计算。注册资本已足额缴纳，发起人或者股东用作出资的资产的财产权转移手续已办理完毕，发行人的主要资产不存在重大权属纠纷。生产经营符合法律、行政法规和公司章程的规定，符合国家产业政策。发行人最近三年内主营业务和董事、高级管理人员没有发生重大变化，实际控制人没有发生变更。股权清晰，控股股东和受控股股东、实际控制人支配的股东持有的发行人股份不存在重大权属纠纷。

（2）规范运行。

发行人已经依法建立健全股东大会、董事会、监事会、独立董事、董事会秘书制度，相关机构和人员能够依法履行职责。发行人的董事、监事和高级管理人员已经了解与股票发行上市有关的法律法规，知悉上市公司及其董事、监事和高级管理人员的法定义务和责任。发行人的董事、监事和高级管理人员符合法律、行政法规和规章规定的任职资格，且不得有下列情形：

第一，被中国证监会采取证券市场禁入措施尚在禁入期的。

第二，最近36个月内受到中国证监会行政处罚，或者最近12个月内受到证券交易所公开谴责。

第三，因涉嫌犯罪被司法机关立案侦查或者涉嫌违法违规被中国证监会立案调查，尚未有明确结论意见。

发行人的内部控制制度健全且被有效执行，能够合理保证财务报告的可靠性、生产经营的合法性、营运的效率与效果。发行人不得有下列情形：

第一，最近36个月内未经法定机关核准，擅自公开或者变相公开发行过证券，或者有关违法行为虽然发生在36个月前，但目前仍处于持续状态。

第二，最近36个月内违反工商、税收、土地、环保、海关以及其他法律、行政法规，受到行政处罚，且情节严重。

第三，最近36个月内曾向中国证监会提出发行申请，但报送的发行申请文件有虚假记载、误导性陈述或重大遗漏；或者不符合发行条件以欺骗手段骗取发行核准；或者以不正当手段干扰中国证监会及其发行审核委员会审核工作；或者伪造、变造发行人或其董事、监事、高级管理人员的签字、盖章。

第四，本次报送的发行申请文件有虚假记载、误导性陈述或者重大遗漏。

第五，涉嫌犯罪被司法机关立案侦查，尚未有明确结论意见。

第六，严重损害投资者合法权益和社会公共利益的其他情形。

发行人的公司章程中已明确对外担保的审批权限和审议程序，不存在为控股股东、实际控制人及其控制的其他企业进行违规担保的情形。发行人有严格的资金管理制度,不得有资金被控股股东、实际控制人及其控制的其他企业以借款、代偿债务、代垫款项或者其他方式占用的情形。

(3) 财务与会计。

发行人资产质量良好,资产负债结构合理,盈利能力较强,现金流量正常。内部控制在所有重大方面是有效的,并由注册会计师出具了无保留结论的内部控制鉴证报告。会计基础工作规范,财务报表的编制符合企业会计准则和相关会计制度的规定,在所有重大方面公允地反映了发行人的财务状况、经营成果和现金流量,并由注册会计师出具了无保留意见的审计报告。财务报表的编制应以实际发生的交易或者事项为依据;在进行会计确认、计量和报告时应当保持应有的谨慎;对相同或者相似的经济业务,应选用一致的会计政策,不得随意变更。发行人应完整披露关联方关系并按重要性原则恰当披露关联交易。关联交易价格公允,不存在通过关联交易操纵利润的情形。发行人应当符合下列条件:

第一,最近三个会计年度净利润均为正数且累计超过人民币3000万元,净利润以扣除非经常性损益前后较低者为计算依据;

第二,最近三个会计年度经营活动产生的现金流量净额累计超过人民币5000万元,或者最近三个会计年度营业收入累计超过人民币3亿元;

第三,发行前股本总额不少于人民币3000万元;

第四,最近一期末无形资产(扣除土地使用权、水面养殖权和采矿权等后)占净资产的比例不高于20%;

第五,最近一期末不存在未弥补亏损。

发行人依法纳税,各项税收优惠符合相关法律法规的规定。发行人的经营成果对税收优惠不存在严重依赖。其不存在重大偿债风险,不存在影响持续经营的担保、诉讼以及仲裁等重大或有事项。发行人申报文件中不得有下列情形:

第一,故意遗漏或虚构交易、事项或者其他重要信息;

第二,滥用会计政策或者会计估计;

第三,操纵、伪造或篡改编制财务报表所依据的会计记录或者相关凭证。

发行人不得有下列影响持续盈利能力的情形:

第一,发行人的经营模式、产品或服务的品种结构已经或者将发生重大变化,并对发行人的持续盈利能力构成重大不利影响;

第二,发行人的行业地位或发行人所处行业的经营环境已经或者将发生重大变化,并对发行人的持续盈利能力构成重大不利影响;

第三,发行人最近一个会计年度的营业收入或净利润对关联方或者存在重大不确定性的客户存在重大依赖;

第四,发行人最近一个会计年度的净利润主要来自合并财务报表范围以外的投资收益;

第五,发行人在用的商标、专利、专有技术以及特许经营权等重要资产或技术的取得

或者使用存在重大不利变化的风险;

第六,其他可能对发行人持续盈利能力构成重大不利影响的情形。

3. 发行程序

发行人董事会应当依法就本次股票发行的具体方案、本次募集资金使用的可行性及其他必须明确的事项作出决议,并提请股东大会批准。股东大会就本次发行股票作出的决议,至少应当包括下列事项:

第一,本次发行股票的种类和数量;

第二,发行对象;

第三,价格区间或者定价方式;

第四,募集资金用途;

第五,发行前滚存利润的分配方案;

第六,决议的有效期;

第七,对董事会办理本次发行具体事宜的授权;

第八,其他必须明确的事项。

发行人应当按照中国证监会的有关规定制作申请文件,由保荐人保荐并向中国证监会申报。特定行业的发行人应当提供管理部门的相关意见。中国证监会收到申请文件后,在5个工作日内作出是否受理的决定。中国证监会受理申请文件后,由相关职能部门对发行人的申请文件进行初审,并由发行审核委员会审核。中国证监会在初审过程中,将征求发行人注册地省级人民政府是否同意发行人发行股票的意见。依照法定条件对发行人的发行申请作出予以核准或者不予核准的决定,并出具相关文件。自中国证监会核准发行之日起,发行人应在6个月内发行股票;超过6个月未发行的,核准文件失效,须重新经中国证监会核准后方可发行。发行申请核准后、股票发行结束前,发行人发生重大事项的,应当暂缓或者暂停发行,并及时报告中国证监会,同时履行信息披露义务。影响发行条件的,应当重新履行核准程序。股票发行申请未获核准的,自中国证监会作出不予核准决定之日起6个月后,发行人可再次提出股票发行申请。

4. 信息披露

发行人应当按照中国证监会的有关规定编制和披露招股说明书。招股说明书内容与格式准则是信息披露的最低要求。不论准则是否有明确规定,凡是对投资者作出投资决策有重大影响的信息,均应当予以披露。发行人应当在招股说明书中披露已达到发行监管对公司独立性的基本要求。发行人及其全体董事、监事和高级管理人员应当在招股说明书上签字、盖章,保证招股说明书的内容真实、准确、完整。保荐人及其保荐代表人应当对招股说明书的真实性、准确性、完整性进行核查,并在核查意见上签字、盖章。招股说明书中引用的财务报表在其最近一期截止日后6个月内有效。特别情况下发行人可申请适当延长,但至多不超过1个月。财务报表应当以年度末、半年度末或者季度末为截止日。招股说明书的有效期为6个月,自中国证监会核准发行申请前招股说明书最后一次签署之日起计算。

申请文件受理后、发行审核委员会审核前，发行人应当将招股说明书（申报稿）在中国证监会网站（www.csrc.gov.cn）预先披露。发行人可以将招股说明书（申报稿）刊登于其企业网站，但披露内容应当完全一致，且不得早于在中国证监会网站的披露时间。

发行人及其全体董事、监事和高级管理人员应当保证预先披露的招股说明书（申报稿）的内容真实、准确、完整。预先披露的招股说明书（申报稿）不是发行人发行股票的正式文件，不能含有价格信息，发行人不得据此发行股票。发行人应当在预先披露的招股说明书（申报稿）的显要位置声明："本公司的发行申请尚未得到中国证监会核准。本招股说明书（申报稿）不具有据以发行股票的法律效力，仅供预先披露之用。投资者应当以正式公告的招股说明书全文作为作出投资决定的依据。"发行人应当在发行前将招股说明书摘要刊登于至少一种中国证监会指定的报刊，同时将招股说明书全文刊登于中国证监会指定的网站，并将招股说明书全文置备于发行人住所、拟上市证券交易所、保荐人、主承销商和其他承销机构的住所，以备公众查阅。

保荐人出具的发行保荐书、证券服务机构出具的有关文件应当作为招股说明书的备查文件，在中国证监会指定的网站上披露，并置备于发行人住所、拟上市证券交易所、保荐人、主承销商和其他承销机构的住所，以备公众查阅。发行人可以将招股说明书摘要、招股说明书全文、有关备查文件刊登于其他报刊和网站，但披露内容应当完全一致，且不得早于在中国证监会指定报刊和网站的披露时间。

5. 监管和处罚

发行人向中国证监会报送的发行申请文件有虚假记载、误导性陈述或者重大遗漏的，发行人不符合发行条件以欺骗手段骗取发行核准的，发行人以不正当手段干扰中国证监会及其发行审核委员会审核工作的，发行人或其董事、监事、高级管理人员的签字、盖章系伪造或者变造的，除依照《证券法》的有关规定处罚外，中国证监会将采取终止审核并在36个月内不受理发行人的股票发行申请的监管措施。

保荐人出具有虚假记载、误导性陈述或者重大遗漏的发行保荐书，保荐人以不正当手段干扰中国证监会及其发行审核委员会审核工作的，保荐人或其相关签字人员的签字、盖章系伪造或变造的，或者不履行其他法定职责的，依照《证券法》和保荐制度的有关规定处理。

证券服务机构未勤勉尽责，所制作、出具的文件有虚假记载、误导性陈述或者重大遗漏的，除依照《证券法》及其他相关法律、行政法规和规章的规定处罚外，中国证监会将采取12个月内不接受相关机构出具的证券发行专项文件，36个月内不接受相关签字人员出具的证券发行专项文件的监管措施。

发行人、保荐人或证券服务机构制作或者出具的文件不符合要求，擅自改动已提交的文件，或者拒绝答复中国证监会审核中提出的相关问题的，中国证监会将视情节轻重，对相关机构和责任人员采取监管谈话、责令改正等监管措施，记入诚信档案并公布；情节特别严重的，给予警告。

发行人披露盈利预测的，利润实现数如未达到盈利预测的80%，除因不可抗力外，其法定代表人、盈利预测审核报告签字注册会计师应当在股东大会及中国证监会指定报刊上公开作出解释并道歉；中国证监会可以对法定代表人处以警告。利润实现数未达到盈利预测的50%的，除因不可抗力外，中国证监会在36个月内不受理该公司的公开发行证券申请。

二、多层次资本市场的发展和完善

如表7-1所示，历时11年，以主板（含中小板）、创业板、新三板、区域性股权交易中心为内涵的多层次资本市场体系基本形成。

表7-1 我国多层次资本市场的形成

时间	事件
2003年10月	党的十六届三中全会通过《关于完善社会主义市场经济体制若干问题的决定》，明确提出"要建立多层次资本市场"体系
2004年5月	深交所中小企业板设立
2006年1月	证券业协会颁布《证券公司代办股份转让系统中关村科技园区非上市股份有限公司股份报价转让试点办法》，俗称"新三板"市场建立
2009年10月	创业板市场设立
2013年1月	全国中小企业股份转让系统正式揭牌运行

在我国已初步建立起多层次资本市场的前提下，要使资本市场进一步发展和扩大，核心问题是把融资市场变成真正的投资市场，把投机市场变成长期投资市场。第一，就股票市场而言，我国已有主板市场，中小板市场，创业板市场，新三板市场，H股、红筹股市场，最近又开通了沪港通交易市场。第二，在债券市场，公司债、企业债得到了长足的发展。第三，投资基金市场得到了迅速发展，公募基金规模不断扩大，私募基金也异军突起，而且阳光私募也逐步公开化和合法化。过去所谓的阳光私募是不公开、不合法的，有的人或公司定向募集了一些基金投资于证券市场，没有法律保障，目前已得到法律的保护。此外，创投基金、产业投资基金也发展很快，最近网络股权众筹也很火热，也属资本市场的一部分。股权众筹不是P2P，而是通过股权方式定向募集小额资金投资小规模的项目，网络股权众筹会发展很快。第四，信托业得到恢复和发展，信托业管理的资金规模已经超过了保险业，目前大概管理了10万亿元的资产。第五，期货、期权市场也在平稳发展。商品期货交易已经比较成熟，近几年又推出了金融期货，近期有可能推出其他金融期货品种，如股指期权等。

因此，中国的多层次资本市场已经初步形成，也粗具规模，但仍存在一定问题和有待完善的空间。

（一）我国资本市场的缺陷

第一，我国资本市场规模不够大，结构不合理，还没有充分发挥出资本市场调配社会资源和企业资源的作用。目前股票市场发展缓慢，规模很小，企业债券市场规模更小，很难发挥出调配企业资源和社会资源的作用。从中国融资规模和融资效果来看，仍然以间接融资、银行融资为主，资本市场的融资规模很小。从融资占比看，企业债券占比为10.4%，非金融企业境内股票融资占比只为1.3%。近几年，我国每年的股票融资占整个社会的融资基本在5%左右，2007年，股市达到6000点时，股票融资额占银行贷款新增额的10%。后面几年都是5%左右。在这种情况下，我们很难通过资本市场调配企业和社会资源。

第二，证券发行和交易行政化、计划化、审批化。长期以来，我国证券发行和交易存在行政化、计划化和审批化特点，这是制约中国资本市场发展最大的一个障碍。发行股票、债券首先要报计划，等审批。《证券法》虽然规定证券发行实行核准制，实质上还是审批制。到现在为止，还积压着600多家拟上市公司等待审核。

目前，虽然不控制额度和规模，但对拟上市公司还实行严格审核制度，而且主要审核企业盈利能力，导致企业长时间无法上市。当股票市场不好的时候，为了稳定市场来停发新股，不仅没有起到稳定市场的作用，反而使拟上市公司数量越积越多。我国债券市场，尤其是企业债券和公司债券市场的问题更多，可谓层层审批，多头管理，导致债券市场发展缓慢，在这种情况下，很难发挥资本市场的效率和作用。

第三，众多中小企业未能从资本市场上获得股权和债权融资。目前，主板以大型企业为主，而且大多是国有企业改制的股份制企业，而最初市场上民营上市公司非常少。为了使众多中小企业、自主创新企业能够发行和上市，2004年开设了中小板市场，2009年又开设了创业板市场，两个市场在近几年有了较快发展，但仍无法满足众多中小企业融资需求。我国现有4000多万家中小企业，登记在册的达1280万家，只靠中小板市场、创业板市场目前的发行速度，很难解决中小企业融资难的问题。

第四，广大中小投资者的权益未能得到很好的保护，未能分享到资本市场的财富效应。中国资本市场投资者到目前为止90%是散户，他们把钱给了企业，但是并未得到相应的回报。相当一部分企业多年不分红或象征性分红，而大部分上市公司的分红公告几乎千篇一律。有人说，投资者应当从市场上卖出，获得资本利得。事实上，中小投资者无法获得一级市场股票，大部分人是通过二级市场高价买进的，在股市低迷的情况下，可以说是买一只套一只，目前在股市行情上涨的情况下还有相当一部分中小投资者没有解套。在资本市场发展的同时，老百姓却被套牢了，这就是残酷的现实。

中国资本市场是一个典型的融资市场、典型的投机市场。要使资本市场进一步发展和扩大，核心问题是把融资市场变成真正的投资市场，把投机市场变成长期投资市场。只有把市场建成能够保护投资者，尤其是广大中小投资者合法权益的市场，并且是一个能投资、有回报、可赚钱的市场，资本市场才能健康发展。

（二）推进资本市场市场化改革

1. 加快推进股票发行注册制

实现股票发行注册制，要做好充分准备，尽快制订注册制改革方案。因为我国股票市场还存在一些制度缺陷，在相关法律法规上也不够完善，应分步从核准制过渡到注册制。

(1) 转变证监会职能。

要从核准制过渡到注册制，首先要做到监审分开。企业发行股票和上市首先由证券交易所来审，在证券交易所初审后再上报证监会审查，证监会对拟发行公司不作价值判断，主要审查是否合规，信息披露是否真实。建议逐步把股票发审权下放到证券交易所。

实行股票发行注册制不是不要监管，而是要改变监管内容与方式。证监会的主要职能是监督管理上市公司合法经营，维护资本市场秩序，打击和惩罚各种违法行为，保护投资者合法权益，进而保障资本市场健康运行。但是，多年来证监会把主要精力放在对新股发行的审核上，没有更多精力对上市公司和市场进行有效监管。应将事前审核转变为事中和事后监管。

(2) 推动交易所改制。

目前，我国证券交易所实质上是政府机构的延伸，交易所直属于证监会，并且交易所与证监会之间形分实不分。在现行体制下，如果发审权下放到交易所容易造成证监会"自我监管"的无效性。

只有通过改制，才能强化交易所的自律地位，使其可通过制定适合自身需求的上市和退市规则，行使发审权，对申报资料的齐备性、上市公司信息披露等事项独立行使审核权。交易所改制还有利于改善交易所的竞争环境，促使交易所提升服务质量，不断降低成本，改善治理结构，提高市场效率，实现资源优化配置。

(3) 强化信息披露质量，建立追责机制。

市场中介机构未来要更加严格审核拟上市公司，如果发现拟上市公司有问题而不作为，作为中介机构都有责任。如果拟上市公司出现虚假陈述等问题，拟上市公司和中介机构都要受到处罚。

应通过落实发行人和中介机构的主体责任，推动各方归位尽责，强化信息披露的真实性、准确性、完整性和及时性，提升发行人信息披露质量，抑制虚假信息、包装上市，全面揭示可能存在的风险和可能影响投资人决策的信息。对于造假机构，应建立投诉、问责和索赔机制，加大处罚力度，通过吊销营业执照、市场禁入等措施加以震慑。

(4) 强化公司治理和内控制度建设。

为提高拟上市公司透明度，加强对公众投资者的保护，应强化发行人在健全公司治理及内控方面的监管。考虑引入独立第三方对拟上市公司的公司治理进行风险评析，为投资者在新股认购时提供参考，推进发行人内部控制规范体系建设，强化资本约束、市场约束和诚信约束，并通过加大监管力度，督促拟上市公司不断提高治理水平。完善内部分红制度和退市制度。

(5) 完善发行审核的法律法规。

目前我国发行审核制度所依据的法律规范主要是《公司法》、《证券法》以及证券监管部门公布的相关准则和指导意见等，没有形成系统的证券法律法规体系，在对违法责任处罚方面，侧重于行政处罚，缺乏相应的民事和刑事处罚。

应当继续完善和健全有关股票发行的法律和法规,加强执法力度,推行集体诉讼制度,抓紧时间修改《证券法》,给股票发行实行"注册制"以明确法律确认。

2. 建议将中小板市场和创业板市场合并,建立真正的创业板市场

改革创业板市场,可降低财务准入门槛,申报企业不再限于新能源等九大行业,建立小额、快速、灵活的再融资机制;加速创业板发行和上市制度,完善退市制度。

建议先在创业板试点注册制,企业发行和上市,不要经过证监会审核(需备案),交易所审查通过后即可发行上市。

3. 发展和完善"新三板"市场

将"新三板"挂牌公司范围扩大到全国符合条件的中小微企业,包括广大新兴产业企业。股份公司不分行业地域、不论规模大小,均可申请挂牌,进行股份转让、定向融资和并购重组。对企业以往盈利不必严格要求,主要看企业主营业务和盈利前景。建立和完善转板机制,符合转板条件的允许转板。在这个市场上试行做市商制度,实行注册制。

4. 发展和建立场外交易市场(四板市场)

国务院发布的《服务业发展"十二五"规划》明确指出,大力发展资本市场,完善多层次资本市场体系,推进建立全国性场外交易市场。

支持区域性股权市场规范发展,研究制定市场定位、发展路径、监管框架等具体规则,进一步拓宽广大新兴产业企业对接资本市场的渠道。

将区域性股权交易市场变成真正的场外交易市场(庄斌和郑鈜,2013)。众多中小企业可以在区域性股权交易市场中发行、上市,通过电子化发行和交易,实现发行交易即时连接,发行即开始交易,缩小发行和交易的价格差别。在区域性股权交易市场上直接实行注册制。

5. 发展和规范并购、资产重组市场

通过资本市场股权收购、出卖、置换进行企业兼并和重组。在兼并、重组、参股、控股、收购出卖国有资产、引进战略投资者的过程中应当坚持市场化原则。

摒弃计划、行政、指定(拉郎配)方式进行企业兼并重组。完全根据自愿、需要的原则。重组并购是企业行为、市场行为,除非关系国计民生的特重大项目需经过审批外,其他重组与并购应采取备案制、注册制原则。重组并购要坚持公开、公平、公正和透明原则,坚持市场定价原则,尽量避免协议定价、指定定价和审批定价,避免重组并购过程中出现以权谋私、国有资产流失和侵犯投资者权益的情况。

6. 进一步发展和完善企业债券、公司债券市场

取消债券发行行政审批、计划审批,采取登记注册制。只要企业资产评估、信用评估符合条件,有还款能力,应允许发行,价格由市场、企业自定,重点发行上市公司普通债和可转换债。推出不设行政审批、没有财务准入门槛的中小企业私募债,为广大新兴产业企业拓宽了直接融资渠道。将中小企业私募债发行主体拓展到"新三板"挂牌公司,以方便更多的企业在债券市场获得发展资金。

凡是能在市场上进行交易的债券,都由一个监管部门统一监管。

7. 放开和规范私募市场

由于私募基金的市场化程度高、业态多样，证监会在私募投资基金监管领域应不设前置审批，由中国证券投资基金业协会实施自律管理，阳光私募按《证券投资基金法》管理。创业投资基金和股权投资基金发行实行注册登记制。

鼓励和支持网络股权众筹投资小型项目。众筹和目前的风险投资、私募股权基金是不一样的。众筹都是一个个小项目，先有项目，然后找一些人去筹资。众筹之后，需要成立公司，而这个公司是属于有限合伙性质。最终不是由普通投资者来控制公司，而是由发起人（众筹人）来控制公司投资。普通参与者不负无限责任，而是负有限责任，按照实际投资收益得到回报。现在的风险投资、产业投资，都是很大的投资，同时也存在很多问题，比如私募股权基金会先画饼、画图，再把钱"圈"起来，但不一定有合适的投资项目。

资本市场对于中国经济发展、经济改革以及经济结构的调整起到非常重要的作用，多层次资本市场发展还有很大潜力。只要进一步推进资本市场的市场化改革，加强资本市场制度建设，保护投资者的合法权益，增强投资者的信心，同时培育机构投资者，吸引养老金、保险资金等长期投资者入市，中国资本市场必将得到快速、健康和稳定的发展。

三、我国资本市场制度发展变迁

1. 中国资本市场的开端

诱致性变迁是中国资本市场的开端，中国的资本市场始建于20世纪80年代初期，从1981年开始，因为中央财政赤字扩大，我国开始发行国债。到1986年，国债的年发行规模在50亿元左右，发行方式为对单位和个人的派购，派购的国库券并不允许公开交易、流通。从1984年开始，少数企业以内部集资方式发行企业债券，每年也仅几十亿元的规模，企业债券发行采用"集资办厂"、"以资带劳"等形式，无正式的融资契约，极不规范，更谈不上发行后的交易、流通。所以，这一时期的证券市场发育除政府发债外，没有政府的有意推动，是一种自愿的、非正规制约的制度安排。证券市场制度萌芽期仍处于诱致性制度变迁阶段，制度变迁的动力是对潜在收益的自发搜寻，动力的源泉是经济背景下企业的扩张、逐利欲望。

中国证券市场制度正规化建设的开始，一般的学术研究认为是以沪深证券交易所的建立为起点。1990年11月和1991年3月，国务院授权中国人民银行批准上海、深圳证券交易所成立，由它们的产生才有进一步的对各项政府法律、法规的要求。但是，更为基础的制度建设——《公司法》和《证券法》，直到1994年和1999年才分别颁布和实施，中国证监会也是到1992年10月才成立。这种先有发行、交易，后有从业机构和统一市场，再有监督、管理机关，最后才有正式法律制度的演进过程充分说明了中国证券市场是从诱致性制度变迁开始的。

2. 中国资本市场的发展

虽然诱致性变迁是中国资本市场的开端，但制度制定者在制度的具体设计细节上主要以强制性制度变迁为实现形式，使得资本市场在发展过程中需要不断克服制度缺陷问题。随着市场化改革的不断深入，诱致性变迁作为资本市场发展和成熟的有力推动力正逐步取代强制性变迁，必将更好地推动中国资本市场的发展。根据资本市场发展的过程，主要分为以下几个阶段（如表7-2所示）。

表7-2 中国资本市场发展阶段

时间	阶段
1994~1995年	股权分置形成
1996~1997年	抑制过度投机
1998~1999年	防范金融风险
2000~2006年	股权分置改革
2007年至今	改革攻坚期

（1）1994~1995年（股权分置形成阶段）。自1992年以来我国定向募集公司大量发行股权证、内部职工股发行存在着严重的扩大化和超比例问题，演变为变相的公开发行股票，同时在全国各地不同程度地存在股权转让的非法交易。在这个背景下，制度变迁的缺陷引致了强制性制度变迁，1992年12月国务院发布《股票发行与交易管理暂行条例》，对各地区、各部门1992年以来进行的未经授权部门批准的各种形式集资进行了全面清理，对不符合发行、上市条件的股票、债券不予审批。同时，国务院以及各地方政府也相继出台各类规定对非法的证券发行进行清理。该阶段的制度变迁，设置了国有股和法人股不能流通、定向募集公司权证不能流通的制度规定，为以后的股权分置改革埋下了伏笔。

（2）1996~1997年（抑制过度投机阶段）。在市场过热的背景下，1996年12月16日，交易所正式实行涨跌幅10%的限制，当天《人民日报》发表题为《正确认识当前股票市场》的特约评论员文章，指出当前中国股市存在过度投机现象，要求从八个方面采取措施，抑制股市的过度投机。在这一阶段的改革，将两个交易所划归中国证监会管理，中央政府开始有意识地推动证券市场的发展，并参与制定证券市场的有关法律法规。这一阶段仍然是解决诱致性制度变迁引发的制度缺陷问题的强制性制度变迁阶段。

（3）1998~1999年（防范金融风险阶段）。这一阶段证券市场有长足的发展，在国民经济中的作用越来越大，但个别地区场外非法股票交易场所、各地办的证券经营机构以及证券交易中心泛滥，原有的证券投资基金不规范等，隐含着金融风险和不稳定因素。围绕着以上问题，有关方面连续下达了清理证券交易场所的文件，对期货交易所进行整顿和撤并，只在上海、郑州和大连保留3家期货交易所。同时，《证券法》的实施标志着证券市场法律体系基本形成。该阶段的变迁模式与上阶段类似，但是风险事件是诱发制度变迁的重要原因，因此诱致性变迁才是本质，而强制性变迁只是作为实现形式。

(4) 2000~2006年（股权分置改革阶段）。在"基金黑幕"相关文章发表之后，证监会对基金公司展开调查，同时在这一阶段证监会开始了对证券公司的整顿，树立了优胜劣汰的思路和市场化的解决模式。2004年2月国务院发布的关于发展资本市场九条意见，对我国资本市场目前存在的重大制度性缺陷进行了深刻的剖析，从战略高度上确定了解决原则和方向，具体行动包括实施保荐人制度和开设中小企业板。2005年开展的股权分置改革，也是本次变迁的一大内容。该阶段制度变迁的特点是开始顺应市场，诱致性制度变迁的地位开始显现。

(5) 2007年至今（改革攻坚期）。中小企业融资难问题没有有效地解决，创业板、新三板、四板市场登上资本市场的舞台；在全球金融风暴引发中国资本市场泡沫破裂、股市低迷等背景下，IPO暂时关闭，严格审核、维护投资者利益成为资本市场改革发展的重大议程。在这一阶段，广大投资者尤其是中小投资者作为利益诉求的主体，逐渐显示出强大的力量，在推动资本市场制度变迁的过程中不断发挥重要的作用，成为诱致性制度变迁中的第一行动集团，推动第二行动集团行政机构及立法机构不断深化资本市场改革。

第四节 实践案例

一、腾讯上市融资案例分析

（一）公司介绍

腾讯公司（www.tencent.com，香港联交所股票代号700）成立于1998年11月，是目前中国最大的互联网综合服务提供商之一，也是中国服务用户最多的互联网公司之一。成立十多年以来，腾讯一直秉承"一切以用户价值为依归"的经营理念，始终处于稳健发展的状态。2004年6月16日，腾讯公司在香港联交所主板公开上市。

通过互联网服务提升人类生活品质是腾讯公司的使命。目前，腾讯把为用户提供"一站式在线生活服务"作为战略目标，提供互联网增值服务、移动及电信增值服务和网络广告服务。通过即时通信QQ、微信、腾讯网、腾讯游戏、QQ空间、无线门户、搜搜、拍拍、财付通等中国领先的网络平台，腾讯打造了中国最大的网络社区，满足互联网用户沟通、资讯、娱乐和电子商务等方面的需求。截至2016年12月31日，微信即时通信的活跃账户数达到8.68亿个，QQ月活跃账户数达到8.68亿个。腾讯的发展深刻地影响和改变了数以亿计网民的沟通方式和生活习惯，并为中国互联网行业开创了更加广阔的应用前景。

面向未来，坚持自主创新，树立民族品牌是腾讯公司的长远发展规划。目前，腾讯50%以上员工为研发人员。腾讯在即时通信、电子商务、在线支付、搜索引擎、信息安全以及游戏等方面都拥有了相当数量的专利申请。2007年，腾讯投资过亿元在北京、上海和深圳三地设立了中国互联网首家研究院——腾讯研究院，进行互联网核心基础技术的自主研发，2006 年，腾讯成立了中国互联网首家慈善公益基金会——腾讯慈善公益基金会，并建立了腾讯公益网，专注于辅助青少年教育、贫困地区发展、关爱弱势群体和救灾扶贫工作。

（二）股权结构

1998 年 11 月深圳市腾讯计算机系统有限公司成立，该公司拥有中国互联网资讯及电信增值业务牌照，经营互联网门户网站，并主要提供电信增值业务；为引入外资，1999 年 11 月 23 日腾讯进行重组，在英属维京群岛注册成立腾讯控股有限公司，2004 年 2 月 27 日在港交所上市，将注册地修改为开曼群岛；2000 年 3 月，引入投资者 Millenium Vocal Limited（MVL）和 IDG Technology Venture Investments, Inc.（IDG）；2000 年 2 月 24 日，腾讯科技（深圳）有限公司成立，为腾讯集团的主要运营公司，主要从事开发、业务运营等，并持有腾讯集团的主要知识产权；2001 年 6 月，MIH 收购 MVL、IDG 股份；2004 年 2 月 8 日，时代朝阳科技（深圳）有限公司成立，时代朝阳也为运营公司，经营业务同腾讯科技类似；2004 年 1 月 13 日，深圳市世纪凯旋科技有限公司成立，世纪凯旋同样持有中国互联网资讯及电信增值业务牌照，计划开展同腾讯计算机相似的业务。腾讯股权结构如图 7-2 所示。

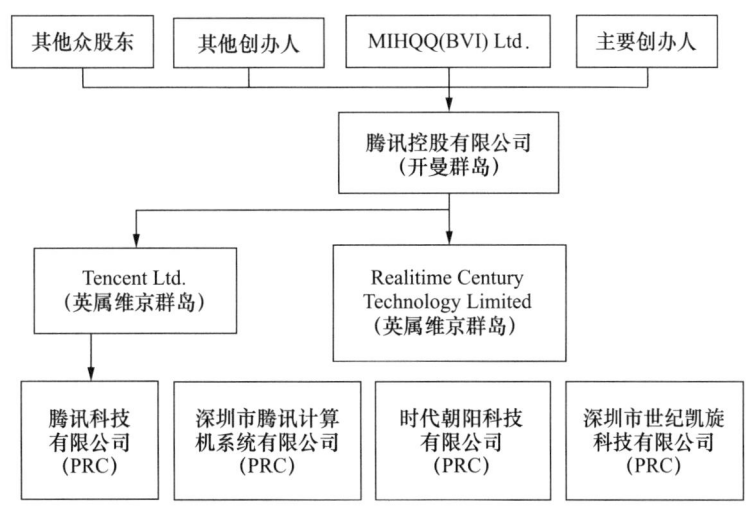

图 7-2　腾讯股权结构

资料来源：腾讯招股说明书。

协议控股包括独家购买权合约、质押合约、合作框架合约、知识产权转让合约、域名特许权合约、商标特许权合约、咨询顾问服务合约、技术顾问服务合约、建立紧密技术及业务合作关系协议、网络游戏合作协议等。

从腾讯的股权结构可以看出，MIH QQ（BVI）Limited 是其主要的投资方，MIHQQ（BVI）Limited 由 Naspers Limited（NASDAQ 及 JSE Securities Exchange South Africa 上市公司）通过居间公司 MIH（BVI）Limited、MIH Holdings Limited 及 MIH Investment（Pty）Ltd 全资拥有。主要创办人为马化腾、张志东、李青、许晨曦、陈一丹。其中马化腾、张

志东身兼腾讯集团的执行董事及高级管理层成员,李青、许晨曦、陈一丹为高级管理层成员。其他 7 名创办人非腾讯关联人士。

(三) 融资情况

2004 年 6 月 16 日,腾讯公司在香港联交所主板以每股 3.7 港元发售 4.202 亿股,当日上涨 23%。目前,腾讯的市值已经超过 1000 亿美元,超过英特尔、思科等国外老牌科技巨头。上市时主要股东为 MIH,占股 37.5%,主要创始人马化腾占股 14.43%,张志东占股 6.43%。腾讯融资情况如表 7-3 所示。

表 7-3 腾讯融资情况

时间	投资方	融资额度
2000 年 3 月	MillenniumVocal Limited (MVL) (214286 股) IDG Technology Venture Investments, Inc. (IDG) (119047 股)	A 类优先股
2000 年 7 月	Millennium Vocal Limited (MVL) (119047 股) IDG Technology Venture Investments, Inc. (IDG) (119047 股)	B 类优先股,共融资 220 万美元
2001 年 6 月	MIH (从创办人处取得 194186 股),收购 MVL 全部股份、IDG 部分股份	MIH 共投资 3200 万美元

资料来源:腾讯招股说明书。

二、京东上市融资案例分析

(一) 公司介绍

根据第三方市场研究公司艾瑞咨询的数据,京东 (JD.com) (NASDAQ,简称 JD) 是中国最大的自营式电商企业,2016 年在中国 B2C 购物网站交易规模市场占有率为 24.7%,仅次于天猫,位居全国第二,如图 7-3 所示。

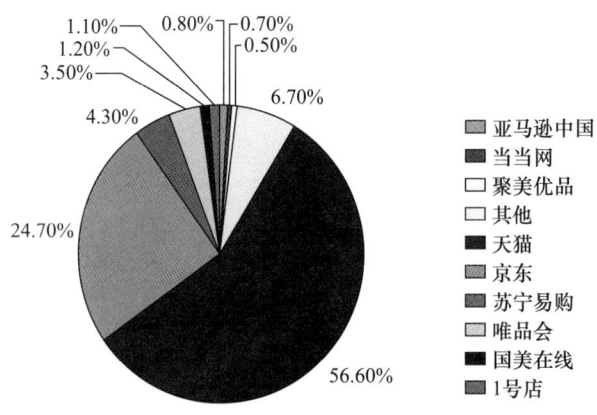

图 7-3 2016 年中国 B2C 购物网站交易规模市场份额

资料来源:艾瑞咨询。

京东为消费者提供愉悦的在线购物体验。通过内容丰富、人性化的网站（www.jd.com）和移动客户端，京东以富有竞争力的价格，提供具有丰富品类及卓越品质的商品和服务，并且以快速可靠的方式送达消费者手中。另外，京东还为第三方卖家提供在线销售平台和物流等一系列增值服务。

京东提供13大类约4020万SKUs的丰富商品，品类包括计算机、手机及其他数码产品、家电、汽车配件、服装与鞋类、奢侈品（如手提包、手表与珠宝）、家居与家庭用品、化妆品与其他个人护理用品、食品与营养品、书籍、电子图书、音乐、电影与其他媒体产品、母婴用品与玩具、体育与健身器材以及虚拟商品（如国内机票、酒店预订等）。

截至2014年3月31日，京东建立了7大物流中心，在全国36座城市建立了86个仓库。同时，还在全国495座城市拥有1620个配送站和214个自提点。凭借超过20000人的专业配送队伍，京东能够为消费者提供一系列专业服务，如211限时达、次日达、夜间配、三小时极速达、GIS包裹实时追踪、售后100分、快速退换货以及家电上门安装等服务，保障用户享受到卓越、全面的物流配送和完整的"端对端"购物体验。

京东是一家技术驱动的公司，从成立伊始就投入巨资开发完善可靠、能够不断升级、以电商应用服务为核心的自有技术平台。京东将继续增强公司的技术平台实力，以便更好地提升内部运营效率，同时为合作伙伴提供卓越服务。

（二）股权结构

1998年6月18日，刘强东在北京中关村创业，成立京东公司。

2004年1月京东涉足电子商务领域，正式开通京东多媒体网。

为引入国外资本，2006年11月，360buy JingdongInc在英属维京群岛成立，2014年1月，360buy Jingdong Inc.修改公司注册地为开曼群岛，并将公司名称变更为360buy Jingdong Inc.。

2007年4月，中国全资子公司北京京东世纪贸易有限公司（Beijing Jingdong Century Trade Co., Ltd.，京东世纪）成立，京东原公司的中国业务逐渐转移到京东世纪，京东世纪及其子公司在中国从事批发和零售销售、快递服务、研发、金融和互联网。

2007年4月，成立北京京东360电子商务有限公司（Beijing Jingdong 360 Degree E-Commerce Co., Ltd.，京东360），通过一系列协议，京东世纪实现对京东360的控制。京东360持有中国ICP牌照，并运营www.jd.com网站。2012年1月，京东360通过其全资子公司收购获得在线支付许可，并提供在线支付服务。

2010年9月，江苏扬州电子商务有限公司（Jiangsu Yuanzhou E-Commerce Co., Ltd.，江苏扬州）成立，通过一系列协议实现京东世纪对江苏扬州电子商务有限公司的控制，江苏扬州电子商务有限公司主要销售书籍及音像制品。

2011年4月，全资中国子公司Shanghai Shengdayuan Information Technology Co., Ltd.成立，主要经营京东在线市场业务。

2012年4月，全资中国子公司天津星东有限公司（Tianjin Star East Corporation Limited，星东）成立，主要提供仓储及相关服务。

2012年8月，全资中国子公司 Beijing Jingbangda Trade Co., Ltd. 成立，主要提供快递服务。

2014年1月，JD.com香港国际有限公司（JD.com International Limited）在香港成立，该公司为中间控股公司，100%拥有京东世纪股权。

2014年3月，获得腾讯拍拍和QQ在线网购市场100%的收入以及上海易迅网9.9%的股份、物流及相关资金，同时与腾讯签署了一份为期5年的战略合作协议和为期8年的竞业禁止协议。

（三）融资情况

2014年5月25日，京东发行价每股19美元。按此计算，京东市值为260亿美元，成为仅次于腾讯、百度的中国第三大互联网上市公司。京东商城登陆纳斯达克首日，开盘价每股21.75美元，较19美元的发行价上涨14.5%，报收于20.90美元，较发行价上涨10%。

京东此次共发售93685620股美国存托凭证（American Depositary Receipts，ADR），代表187371240股A类普通股，每份ADS代表1/2股A类股票。上市时刘强东持有京东18.8%的股份，与Max Smart Limited（18.8%，刘强东是该公司的唯一股东和董事）一起为最大股东，老虎基金持有18.1%的股份，Huang River Investment Limited（腾讯控股）持有14.3%的股份。同百度类似，每份A类优先股只有1个投票权，每份B类优先股拥有20个投票权。B类股可以随时转换为A类股，A类股不能任意转换为B股。

表7-4 京东融资情况

时间	投资方	融资额度
2007年8月	今日资本	1000万美元
2009年1月	今日资本、雄牛资本及亚洲著名投资银行家梁伯韬的私人公司投资	2100万美元
2011年4月	俄罗斯DST、老虎基金等共6家基金和个人融资	15亿美元
2012年11月	加拿大安大略教师投资基金、老虎基金	4亿美元
2013年2月	加拿大安大略教师投资基金、Kingdom Holding Company 等	7亿美元

资料来源：京东招股说明书。

第五节 总结与展望

我国上市公司融资政策问题是和我国建立社会主义市场经济体制进程中的许多问题纠

缠在一起的。因此，规范和完善我国上市公司的融资行为，进一步优化其融资政策，实现公司价值的最大化，这既涉及整个证券市场宏观层面的制度安排变革，又涉及上市公司微观层面的自我运行机制改革。

一、针对公司创业者

（一）融资过程中需注意公司控制权的把握

作为创业者，肯定希望能保持对公司的控制权，对于初创公司，创业者往往是该公司的灵魂，直接决定着公司的战略发展方向。但在企业发展初期，急需资金的情况下，公司除了股权外也无可交换之物，此时就要特别注重交换股权的比例，在接纳风险投资时，要注意风投的来源以及所占公司的比重。一般而言，即使公司再缺乏资金，也不能让风投的比重超过一半，如果公司有望上市，则其比重一般不超过30%。

中国公司在融资时尤其需要着重考虑融资可能带来的负面影响。例如大量融资可能导致公司股权稀释、公司创始人被扫地出门的情况发生。如果单纯地为了融资而融资，而没有选择合适的合作伙伴，可能会给公司的品牌等造成不好的影响。在控制权上，建议能参照京东、百度的"牛卡计划"，通过不同投票权股票的设置及一系列公司章程确保公司的控制权。

（二）境外上市需考虑特殊的公司治理结构

目前中国企业海外上市，只有直接上市、间接上市两种，海外直接上市财务门槛较高，根据中国证监会《关于企业申请境外上市有关问题的通知》（证监发行字〔1999〕83号）的规定，海外直接上市企业财务上须满足"拟上市企业净资产不少于4亿元，过去一年税后利润不少于6000万元，按合理预期市盈率计算，筹资额不少于5000万美元"，俗称"四五六条款"，这对于需要融资的创业型互联网公司很难做到。

二、针对市场监管者

（一）国内资本市场制度的优化

中国企业选择境外上市的主要原因是境外上市采用注册制，上市相对容易；上市要求条件相对较低，能快速实现上市；境外资本交易活跃，融资规模较大；同股不同权的股票类型使得中国企业在融资过程中，能确保对公司的控制权。只有解决这些问题，增加中国资本市场的吸引力，才能吸引更多的优秀中国企业在国内上市，同时通过资本市场促进中国经济的发展，实现资本市场和产业市场的双赢。

相比主板和创业板，新三板更适合创业型的中国企业，因此，针对国内资本市场，建议首先针对新三板市场进行优化，通过新三板制度方面的优化，实现整个中国资本市场制度的优化。

（1）新三板实现注册制。相比创业板市场，新三板对企业的主体资格、盈利要求有所降低。2013年12月14日，国务院最新发布的《关于全国中小企业股份转让系统有关问题的决定》，将试点范围扩大到全国。新三板由于采用备案制，虽然相比审核制有一定提高，但是如果要简化上市流程，提高上市效率，注册制势在必行。当然，审核制到注册制的完全转变，还需要《证券法》的调整。因此，完成法律修改，中国资本市场才可能真正实现审核制向注册制的转型。

（2）落实新三板的做市商制度。2014年6月5日晚，全国股转系统官网公布了《全国中小企业股份转让系统做市商做市业务管理规定（试行）》，这意味着股转系统（俗称新三板）做市商制度终于正式出台，截至7月7日已有24家主办券商获得做市商资格。作为新事物，做市商制度在实践过程中肯定会出现一些问题，证券监管部门应该做好问题的分析与处理，落实做市商制度，使得新三板交易活跃，便于互联网公司等中小企业融资。

（3）股票相关规则的修订。融资过程中，企业创始人最担心的就是企业控制权的旁落。在进行股权融资时，"同股不同权"的股票规则被认为是有效地保护企业创始人拥有控制权的一种好的方式。只有真正解决创始人的控制权之忧，企业管理团队才能更放心地进行资本市场的股权融资，因此，针对新三板或创业板，建议修改相关的股票交易规则，允许"同股不同权"的股权融资方式。

（二）金融市场融资渠道的拓宽

根据新优序融资理论，企业最优的融资顺序为内部融资、债务融资、股权融资，股权融资并不是公司最佳的融资渠道。中国互联网公司采用股权融资方式的主要原因是中国目前金融市场不成熟，除股权融资外，很难有其他的融资渠道，上市融资是不得已而为之。为解决中国互联网公司，乃至高新中小企业融资难的问题，建议监管部门继续完善金融市场，拓展多种融资渠道，重点考虑以下两点。

1. 债务融资的市场建设

债务融资是企业外部融资中的一种重要融资方式，它是企业以负债形式向贷款者支付固定金额的契约性合约。与股权融资相比，债务融资具有以下特点：

在契约关系上，债务融资反映的是债权人与债务人之间的负债契约关系，而股权融资反映的是所有权关系。因此，债权人除要求企业履行债务契约所规定的条款外，一般不对企业经营拥有表决权和监督权。

在融资成本上，股权融资方式下企业支付给投资者的股利是一种税后收益分配，而债务融资方式下企业支付给债权人的是作为营业利润扣除项目的利息，对企业来说，这项利息支出有避税效应，相当于减少了企业的支出和成本。

在融资风险上，股权融资是一种长期投资，只有当企业解散或破产，弥补完企业的债务和破产成本且有剩余收益时，才可按比例收回，而债务融资只是在企业破产清理后债务人不能还本付息时，才承担破产的风险。相比而言，债务融资对投资者而言风险更小。

由此可见，债务融资有效地规避了公司股权结构变化给公司经营者带来的风险，减少了公司和投资者的融资风险，也在一定程度上减少了公司的支出，节约了成本。对于发展已具规模的互联网公司来说，可以选择债务融资的方式进行融资。国家相关部门应尽快出台相关试点，降低互联网公司等高新企业的债务融资难度。

2. 探索新的融资模式

一方面，针对如今中国企业而言，可探索知识产权质押贷款等融资新模式，通过专利权、商标权、著作权等知识产权的抵押，帮助拥有自主知识产权的互联网公司进行融资，解决资金紧张的问题。另一方面，作为中国经济发展必然产物的民间金融，如能纳入国家金融监管并应用于互联网等高新技术产业，也是一种值得研究的融资新模式。最终，通过金融体制的改革，消除金融抑制，加快金融创新，使金融资本更好地为企业发展服务。

参考文献

［1］F. Modigliani & M. Miller. The Cost of Capital, Corporation Finance and the Theory of Investment ［J］. American Economic Review, 1958, 48（6）.

［2］Grossman S. J. & O. D. Hart. Corporate Financial Structure and Managerial ［J］. Incentives, Chicago, IL, 1982.

［3］Harris, Milton, and Artur Raviv. Corporate Control Contests and Capital Structure ［J］. Journal of Financial Economics, 1988.

［4］Harris, Milton, and Artur Raviv. Capital Structure and the Information Role of Debt ［J］. Journal of Finance, 1990（45）.

［5］Jensen M. C. & W. H. Meckling. Theory of the Firm：Managerial Behavior, Agency Costs and Ownership Structure ［J］. Journal of Financial Economics, 1976（4）.

［6］Kim, Wi Saeng and Eric H. Sorensen. Evidence on the Impact of the Agency Costs of Debt in Corporate Debt Policy ［J］. Journal of Financial and Quantitative Analysis, 1986（21）.

［7］M. Miller. Debt and Taxes ［J］. Journal of Finance, 1977.

［8］Shyam - Sunder, Lakshmi and Stewart C. Myers. Testing Static Tradeoff Against Pecking Order Models of Capital Structure ［J］. Journal of Financial Economics, 1999（51）.

［9］S. Ross. The Determination of Financial Structure：The Incentive—signaling Approach ［J］. Bell Journal of Economics, 1977（8）.

［10］S. Myers & N. Mailuf. Corporate Financing and Investment Decisions When Firms Have Information That Investors Do not Have ［J］. Journal of Financial Economics, 1984（13）.

［11］陈柳钦. 现代融理论与我国上市公司融资偏好研究［J］. 华北金融, 2005（5）：55-59.

［12］陈晓红, 刘剑. 我国中小企业融资结构与融资方式演进研究［J］. 中国软科学, 2003（12）：65-71.

［13］陈稳进. 中外企业融资结构比较分析与启示［J］. 南开经济研究, 2002（3）：78-80.

［14］陈坤玉. 上市公司技术创新、融资与成长［J］. 科研管理, 2015（3）：64-70.

［15］葛永波. 企业融资偏好与融资结构特征的背离——基于农业上市公司的实证研究［J］. 农业技术经济, 2007（5）：31-36.

［16］郝家龙. 公司融资条件与区域经济发展［M］. 北京：新华出版社, 2005.

［17］林毅夫, 姜烨. 经济结构、银行结构与经济发展［J］. 金融研究, 2006（1）：7-12.

［18］林毅夫, 徐立新. 金融结构与经济发展相关性的最新研究进展［J］. 金融监管研究, 2012（3）：49-58.

［19］林钟高, 曾祥飞, 王海生. 内部控制、风险管理与企业价值［J］. 财政监督, 2011（3）：

15-19.

[20] 龙勇,常青华. 创新类型、融资方式与市场战略关系——基于中国高技术企业的实证研究 [J]. 科学研究, 2009 (8): 4-17.

[21] 刘旸. 优序融资理论的实证研究综述 [J]. 北方经贸, 2011 (3): 90-92.

[22] 刘涛. 内蒙古上市企业股权融资现状、问题及对策研究 [J]. 内蒙古社会科学, 2017 (1): 177-183.

[23] 李雯. 基于股权结构分析的融资结构研究 [J]. 经济问题, 2004 (1): 12-14.

[24] 吕劲松. 多层次资本市场体系建设 [J]. 中国金融, 2015 (8): 33-35.

[25] 毛桂英,李海波,史本山,伍劲. 资本结构理论研究综述 [J]. 财会通讯, 2009: 102-106.

[26] 马红,王元月. 宏观经济政策、融资约束与企业融资结构调整——基于我国上市公司的经验数据 [J]. 财经论丛, 2017 (1): 58-66.

[27] 唐建新,章晋学. 融资优序与行业管制——兼析中国上市公司"异常融资优序"现象 [J]. 财会通讯, 2005 (12): 10-14.

[28] 吴亮,赵守国. 赴美上市中国企业的融资优序——基于对中国企业融资悖论的创新思考 [J]. 生产力研究, 2012 (4): 171-172.

[29] 王稳,王东. 企业风险管理理论的演进与展望 [J]. 审计研究, 2010 (4): 96-100.

[30] 王艳茹. 企业生命周期与融资结构 [J]. 财会通讯, 2010 (21): 130-132.

[31] 王艳茹. 企业可持续发展的融资结构研究 [J]. 会计之友, 2012 (5): 50-53.

[32] 谢太峰. 关于构建涉农小企业融资体系的思考 [J]. 金融理论与实践, 2010 (4): 16-19.

[33] 孙恒. 我国中小企业融资难的原因及对策 [J]. 会计之友, 2011 (32): 97-100.

[34] 姚耀军,董钢锋. 金融发展、金融结构与技术进步——来自中国省级面板数据的经验证据 [J]. 当代财经, 2013 (11): 56-65.

[35] 颜醒华. 现代餐饮业经营管理导论 [M]. 北京: 清华大学出版社, 2013.

[36] 赵建明. 中国企业境外上市筹资的趋势分析及作用取向 [J]. 会计之友, 2011 (6): 97-99.

[37] 赵建红. 资本结构理论及其对企业融资策略的启示 [J]. 财会月刊, 2004 (8): 6-7.

[38] 朱奇峰. 中国私募股权基金理论、实践与前瞻 [M]. 北京: 清华大学出版社, 2010.

[39] 赵旭. 基于生命周期理论的上市公司融资结构研究 [J]. 财经论丛, 2012 (2): 84-89.

[40] 庄斌,郑鈜. 论场外交易的法治路向 [J]. 南方金融, 2013 (1): 86-91.

第八章　商业模式与盈利能力

第一节　问题与背景

近年来,大众对商业模式概念的关注程度迅速增长。商业模式的真正兴起主要得益于互联网的发明与发展、高新技术的应用和虚拟市场的运作、新兴经济体的发展以及后工业时代的企业发展需求(吴晓波等,2014)。2015年国务院提出"支持商业模式创新,推动线上线下互动"(国办发〔2015〕72号),以增强经济发展新动力,释放市场活力。随着国家支持力度的不断增强、竞争市场的日益激烈,新的商业模式层出不穷,涌现出一大批依靠商业模式创新而创造辉煌的企业,如苹果、IBM、亚马逊、Google、eBay、Facebook、海尔等;综观这些商业模式创新的典范,可以看出这些创新大都与无限接近消费者有关、与跨界有关(吴伯凡,2011),都直接或间接地与信息数字化技术和互联网有关。在互联网时代下,传统的价值链中以供给为导向的商业模式正在逐渐走向消亡,以需求为导向的互联网商业模式和价值创造正在出现(罗珉和李亮宇,2015)。

1960年,Gardner M. Jones首次使用了"Business Model"一词来表示商业模式,标志着商业模式相关研究的开始。商业模式被认为是企业获取利润的生产函数,是产品、市场、生产方法、生产材料的组合(崔晓西,2006)。企业要通过高效的商业模式才能真正带来经济效益,因此,研究商业模式具有深远的理论意义。随着信息时代的到来,互联网技术带来了新的机遇,商业模式为越来越多的企业带来了持续的竞争优势。亚马逊公司运用互联网技术,开了在线销售和管理图书的先河,进而以其成功的商业模式获取了竞争优势和利润,成为全球商品品种最多的网上零售商;知名的沃尔玛公司刚起步时只是一个循规蹈矩的加盟商店,其创始人沃尔顿坚持进行了商业模式的创新,选择以小镇为目标市场,以连锁折扣店的模式经营,这种商业模式使沃尔玛公司只用了短短17年营业额就超过了10亿美元,创造了零售业的奇迹(张越和赵树宽,2014)。

有效的商业模式可以带来巨大的成功,比如百度通过"免费搜索+有偿广告"的商业模式,在广告业异军突起,在2016年第三季度中国互联网广告运营商市场收入份额中,百度占 25.2%，位居第一。阿里巴巴则通过"交易撮合 + 服务收费"的商业模式，彻底颠覆了传统的商业零售和批发，成为我国最大的商品交易平台，阿里巴巴 2016 年营收同比增长 32.7% 至 1011 亿元；净利润同比增长 193% 至 712.89 亿元。不可思议的是，尽管交易规模如此庞大，但阿里巴巴的存货为零，且没有工厂、仓库、商店和物流，这就是商业模式创新的威力。腾讯的商业模式更具传奇色彩，通过"免费社交服务 + 有偿网络游戏"的商业模式，迅速确立其在网络游戏行业的龙头地位，成为我国最大的网络游戏平台，腾讯的游戏收入达 102 亿美元，位列全球第一，占全球市场的 10%。所以说，现在企业之间的竞争，已经不再是产品之间的竞争，而是商业模式之间的竞争（李文明和吕福玉，2014）。

虽然目前企业界和投资界日益认识到，商业模式是资本市场甄别企业优劣的关键点，是企业获得成功的基石，但是已有的研究文献多数研究商业模式以及商业模式与企业经营绩效的关系，从财务和会计角度研究商业模式对企业盈利能力的较少（朱维杰，2014）。盈利是商业模式的最终目的，检验商业模式的标准之一也就是盈利能力。不同的商业模式有不同的盈利能力，因此，商业模式要怎样选择与设计显得尤为重要。究其根本，我们需要挖掘商业模式中要素与盈利能力之间的关系，才可以为商业模式的设计提供参照，为企业以后商业模式的发展提供指导。

鉴于诸多商业模式为企业带来竞争优势和盈利的成功案例不断涌现，企业家不断追求商业模式的创新。作为企业经营活动的最终目的，商业模式的改变对于盈利能力的影响毫无疑问是巨大的（罗珉和李亮宇，2015）。因此，研究商业模式对盈利能力的作用机理，探索商业模式的实现路径，具有重要的现实意义。那么，什么是商业模式？商业模式包含哪些要素？商业模式如何影响企业盈利能力？企业又是怎样利用商业模式获取利润？在商业模式成为企业竞争优势新来源的今天，这是极具意义的研究问题！本章拟从商业模式的概念、理论和运用三个方面详细剖析商业模式的发展方向与规律性，旨在为企业提高盈利水平和竞争能力提供一个清晰的思路。

第二节 研究回顾

一、基本概念

（一）商业模式

1. 商业模式的定义

对于商业模式这个概念，目前并没有一个确切的定义，不同的学者有不同的解读（见表 8 - 1）。Timmers（1998）认为商业模式是"关于产品、服务和信息流的架构，其中包括描述各种商业的参与者和他们的角色，各种参与者潜在收益的描述，以及对于收入来源的描述"。Magretta（2002）认为商业模式是用于解释厂商运行方式的故事。Rappa（2004）认为商业模式最基本的意义就是做生意的方法。还有学者认为商业模式是"组织抽象的表现，它包括在概念上、文本和图形、所有相关的核心构建、合作、从资本上考虑一个组织当前和未来的发展，以及所有组织所提供的或将提供的核心产品和服务"。但上述定义都是从静态视角来对商业模式进行概括的，如果从时间的维度看，商业模式是一个动态系统，且这个动态系统能够决定厂商跨边界互动的内容、管理和建设（罗珉和李亮宇，2015）。

表8-1 商业模式的定义

学者（时间）	定义或解释
Timmers（1998）	商业模式是产品、服务和信息流的一个体系架构，包括说明各种不同的参与者以及他们的角色，各种参与者的潜在利益，以及企业收入的来源
Amit 和 Zott（2001）	商业模式描述交易的内容、结构和规制，用以通过开发商业机会创造价值
Joan Magretta（2002）	商业模式是用以说明企业如何运营一组故事的概念，它必须回答管理者关心的一些基本问题：谁是顾客，顾客价值何在，如何在这个领域中获得收入，以及如何以合适的成本为顾客提供价值
S. C. Voelpel 等（2004）	商业模式表现为一定的业务领域中的顾客核心价值主张和价值网络配置，包括企业的战略能力和价值网络其他成员（战略联盟及合作者）能力，以及对这些能力的领导和管理，以持续不断地改造自己来满足包括股东在内的各种利益相关者的多重目的
Seddon 和 Lewis（2004）	商业模式是对一组活动在组织单位中的配置，这些单位通过在企业内部和外部的活动在特定的产品—市场上创造价值
Osterwalder 等（2005）	商业模式是一个概念性工具，借助要素之间的联系，说明一个企业的商业逻辑。它描述了企业向一个或多个顾客群提供的价值，企业未产生持续的盈利性收入所建立的架构以及移交价值所运用的合作网络与关系资本

资料来源：张玉利等. 创业管理 [M]. 北京：机械工业出版社，2016.

已有文献认为商业模式的定义总体上是从经济向运营、战略和整合递进的（高怡冰，2008）。经济类的定义是将商业模式描述为企业的经济模式，其本质内涵为企业获取利润的逻辑。但这样单一地只看商业模式赚取利润的话，很有可能造成一些企业为取得短期利益，采取"杀鸡取卵"的策略，不利于企业的持续发展。运营类定义把商业模式描述为企业的运营结构，重点在于说明企业通过何种内部流程和基本构造设计来创造价值。战略类定义把商业模式描述为对不同企业战略方向的总体考察（于科，2013）。整合类定义把商业模式说成是对企业商业系统如何很好运行的本质描述，是对企业经济模式、运营结构和战略方向的整合和提升。通过整理和理解前人的研究，认为商业模式是旨在说明企业如何对战略方向、运营结构和经济逻辑等方面一系列具有内部关联性的变量进行定位和整合，以便在特定的市场上建立竞争优势的系统（王斌和张俊芳，2012）。

商业结构的本质是利益相关者的交易结构。利益相关者包含外部利益相关者和内部利益相关者。外部利益相关者包括顾客、供应商、其他各种合作伙伴等，内部利益相关者包括股东、企业家、员工等。长期从事商业模式研究和咨询的公司认为一个好的商业模式应该具备三个特点：第一，成功的商业模式要能提供独特价值。有时候这个独特的价值可能是新的思想，更多的时候，它往往是产品和服务独特性的组合（梁欣，2008）。这种组合要么可以向客户提供额外的价值，要么使得客户能用更低的价格获得同样的利益，或者用同样的价格获得更多的利益。第二，成功的商业模式是难以模仿的。企业通过确立自己的与众不同（如对客户的悉心照顾）、无与伦比的实施能力等，提高行业的进入门槛，从而保证利润来源不受侵犯。第三，成功的商业模式是脚踏实地的。企业要做到量入为出、收支平衡（谢家瑾，2011）。

总体来说，商业模式是企业用于获取超额利润或者创立竞争优势而建立的一整套关于"如何做生意的方法"。这些生意不仅包括如何与顾客做生意，也包括如何与供应商做生意，还包括如何与股东及利益相关者做生意，这些被称为"价值对象"的因子还相互关联，生意的方法不仅存在于企业内部，也跨越了企业边界并联结了这些价值对象，表现为一整套"策略、技术、流程、制度"，由此构建成一个丰富的、关联的、有机的商业图景。

2. 商业模式的内涵

Amit 和 Zott（2001）认为价值创造是商业模式的逻辑基础，许多学者也在这方面做出了卓越的贡献，并以此认识为基础，总结出了商业模式四方面的内涵，分别是价值主张、价值创造、价值传递和价值获取。

（1）价值主张。简单来说就是客户需要什么样的产品。这句话有两个层面的意思：一是客户，并不是指所有人都是客户，不同的人群需要不同的产品。更深一步来说，即使同一类产品，因为客户的特征不同，需要的同一类产品都需要进行划分，不同群体需求不同。二是产品，产品是因为客户的需求而产生的，也可以把这一层面称为需求。

价值主张是商业模式的起点，俗话说好的开始是成功的一半，企业挖掘到目标客户群体的需求痛点时，正是一个好的开始。只有当目标客户群体的需求痛点被戳中时，客户才会买企业的产品，甚至愿意付出更多的成本去获得产品，这就增加了企业的盈利空间。然而事实上挖掘痛点并不是像说的这么容易，每个行业都会有竞争者，企业本身能看得到的那些显而易见的需求，别的企业可能早就已经在做了，这就要求企业更深层次地去挖掘需求背后的需求，甚至有的时候需要创造需求。

（2）价值创造。作为商业模式的主要内容和基础，要创造价值首先要有资源，资源不仅是实体资源，还有人力资源、知识资源、金融资源。要确定获取这些资源的成本如何，如何决定合适的成本以得到最大的利润空间。其次要确定这些资源运用在哪些方面，怎么使用。在价值主张里，确定顾客的需求需要做市场调研，有针对性地生产和销售产品，这可能就要求资金、人力、知识和老板的管理才干等都到位。

在商业模式中，不同的维度需要不同的重要资源才能发挥各个维度最大的效用。从生产产品到将产品交予客户这个过程，包含了许多流程，从设计、生产、包装、库存等一直到销售，有许多的环节，每个环节都是企业的业务，也许企业实际上并没有能力或者条件让企业做到面面俱到，那么企业必须挑选出自己的关键业务，确定从什么方面对关键业务进行创新，从而达到有效的销售目的，创造更多的利润。

（3）价值传递。价值创造出来自然是要通过传递才能产生作用，就像用于交换的物品才叫作商品。传递自然离不开渠道，但传递要有效率，传递的终点是客户群体，这就要找到接近顾客群体最有效的方法。接近顾客群体可以通过企业自己拥有的渠道，这样的优点是可以直接接触客户，明白客户需求，更具体地区分客户群体，提供个性化产品或服务，但是成本较高。企业也可以通过合作伙伴的渠道去接触客户，但是由于信息不对称，很有可能造成资金流转不顺畅，给企业经营带来压力。

（4）价值获取。以上所有的最终目的都是实现价值获取，得到利润，维持自己的企业运营，让企业内的员工得到劳动的报酬。价值主张决定了客户愿意付费的价值是什么，创造了目标客户付费的产品，通过渠道的传递让目标客户进行付费，又在客户的信息反馈中思考挖掘出让客户更愿意付费的方法或产品。一个商业模式的成本结构，是能够盈利的重要条件。想要通过成本达到增加盈利的目的，有两种途径：一是降低成本费用，满足最大的客户群体，生产较为标准化的产品，以节约成本。二是通过挖掘更深层次的价值主张和更个性化的客户服务，增加产品或服务的售价，提高盈利水平，虽然有可能成本会更高，但同时收入也更高，因此利润也更高，增加了企业价值。

3. 商业模式的特征

（1）商业模式是一个整体的、系统的概念，而不仅仅是一个单一的组成因素。比如盈利模式、向客户提供的价值、关键资源能力等，这些都是商业模式的重要组成部分。若只重视自己的资源和能力，而不顾客户的真正需求，就如曾经的卫星手机一样，纵然在当时耗费了很多财力物力，技术也是最为先进的，定价也非常高，但是却忽视了当时顾客的真正需求，没有市场，并最终导致了失败。

（2）商业模式的组成部分之间，必须有内在联系。这个内在联系把各组成部分有机地关联起来，使它们互相支持、共同作用，形成一个良性的循环。商业模式是价值创造的逻辑，逻辑是连贯的，所以内部结构之间是有联系的，比如定位决定业务系统做什么，业务系统支持着定位，而关键资源能力又支持着业务系统，这三者的过程又始终伴随着盈利模式和现金流结构，但最终的目的都是实现企业的价值，获取利润。

（3）商业模式必须是有效的。商业模式的出现就是为了使企业提供解决问题的工具，所以，一方面商业模式要能够满足客户的需求，做到让顾客满意，同时挖掘客户的价值，提高企业竞争力；另一方面要能通过商业模式提高自身和合作伙伴的价值，得到良好的经济效益。所以商业模式要能平衡自身、顾客和合作伙伴之间的关系，实现自身价值。

（4）商业模式是可创新的。商业模式的创新，本身就是商业模式研究领域的热点之一，商业模式能够通过不断创新，为企业带来更多的发展机会、更多的价值创造点。时代是变化的,没有商业模式的时代,只有时代的商业模式。商业模式必须通过创新,不断地适应时代,根据外部环境条件的复杂性,不断调整或优化自身的商业模式,这样才能顺应时代的潮流,增加企业的生存力。

4. 商业模式的要素

关于企业商业模式构成要素的分析,不同的学者在分析层次和细致程度上有很多种方法(张越和赵树宽,2014)。其中影响较大的有 Afuah 和 Tucci(2003),他们将构成要素分为客户价值、范围、定价、收入来源、关联活动、实现、能力和持久性等。Hamel(2000)认为商业模式包括客户界面、核心战略、战略资源、价值网络四大要素。商业模式包括产品、目标客户、客户关系、渠道、收益方式、企业内部价值链、成本、核心能力和合作网络 9 个要素。Mutaz 和 Guy(2010)针对移动服务企业设计了一种商业模式,包括四个构成要素:价值主张、价值架构、价值网络、价值财务。

商业模式是一种建立在多种构成要素及其关系之上,用来说明特定企业商业逻辑的概念性工具,商业模式可用来说明企业如何通过创造顾客价值、建立内部结构以及与伙伴形成网络关系来开拓市场、传递价值、创造关系资本、获得利润并维持现金流(Osterwalder 等,2005)。本书借鉴 Osterwalder 等(2005)提出的商业模式的 9 个基本构造模块,可以把商业模式表示为:BM = {CS, VP, CR, KR, KA, KP, CH, RS, CS}(其中 CS、VP、CR、KR、KA、KP、CH、RS、CS 分别表示顾客细分、价值主张、顾客关系、核心资源、关键业务、重要合作、渠道通路、收入来源和成本结构),不同的商业模式是差异化的构造模块或者差异化的模块组合的结果(张玉利等,2016;范鸿雁等,2013)。

Osterwalder 分析了这九要素以及各构成要素之间的联系(见图 8 - 1),认为商业模式应该回答以下四个问题:第一,企业应如何确定目标顾客群,以及为这一特定群体提供何种产品或服务;第二,如何获取为了创造或生产这一产品或服务所需要的能力与资源;第三,如何将产品或服务传递给目标顾客,以及如何通过顾客收集对产品或服务的意见与建议;第四,如何确定提供产品或服务的成本及收益(成文等,2014)。

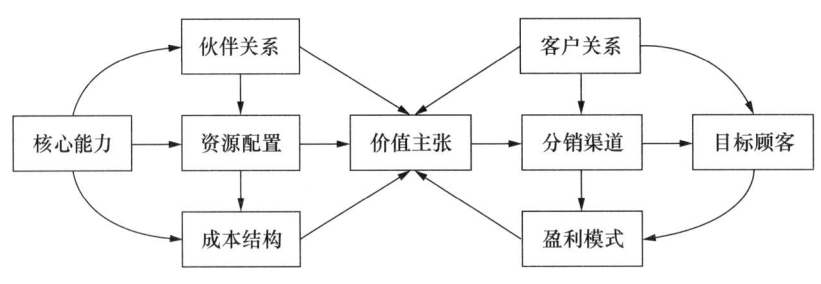

图 8 - 1 九要素模型

(1)顾客细分。首先是大众类型,服务于一个大范围内有着类似的问题和需求,价值主张、渠道通路、顾客关系都聚焦于这个大范围内的群体。其次是小众类型,指那些被市场中有绝对优势的企业忽略的细分市场，企业自身选定一个很小的产品或服务领域，聚集力量，发展自己，抢占先机，形成竞争优势。再次是区隔化类型，将消费者依照不同的需求、个体特征区隔成不同的群体，从而形成各个不同的消费群。但是需要注意的是，区隔消费群并不是一个静态过程，而是会随着客户不同时间可能有不同需求的变动而变动。最后是多边平台类型，服务于多个相互依存的顾客群体。最常见的阿里巴巴的淘宝网，既服务于平台上的 800 万卖家，也服务于上亿淘宝买家。

（2）价值主张。想要吸引顾客，可以从顾客从未使用或体验过的产品或服务入手，继而吸引客户，吸引客户就有可能产生买卖，实现价值。当顾客被吸引之后，大多第一考虑因素就是价格，实际上当可以以较低的价格换回较高的产品或服务时，就决定了可以拥有大量顾客群体。当然还要考虑产品或服务是否比较方便客户接触，在接触后是否比体验产品或服务之前更加便利，这些都有助于留住客户群体。还有一类顾客群体为高端客户，当企业成本允许或本身就是针对高端客户时，就会提供定制化产品或服务用以满足高端客户群体的需求，这样也可以打造自己的品牌，因为有的客户买产品只是为了体现自己的身份地位，满足自己的心理需求。

（3）顾客关系。企业可以通过客服售后的方式为顾客提供个人助理的关系，也可以为顾客提供所有服务的全部条件，让顾客自行办理服务，还可以在此基础上更加细化区分不同客户特征，为其提供与其相关的各类服务。当一个客户为企业的某一产品或服务付出过很多的费用时，企业应重点关注，可以为这样的客户专门配置助理，全方位了解重点客户的使用感受或服务体验，增加顾客认同感，也满足顾客的心理需求。

（4）核心资源。通常商业模式需要从合作伙伴手中获得核心资源，而对于价值主张、渠道通路、顾客关系和收入来源，又需要企业供给核心资源。资源都是需要配置的，不同的要素需要不同比例的资源，因此商业模式中还需要考虑如何进行资源的配置可以得到最优的成本结构，增加利润。

（5）关键业务。它与核心资源是密不可分的，有的学者会将它们作为一个维度来分析商业模式。因此与核心资源类似，需要知道合作伙伴所执行的关键业务和在价值主张、渠道通路、顾客关系和收入来源四个要素中又需要哪些关键业务。关键业务一般可以做到制造顾客需要的产品，是商业模式的核心，然后通过平台或者网络进行推广销售，为顾客解决在使用过程中的问题，更好地升级顾客体验。

（6）重要合作。核心资源与关键业务都提及了合作伙伴，也就是重要合作，合作伙伴可以在非竞争者之间建立战略联盟关系，也可以在竞争者之间有战略合作关系，比如开发一项新业务，当企业本身无法承担时，可以与竞争者合作，此时，也具有了合资关系。最后是企业一般都有的供应商关系，只有可靠的供应商，才会有正常运营的企业。

（7）渠道通路。通过自有的渠道、合作伙伴的渠道，或者二者兼有的渠道来接近客户，在选择或调整渠道的同时也要考虑成本如何，并且将渠道与价值主张联系起来，不一样的价值主张决定了各自适用的渠道通路。因此，不同的企业在不同的时间因为顾客需求不同自然有着不同的渠道，动态地调整最终才可以达到通过有效的渠道接近客户。

(8) 收入来源。它与每个方面都有联系,其他每一项的优化都可以引导更多的收入来源,同时企业本身也要关注营业收入占总收入的多少,得到主要收入来源,进行分析总结。通常,收入来源有 7 种类型,分别是通过销售实体产品、特定的服务收费、重复的服务收费、租赁收费、知识产权授权使用、通过提供中介服务收取佣金和提供广告宣传服务收费。

(9) 成本结构。企业首先要考虑的成本就是固定成本,当固定成本比重较大时称为重资产企业,反之则是轻资产企业,没有好坏之分,两种形式都有着成功的企业存在。除去收入来源,每个要素都需要成本支撑,在企业中,成本大头除了固定资产,就是核心资源和关键业务的成本。我们需要去分析哪些核心资源和关键业务花费成本最多,为什么会花费最多,如何进行优化,这些都是商业模式需要考虑的。

5. 商业模式的表达类型

近年来,商业模式对于创业企业发展壮大和成熟企业转型发挥了重要作用,因而引起了学者们的广泛关注。商业模式是人们对如何经营企业的抽象化理性认识,能够反映企业商业行为的一般本质特征(王雪冬和董大海,2013)。由于企业商业行为的内在复杂性,学者们纷纷借助模型来表述商业模式,模型化表达现已成为商业模式研究的一个鲜明特征。但由于商业行为本身的复杂性与模型化表达的简要性之间存在一定的矛盾,不同学科背景的学者从不同的视角出发,采用不同性质的模型来描述商业模式,因此,迄今学界仍没有形成模型化表达商业模式的标准语言。

(1) 国外商业模式。

1) 结构化表达模型。随着商业模式研究的不断深入,战略管理学者、创业管理学者、咨询公司从业人员纷纷加入商业模式研究的行列,并提出了诸多商业模式结构化表达模型,下面分别介绍 Hamel 桥接模型(如图 8-2 所示)、Amit 和 Zott 运营系统模型(如图 8-3 所示)、Demil 和 Lecocq 的 RCOV 模型(如图 8-4 所示)、Itami 和 Nishino 双要素模型(如图 8-5 所示),均是其中的典型代表。

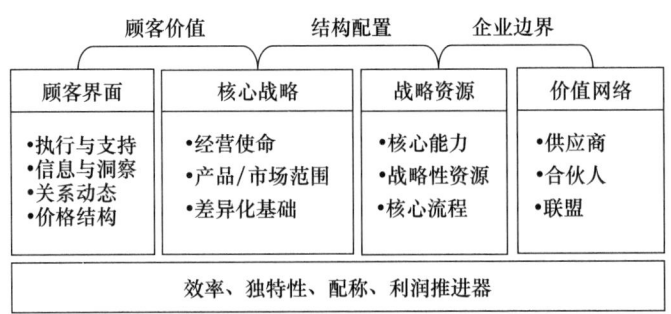

图 8-2　Hamel 桥接模型

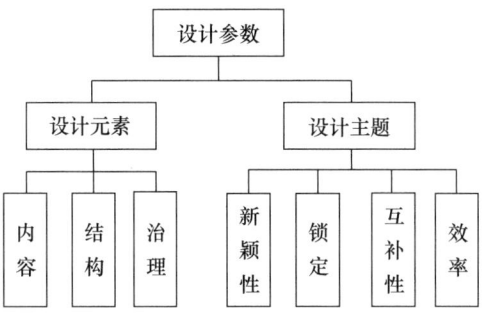

图 8-3　Amit 和 Zott 运营系统模型

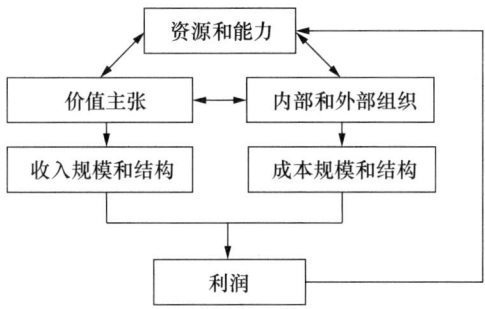

图 8-4　Demil 和 Lecocq 的 RCOV 模型

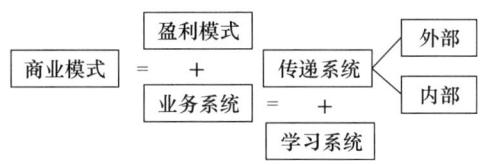

图 8-5　Itami 和 Nishino 双要素模型

2）逻辑化表达模型。在运用结构化模型表达商业模式的同时，技术创新、战略管理等研究领域的学者开始运用逻辑化模型来描述商业模式，Shafer 的核心逻辑模型（如图 8-6 所示）和 Chesbrough 的启发逻辑模型（如图 8-7 所示）就是其中的典型代表。

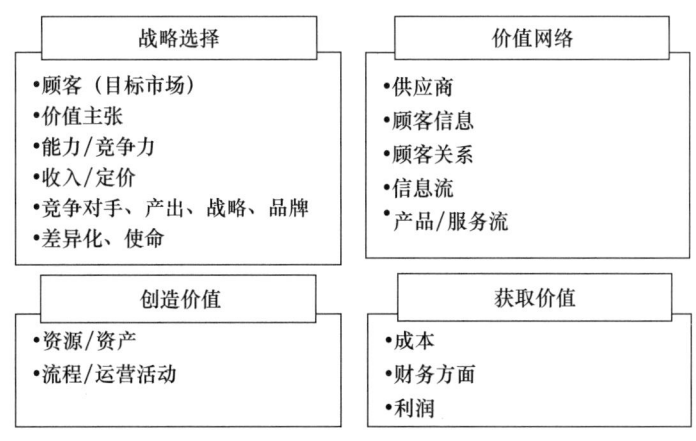

图 8-6　Shafer 核心逻辑模型

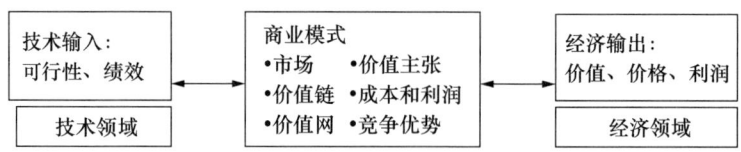

图 8-7　Chesbrough 启发逻辑模型

3）商业模式横向比较（如表 8-2 所示）。

表 8-2　商业模式横向比较

模型	优点	缺点	启示
Hamel 的桥接模型	·第一次采用模块化方式来构建商业模式的结构 ·把顾客纳入商业模式，强调洞察顾客需求和收集相关信息的重要性 ·把价值网络纳入模型，强调跨越企业边界和资源柔性配置的重要性 ·对商业模式与竞争战略进行了区分，把商业模式创新视为根本性创新	·具有较强的战略学痕迹，突出核心战略、战略资源等概念 ·缺乏统一的主题	·商业模式可用由不同模块组成的结构化模型来表达 ·顾客、供应商等利益相关者与企业处在同一价值网络中 ·模型理应有统一的主题
Amit 和 Zott 的运营系统模型	·价值创造是商业模式的重要构成维度，而运营系统的主要功能就是价值创造	·该模型的不足体现在以价值创造为主题的运营系统环节，把运营模式等同于商业模式	·以价值创造为主题的运营模式是商业模式的重要组成部分
Demil 和 Lecocq 的 RCOV 模型	·商业模式具有静态和动态双重特性	·该模型较为简单，在结构化表达上并没有实质性突破	·商业模式具有动态和静态双重特性
Itami 和 Nishino 的双要素模型	·突出了学习在商业模式创新中的作用，突破了战略学中传统的 SWOT 分析方法，强化了企业的主观能动性	·该模型过于简单，虽然具有一定的商业模式研究理论意义，但缺乏实践可操作性 ·忽略了对外部顾客的洞察	·商业模式包括盈利模式和运营模式两大部分
Shafer 的核心逻辑模型	·首次采用近似结构化的方式揭示了商业模式的内在逻辑 ·核心逻辑不仅强调了商业模式的客观结构，而且还初步反映了商业模式的主观性	·该模型较多地借用了战略管理术语，模型的战略管理色彩过于浓厚	·商业模式不仅体现为一种客观结构，更体现出其特有的主观逻辑
Chesbrough 的启发逻辑模型	·商业模式是一种引导企业创新和变革的启发式逻辑	·主要从技术管理角度阐述如何更好地实现技术商业化	·商业模式表达模型应该引导企业看到主导逻辑以外的其他逻辑

(2)国内商业模式。

北大汇丰商学院教授魏炜和清华管理学院教授朱武祥研究指出,完整的商业模式本质上就是利益相关者的交易结构。他们认为,完整的商业模式体系应包括定位、业务系统、关键资源能力、盈利模式、现金流结构和企业价值六个方面(见图8-8)。这六个方面相互影响,构成有机的商业模式体系。

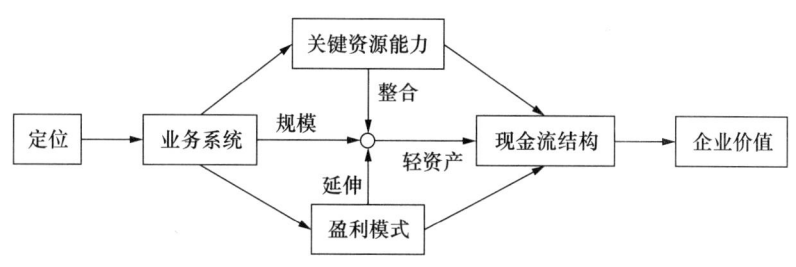

图8-8 魏—朱商业模式结构

1)定位。企业想要取胜,就必须明确自身的定位。定位是企业战略选择的结果,也是商业模式体系中其他有机部分的起点。定位需要回答三个问题:企业的业务是什么;目标客户是谁;需要向他们提供具备什么特征的产品或服务。定位是在战略层面和执行层面建立更直接和具体的联系,即企业的定位直接体现在商业模式所需要实现的顾客价值上,强调的是商业模式构建的目的。

2)业务系统。业务系统是指企业达成定位所需要的业务环节、各合作伙伴扮演的角色以及利益相关者合作与交易的方式和内容。我们可以从行业价值链和企业内部价值链,以及合作伙伴的角色两个层面来理解业务系统的构造。业务系统是商业模式的核心,高效运营的业务系统不仅是赢得企业竞争优势的必要条件,同时也有可能成为企业竞争优势本身。

3)关键资源能力。业务系统决定了企业所要进行的活动,而要完成这些活动,企业需要掌握和使用一整套复杂的有形和无形资产、技术和能力,称为关键资源和能力。关键资源和能力是让业务系统运转所需要的重要的资源和能力。任何一种商业模式构建的重点工作之一,就是明确企业商业模式有效运作所需的资源能力、如何才能获取和建立这些资源和能力(朱武祥和魏炜,2007)。

4)盈利模式。盈利模式指企业如何获得收入、分配成本、赚取利润。盈利模式是在给定业务系统中各价值链所有权和价值链结构已确定的前提下,企业利益相关者之间利益分配格局中企业利益的表现。盈利模式是企业利润的来源和生存之根本,良好的盈利模式不仅能够为企业带来利益,更能为企业编织一张稳定共赢的价值网。

5)现金流结构。现金流结构是企业经营过程中产生的现金收入扣除现金投资后的状况,其贴现值反映了采用该商业模式企业的投资价值。不同的现金流结构反映企业在定位、业务系统、关键资源能力以及盈利模式等方面的差异,体现企业商业模式的不同特征，并影响企业的成长速度，决定企业的投资价值、企业投资价值的递增速度以及受资本市场青睐的程度。

6）企业价值。即企业的投资价值，是企业预期未来可以产生的自由现金流的贴现值。企业的投资价值就是商业模式的归宿，是评判商业模式优劣的标准。企业的投资价值由其成长空间、成长能力、成长效率和成长速度决定。

（二）盈利能力

盈利能力是指企业获取利润的能力，反映企业经营业绩的概念，也称为企业的资金或资本增值能力，通常表现为一定时期内企业收益数额的多少及其水平的高低，是债权人收取本息、投资者取得投资收益的资金来源，是经营者经营业绩的体现，也是职工集体福利设施不断完善的重要保障（李子威，2013）。上市公司财务分析是为了使企业的投资者、债权人、经营者及其他关心企业的组织或个人，了解企业过去、评价企业过去、评价企业现状、预测企业未来，从而做出正确决策，提供准确的信息或依据。

目前，会计界对于盈利能力尚未形成统一的标准定义。但是在回顾和整理国内外相关文献时可以发现，在界定盈利能力时，学者们大部分是以净资产收益率作为评价盈利能力的指标。计算净资产收益率的公式为：净资产收益率＝利润总额/净资产。盈利与收益在日常中常常相互通用，事实上差别不大。按照美国 FASB 的解释，两者唯一的区别是：盈利不包含在本期内确认的前期会计调整，比如新旧会计准则变动的累计影响，但收益包含这种变动的影响（葛家澍和占美松，2008）。但是这种差别并不是经常发生的。根据中国上市公司年报披露准则的分类，利润由主营业务利润、其他业务利润、投资收益、营业外收支净额及补贴收入和前期损益调整组成。我国的会计准则将"收益"（Income）称为利润，收益和盈利（Earning）相似，但是盈利不包括在本期内确认的前期会计调整，如新旧会计准则变动的累计影响。盈利能力代表企业在持续经营条件下由核心利润提供的、稳定的投资回报能力，能够反映一个企业当期经常性、主营业务的经营业绩，不包括企业当期非经常性、非主营业务产生的利得和损失。

二、理论基础

目前对商业模式与其盈利能力并没有一个确切的理论基础，但当前国内学术界对商业模式的研究主要基于以下四种理论基础开展相关的研究，即价值理论、扎根理论、战略管理理论和经济租金理论（钟蔚，2015）。价值理论的核心内涵是商业模式描述了企业如何创造和传递给顾客价值的逻辑，包括价值创造和传递的收入、成本以及利润结构。可以看出，价值理论是目前最适合本书研究的理论基础，但是这还不够，我们旨在挖掘商业模式的内部结构是如何影响盈利能力的，因此价值创造理论归结出价值主张、价值创造、价值传递和价值获取四个方面，厘清它们对盈利能力的影响，并在此框架内进行分析。

（一）价值主张与盈利能力

商业模式的研究重点之一就是价值主张，许多学者将价值主张作为商业模式的维度之一去构建商业模式。翁君奕（2004）将其引入商务模式的研究中去，构建了商务模式的全景，在理论上确立了商务模式是一个由价值主张、价值支撑、价值保持构成的价值创造体系的研究框架，并提出"在实际中，商务模式往往是由它的价值主张、价值支撑甚至是价值保持等来表征的"的观点（张双文，2007）。价值主张的设计要达到两个目的：一是创造能为所有参与者共同理解和接受的价值主张；二是能科学提炼出准确的价值主张。

规模大的企业受到社会公众以及监管机构的广泛关注，政府与媒体监管严格，企业违规成本大，所以企业违规机会小，代理成本低，更注重经营水平的改善与提高，因此企业规模与企业盈利能力之间存在正相关关系，企业市场价值与其账面价值之比与市盈率越高，越能提高企业盈利能力。杜江（2008）以中国上市公司公开财务报表数据为研究对象，通过回归分析后认为企业成长保证了企业盈利能力的提高。企业价值即企业的投资价值，是企业预期未来可以产生的自由现金流的贴现值，好的商业模式可以做到投入产出效率高、效果好，投资少，运营成本低，收入的持续成长能力强（魏炜和朱武祥，2009）。通过分析服装行业企业的6种商业模式，发现价值主张不同的企业之间绩效存在显著差异，而绩效就体现在营运能力和盈利能力之上。因此，企业要选择合适的细分市场，形成竞争优势，从而提高企业的盈利能力（吴革和李腾达，2016）。

（二）价值创造、价值传递与盈利能力

企业拥有了关键资源和能力才可以进行价值创造，不同企业所拥有的关键资源能力并不相同，单一企业内各种资源能力的地位也不均等。一个企业将拥有的资源能力进行拆分和组合，把一部分资源能力赋予某一利益相关者，把另一部分资源赋予另一个利益相关者。被赋予资源的利益相关者之间的交易成本小于企业分别跟利益相关者之间的交易成本。当与利益相关者之间升级为战略合作伙伴关系后，能产生荣辱与共的关系，降低企业与利益相关者的交易成本与交易风险。与此同时，需要不断提升自身关键资源与能力，因此，想要增加企业的盈利能力，企业的内部利益相关者的知识水平是不可或缺的（朱维杰，2014）。

价值传递的核心话题就是价值链，价值链是一种高层次的物流模式，从原材料投入生产开始，至产品销售给顾客为止，所有增值活动均可作为价值链的组成部分。价值链的范畴从企业自身向前延伸到供应商，向后延伸到分销商和客户。这便形成了价值链中各作业之间，公司内部各部门之间，公司与供应商、分销商及客户之间的各种关联，形成价值链的关键节点。企业盈利能力提升的重要原因之一就是企业资产运营效率的提高（金碚和李钢，2007）。对价值链优化则需要利用共享的有关信息，对整个价值链中相互依赖的作业进行定位、协调及优化，把生产资源的分工协作和物流过程组织成为成本低、效率高的供应链，提升企业的盈利能力，使处在价值链上的各节点企业具有共同的价值取向，争取盈利能力的最大化。

（三）价值获取与盈利能力

对于传统的企业，收入来源于顾客，成本全由自己承担。但是实际上收入可以直接来源于客户，也可以免费给客户，费用由第三方来出，也可以两者都收费，成本也一样。因此可以将收入来源分为三种：固定、剩余和分成。与此对应有三种契约方式：租赁契约制、工资契约制和分成契约制。固定的情况下,不承担交易风险。剩余的情况下,盈利能力取决于利益相关者的营运能力。分成的情况下,大家共同承担盈利或亏损。因此对于不同水平不同类型的利益相关者,要采取不同或者组合的收入方式,降低交易风险和成本,提高盈利能力。当企业的所有利益相关者形成一张生态价值网络后,企业与其利益相关者能够在这张网络中降低交易风险和成本、提高交易价值。同时,企业根据自身实力和顾客需求,可以销售多种产品,采用组合计价方式有利于企业提高盈利能力。消费群体对多种产品一起消费的倾向更高时,产品组合计价比单独分开计价的价值更高,不仅能提高企业的售货量,还使得企业与消费者之间讨价还价的次数减少,降低交易成本。产品组合能够平抑不同产品之间销售周期的起伏,提高企业的盈利能力。

三、文献综述

(一) 商业模式研究回顾

自 20 世纪 90 年代关于商业模式的相关研究开始之后,虽然众多学者投入研究,但并没有确切地给商业模式一个定义,反而从不同角度去阐述商业模式。比如对商业模式的研究主要关注基于信息网络或互联网络的商业模式、个体的决策机制和行为等,主要聚焦于概念模型研究、类型式样研究、行业模式研究和典型案例研究 (吴晓波等,2014)。此外,还有部分学者研究商业模式创新,商业模式创新是企业在对顾客价值主张识别或再识别的基础上,对企业资源、结构、流程以及整个价值网络的重新设计与构造 (李文莲,2014)。商业模式创新的实质也是对某种差异化的追求,这种差异最终会呈现于三个层面:企业特征层面、产业链定位层面和行业定位层面,基于不同层面差异化追求的商业模式,创新的驱动原理并不相同 (郭蕊和吴贵生,2014)。

国内对于商业模式的概念定义仍然没有统一的认识,也缺乏被广泛接受的理论基础。目前国内认同度较高的是魏炜和朱武祥提出的完整的商业模式体系,包括定位、业务系统、关键资源能力、盈利模式、自由现金流结构和企业价值六个方面,这六个方面相互影响,构成有机的商业模式体系。综合发现,商业模式的研究可以归为三个类别,分别是盈利类观点、价值创造类观点和系统整合类观点。

(1) 盈利类观点大都是认为商业模式是以盈利为中心的观点。其中的代表人物 Rappa (2004) 认为商业模式的最根本内涵就是确定自己在价值链中的位置,是企业赖以生存的、能为自己获取利润的模式。Stewart 和 Zhao (2000) 在认为商业模式是组织如何获益的系统安排的基础上,还认为要将收入长期维持。在注意企业的产品或服务带来有效收入的时候也要构建合理的成本结构,使得企业可以维持生存 (Hawkins,2001)。还有学者认为商业模式在包含收入来源和成本结构的基础上又加上了企业投资者之间的关系,从投资角度认为是三者的结合。通过分析各部分的子部分,提出经营模式创新的思路及途径。商业模式可用来说明企业目前的赚钱方式和未来赚钱计划的方式,并通过为顾客创造比竞争对手更多价值的路径来获取利益。商业模式是运营性的,是对企业运营机制的概括,通过对企业内部结构的不同搭配组合出不同的收入模式。

商业模式和经营模式类似，提出了包含战略资源及能力、核心竞争战略、价值网络和顾客界面的经营模式框架（Hamel，2001）。李端生和王东升（2016）从财务视角，提出了"438"的商业模式研究框架，包含四个问题，即谁是目标客户、为什么进行价值创造、怎样实现利润和价值增值及凭什么进行价值创造；三个维度，即资产配置、盈利驱动、价值创造；八种模式，即收入驱动、利润驱动、资产配置、资本配置、虚实资源匹配、成长驱动、回报驱动和成长回报双轮驱动。盈利类观点都是旨在说明企业如何赚取更多的利益，并从内部结构、外部环境、价值链中的定位、各方利益关系等各方面对盈利机制进行解释。

（2）价值创造类观点。其代表人物 Amit 和 Zott（2001）以电子商务为研究对象，以价值创造为逻辑基础，认为商业模式是研究价值来源的分析单位，是为了利用商业机会创造价值而设计的交易内容、交易结构和交易治理机制。有学者还从技术和商业模式的关系角度，提出商业模式应包含确定价值命题、市场细分、确定企业内部价值活动和构架内部价值链，确定成本结构和潜在利益，确定企业在外部价值网络的位置（Chesbrough and Rsenbloom，2002）。Chesbrough（2007）更进一步的研究提出商业模式价值创造和价值获取这两大功能，认为在产品或服务生命周期不断减少和产品或服务创新成本不断增多的情况下，企业应该采用开放型商业模式，开放型商业模式可以使价值创造和价值获取更加有效。

商业模式的设计是以价值实现为线索的，是在价值网络内通过战略选择以创造价值、获取价值的完整的构架。其中在价值网络内进行战略选择是前提，价值创造是过程，价值获取是目标与终结，三者构成一个三位一体的循环的逻辑框架。通过概念间的对应关系，可以把价值网络内的战略选择归结为战略模式，价值创造归结为运营模式，而价值获取归结为盈利模式。三者之间是紧密相连、环环相扣的。实际上在价值创造和价值获取的基础上又阐述了价值网络三者的定义和它们的相关关系，认为价值创造和价值获取是企业一段时间内运营的基本功能，例如企业的资源、成本和利润等（Scott and Jeff，2005）。价值网络是价值创造和价值获取发生的环境调减，例如合作伙伴、分销渠道和客户关系等。他们同时指出，由于电子商务的发展，使得价值网络中协调和交易成本大大减少，增加了创造价值的空间，好的商业模式可以使得企业在价值网络中得到价值创造和价值获取的优势。项国鹏和韩思源（2008）持有相同观点，认为商业模式的本质就是企业利益实现和价值创造的机制。

在基于对商业模式是价值创造的逻辑的认识基础上，原磊（2007）提出从"远—中—近"对商业模式全面考察的"3-4-8"构架。"3-4-8"体系以顾客价值、伙伴价值和企业价值为远层次，提出包含价值主张、价值网络、价值维护、价值网络的中层次，以及更为详细的近层次。我国学者王琴（2011）又更为详细地将顾客价值和企业价值连接在一起，认为商业模式是以顾客创造价值为手段同时又以实现企业自己价值为目的的过程。实际上不难看出，盈利类观点和价值创造类观点并不是分得十分清楚，很多学者两者都有谈及，只是侧重点不同而已，因此无论是只从盈利还是价值创造来看商业模式都是不完善的，所以我们要系统综合地来看待商业模式。

（3）系统整合类观点。其代表人物 Morris（2003）从企业战略方向、运营方式和内部的经济逻辑三个方面对商业模式做了一个较为全面的概括。通过对这三个方面内部变量之间的整合，让它们相互促进协调，形成良性循环，并形成企业自身的优势竞争力，实现企业的动态可持续发展。商业模式是包含了一整套要素及其要素间相关关系的概念性工具，在比较研究的基础上，剔除了认为不应该包括在内的要素（Osterwalder，2004）。商业模式是涵盖顾客需要、企业内部结构以及和合作伙伴组成的价值网络等，最终实现企业盈利目的的过程。

商业模式是在对外部环境条件和内部资源能力进行整合的前提下，处理顾客、员工、组织本身、合作伙伴及利益相关者间的关系来获取超额利润的战略创新意图，以及对可实现结构体系安排的集合（罗珉等，2005）。此外，商业模式也是一个复杂的系统，而且一个有效的商业模式应该实现顾客价值、合作伙伴价值和企业自身价值三者共赢的动态系统（袁新龙和吴清烈，2003）。还有研究认为，商业模式是在物流、信息流和资金流的过程中将资源分配，最后将产品或服务呈现在顾客面前，然后收回投资，获取利益的方案（雷家骕，2005）。胡权（2014）提出从融合和开放的视角去认识价值创造体系，并将商业模式分为了封闭模式、融合模式、开放模式及生态模式，同时提出从封闭到融合、从封闭到开放、从融合到生态、从开放到生态的四种转换升级模式。

一个商业模式由独特的客户价值主张、独擅的资源与能力、独享的盈利公式三个维度组成，这三个维度中，都强调了"独"字，因为在网络背景下，信息透明，能保持自己的独特性才能成功，强调了可持续发展（吴伯凡，2011）。吴晓波等（2014）从价值网络的视角构建了包含价值主张、价值创造、价值获取和价值实现四个要素以及相关的各个子要素的分析框架，最终识别出 6 种典型商业模式，分别为长尾式商业模式、多边平台式商业模式、免费式商业模式、非绑定式商业模式、二次创新式商业模式和系统化商业模式。商业模型以开发性决策作为起点，依次为资源和能力，利用性决策，最后是价值成果，四个过程包含在资源和能力的形成机制、资源和能力的利用机制、价值成果的实现机制三个机制中，而且三个机制是前后衔接的动态过程（阳双梅和孙锐，2013）。商业模式的核心力量是实现客户价值主张，通过拥有满足客户需求的独特资源和关键流程，去解决企业盈利与价值传递之间的均衡，获取可观的利润。目前研究大都趋于认为商业模式是个系统的结构，并非只偏重于哪一个方面，因此对商业模式的认识需要全面综合的考虑（容少华和冯巧玲，2013）。

（二）商业模式与盈利能力相关研究

目前对商业模式的研究主要集中于商业模式的理论、定义、要素及其创新。涉及商业模式对盈利能力影响的研究非常少，但是关于企业绩效的研究相对较多。

企业的基本目的就是盈利。因此，不少学者将商业模式描述为企业的盈利模式。他们认为，商业模式是对企业如何赚钱的描述与总结（成文等，2014）。Stewart（2002）指出，商业模式是企业获得并保持收益流的逻辑总结。Afuah（2004）认为商业模式是企业为顾客创造比竞争对手更多的价值以赚取利润的方法。商业模式是企业构造成本与收入流的方式，成本和收入流决定着企业的生存与发展（Huizingh，2007）。此外，还有一些学者也表达了相似的观点，认为商业模式应包括定价模式、收入模式、成本结构等构成要素。Gisen 和 Berman（2007）检验了商业模式创新与企业绩效之间的关系，将商业模式创新分为三种类型，分别为产业模型、收入模型、企业模型。

国内学者也对商业模式对企业绩效的影响做了研究，早期比较有代表性的是程愚（2005）以福建20家民营企业为对象，发现商业模型不同的企业其绩效不同。王翔等（2010）将我国有色金属类上市公司的商业模式分为34类，分别从盈利能力、成长性、运营效率、市场价值四个方面反映企业绩效能力，证明不同商业模式与企业绩效指标间的关系，结果显示不同商业模式具有不同的企业绩效，发现由商业模式所反映的企业绩效对盈利能力和市场价值有显著影响，而对成长性和运营效率的影响较小。将商业模式按照价值主张、核心资源、利润保护机制和分销渠道四个维度进行分类，所分出的6种主导的商业模式之间的企业间绩效具有差异，这种差异主要体现在盈利能力和营运能力上（吴革和李腾达，2016）。此外，整合能力和商业模式创新都对企业绩效具有正向的促进作用，其中整合能力通过机会识别、合作伙伴、资源与能力的匹配、风险控制四个维度进行反映，结果显示整合能力通过提高组织变革和价值创造效率两方面的提高，使得商业模式的创新能力越强，最终企业绩效也就越高（庞长伟等，2015）。

（三）研究述评

由目前的研究文献可以看出，对于企业绩效的研究已经不再是浅显的不同商业模式拥有不同企业绩效，而是更深层次的挖掘，同时大多是通过实证分析方法挖掘商业模式中影响企业绩效的因素（朱维杰，2014）。通过目前的研究结果可以发现，毋庸置疑的是商业模式的创新可以带来更好的企业绩效，提高企业的盈利水平，因此商业模式的因素变化影响商业模式，再从商业模式影响企业绩效。所以企业绩效的优化离不开商业模式的创新改革。

第三节 案例分析与研究

一、阿里巴巴商业模式

阿里巴巴是首家拥有超过1400万家网商的电子商务网站，遍布220个国家和地区，成为全球商人销售产品、拓展市场及网络推广的首选网站。阿里巴巴十年的成长和蜕变令人深思，其商业模式值得研究。阿里巴巴的商业模式体系包括定位、业务系统、关键资源能力、盈利模式、现金流结构和企业价值六个方面。

（一）定位

定位是一个企业的战略核心，阿里巴巴清晰地界定它的目标客户——众多的中小企业。阿里巴巴相关人士认为，自从有了电子商务，世界就是平的，而所带来的诸多效应已经在各个领域充分显现，大公司不再独享信息垄断、渠道垄断的优势，在全球信息对称、机会均等的基础上，中小企业无疑将拥有更多的介入机会和发展动力，依靠自身机动灵活的优势获得更大的成长空间。

（二）业务系统

业务系统就是一系列业务活动组成的价值网络。业务系统重点体现的是业务流、信息流、资金流和物流的集成。

1. 主要业务模块

阿里巴巴集团旗下的主要业务包括阿里巴巴 B2B、淘宝网、支付宝、中国雅虎，以及新成立的阿里巴巴云计算。下面分析阿里巴巴的 B2B 业务、淘宝 C2C 业务及支付宝业务。

（1）阿里巴巴 B2B 业务。阿里巴巴 B2B 业务主要是针对企业与企业以及与上下游协力厂商之间的资讯整合，协助世界各地数以百万计的买家和供货商从事网上交易。

（2）淘宝 C2C 业务。C2C 业务就是个人与个人之间的电子商务。目前，淘宝的 C2C 业务在我国网络零售市场已经拥有 78% 的份额。

（3）支付宝业务。支付宝为网上交易提供了第三方信用担保服务，降低了消费者于网上购物的交易风险。它以"信任"作为产品和服务的核心，致力于为网上消费者提供安全可靠、方便快捷的网上支付服务。

2. 业务系统创新和发展历程

（1）为企业提供免费信息占领市场。阿里巴巴在充分调研企业市场需求的基础上，将企业的注册信息分类整合，根据不同的特点，为企业提供有效的信息服务。

（2）利用第一阶段的成功开展企业的信用认证，为盈利打好基础。阿里巴巴在 2002 年首次推出了中国互联网上的诚信认证方式——诚信通，把握了中国电子商务交易市场上的关键问题。这也是阿里巴巴最初的创收渠道。

（3）发展海外市场，扩大贸易范围。阿里巴巴除掌握了大部分国内企业的信息外，还掌握了近 1000 万家海外商户的信息，能够帮助国内企业实实在在发展对外出口贸易。

（4）并购雅虎，创新一种可以延续发展的电子商务搜索。电子商务搜索可以将电子商务所涉及的产品信息、企业信息以及物流、支付等有关信息串联起来，逐步形成一种电子商务信息的标准。

（5）培育一个开放、协同、繁荣的电子商务生态系统。近年来，阿里巴巴先后与英特尔、微软、思科等国际巨头达成全面战略合作，从各个领域打通和拓宽了电子商务的关联环节，巩固了其在市场上的领先地位。阿里巴巴在金融、IT、资本、政府等众多领域与协同合作伙伴进行了积极探索。

(三) 关键资源能力

1. 文化资源

阿里巴巴自1999年成立以来，基于共享价值观体系的强大的企业文化，已成为阿里巴巴集团及其子公司的基石。这种共享价值观体系的强大企业文化表现为六个核心价值观，即客户第一、团队合作、拥抱变化、诚信、激情、敬业。

2. 团队智慧

阿里巴巴团队认为，帮助客户和同事成功，才是自己成功的最好体现。正是这一理念吸引了大量的人才愿意留在阿里巴巴，同时也激励着它的团队推动阿里巴巴发展壮大。

3. 人力资源调度能力

资源是创业过程的必要支持，是开发机会谋求收益的基础。阿里巴巴依靠团队氛围，拥有了稳定的人力资源，并且通过自身的企业文化价值不断吸引着各类人才，这就使其拥有较好的人才资源的调度能力。

(四) 盈利模式

阿里巴巴的利润主要来源于注册会员缴纳的会员费。其付费会员有两种类型：国际交易平台的会员和国内交易平台的会员。

1. 国际交易平台

国际交易平台是为国内外企业搭建的网上外贸社区，为国内出口型企业提供国际买家的采购信息，帮助其获得国际订单，同时也向欲进入我国市场的国外企业提供有偿服务。

2. 国内交易平台

国内交易平台主要是为国内中小企业完成网上交易提供有偿服务，其中最突出的是信用评估服务。除了上述主要的收入来源外，阿里巴巴还推出了"搜索关键字竞价"的收费服务。同时，它还通过各种形式的网络广告收取广告费，如邮件广告、旗帜广告、文字链接和模块广告等。这些收入只占阿里巴巴总营业收入的很小比例。

(五) 现金流结构

有关统计数据显示，阿里巴巴近年的现金流结构比较合理，经营现金净流入比较理想。诚信通会员、Gold Supplier会员等年会收入，可以看作公司现金净流入的主流。投资活动现金净流出经过逐渐降低到较低水平后保持稳定，说明公司正处于成熟保持阶段，财务风险较低，公司稳定。

(六) 企业价值

阿里巴巴公布的2017年第三季度有关财务报表显示，在付费会员持续增长的带动下，付费客户数当季增加约11.4万，总数高达76.5万；集团当季收入同比增长54%，达532.48亿元；通过国际化的战略布局，先后在日本、德国、中东和澳大利亚开设数据中心，阿里云的全球客户获得了优质而多元化的服务。巨大的递延收入显示出阿里巴巴对客户的持续投资带来了强劲的客户增长，助其巩固了市场领导地位，并且加强了未来创造收入来源的潜力。可见，阿里巴巴投入产出效率高、效果好，运营成本低，收入的持续成长能力强，企业价值高。

综观阿里巴巴的发展历程，其在跳跃式的发展过程中进行了商业模式的创新。目前，阿里巴巴的云计算、阿里贷款等模式，都是伴随企业战略变革的商业模式的创新。商业模式所讨论的问题与企业经营理论或战略变革理论所要回答的问题是一致的。战略规划的总体战略决定企业该进入哪种类型的经营业务，经营战略则是企业进入某种类型的经营业务以后决定在这一领域进行竞争与运行的方式和方法。因此，商业模式的创新也就是一种企业战略变革的常态方式；反之，企业战略转变推动商业模式创新。

阿里巴巴主打中小企业这张牌，以满足中小企业需求为出发点，帮助中国企业实现全球采购，为全世界中小企业搭建全球贸易的网商平台。这个科学准确的定位是阿里巴巴商业模式创新的基石，进而推进创造顾客的需求。阿里巴巴正是在不断创造顾客的过程中，使企业获得了规模的扩大、效率的改善、资源整合能力的提升，以及对社会越来越重要的影响。

阿里巴巴的商业模式具有核心竞争力，它通过科学定位，扩大业务系统的规模，掌控各种关键资源和能力，驱动企业发现衍生和延伸的各种增值服务，由该增值服务形成可持续发展的现金流，创造企业价值。同时，这个商业模式难以被竞争对手模仿和复制，能够持续为企业带来利润。

二、携程 O2O 商业模式

（一）盈利能力分析

O2O 商业模式（Online to Offline），即将线下商务的机会与互联网结合在一起，让互联网成为线下交易的前台，线下服务就可以用线上来揽客，消费者可以用线上来筛选服务。携程 O2O 商业模式具有高度创新性，并在缺乏借鉴的情况下探索性发展，走向成熟：由成立之初的纯网络式营销模式到发展线下业务；通过融资与并购等不断实现资源整合（2003 年末携程于美国纳斯达克上市，展开了新一轮并购与业务拓展）；目前形成了集酒店预订、机票预订、度假预订等于一体的旅游线上线下一体化服务格局。

1. 盈利能力基本判断

从质量角度分析，企业盈利能力即企业竞争力。首先，携程注册资本 175 万美元，是我国领先的在线旅游服务公司；其次，携程主营业务涵盖酒店预订、票务预订、境内外旅游管理、商旅管理等，对注册用户提供全方位旅行服务；最后，携程 2014 年、2015 年研发投入占营业收入总额比率均超过 30%，从侧面反映了其对科技创新的高度重视。携程的规模、业务结构及科技投入反映了其在网络旅游行业竞争领域所做的有针对性的工作及其成果，其生命力随着时代的需求不断拓展与创新，拥有我国同行业公司目前无法撼动的规模效应。

从数量角度分析，2011 年之前，携程与艺龙形成垄断在线旅游行业的局面，并超过艺龙，占有绝对优势的市场份额，权益净利率均保持在 20% 以上，具备较强的盈利能力；2011 年之后，去哪儿网、途牛等同质性竞争企业大量出现，携程市场份额受到明显冲击，权益净利率于 2011～2015 年下降且波动幅度加大，盈利能力下降；截至 2015 年，其市场份额仍处于优势地位，但存在被去哪儿网、途牛等赶超的威胁，如表 8-3 所示。

第八章 商业模式与盈利能力

表8-3 携程各财务分析指标年度数据

年度	2015	2014	2013	2012	2011	2010	2009	2008	2007
权益净利率（%）	9.27	2.69	13.29	10.56	16.38	23.22	27.14	26.27	32.15
销售净利率（%）	22.02	1.25	16.83	16.60	31.02	36.51	33.54	29.98	33.22
资产周转率（%）	0.15	0.28	0.33	0.39	0.39	0.47	0.59	0.63	0.67
权益乘数	2.78	2.89	2.16	1.58	1.36	1.36	1.38	1.39	1.44

资料来源：杨有红，成晓翠．O2O商业模式、盈利能力与风险管控［J］．商业会计，2016（21）：10-12．

2. 盈利能力影响路径分析

（1）携程O2O商业模式具有"先入"的时间优势，模式本身具备成功性。一方面，携程是我国最早实现O2O商业模式的在线旅游企业之一，2011年之前，携程与艺龙实现垄断在线旅游行业的局面，较小的市场竞争、科技竞争压力为其创造了天时地利的盈利机会；另一方面，该种商业模式将"鼠标"与"水泥"结合，摆脱了完全虚拟化的网络模式，将网络与实体旅游消费实现有机结合，从而形成依托于实业的电子商务模式，实现了旅游价值链的整合，克服了由于地域、信息获取方式及成本限制而导致的信息不对称，以及由于信息不对称损失的市场效益，导致携程商业模式创造财富的必然。从而，携程在确定并实施该种商业模式的发展阶段，能够保持较高的权益净利率，拥有较高的盈利能力。

（2）携程当前的商业模式存在可复制性，模式精细化程度有待提高。随着经济的发展及互联网科技的普及，在线旅游业的进入门槛降低，携程的进入时间优势逐渐减弱，面临同业竞争、竞争同质化压力日益激烈的冲击，其曾经通过开拓新业务（如后来增加的度假、商旅管理业务）的手段摆脱严重的同质化竞争局面，并获得新的盈利点，但该种业务全面化盈利模式仍迅速被模仿，因此携程权益净利率近年呈现不稳定的状态。

另外，市场细分程度的提高同样提高了消费者的消费要求，携程具备成型的集酒店、航班、景点门票预订以及度假、商旅管理等于一体的旅游价值链，但目前仍未做到旅游链各环节的精细化与极致，如其机票预订业务提供机票/航班动态查询、值机选座、退票改签、机场攻略等服务，但未提供类似前序航班起降、机场天气特情等信息推送服务，在航班预订的速度、信息准确性等方面也未做到极致，而目前兴起的专业化航班信息服务类APP（如航旅纵横、航班管家等）在精细化方面胜出携程；其价值链的各个环节之间相对独立，并未发挥协同效应，诸类因素导致携程盈利能力受到冲击。

（二）结论及改进建议

携程作为O2O商业模式应用的领头羊，在2011年之前与艺龙形成垄断在线旅游业的局势，盈利能力走势良好，说明该种模式是一种成功的商业模式；随着科技进步及市场经济发展，行业同质化竞争更加激烈，使其盈利能力受到冲击。观其商业模式，虽具备成型的集酒店、航班、景点门票预订以及度假、商旅管理等于一体的旅游价值链，但仍未做到各环节的精细化与极致；商业模式具有可复制性，在非创新下难以形成差异化竞争；与业务链相结合的价格协同效应被忽略等，种种因素使携程盈利能力仍有较大的上升空间。另外，携程当前的高财务杠杆使盈利水平具有不稳定性，需加以调节。

1. 提高业务精细化程度

更加精细与人性化的板块设计会创造企业价值。以携程酒店预订业务为例，该业务按位置、价格、星级、特色等分类的行为满足了消费者的基本消费要求，但顾客对商品性价比的理性选择与市场细分程度的提高使其偏向于在其旅游时限内能实现最优性价比的旅游网站，携程由此损失部分市场份额。如果携程将该板块进一步极致化，如使每一级别的酒店预订价格具有纵向可比性，旅游时限具有可选择性的顾客方可依据价格变化趋势在该网站上自主选择旅游时间切入点及时限组合，引导消费者通过时限组合的选择而非通过网站的切换实现最高的旅游性价比，从而减少市场份额的损失。携程当前的商业模式虽然实现了旅游价值链一体化及各旅游模块的资源整合，但每一模块的精细化程度及创新有待提高，即需转化通过扩张业务板块实现盈利的商业模式，在现有业务基础上转向内部极致化，通过更加人性化的模块设计不断提高客户的应用体验，形成差异化竞争。

2. 调整价格战略方向

在当前各业务间价格相对独立的情况下，携程某一业务的价格最优并非意味着其他业务环节也是如此，导致消费者在各旅游网站之间按旅游环节实现跳跃式预订，因此携程未能被价格优惠涵盖的业务将丧失客源量。若基于业务整合理念制定有竞争性的价格，即弱化当前某些单项业务价格的影响效应，将各业务价格进行整合，实现业务间的价格联动效应，将在一定程度上实现价格竞争效应最大化，形成规模经济。

3. 企业并购与战略合作相结合

2011年后在线旅游行业激烈的同质化竞争环境以及商业模式的可复制性加大了携程差异化竞争的难度，但毋庸置疑携程仍处于在线旅游行业的领头位置，并拥有其他企业当前不能超越的规模，因此其拥有足够能力并购同行业某些企业，通过并购消除竞争因素；对于并购时机尚未成熟的企业，建议进行战略合作，实现在线旅游行业的共赢，缓解竞争压力。

4. 调整资本结构

携程当前的债权融资水平较高，在权益净利率波动较大的情况下将有较大的还款压力，从而导致财务风险。股权融资下为提高企业的盈利后劲，携程要加强商业模式改进力度，需进一步调整资本结构，吸收战略投资者，充分利用股权融资筹集资金满足长期发展的需要。

三、苏宁云商商业模式

苏宁云商集团股份有限公司原为苏宁电器股份有限公司，在2013年2月19日，公告称由于企业经营形态的变化而拟更名。苏宁电器1990年创立于江苏南京，是中国3C（电脑、通信、数码）家电连锁零售企业的领先者，是国家商务部重点培育的"全国15家大型商业企业集团"之一。经过多年的发展，苏宁云商已经是中国商业企业的领先者，经营商品涵盖传统家电、消费电子、百货、日用品、图书、虚拟产品等综合品类,线下实体门店 1600 多家,线上苏宁易购位居国内 B2C 前三,线上线下的融合发展引领了零售发展新趋势。2016 年全国工商联发布"2016 中国民营企业 500 强"榜单,苏宁控股以 3502.88 亿元的年营业收入名列第二。

(一)转型前商业模式认知

以 2013 年为分界点,将之前视为苏宁转型前的商业模式,且其定位是传统零售商业模式,特点是依托信息系统的支撑,内部共享服务平台,有效实现企业分散经营、集约管理的目标。与此同时,苏宁不断优化供应链,提升管理效率。我们可以从商业模式的九要素进行认知,如图 8-9 所示。

重要伙伴	关键业务	价值主张	客户关系	客户细分
上游制造商 战略联盟	传统电器	"服务是苏宁唯一的产品,客户满意是苏宁服务的终极目标"	CRM 系统 RFM 模型	传统店 县镇店 精品店 乐购仕生活广场店
	核心资源 连锁经营 供应链管理 整体市场营销		渠道通路 连锁店 信息化的物流平台	
成本构成 营业成本、管理成本、物流成本等			收入来源 后台优化效应、自营服务能力	

图 8-9 苏宁商业模式的九要素

1. 价值主张

苏宁始终秉承"服务是苏宁唯一的产品,客户满意是苏宁服务的终极目标"的价值主张,这一价值主张,立志服务品牌定位,为顾客提供涵盖售前、售中、售后一体化的阳光服务。同时,苏宁持续推进自 2009 年提出的营销创新变革规划,创新产品、店面、服务、供应链等各个层面,以满足新的市场环境下的客户需求。

2. 客户关系

苏宁电器对客户关系管理的独特之处在于:一是成功应用 CRM 系统。苏宁各地的客服中心都是以 CRM 系统为运作基础的,CRM 系统将自动语言应答、智能排队、网上呼叫、集成 SMS 短消息服务等多项功能纳入其中,建立了一个覆盖全国的对外统一服务、对内全面智能的管理平台。二是客户细分与基于 RFM 模型的会员营销策略。通过细分市场、客户、产品和服务,逐步从大众型消费向各个细分人群市场逐步延伸,以此进一步拓展消费客群,提高市场占有率。

3. 核心资源

苏宁的核心能力有三个方面:第一是连锁经营。苏宁公司采用"连锁经营、统购分销"的经营模式开展综合家用电器的销售和服务,在这种经营模式下,公司对商品采购实行"统购分销为主、自主采购为辅",对资金实行高度集中的统一管理,逐步建立完善的经营管理体系和作业标准,加强对企业经济活动的计划与成本控制。第二是供应链管理。苏宁公司目前采用的是"赊购或授信额度的零售导向"采购模式,供应商为了维护其产品价格的市场秩序,规定了产品的最高和最低指导销售价,公司实际销售价格只能在供应商规定的指导销售价格范围内浮动,在指导销售价格范围内商品的降价或涨价由公司自己决定和承担。第三是整体市场营销。著名的苏宁"3C+"(电脑、通信、数码)就是整合营销策略的一个模式。整体市场营销与供应链管理的出发点是一致的,供应链管理本身就是营销管理过程。

4. 关键业务

在关键业务上,苏宁拥有店面数量最多、覆盖范围最广、单店效益最佳的全国连锁网络,截至2016年,公司已在全国243个地级以上城市拥有连锁店共计1451家,其中常规店1311家、精品店12家、县镇店128家,连锁店面积合计达54603万平方米,连锁规模及销售规模稳居行业第一。

5. 重要伙伴

重要合作伙伴方面,通过直接与上游制造商的合作,苏宁电器建立了独立的物流中心、售后和消费者服务中心以降低整条价值链的交易成本,为上游合作伙伴和消费者创造了更多价值。目前,苏宁电器已经与索尼、摩托罗拉、三星等企业建立了战略联盟,通过B2B信息系统对接实现生产、物流、库存、销售数据的共享。索尼与苏宁电器还共同建立了一个名为"索尼在苏宁"(SIS)的销售信息平台。

6. 成本构成

苏宁的成本结构中比较突出的是在营业、管理费用方面。苏宁在收入来源方面的特点体现在两方面:一方面,苏宁通过先进的信息化应用和高效的供应商协同,形成后台优化效应,进而实现成本节约。另一方面,苏宁围绕客户需求,开发了IT帮客、阳光包系列自主服务产品,不断提升客服、物流、售后全方位的自营服务能力,通过服务增值效应不断增强企业的盈利能力。

(二)转型后模式改变

2013年,苏宁实施O2O模式创新,在许多环节上都发生了冲突。首先是价格冲突。由于网络虚拟门店不同于线下实体门店需要支付大量租金、税费等成本,因而可以以更低的成本提供产品或服务,因此会形成同样产品线上线下却不同价的尴尬局面,造成"左右手互搏"。其次是渠道冲突。由于苏宁在线上线下两种渠道上向消费者提供的产品或服务大体上是相同的,因此两种模式下的目标顾客重叠,从而导致了两种渠道之间对顾客的争夺,线上销售量提升却导致线下门店销售量下降。苏宁为了解决冲突、整合资源,在2013年6月实现线上线下同品同价,标志着苏宁O2O模式的全面运行。其商业模式改进认知如图8-10所示。

第八章　商业模式与盈利能力

重要伙伴 战略联盟 ☆供应商 ☆中小零售商	关键业务 传统电器 ☆超电器化	价值主张 ☆顾客充分享受自由、舒适、便捷、高效的购物新体验	客户关系 CRM 系统 RFM 模型	客户细分 传统店 县镇店 精品店 乐购仕生活广场店 ☆大数据明确顾客需求
	核心资源 连锁经营 整体市场营销 ☆四大开放平台 ☆组织结构的调整		渠道通路 连锁店 信息化的物流平台 ☆苏宁易购	
成本构成 营业成本、管理成本、物流成本等 ☆库存成本优化			收入来源 后台优化效应、自营服务能力 ☆超电器化带来更多收入	

图 8-10　改进的商业模式

1. 调整组织架构

为了适应转型后的商业模式，苏宁从原有的矩阵式转变为事业群组织，以充分调动和发掘各业务单位的经营主动性、积极性，构建虚实融合、全品类拓展的新型零售模式，有效保证苏宁云商转型后商业模式的价值实现。

2. 打造运营总部

苏宁 2013 年打造线上电子商务、线下连锁平台和商品经营三大经营总部，并在 2014 年将线上电子商务和线下连锁平台经营部合并为整合线上线下的运营总部，进一步探索线上线下多渠道融合、全品类经营和开放平台服务。通过自建网络平台——苏宁易购，不仅增加了接近顾客的通道，还将自己的商品与服务放到网上，延伸自身品牌的价值。然后通过大数据的方式，明确目标客户的特定需求，有针对性地进行营销和销售。其得天独厚的网点优势和迅猛发展的苏宁易购为苏宁云商的 O2O 模式提供了坚实的基础。通过开放服务平台的服务吸引中小零售商，增加了自身经营能力。截至 2016 年 9 月，苏宁云台入驻商户近 30000 家。

3. 构建新型零售生态系统

以云技术整合供应链、大数据、开放物流和金融四大开放平台为基础，开放物流，并利用云技术对供应链、大数据进行整合，与供应商、中小零售商、员工与消费者等建立起新型的共生关系，打造出一种不同以往的零售生态系统。针对供应商，苏宁将公开产品技术的后台管理能力，不同类型的供应商可以通过技术平台获得促销、产品、订单、配送以及结算等方面不同环节的完整信息。针对中小零售商，苏宁推出"三免"政策，即免年费、免平台使用费、免保证金，用这种"开放平台"的战略全面吸引商家入驻。对于员工，苏宁运用管理云，为员工个人能力的发展提供培训服务，为员工后勤的体验优化提供一站式便捷服务。针对消费者，苏宁提出新的价值主张，为顾客提供全方位更舒适、便捷、高效的购物新体验（彭虎锋和黄漫宇，2014）。

4. 优化物流与仓储

在物流上,苏宁专门开发了商品寻源系统,相对于之前的线上下单、线下提货而言,这种全面消除线上线下壁垒的一体化物流能够为消费者带来更好的体验感。在仓储上,转型之前,苏宁的一个仓库可以供线上线下两个平台使用,但是两个平台的存货却是分别存放的。在推行线上线下同价的双重商业模式之后,所有商品实现了统一管理。这样不仅节约了资源,而且提高了企业的运作效率。

(三) 转型后盈利能力分析

苏宁云商改进后的商业模式,一方面通过线上线下的融合和超电器化之路为自己增加了新的利润来源,另一方面更加注重自己供应链、平台管理、组织结构和企业人才培养管理等方面的软实力资产。通过平台吸引第三方,将自己的收入来源多种方式组合,降低了交易风险和成本,进而提高了自己的商业模式盈利能力,2016 年盈利收入达到 1486 亿元,净利润为 10.71 亿元,同比增长 19.13%。具体指标见表 8-4。

表 8-4 苏宁云商利润指标一览

年份	营业收入(亿元)	同比变动率(%)	净利润(亿元)	同比变动率(%)	净资产收益率(%)
2010	755	29.5	41.1	37.46	21.88
2011	939	24.37	48.9	18.98	21.59
2012	984	4.76	25.1	-48.67	9.40
2013	1053	7.05	1.04	-95.84	1.31
2014	1089	3.45	8.24	573.62	2.96
2015	1355	24.42	8.99	9.10	2.86
2016	1486	9.66	10.71	19.13	1.07

资料来源:凤凰财经网和巨潮资讯网年度报告。

第四节 总结与展望

现代企业竞争关注的是企业是否具有自己的核心竞争力,即企业是否具有自己独特的、竞争对手在短时间内难以模仿的能力。一个企业能够取得什么样的发展,能够发展到什么程度,取决于其是否具有核心竞争力。而商业模式这套逻辑体系保证了企业价值的实现,不同的要素构建企业特有的商业模式结构,给企业战略与经营管理提供基础导向,使得企业在激烈的市场竞争中保有自身的核心竞争力,并且获得利润最大化。商业模式的持续发展机制对企业外部环境具有一定的甄别性,当外界环境发生变化时,它便会做出与之相对应的反应,从而保障企业持续健康发展。

成功的商业模式活动可以为企业带来卓越的价值提升和难以超越的竞争优势,并且可以带来更好的盈利效果,能够获得资本和产品市场认同的独特企业价值,但由陈旧的商业模式转型为更适合时代需要的商业模式时,往往可能经历阵痛,是一个循序渐进的过程。目前商业模式的成功践行者大多是资本主义国家的企业,我国企业仍以模仿创新为主要创新手段。然而,随着技术进步和全球经济一体化的进程,我国企业面临着日益激烈的来自全球的竞争。

目前对商业模式的研究多数从其理论、要素和创新等方面进行,也有部分研究商业模式对其企业绩效的影响,但对于商业模式对其盈利能力的影响研究较少。通过本章研究发现,商业模式通过对商业模式内部各要素的创新和优化可以提高其盈利能力,但现实情况下,对要素进行优化和创新后并不能一蹴而就,因为外部环境很复杂,需要具体情况具体分析,但应该在本质上坚持适应时代的战略,不断调整更新商业模式,最终才可以达到提高盈利能力的目的。

本章通过分析商业模式的具体案例,得出两个结论:第一,不同的行业企业需要根据自身实际选择合适的商业模式,充分利用资源,进行合适的创新与改进,不仅可以提高企业的盈利能力,而且能够提升自身的综合竞争力;第二,通过商业模式的改革,可以降低交易的成本和风险,同时寻找自身新的价值创造点,从而提高其对于顾客、自身企业和合作伙伴的价值,创造更好的盈利能力。

对于未来商业模式创新,企业应注重行业、环境、科技等隐性因素,寻找能够实现企业盈利与可持续发展双赢的商业模式。随着中国经济的快速发展,结合我国的政策环境、地域文化、科技发展水平等系统地进行商业模式设计,中国企业中可望诞生越来越多的新兴商业模式。期待在未来可以看到更多从中国本土企业发展而来的管理创新理念和商业模式的新观点、新理论和新方法。

参考文献

[1] Al‐Debei M. M., Avison D. Developing a Unified Framework of the Business Model Concept [J]. European Journal of Information Systems, 2010 (19): 359–376.

[2] Amit R., Zott C. Value Creation in E‐business [J]. Strategic Management Journal, 2001, 22 (6/7): 493–520.

[3] Amit R., Zott C. Business Model Design and the Performance of Entrepreneurial Firms [J]. Organization Science, 2007 (18): 181–199.

[4] Chesbrough H. W. Business Model Innovation: It's not just about Technology Anymore [J]. Strategy and Leadership, 2007a, 35 (6): 12–17.

[5] Demil and Lecocq X. Business Model Evolution: In Search of Dynamic Consistency [J]. Long Range Planning, 2010, 43 (2/3): 227–246.

[6] Hamel G. Leading the Revolution [M]. Boston: Havard Business School Press, 2000.

[7] Itami H., Nishino K. Killing Two Birds with One Stone: Profit for Now and Learning for the Future[J].

Long Range Planning, 2010, 43 (2/3): 364 – 369.

[8] Magretta J. Why Business Modes Matters [J]. Harvard Business Review, 2002 (80): 86 – 92.

[9] Michael Rappa. The Utility Business Model and the Future of Computing Service [J]. IBM Systems Journal, 2004, 43 (1): 32 – 42.

[10] Osterwalder A., et al. Clarifying Business Models: Origins, Present and Future of the Concept [J]. Business, 2005, 15 (5): 1 – 25.

[11] Shafer S. M., et al. The Power of Business Models [J]. Business Horizons, 2005, 48 (3): 199 – 207.

[12] Stewar D. W., Zhao Q. Internet Marketing, Business Models and Public Policy [J]. Journal of Public Policy & Marketing, 2000, 19 (3): 287 – 296.

[13] Timmers P. Business Models for Electronic Markets [J]. Electronic Markets, 1998 (8): 3 – 8.

[14] 曾雪云. 互联网时代的商业模式变革与管理会计理念 [J]. 财务与会计, 2015 (10): 69 – 70.

[15] 成文, 王迎军, 高嘉勇, 张敬伟. 商业模式理论演化述评 [J]. 管理学报, 2014 (3): 462 – 468.

[16] 程愚. 商务模型与民营企业绩效 [J]. 中国工业经济, 2005 (6): 120 – 127.

[17] 程愚, 孙建国. 商业模式的理论模型: 要素及其关系 [J]. 中国工业经济, 2013 (1): 141 – 153.

[18] 崔晓西. 基于要素视角的商业模式创新机理及路径 [J]. 图书馆理论与实践, 2006 (2): 85 – 87.

[19] 范鸿雁, 李建民, 刘青, 康姣姣, 任辉斌. 中小农林企业商业模式创新研究——以河北德胜农林科技有限公司为例 [J]. 林业经济问题, 2013 (5): 442 – 446.

[20] 葛家澍, 占美松. 企业财务报告分析必须着重关注的几个财务信息——流动性、财务适应性、预期现金净流入、盈利能力和市场风险 [J]. 会计研究, 2008 (5): 3 – 9.

[21] 郝身永. "互联网+" 商业模式的多重竞争优势研究 [J]. 经济问题探索, 2015 (9): 41 – 44.

[22] 雷家骕. 转型力: 中国企业转型之道 [J]. 中国工业经济, 2005 (3): 56 – 57.

[23] 李海舰, 田跃新, 李文杰. 互联网思维与传统企业再造 [J]. 中国工业经济, 2014 (10): 135 – 146.

[24] 李文莲. 基于社会"碎片化"的商业模式创新 [J]. 改革与战略, 2014 (7): 59 – 61.

[25] 李文莲, 夏健明. 基于"大数据"的商业模式创新 [J]. 中国工业经济, 2013 (5): 83 – 95.

[26] 罗珉, 李亮宇. 互联网时代的商业模式创新: 价值创造视角 [J]. 中国工业经济, 2015 (1): 95 – 107.

[27] 罗珉, 曾涛, 周思伟. 企业商业模式创新: 基于租金理论的解释 [J]. 中国工业经济, 2005 (7): 73 – 81.

[28] 庞长伟, 李垣. 国内商业模式研究现状——基于 2000 ~ 2014 年 CSSCI 论文情况分析 [J]. 华东经济管理, 2016, 30 (3): 178 – 184.

[29] 彭虎锋, 黄漫宇. 新技术环境下零售商业模式创新及其路径分析——以苏宁云商为例 [J]. 宏观经济研究, 2014 (2): 108 – 115.

[30] 容少华, 冯巧玲. 企业商业模式及其财务绩效研究——以星巴克与 85 度 C 为例 [J]. 财务与

会计（理财版），2013（5）：33-35.

[31] 王斌，张俊芳. 光伏企业商业模式分析：以赛维为例 [J]. 科学学与科学技术管理，2012 (8)：130-137.

[32] 王波，彭亚利. 再造商业模式 [J]. IT 经理世界，2002（7）：88-89.

[33] 王琴. 基于价值网络重构的企业商业模式创新 [J]. 中国工业经济，2011（1）：79-88.

[34] 汪寿阳，敖敬宁，乔晗，杨一帆，胡毅，姜懋. 基于知识管理的商业模式冰山理论 [J]. 管理评论，2015（6）：3-10.

[35] 王翔，李东，张晓玲. 商业模式是企业间绩效差异的驱动因素吗？——基于中国有色金属上市公司的 ANOVA 分析 [J]. 南京社会科学，2010（5）：20-26.

[36] 王晓辉. 关于商业模式基本概念的辨析 [J]. 中国管理信息化，2006，9（11）：26-27.

[37] 王雪冬，董大海. 国外商业模式表达模型评介与整合表达模型构建 [J]. 外国经济与管理，2013（4）：49-61.

[38] 魏炜，朱武祥. 发现商业模式 [M]. 北京：机械工业出版社，2010.

[39] 吴伯凡. "大消费时代"的"杂交模式" [J]. 二十一世纪商业评论，2011（1）：2.

[40] 吴革，李腾达. 商业模式对企业绩效的影响——基于服装行业的实证分析 [J]. 财务研究，2016（2）：33-42.

[41] 吴晓波，姚明明，吴朝晖，吴东. 基于价值网络视角的商业模式分类研究：以现代服务业为例 [J]. 浙江大学学报（人文社会科学版），2014，44（2）：64-77.

[42] 吴晓波，赵子溢. 商业模式创新的前因问题：研究综述与展望 [J]. 外国经济与管理，2017，39（1）：114-127.

[43] 项国鹏，韩思源. 资源环境约束下"浙商"企业商业模式创新——CESS 价值创造模型及典型案例 [J]. 商业经济与管理，2008（6）：3-8.

[44] 阳双梅，孙锐. 论技术创新与商业模式创新的关系 [J]. 科学学研究，2013（10）：1572-1580.

[45] 杨有红，成晓翠. O2O 商业模式、盈利能力与风险管控 [J]. 商业会计，2016（21）：10-12.

[46] 于科. 商业地产企业商业模式对比研究 [D]. 重庆大学硕士学位论文，2013.

[47] 原磊. 国外商业模式理论研究评介 [J]. 外国经济与管理，2007，29（10）：17-25.

[48] 原磊. 商业模式体系重构 [J]. 中国工业经济，2007（6）：70-78.

[49] 袁新龙，吴清烈. 江苏企业信息化与电子商务应用现状分析 [J]. 科技与经济，2003（3）：33-36.

[50] 张越，赵树宽. 基于要素视角的商业模式创新机理及路径 [J]. 财贸经济，2014（6）：90-99.

[51] 张玉利，薛红志，陈寒松，李华晶. 创业管理 [M]. 北京：机械工业出版社，2016.

[52] 朱维杰. 商业模式对盈利能力的影响研究 [D]. 浙江工商大学硕士学位论文，2014.

第九章 风险评估与财务业绩评价

第一节 研究背景

　　风险和收益是对孪生兄弟,贯穿着人类社会的始终,而企业的存在和发展则是一个远为滞后的话题。16~17世纪,部分西方国家的封建社会制度向资本主义制度转变,资本主义原始积累的加快使得社会关系出现根本变革,农民土地被大规模剥夺,家庭手工业急剧瓦解,资本主义工场制逐渐形成,人类历史上有了企业雏形。18世纪,随着蒸汽机的发明和第一家棉纱工厂的出现,西方各国相继开展了第一次工业革命,大机器的普遍采用为工厂制的建立奠定了基础,工厂手工业渐被取代,机械化生产、雇佣工人制、大规模的集中劳动和劳动分工的细化促进了生产力发展的突飞猛进,工厂制得以建立,这标志着企业的真正诞生。1866年,德国人西门子制成了发电机,19世纪70年代,发电机达到可实际使用状态,第二次工业革命的烈火被迅速点燃,人类社会进入了电气时代,新技术似雨后春笋般丛生,细化的专业化分工使规模经济甚至范围经济得以显现,企业生产能力迅速增长、规模不断壮大,市场竞争也随之加剧,而优胜劣汰的结果是自由资本主义逐渐向垄断资本主义过渡。20世纪初,工厂自身已经发生了复杂而深刻的变化,大规模的垄断企业不断产生,现代企业理论逐渐形成。

　　公司治理(Corporate Governance Theory)是现代企业制度中最重要的组织架构,随着所有权与经营权的分离,不论是注重个人主义的英美模式还是崇尚人和的日本欧洲大陆模式,其需解决的根本问题都是如何协调企业各利益者(集团)关系努力生产以保证投资者(股东)的投资回报,因此,经济价值的创造与分享成为主流经济学研究的两大核心问题(Schumpeter,1954;Weintraub,1977),也是企业理论关注的焦点,业绩评价对于这两大难题的解决起到了至关重要的作用。不过,正如现代企业理论和产业组织理论所证实的那样,企业业绩是多种因素综合决定的结果。首先,产权安排决定公司治理结构进而直接影响企业绩效。模糊的产权会导致所有者与经营者间出现"激励不相容"和权责利不对称,并可能使得企业脱离市场竞争。其次,企业家的能力和努力水平，决定着企业的经营战略和管理水平，这两者同时影响企业的营运。再次，市场结构和企业内外部风险状况对企业绩效也有重要影响。最后，企业绩效由企业营运和市场状况共同决定。

当今的世界已由信息革命悄然转向"互联网+"时代，工业4.0以及全球一体化使得市场瞬息万变，英国的"脱欧"进一步加大了金融体系的脆弱性，美联储加息预期上升以及地缘政治紧张和恐怖袭击频发等都可能给国际金融市场带来重大影响。现代企业的发展面临着巨大挑战：飞速发展的商业环境、与日俱增的竞争压力、日益挑剔的客户需求、越发苛刻的股东期望等。然而，追求利润是企业的天职，因为没有利润企业将无法生存。但通往天堂之路总是荆棘密布、陷阱丛生。常识告诉我们，高收益必定伴随高风险，收益与风险永远是对形影不离的共舞双子。企业在追求利润的同时，绝不能忽视躲在暗处的潜在风险。它就像尾随人后的恶狼，好整以暇、不紧不慢地跟着，一旦时机成熟，就将发动致命一击。这时，风险就转化成了危机，不仅会毁掉过往业绩，而且可能给企业带来灭顶之灾。即使企业勉强渡过难关，也势必大伤元气，原有的优势和地位必将受到极大冲击。近年来，此种案例数不胜数，一个个企业巨人在风险面前或者轰然倒下，或者一蹶不振：安然、巴林、德隆、雷曼兄弟、克莱斯勒、中航油、新大地、绿大地、蓝田股份等，曾经熟悉而辉煌的名字，业已成了警示之钟。

新经济环境下，我国已进入了新阶段，改善供给侧环境、优化供给侧机制，成为我国经济可持续发展的有效途径，现代企业已由过去的强调资源管理转变为对知识资本、信息资本的管理，迅速变化的时代充满着越来越多且新的不确定性。企业领导者和决策者不得不认真思考两个重要问题：第一，企业风险应如何预判和管控？第二，财务业绩应如何正确予以评价？事实上，客观、科学的财务业绩评价不仅是企业"知己"的保障，也是企业有效"财务激励与约束"措施制定的基础，这涉及企业各个部门的状况。从信息角度来讲，财务业绩评价是在对整个企业所有信息收集和整合的基础上，根据一定标准进行比较与测评的专业而系统化过程。科学的财务业绩评价能够及时对企业的运营情况、员工状况进行较为公正而综合性的评价，反馈各种信息，进而提出针对性的管理措施。企业要在激烈的市场竞争中实现可持续发展，就必须采取现代化评价手段激励员工的工作热情，让其需求得到满足，进而更好地服务于企业。同时，从财务工作的角度来说，财务业绩评价不仅能为企业领导者或者主要负责人提供可依据的信息，也对他们的管理和权利有一定的监督和约束力。然而，现有财务业绩评价方式虽然考虑了企业的风险，但并未充分揭示出企业业绩背后的潜在风险。企业风险种类与量化指标有哪些？企业风险评估与业绩评价的主要方法是什么？其各自优缺点、适用性如何？怎样科学构建风险与业绩权衡的企业财务业绩评价体系？这些问题都需要认真研究方能予以回答。

第二节 研究回顾

一、关键概念

（一）风险

人类使用"风险"一词已有很长的历史。据 Flanagan 和 Norman 的考证，最早意大利语中有单词"Risicare"，意思是胆敢、敢为，表达的是人类固有的冒险性。法语中"Risque"一词来源于意大利语"Risicare"，意思是"航行于危崖间"。英语单词"Risk"（翻译为"风险"）来源于法语的"Risque"，17世纪中期才出现。就我国语言来讲，"风险"一词应该是个外来语，"二十四史"中的《明史》有"漕舟失泊，屡遭风险"的用法，其意义与"航行于危崖间"基本一致。19世纪，西方古典经济学派提出了风险的概念，认为风险是经营活动的副产品，经营者的收入是其在经营活动中承担风险的报酬。在现代市场经济中，随着全球贸易以及电子信息技术的发展，企业面临风险的机会大大增多，人们意识到必须重视"风险能够导致变革和机会"，对待风险的看法具有质的不同。风险是什么呢？简言之，风险就是不确定性及其带来的期望值的变动。某个事项或者某个经营活动，其产生的结果往往是不确定的，其收益或损失在事前往往不能准确地估计和评价，这种不确定性所带来的变动就是风险。有的时候，风险强调波动性或不确定性，即相对于期望值的偏离程度，而有的时候，风险强调损失，即不确定事项可能带来的期望损失。对于风险的定义，许多学者和机构都有各自的描述，从中可以看到风险的不同侧面，帮助我们更准确地理解风险。

（1）狭义说。早期研究风险的学者从风险的负面效应进行考察风险，将风险定义为"发生损失的可能性"。此定义强调了风险的两个特征：第一，风险的结果是负面的，即某一事项或者经营活动给企业带来损失。第二，损失的发生是一种可能性，即概率介于 0 和 1 之间。概率为 0 的无损失和概率为 1 的确定损失都不是风险。这种定义可以称为狭义的风险定义。

（2）广义说。之后有学者将风险可能产生的正面效应也考虑进来，认为风险带来的可能是收益，也可能是损失，但到底是哪种结果及正负效应的程度是不确定的。这种风险定义将与风险伴随的机会也考虑进来，较之前的狭义风险更全面，这被称为广义的风险定义。

（3）客观说。随着概率理论与统计学的发展，有学者又用统计学的理念来定义风险。主要有两种观点：一种认为风险是实际结果与预期结果的偏离程度，类似于统计学中的标准差概念；另一种将风险定义为实际结果偏离预期结果的概率。这两者强调的都是风险的客观性，认为运用统计手段和历史数据足以对风险发生的概率进行描述。

(4) 主观说。与客观说对应，认为风险不仅具有客观性，同时具有主观性。一方面，人们对客观事物的认知过程本身就存在一定偏差，而对于不确定性的认知偏差程度更大，受心理因素的影响更多。另一方面，"一千个读者，就有一千个哈姆雷特"，对相同的事物，不同的人会有不同的判断，因此对于风险的认识和判断也会见仁见智，因各人的知识、经验、能力、状态等因素的差异产生判断的差异。所以，风险由客观因素产生，会受主观因素干扰，在风险评估过程中产生。

总之，从以上学者们的定义中我们可以提炼出风险的几个基本特征：第一，结果的不确定性；第二，结果可能是损失，也可能是收益，但令人关注的是损失；第三，客观存在性，在某种程度上可用概率论和统计学工具加以刻画；第四，风险评估的过程会受主观因素的影响。

（二）风险评估

风险评估是风险管理领域的重要术语，通常是指在风险事件（或事物）发生之前或之后（但还没有结束），对该事件所造成的影响和损失的可能性进行量化的评测工作，即风险评估就是量化测评某一事件或事物带来的影响或损失的可能程度。

对企业而言，风险评估一般包括风险辨识、风险分析、风险评价三个步骤。

风险辨识是指查找企业各业务单元、各项重要经营活动及其重要业务流程中有无风险，有哪些风险。风险分析是对辨识出的风险及其特征进行明确的定义描述，分析和描述风险发生可能性的高低、风险发生的条件。风险评价是评估风险对企业实现目标的影响程度、风险的价值等。

进行风险的辨识、分析、评价，应将定性与定量方法相结合。定性方法可采用问卷调查、集体讨论、专家咨询、情景分析、政策分析、行业标杆比较、管理层访谈、由专人主持的工作访谈和调查研究等；定量方法可采用统计推论（如集中趋势法）、计算机模拟（如蒙特卡罗法）、失效模式与影响分析、事件树分析等。进行风险定量评估时，应统一制定各风险的度量单位和风险度量模型，并通过测试等方法，确保评估系统的假设前提、参数、资料来源及定量评估程序的合理性和准确性。要根据环境的变化，定期对假设前提和参数进行复核和修改，并将定量评估系统的估算结果与实际效果对比，据此对有关参数进行调整和改进。

企业在评估多项风险时，应根据对风险发生可能性的高低和对目标的影响程度的评估，绘制风险坐标图，对各项风险进行比较，初步确定对各项风险的管理优先顺序和策略。

风险评估应由企业组织有关职能部门和业务单位实施，也可聘请有资质、信誉好、风险管理专业能力强的中介机构协助实施。

企业应对风险管理信息实行动态管理，定期或不定期实施风险辨识、分析、评价，以便对新的风险和原有风险的变化重新评估。

（三）风险管理

对于风险管理的概念，目前还没有较为统一的定义。在风险管理的研究过程中，不同时代的学者研究的出发点、侧重点不同，提出了不同的风险管理定义。

早期比较有影响的风险管理定义是由美国学者威廉姆斯和汉斯提出的，1964年他们在著作《风险管理和保险》中指出，风险管理是通过对风险的识别、衡量和控制，以最小的成本，使风险损失达到最低程度的管理方法。

另一个著名的定义是，1998年由美国学者斯凯伯在其著作《国际风险与保险》中给的定义：风险管理是指各个经济单位通过对风险的识别、估测，以最小的成本获得最大安全保障的一种管理活动。

2004年，美国COSO机构发布了《企业风险管理——整合框架》的报告，其中对风险管理给出了一个较为全面的定义：企业风险管理是一个过程，它由一个主体的董事会、管理当局和其他人员实施，应用于战略制定并贯穿于企业之中，旨在识别可能会影响主体的潜在事项、管理风险以使其在该主体的风险容量之内，并为主体目标的实现提供合理保证。

综合以上定义，我们可以得出风险管理的几个原则：

（1）风险管理不是一个静态的制度，而是一个动态的、循环的过程，贯穿于企业的整个经营活动之中，渗透于每一个员工的思想和行动之中，风险管理是每一个员工的工作。

（2）风险管理的目的是将风险程度和风险损失降低到企业可以承受的范围之内，为企业提供安全保障，提高管理的质量和水平。

（3）风险管理所针对的风险不仅仅是只会带来损失的纯粹风险，也包括损失和收益并存的机会风险。

（4）风险管理的过程也要遵循成本效益原则，力争用最小的成本来达到降低风险的目标。

事实上，经过多年的研究和实践，风险管理已经形成了公认的管理流程。对于企业面临的各种风险，都可以依照这套一般流程来寻找和选择适当的方法进行管理。一般而言，企业风险管理流程主要有五个部分：①收集风险管理初始信息；②进行风险评估；③制定风险管理策略；④提出和实施风险管理解决方案；⑤风险管理的监督与改进。

（四）财务业绩

传统上，企业业绩可分为财务业绩和非财务业绩。企业财务业绩通常被用来衡量企业的生产经营和发展情况，指企业在一定时间内投资与经营活动所产生的效益和成果，是盈利能力、营运能力、偿债能力和企业发展能力的综合体现。非财务业绩是财务业绩的补充，指企业在客户、服务、作业、业务流程、产品质量和市场战略等方面的业绩（张珍珍、陈希琴，2003；郭佩玉，2008）。

财务业绩有经济学收益、会计学收益和综合收益三种形式。

1. 经济学收益

企业财务业绩的表现形式是企业收益，收益是反映企业财务业绩的综合指标。对收益的理解最初是从经济学家开始的。著名经济学家亚当·斯密（Adam Smith）在1776年发表的《国富论》中指出收益是财富的增加。美国著名经济学家欧文·费雪（Irving Fisher）在其《资本与收益的性质》中认为收益是两个时点资本的增量，将收益划分为精神收益、真实收益和货币收益。由于精神收益主观性太强，经济学家比较关注真实收益和货币收益。J. R. 希克斯（J. R. Hicks）认为收益是"一个人在某一时期可能消费的数额，并且他在期末的状况保持与期初一样好"。尽管以上收益概念是针对个人而言的，但它同样适用于企业。可见，经济收益可理解为企业在某一期间的期末和期初保持同等富裕，即在实物资本保全下用于可消费的数额，其实就是财富的增加额。经济学视野中的收益是基于真实收益，是企业真正的财富，其计量是以预测为基础，并考虑了货币时间价值，因此收益的计量能更好地满足投资者等信息使用者的要求，但其计量操作难度较大，不过经济收益是会计收益未来发展的方向，是企业财务业绩报表改进的理论基础。

2. 会计学收益

会计视野中的收益概念常随会计经济环境的变化而发展变化。最初的收益概念并不明确，收益的计量只是依附于资产的计价，用期末财产价值减去期初财产价值则得到净资产的部分增加额，以此作为企业的收益，很显然，该阶段的收益概念比较符合经济收益概念"财富的增加"，也基本贯彻了资产负债观。

随着工业革命的兴起，生产力取得前所未有的发展，股份制这种企业组织形式开始出现，人们更加关注企业定期的收益，过长时期的赚赔结果（如合伙期结束才测算的得失）已不能满足广大投资者、债权人的收益信息需求，所以在会计持续经营、会计分期假设前提下提出"净收益（利润）＝收入－费用"的测算公式，通过人为设定的会计期间收入与其相对应的价值损耗即成本费用进行配比，得到（净）收益，这是收益计算的结果，也是传统收益表对收益的理解。这时的收益概念是指企业经营业绩的结果，等同于净收益、损益、盈利、利润等概念，正如 Belkaoui（1976）认为：收益是主体在一个期间内由于交易而实现的收入与相应的历史成本之间的差额。这便是传统会计收益概念。在稳定的经济环境以及一系列制度的约束下，利润表直接表达了企业的经营成果，利润的绝对额很可能影响各利益相关者的分享份额，因而成为重要的业绩评价指标。但是在当前会计环境发生巨大变化的情况下，传统会计收益概念涵盖的内容并不全面并且与经济收益概念尚有相当距离，不能提供完整的及时相关的信息。

3. 全面收益

随着会计环境的变化，传统收益概念已受到强烈的攻击，进而提出全面收益概念。全面收益又叫综合收益。其概念最早是在 1980 年 FASB 第 3 号财务会计概念公告《企业财务报表要素》中提出，其定义为一个主体在特定的期间内除去与业主进行交易之外的企业净资产的变动。由此概念可以发现：全面收益涵盖的内容比净收益多得多，包括净收益及传统收益表未能反映的其他全面收益，即由于物价变动和金融衍生工具出现等会计环境变化引起的未实现的资产变动。全面收益＝净收益＋其他全面收益。另外，全面收益指除了业主投资与分派业主款之外所有的业主权益变动，很明显将业主权益变动划分成价值创造和价值分配两部分。价值分配就是与业主进行交易产生的资本投入与股利分派，而余下引起净资产变动的部分便是价值创造项目,即全面收益内容。可见,全面收益概念已经突破了传统收益的概念,尤其是为基于历史成本原则、实现配比原则及谨慎性原则的企业财务业绩报表模式带来变革奠定了理论基础。但需看到,尽管全面收益比之前的传统会计收益的信息质量更高,不过与经济学家眼中的收益仍有一段距离,特别是当前的全面收益表只包括部分未实现收益。

(五) 财务业绩评价

财政部统计司认为,财务业绩评价是在企业会计学和财务理论的基础上,科学运用数理统计和计量经济学的原理,结合运筹学的思想和现代分析技术,从宏观上对企业的财务绩效指标和模型有整体把握,通过定性和定量的分析后构建出能够反映企业财务状况和经营成果,指导企业健康发展的合理指标评价体系和评价模型,然后对比给定的评价标准和评价程序,对企业一定经营期间的财务绩效和经济效益进行客观、公正的评判。

叶军(2008)指出,财务绩效评价是指通过选取合理的财务指标和相关的非财务指标,构建财务绩效评价指标体系,运用科学的评价方法,对一定时期内各职能部门的绩效进行客观、公正和准确的评价,从而反映组织在评价期内的财务运行状况及其财务绩效。林立民(2009)将财务绩效评价定义为对企业过去一定期间的盈利能力、资产质量、债务风险和经营增长四个方面进行定量对比分析和评判,从而比较直观和客观地判断企业财务状况的总体水平,了解企业经营绩效,揭示其所面临的风险大小和成长空间,并借以对企业经济效益的优劣做出系统合理的评价。黄孝华(2009)认为,财务业绩评价是指运用科学和规范的管理、财务和数理统计方法,对资金使用情况进行定量和定性的考核、分析,作出客观、公正的综合评价。林梅(2013)认为,财务绩效评价是指通过对组织财务报表的有关数据和其他资料进行汇总、计算、对比和说明,进一步揭示财务状况、盈利水平、经营状况的一种分析评价方法。于凤霞、邓文君(2014)提出,企业财务业绩评价就是指运用财务指标对企业的经营效益和经营者业绩进行科学的评价,主要内容为财务指标的选取、建立指标体系以及评价方法的选择等,财务业绩评价主要是针对财务范畴进行的评价,相对而言具有一定的片面性,区分非财务指标可以使得绩效评价的层次性比较突出。王小娟(2015)认为,财务业绩评价主要是指利用财务指标来对各公司的生产经营的成果进行分析考核比较的方法,并且能够对一定时期内企业的财务状况和经营成果在一定的程度上进行反映。

综上,我们认为,财务业绩评价是指在相关学科理论基础上,利用企业有关资料,采取定量和定性的方法,按照一定程序,根据既定评价标准,对一定经营期间企业的财务状况、经营成果以及生产行为的过程和结果等财务效益做出客观、科学的综合评价。

二、理论基础

(一) 产权经济学基础

产权经济学(Economics of Property Rights),亦称现代西方产权理论(Theory of Property Rights)、新自由主义经济学(Economics of New Freedomlism)、所有权经济学(Economics of Owner' Equity)、交易费用经济学（Economics of Transaction Cost），它是现代经济学的一个新的重要的分支。

产权经济学主要研究在一定制度框架下产权的界定以及社会制度和经济秩序（包括企业制度、市场机制和政府干预）运行中的交易费用（Transaction Costs）如何对稀缺的社会资源配置产生影响和制约，其主要观点是：①经济学的核心问题不是商品买卖，而是权利交换，人们购买商品是要享有支配和享受它的权利。②资源配置的外部效应是由人们在交往关系中所产生的权利和义务的不对称，或权利无法界定而引起的。③产权制度是社会经济运行的基础，是社会经济的第一决定因素。④产权的界定将有助于经济效益的产生，私有产权并不排斥公有产权。产权经济学在理论上有四大主线：①交易费用理论；②产权的效率分析理论；③产权制度的选择和调整理论；④产权制度的演进。其中，四大理论的核心是交易费用理论，它贯穿整个产权经济学的始终。依据现代产权经济学定义，产权（Property Rights）是指对个人财产行为权利的法律关系。虽然产权与所有权（Owner Equity）都是考察人们的社会财产关系，但二者所偏重的方面不同：所有权偏重于说明人与物的关系，指某人相对于其他人对某物拥有的所有权，某物归某人所有。产权则是人们对自己所拥有的财物的使用而引起的互相认可的行为规范。它偏重于说明人与人之间的行为关系，即所有者之间行为权利的关系。产权是对个人财产行为权利的界定，以解决人们在交易中如何受益、如何受损以及如何补偿的问题。现代产权经济学认为，产权的本质是一种排他性的权利，一般地，完整的产权包含一组权利，它包括：①使用权（Rights of Using）：在法律和规则所允许的范围内，以各种方式使用自己的财物；②收益权（Right of Income）：在不损害他人权利的条件下，可以享受从财物的使用中所获得的利益；③决策权（Right of Decision）：自由决定对财物的交易和使用方式；④让渡权（Right of Alienation）：自由转让或出售财物的权利。

如果某个人拥有这样一组完整的权利，那么他就是完整意义上的产权主体。作为产权主体，其行为特征有二：一是具有追求自身利益最大化的自由权利，二是要受到他人权利的约束。在这种约定的规则下，经济活动趋于有序和高效。事实上，有效的产权安排通过增加对当事人的激励、促进资源有效配置、产生保险效应和对当事人不利的机会主义行为进行有效约束等功能方面或者降低企业投入，或者增加企业产出，或者降低投入并增加产出而提高企业的总体绩效。

（二）制度经济学基础

制度经济学的理论基础包括三个方面：制度、制度结构、制度变迁。关于制度的含义，最具有代表性的观点有二：一是舒尔茨（Schultz）的解释，他将制度定义为一些行为规则，这些规则涉及社会、政治及经济行为。二是诺思（North）的解释，他将制度定义为人类设计的一种强制，用以把人与人之间的相互作用系统化，它是由正式规则（如法律、产权）和非正式规则（如行为规范、社会惯例、施加于己的行为准则）以及它们的实施特征构成的。一般地，制度是人类设计的构造社会、政治和经济活动的行为规则，包括正式规则、非正式规则和实施机制。它提供社会的、经济的激励结构，具有提供信息、降低交易费用、创造激励机制、矫正价格、外部性内部化、为实现良好的合作与竞争关系创造条件等功能。需要注意的是：第一，制度是一种特殊的公共品（Public Goods），这种特殊性表现在两方面，一是制度的起始状态与最终状态可能存在差异，二是制度一般具有非排他性；第二，制度和组织是两个不同的概念，制度是游戏规则，而组织是实体机构，是该游戏规则（制度）的角色；第三，制度（Institution）和制度安排（Institution Arrangement）是两个既有联系又有区别的概念。一般来说，制度是已制定好的行为规则，而制度安排是用于支配各经济单位之间合作与竞争关系的一种安排，是制度的具体化。当制度安排确定下来之后，便与制度无异了。制度安排又分为正式制度安排和非正式制度安排，前者是人们有意识创造的一系列规则、约束机制，对规则的变动或修改，都要得到受它管束的一群（个）人的准许，后者是人们在长期的交往中自发形成的各种价值观、风俗习惯、意识形态等，规则的变动或修改完全由个人完成。

制度结构也即制度构成（Institution Structure）。它不仅提供了引导和确定经济活动的激励系统，而且还决定了社会福利和收入分配的基础。它包括正式规则、非正式规则、实施机制三部分。正式规则是指人们有意识创造的一系列政策规则的总和，包括政治规则、经济规则以及由此形成的等级结构，它们正式决定着人们的行为。非正式规则是人们在长期的交往中无意识形成的具有持久生命力的规则，并构成世代相传的文化的一部分。历史地看，非正式规则早于正式规则，在没有形成文字之前就有非正式规则。非正式规则包括价值观念、伦理道德、风俗习惯、意识形态等因素，对实施机制而言，一般地，人们判断制度是否有效，除了看其正式规则和非正式规则是否完善外，更主要是看制度的实施是否健全，一个制度实施机制是否有效，主要看违约成本多大，违约成本越大，从而任何违约行为都变得不合算。反之亦然。

制度变迁（Institution Change）是制度的替代、转换与交易的过程，是一种效益更高的制度对另一种制度的替代过程。其研究的前提有：一是制度是变迁着的或是可以改变的；二是制度变迁具有路径性，它是可考察的。

企业财务业绩评价体系本身就是一种制度，从制度变迁理论的角度看，评价制度的制定、演进与变革都是一种必然，它会随着企业外部环境和企业内部管理的要求不断被修订、完善，从而有效地推动企业绩效的增长，进而推动社会经济发展。因而建立、实施企业绩效评价制度，修订与完善企业绩效评价制度，都应考虑这一制度是否适应社会经济变化发展要求，是否符合企业管理的诉求，对企业绩效评价一定是有效和促进企业绩效的增长而不是相反起到阻碍企业绩效增长的作用。因此，现代企业绩效评价制度应以企业战略管理目标为基本导向，对于一定时期内企业战略管理实施后的绩效在进行科学、准确、有效评价的基础上，能够有效地促进企业战略绩效的提高和发展。

（三）信息经济学基础

信息经济学（Information Economics）是对经济活动中信息因素及其影响进行经济分析的经济学。它也是对信息及其技术与产业所改变的经济活动进行研究的经济学（乌家培，2002）。信息经济学的内容包括三个方面的问题（乌家培，2002）：一是信息的经济研究。包括信息的费用与效用的问题；信息资源的分配与管理的问题；信息系统或信息网络的经济评价问题；最优信息系统实现问题等内容。二是信息经济的研究。包括信息产业的形成、发展及其规律问题；信息市场及其相关问题；信息经济的含义、测度与发展规律等问题；信息基础设施的建设和经营中的经济问题；国民经济信息化的有关问题等内容。三是信息与经济间或信息学与经济学间的关系研究。包括信息的非对称性（Information Asymmetry）对经济主体行为的影响问题；信息在稀缺资源配置中的作用问题；信息技术的经济评价对经济发展的作用问题；信息学与经济学相互交叉和结合的问题。其中，信息不对称理论是信息经济学的核心内容之一。信息不对称也称非对称信息（Asymmetric Information），它是指在经济业务中，一方经济当事人知道另一方经济当事人所不知道的某些信息，也即交易双方对交易品所拥有的信息数量不相等。不对称性信息的类型可以从两个角度来加以划分：一是从非对称性信息发生的时间上来划分，非对称性信息可能发生在双方经济当事人签约前（Ex Ante），也可能发生在双方经济当事人签约后（Ex Post）。发生在双方经济当事人签约前的非对称性信息称为签约前的非对称性信息（亦称事前的非对称性信息），发生在双方经济当事人签约后的非对称性信息称为签约后的非对称性信息（亦称事后的非对称性信息）。其中，事前的非对称性信息将导致代理人的逆向选择行为（Adverse Selection Behavior），即掌握信息较多的一方利用另一方的信息劣势来获取额外的利益；事后的非对称性信息将导致道德风险问题（Moral Hazard），即签约一方利用隐蔽信息来损害另一方的利益，而另一方又由于不掌握对方的信息而无法加以确定。二是从非对称性信息发生的内容上来划分，非对称信息可能是指当事人所拥有的信息，也可能是指当事人的行动。其中，不可观测的信息（即经济当事人一方对另一方隐蔽的信息）将导致拥有信息的一方当事人隐蔽信息（Hidden Information），不可观测的行动（即经济当事人一方对另一方隐蔽的行为）将导致拥有行为的一方当事人隐蔽行动（Hidden Action）。

信息经济学揭示的信息不对称问题为研究业绩评价系统提供了新的视角。一般来说，在根据评价目的来选择评价内容和评价对象之前，首先应对各利益相关者的相互关系及信息状况进行分析和评估，再根据分析的结果选择评价活动涉及的内容并合理设计评价活动的组织方式，这样才能保证评价内容选择的有效性和准确性。一个有效的业绩评价系统应充分考虑委托人与代理人之间的信息分布状况。比如，上市公司业绩评价系统的建立和健全必然能够促进上市公司财务、非财务信息的规范，通过财务报告、年度报告的充分披露和提供更具透明度的信息，使其成为委托人和代理人所共知的东西，从而解决信息不对称问题。

（四）契约经济学基础

契约经济学之先河由 Coase 开创，1937 年之后由 Alchian、Demsetz（1972），Williamson（1975，1980），Jensen、Meckling（1976，1979），Ross（1977），Cheung（1983），Grossman、Oliver Hart（1986），Holmstrom、Tirole（1989），Hart、Moore（1990），Aghion、Bolton（1992），杨小凯和黄有光（1994）等众多学者加以拓展。其理论宗旨是：企业是"一系列合约的连接（Nexus of Contracts）"。"契约"一词在英文中称为"Contract"，源自拉丁文"Contractus"。"Contractus"一词据语言学家考证由"con"和"tractus"组成，其中，"con"由"cum"转化而来，有"共"之意；"tractus"则有"交易"之意。因而，契约本意便为"共相交易"的含义，其与商业活动或经济活动有着深厚的渊源。契约内涵及契约思想体系的构建大体上可按照两种线索开展：一为大陆法系的契约理念及思想，一为英美法系的契约理念及思想体系。从大陆法系的角度看，契约是一种协议（Agreement），意思自由和意识自由是大陆法学关于契约概念的共同本质；从英美法学的角度看，契约是一种承诺（Promise），违反许诺将由法律给予救济（Remedy）。许诺强调一方对另一方的承诺，没有强调双方当事人的含义，这容易导致将契约视为单方面许诺。

契约是指两个或两个以上的当事人之间，在自由平等、意思自治的前提下，为改进各自的经济状况或经济预期所达成的关于经济权利流转的协议或约定。契约理论从其演进过程中可以划分为古典契约理论、新古典契约理论和现代契约理论三个阶段进行研究。现代契约经济理论从内容上看主要包括企业契约理论、制度契约理论、财务契约理论、委托代理契约理论。其中，企业契约理论中主要有以 Williamson O. E. 为代表的交易费用经济学派、以 Demsetz H. 为代表的产权学派、以张五常为代表的综合学派。

从契约经济学的角度看，企业评价主体与评价客体之间存在着密切的契约关系，而且由于存在有限理性、不确定性、机会主义、少数条件和信息压缩的因素，导致双方之间的契约失灵。依照契约经济学基本原理，企业绩效评价就是为了消除企业评价主体与评价客体间可能存在的导致契约失灵的因素而进行的一项契约行为。由于企业评价主体与评价客体间契约关系并不是理想状态下的完全契约关系，双方不可能完全预料契约期内可能发生的变化。而企业绩效评价可以给双方契约履行的状况在契约期这一定期间内，对企业经营状况做出科学、准确、定量评价，从而为双方契约的有效履行和契约关系的进一步延续奠定坚实的基础。

（五）系统论

系统一词源于希腊语 systema，英语为 system，意为由部分组成的整体，由两个以上相互联系、相互作用的要素组成的，具有一定结构和功能的有机整体。《新华词典》对系统一词的解释是：①在动植物、人体内许多器官联合组成的结构。这些器官在组织形态上有相似特征，在机能上完成一种连续性的生理机能，例如血液循环是心脏动脉、静脉、毛细血管等器官构成的循环系统共同完成的生理机能。②同类事物按一定的关系联合起来，成为一个有组织的整体。《现代汉语词典》（修订版）对系统一词的解释是：①同类事物按一定关系组成的整体；②有条理的。《现代高级英汉词典》对信息的解释有以下三个方面：①group of things or parts working together in regular relation：整体性事物；用紧密方式结合在一起的部分。②ordered set of ideas theories principles etc.：思想、理论、原则等的体系。③orderliness：程序、规律。

20 世纪 20 年代，美籍奥地利生物学家贝塔朗菲（Bertalanff）提出机体生物学理论，亦称机体系统基本思想。1937 年他提出了一般系统论的基本思想；1945 年他发表一般系统论奠基性文章：《关于一般系统论》，提出了一般系统论原理；1956年他出版《一般系统论》一书，这标志着系统论的正式创立。贝塔朗菲认为，系统是处于一定相互联系中的与环境发生关系的各组成部分的总体，具有整体性、相互性、层次性、动态性、目的性的特征。我国系统论专家钱学森教授认为系统就是由相互作用和相互依赖的若干组成部门结合成的具有特定功能的总机体。由于系统论的创立与应用，从19世纪末、20世纪初开始，由于现代科学的发展，系统观点逐步深入和贯彻到不同学科领域，逐步形成了一个以系统为研究对象的学科领域，从而形成了系统科学。自从20世纪50年代系统理论创立以来，已广泛运用到各个学科领域。

系统理论认为，系统是若干相互联系、相互作用的部分组成的在一定环境中具有特定功能的有机整体，因此需要强调整体与局部、局部与局部、整体与外部环境之间的有机联系。一个完整的系统具有如下特征（周三多，2009）：①整体性。任何系统都具有一定的功能和目的，系统要素之间相互关系及要素与系统之间的关系应以整体为主进行协调，局部服从整体，使整体效果最优。②集合性。一个系统至少由两个或两个以上的子系统（即要素）构成。它是一个有机的整体，并非几个子系统的简单归集。③层次性。系统的结构是有层次的，每一个复杂的系统都是由若干个子系统组成的，而子系统又包括若干更小的系统。④相关性。系统内各要素之间存在相互依存、相互制约的关系，它一方面表现为子系统同系统之间的关系，系统的发展是子系统存在和发展的前提；另一方面表现为系统内部子系统或要素之间的关系，某要素的变化会影响另一些要素的变化。⑤环境适应性。系统不是孤立存在的，它总是在一定的环境中存在和发展的。如果系统和环境进行良好的物质、能量和信息的交流，则能够保持最佳使用状态。系统对环境的适应并不都是被动的，而是能动的，系统可施加作用和影响于环境。

从系统论角度讲，业绩评价是企业管理系统的子系统，业绩评价的目的就是为了实现企业的目的。企业管理系统可以分为计划与控制两大部分。在计划过程中，要结合企业的目标、组织结构来设计业绩评价指标体系并设定评价标准；在控制过程中，要通过对业绩的计量来衡量计划目标的实现程度并及时反馈执行中出现的偏差，以便修正。与此同时，业绩评价涉及企业的各个部门和领域，它们既相互独立，又相互联系，因此必须注重各部门之间的协调。此外，反映每个部门业绩的指标及其所需信息也不相同，因此，必须从系统的观点来考虑不同业绩指标之间的关系以及从不同部门来获取业绩评价所需的信息。

（六）控制论

"控制"一词源于希腊语Cybernetics，原意为掌舵术，包括调节、操纵、管理、指控、监督各方面的含义。《新华词典》（修订版）对控制一词的解释是：掌握、支配，使不越出一定范围。《现代汉语词典》（修订版）释义为：①掌握住不使任意活动或越出范围，操纵；②使处于自己的占有、管理或影响之下。《辞海》对控制一词的解释是：①掌握住使不越出范围，操纵；②对系统进行调节以克服系统的不确定性，使之达到所需要状态的活动和过程。《牛津现代高级英汉双解词典》对控制的解释有：①power or authority to direct、order or restrain，即指挥、命令或限制的权力；②management guidance，即管制、指导；③means of regulating、restraining、keeping in order，即管理、限制、控制的手段；④standard of comparison for result of an experiment，即鉴定实验结果的比较标准。

1948 年，美国数学家 Wiener 出版了《控制论（或关于在动物和机器中控制和通信的科学）》一书，标志着控制论的诞生。20 世纪 50 年代是经典控制论的发展时期，我国著名科学家钱学森于 1954 年在美国出版了其名著《工程控制论》。20 世纪 60 年代是现代控制理论的发展时期，出现了最优控制、自组织、自适应系统等现代控制理论。20 世纪 70 年代以后是大系统理论的发展时期，控制论由工程控制论、生物控制论向经济控制论、社会控制论发展。20 世纪 80 年代以来，控制论已形成了由工程控制论、生物控制论、经济控制论、社会控制论等分支学科组成的庞大学科体系。现代控制论是研究各种控制系统的信息和控制的共同规律的理论体系，它是研究各类系统的调节和控制规律的科学，是自动控制、通信技术、计算机科学、数理逻辑、神经生理学、统计力学、行为科学等各种科学技术相互渗透形成的一门边缘综合性交叉学科。

控制论的基本观点主要有两方面：一是一切系统都是信息系统，具有信息变换的过程。控制论认为客观世界存在着一种普遍联系，即信息的联系。控制的全过程离不开信息及其变换过程。控制系统要通过信息系统的处理才能达到目的。研究信息传递的转换规律是控制论的基本内容和任务。二是一切系统都是反馈系统，具有反馈控制原理，控制系统都是通过各种反馈来达到控制目的。

控制理论对企业业绩评价的影响在于：①业绩评价是管理控制系统的有机组成部分。正如控制与计划的密切联系一样，业绩评价也要与企业战略规划有机地联系。在制定战略目标时，就要考虑如何将这些指标转化为可计量的业绩评价指标，以便在战略实施中进行有效的控制。②业绩评价系统的设计以清晰的战略目标为前提。目标越是明确、全面和完整，业绩评价指标就越是能反映目标的要求，评价也就越有效。③业绩评价系统必须与企业的组织结构相联系。组织结构越是明确、全面和完整，设计的业绩评价指标体系就越是能反映组织结构中的岗位责任制，评价就越有效。④业绩评价必须采用适合不同评价对象的信息。正如信息是管理人员赖以进行控制的手段，信息也是进行业绩评价的基础。传统的业绩评价以会计信息为基础，随着环境的变化，业绩评价所需要的信息不但要包括财务数据，还要包括非财务数据；不但要包括企业内部信息，还要包括企业外部信息。⑤业绩评价标准必须客观合理。在业绩评价中可针对不同的评价目的，设计不同的评价标准。比如，在激励机制设计中多采用预算标准；在竞争战略制定中多采用竞争对手标准等。⑥找出关键业绩评价指标。为了避免分散精力，管理者应抓住重点，在业绩评价指标体系中必须抓住关键点，即业绩评价中必须抓住关键指标。⑦及时发现偏差并予以纠正。当发现偏离于计划的误差以后，必须采取行动，通过适当的计划工作、组织工作、人事工作和指挥工作来予以纠正，这样的业绩评价系统才是有效的。

（七）概率论

概率论有悠久的历史，它的起源与博弈问题有关。16 世纪，意大利的一些学者开始研究掷骰子等赌博中的一些简单问题，例如比较掷两个骰子出现总点数为 9 或 10 的可能性大小。17世纪中叶，法国数学家帕斯卡尔、费马及荷兰数学家惠更斯基于排列组合的方法研究了一些较复杂的赌博问题，他们解决了"合理分配赌注问题"、"输光问题"等。其方法不是直接计算赌徒赢局的概率，而是计算期望的赢值，从而导致了现今称为数学期望的概念。使概率论成为数学的一个分支的真正奠基人则是瑞士数学家伯努利，他建立了概率论中第一个极限定理，即伯努利大数律，该定律设认为，在 n 重伯努利实验中，当 n 趋于无穷大时，事件 A 发生的频率将无限接近于事件 A 在一次实验中发生的概率。

20 世纪 30 年代后，概率论得到了迅速的发展和深入，其内容非常广泛。目前其主要研究内容大致可分为极限理论、独立增量过程、马尔可夫过程、平稳过程和时间序列、鞅和随机微分方程、点过程等。此外，包括组合概率、几何概率等在内的一些属于古典范畴的问题，至今仍有人在继续研究，并不断得到拓展。

风险是一种不确定性，它与概率论直接相关。在进行风险评估时，必须运用概率论进行科学的分析，概率论总是试图从风险当中找到可以降低风险的规律性的东西，以期为相关决策提供有效的决策建议。

（八）权变管理理论

权变管理理论（The Theory of Contingency Management）是 20 世纪 60 年代末 70 年代初形成的一种管理理论。最早运用权变思想来研究管理问题的是英国学者 Bums 和 Stalker。他们在 1961 年合著了《革新的管理》一书。1967 年，美国的 Lawrence 和 Lorsch 合著了《组织与环境》一书，论述了外部环境和组织结构之间的关系，提出组织结构的主要特点是分散化和整体化。由于他们在这方面研究的突出贡献，因而被称为权变理论的创始人。1970 年，Morse 和 Lorsch 在 MIT 教授 Gregor 提出的 X 理论和 Y 理论的基础上，又提出了超 Y 理论，指出管理指导思想和管理方法要视工作性质、环境特点、成员素质而定，不能一概而论。各种管理理论及管理方法均有可用之处，并无严格的好坏之分，有效管理的关键是从实际出发，依据具体情况选用不同的管理方法。这一理论奠定了权变管理理论的基础。1973 年，Luthenis 发表了《权变管理理论：走出丛林的道路》一文，1976 年，他又出版了《管理导论：一种权变学说》，系统地介绍了权变管理理论，提出了用权变理论可以统一各种管理理论的观点，从而使权变管理理论迅速普及。

权变管理理论产生的背景在于：一方面，以往的管理理论（如泰罗的科学管理理论、法约尔的组织理论等）忽视了外部环境的影响，侧重于研究企业内部的组织管理，而这些管理理论在企业面临困境时无能为力。另一方面，以往的管理理论往往强调其普遍真理的色彩，追求理论的普遍适用性和最合理的原则、最优化的模式，使其在解决企业的具体问题时无从下手。而权变理论克服了上述两方面缺陷，认为企业管理要根据企业所处的环境、条件的变化而变化，没有一成不变、普遍适用的最好的管理理论与管理方法。权变管理理论的出现意味着管理理论从纯粹的理论研究向实用主义方向发展。

所谓权变，即随机制定或权宜应变之意，也即因人、因事、因时、因地而变通的方法。所谓权变管理理论基础是指以系统观点为依据，研究一个组织如何根据所处的内外部环境可变因素的性质，在变化的条件和特殊的情境中采用适用的管理观念和技术，指出最适合具体情境的组织设计和管理活动的一种管理理论。其理论体现了以下三方面的特点：①权变管理理论是以系统论为理论基础，认为企业是社会系统中的分系统，并非独立闭合于外部环境无关的系统。它受内外部环境的影响，从而组织各方面活动均要适应内外部环境的要求。②企业作为一个内外部环境影响的社会子系统，适应外部环境要求的目的在于：一个组织要根据所处的内外部不同的具体条件，采用适当的组织结构、领导方式、管理理念、管理机制、管理方法和管理技术，做到因人、因事同时因地制宜，随机应变。③企业作为一个开放系统，在实际的企业管理活动中，没有一成不变的、普遍适用的、最好的管理理论与方法，只有具体问题具体分析才能做得更好。在企业管理活动中，应该充分树立实事求是、一切从实际出发的理念。管理的效果完全取决于组织与其环境之间的适应性，管理的主要任务就在于寻求这种最佳的适应性。

权变理论对企业业绩评价的作用在于：对所有企业而言，没有一个统一的、标准的、适用于任何企业的最优业绩评价系统，业绩评价系统的设计必须建立在对企业内、外环境进行分析的基础上，并随着环境变化进行调整。一般来讲，企业环境发生变化后，业绩评价系统可能会发生如下几种变化：①关键业绩指标发生变化；②评价指标体系发生变化；③评价标准值发生变化；④每个指标的权重发生变化；⑤前几个因素共同发生变化。

（九）委托代理理论

委托代理理论（The Principal - Agent Theory）是 20 世纪 70 年代由 Williamson、Spence、Zeckhawser、Rose 等学者创立的。它包括两个部分：一是从规范角度出发开展研究的委托代理理论；二是从实证角度开展研究的代理成本理论。前者着重研究在不确定性和不完全监督条件下，如何构造委托人与代理人之间的契约关系（Contract Relationship），为代理人提供恰到好处的激励，促使其选择实现委托人最大福利的行为；后者研究每个参与者面临的激励以及均衡契约形式的决定因素。

委托代理（Principal - Agent）亦称意定代理或授权代理，即它是基于当事人的意思表示、以委托人的授权委托为前提的，是代理制度中最重要的一种。具体地，它是指代理人根据被代理人的委托，在被代理人的授权范围内，以被代理人的名义进行相应的活动。委托代理制度的特点有五个方面：一是委托代理是基于委托人的授权而产生，即委托授权在委托代理中具有决定性的意义；二是委托代理主要发生在经济领域，尤其是在商业、贸易、经营等市场行为中得到广泛运用；三是委托代理在所有权与经营权二权分离的企业中表现得最为典型；四是委托代理中的代理人既可以是自然人，也可以是法人代理机构；五是委托代理行为通常是有偿的经济行为。

在现代企业理论和信息经济学中，委托代理关系事实上就是居于信息优势与信息劣势的市场参加者之间的相互关系。简单地说，只要在建立或签订某种合同前后，市场参与者双方所掌握的信息不对称，这种经济关系就可以被认为属于委托代理关系。由于委托人和代理人的目标函数不一致，相关信息在两者之间的分布不均等，经济主体的利己动机是普遍存在的。当委托人和代理人之间存在信息不对称时，由于代理人的"投入"很难被观察到，代理人有可能减少要素（劳动时间或努力程度）投入或者采取机会主义行为（如公款消费等）来达到自我效用的最大满足。委托人虽希望代理人按照自己的利益选择行动，但委托人不能直接观测到代理人的所有信息和行动，能观测到的只是另一些变量，这些变量由代理人的行动和其他一些外生的随机因素共同决定。委托人的问题在于如何利用所能观测到的变量来奖惩代理人，以激励其选择对委托人员有利的行动。现代市场经济中，由于企业所有权和经营权分离，委托代理关系大量地表现为企业所有者和经营者之间的关系。

对于理性的委托人来讲，所有者是否选择委托代理关系完全取决于代理成本和代理收益的比较。根据 Jensen 和 Meckling（1976）的研究，代理成本包括以下三个方面：①监督成本，即委托人（股东等）所发生的监督代理人（经营者）的监督支出（Monitoring Expenditures）；②担保成本，即代理人向委托人保证不会采取有损于委托人的行动或如果采取了这样的行动将会给委托人以补偿而发生的担保支出（Bonding Expenditures）；③剩余损失（Residual Loss），即在给定委托人与代理人最优的监督与担保活动条件下，代理人决策与使委托人福利最大化的决策之间的差异给委托人带来的福利损失。前两种是显性成本，后一种是隐性成本。代理收益包括由于社会分工不同，代理人特有的专业技能带来的收益和规模收益。代理收益必定大于代理成本，否则，所有者将不会选择委托代理关系，现代企业制度也就不会存在了。

企业绩效评价是基于委托人（评价主体）与代理人（评价客体）的委托代理关系要求而建立的一种制度。在委托人与代理人之间因为市场环境不确定和信息不对称的前提下，为了防范代理人作为经纪人的机会主义倾向，进而在代理过程中产生怠慢、损害和侵蚀委托人利益的道德风险和逆向选择，委托人对代理人的选聘机制、激励机制、约束机制，都离不开评价机制的作用。通过强化对企业的绩效评价，贯彻落实健全有效的选聘机制，就能够有效地完善激励机制和约束机制，保证委托代理关系的良好运转有重要的现实意义。同时，科学、准确、有效的企业绩效评价对于降低委托代理成本，将"内部人控制问题"降到最低限度，起到了一种无可替代的作用。

（十）激励理论

激励理论是行为科学中用于处理需要、动机、目标和行为四者之间关系的核心理论。行为科学认为，人的动机来自需要，由需要确定人们的行为目标，激励则作用于人的内心活动，激发、驱动和强化人的行为。激励理论是风险管控和业绩评价理论的重要依据，它说明了为什么业绩评价能够促进组织业绩的提高，以及什么样的业绩评价机制才能够促进业绩的提高。

已有的激励理论主要是对于"需要"的研究，回答了以什么为基础，或根据什么才能激发调动起工作积极性的问题。激励被认为是通过高水平的努力实现组织的意愿，而这种努力以能够满足个体某些需要和动机为条件。因此，流行的管理激励理论可以分为两类：一类是以人的心理需求和动机为主要研究对象的激励理论，它包括墨里的需求理论、麦克莱兰的成就激励理论、马斯洛的需要层次理论、奥尔德弗的 ERG 理论、赫茨伯格的双因素理论等。其中，最具代表性的是马斯洛需要层次论，该理论由美国学者马斯洛

(Maslow)1943年在《人类动机论》一文中首次提出,并在1954年所著的《动机与个性》中做了进一步的阐述。

马斯洛的需要层次理论归纳起来主要有如下观点(俞明南,2002):①五种需要像阶梯一样从低到高,按层次逐级递升,但这种次序不是完全固定的,也有例外的情况。②需要的发展遵循"满足—激活律"。一般地,某一层次的需要相对满足了,就会向更高层次发展,追求更高层次的需要就成为驱使行为的动力。相应地,当某一级的需要获得满足以后,这种需要便中止了它的激励作用。③需要的强弱受"剥夺—主宰律"的影响。即某一需要被剥夺得越多、越缺乏,这个需要就越突出、越强烈。④五种需要可以分为高低两级,其中的生理需要、安全需要和社交需要都属于低一级需要,这些需要通过外部条件就可以满足;尊重的需要和自我实现的需要则属于高级需要,它们只有通过内部因素才能满足,而且,一个人对尊重和自我实现的需要是无止境的。⑤同一时期,一个人可能同时存在几种需要,任何一种需要都不会因为更高层次需要的发展而消失。但每一时期总有一种需要占支配地位,对行为起决定作用。这种占支配地位的需要称为优势需要或主导性需要。⑥一个国家多数人的需要层次结构,与这个国家的经济发展水平、科学技术水平、文化和民众受教育程度直接相关。在不发达国家,生理需要和安全需要居主导地位的人数比例较大,而高级需要居主导地位的人数比例较小;在发达国家则相反。在同一国家的不同时期,人们的需要层次会随着生产力水平的变化而变化。

另一类是以人的心理过程相互作用的动态系统为研究对象的激励理论,这种理论以系统的和动态的眼光来看待激励,主要包括弗鲁姆的期望理论、波特和劳勒的综合激励模式、洛克和休斯的"目标设置理论"、亚当斯的公平理论、迈克尔·罗斯的归因理论和轨迹控制理论、斯金纳的强化理论等。

最具代表性的是弗鲁姆(Vroom)于1964年提出的"期望理论"。期望理论是一种认知型过程理论,又被称为"概率—价值理论"。它认为,一个目标对人的激励程度受两个因素影响:一是目标效价,指人对实现该目标有多大价值的主观判断。如果实现该目标对人来说很有价值,人的积极性就高;反之,积极性则低。二是期望值,指人对实现该目标可能性大小的主观估计。只有人认为实现该目标的可能性很大时,才会去努力争取实现,从而在较高程度上发挥目标的激励任用;如果人认为实现该目标的可能性很小,甚至完全没有可能,目标激励作用则小,以至完全没有。综合上述两个方面的因素,某项结果或报偿对个人采取某种行为的激励作用可以表达为:激励力=直接结果的价值指数×通过行为导致直接结果的预期概率。

(十一)利益相关者理论

20世纪70年代以后,出现了一系列石油危机、环境污染、失业、转基因食品等社会和经济问题,使人们认识到企业不可能在真空下生存,企业的目标应该是多重的,把企业目标等同于股东或经营者或债权人的目标都是不准确的,企业应是财富创造的集合体。企业的利益相关者应包括投资者、员工、供应商、客户、消费者、社区、政府、竞争对手、行业协会等,由他们共同分享企业的剩余控制权和剩余分配权,这样的治理有助于提高企业业绩。企业的客户和供应商的建议及与企业形成的长期合作关系，可以保证企业的产品和服务更好地满足市场需求。员工比出资者掌握更多的企业内部信息，对企业经营过程中所存在的问题有更深的理解，倾听他们的建议有利于管理者决策更有效，员工的生产率和创造力也尤为重要。企业债权人的监督也有助于保持良好的经营状况。

现代公司被视为由各个利益相关者构成的契约联合体。1984年，弗里曼出版了《战略管理：利益相关者管理的分析方法》一书，明确提出了利益相关者理论。该理论认为，管理者的决策应基于企业所有利益相关者的利益。利益相关者包括所有可以有效影响企业财富或被企业有效影响的个人或组织。这里不仅包括能对企业提出经济要求权的主体，还包括员工、客户、社区和政府官员。该理论的关键论点在于，它弱化了所有者在公司中的地位，而强调了各利益相关者的期望和诉求：顾客期望低价格、高质量和全面的服务；员工期望高工资、舒适的工作环境和福利；供应商期望低风险和高回报；社区期望大量的慈善捐款、当地投资的增长和稳定的就业等。可以说，企业的竞争力取决于它能否满足不同利益相关者的需要。这就要求管理者从企业内部、外部顾客、员工以及股东等角度来审视投资机会，设计出能够衡量不同利益相关者的需要是否得到满足或平衡的业绩评价系统。

利益相关者管理越来越被社会所接受，其对业绩评价产生了深刻的影响。20世纪90年代，美国著名的管理大师卡普兰和复兴方案国际咨询企业总裁诺顿在总结了12家大型企业的业绩评价体系的成功经验的基础上提出的平衡计分卡，就是利益相关者管理理论的体现。平衡计分卡是一种以信息为基础的管理工具，分析哪些是完成企业使命的关键成功因素以及评价这些关键成功因素的项目，并不断检查审核这一过程，以把握绩效评价、促使企业完成目标。平衡计分卡为企业管理人员提供了一个全面的框架。它把企业的使命和战略转变为目标和衡量方法，这些目标和衡量方法分为四个方面：财务、客户、内部经营过程、学习和成长。它利用衡量结构把驱动当前和未来成功的因素告诉员工，通过阐明组织想要获得的结果和这些结果的使然因素，使企业管理者能够汇集组织内全员的能力、本领和具体知识来实现企业长期的目标。

三、文献回顾

风险评估和财务业绩评价是企业运营与管理的经典和永恒命题，理论和实务界对此做了大量研究，现就笔者掌握的主要文献综述如下。

（一）风险的识别

通常认为，风险识别是风险评估与管控的第一个环节。风险识别指用感知、判断、归类的方法对企业面临的各种现实及潜在风险进行鉴别（张滢，2011），它是根据风险的来源把风险归类到市场风险、信用风险、操作风险和包括流动性风险、模型风险、法规风险等的其他风险中（王志诚，2005）。所谓风险识别，就是发现描述风险的过程，包括对风险源、事件及其原因和潜在后果的识别，这个过程可能涉及历史数据、理论分析、专家意见、有见识的意见以及利益相关者的需求。因此，风险的识别关键是要通过一定的方法找出存在哪些风险并分析风险产生的原因（李存建，2012）。

关于风险的来源，Nisangul Ceran（2002）认为包含外部环境、内部环境和制度安排三个方面，外部环境主要有政治、社会、经济、自然环境因素；内部环境包括市场体系、管理、技术和运营等状况；制度安排则包含反对者、跨部门协调、政治冲突、管理瓶颈、结果或效益的过度乐观的估计等。许晖（2010）认为风险就是预期与实际的偏差，其来源有两类，一类是客观世界的不确定性，另一类是人们对客观世界认识能力的局限性。也有很多学者根据风险来源把风险因素归纳为自然因素、技术因素、设计因素、金融因素、市场因素、政策法律因素和环境因素，进而定义相应的风险（王珏辉，2007；张新福、原永中，2008；王新英，2013；王昕等，2015）。

对于风险识别的方法，吴凯（2006）认为，风险识别通常有风险检查表、头脑风暴会议、风险清单识别法、财务报表识别法、流程图分析法、事件树分析法、事故树分析法、风险链分析法、流程图法、现场观察法、相关部门配合法和环境分析法等。李金昌、黄劲松（2006）指出，综合评价法和计量经济模型法是两种比较权威的方法，它们都建立在专家认识的基础上。Jonathan 和 Robin（1998）提出了风险矩阵法，该方法从项目的需求和技术可能性两方面进行项目风险（风险集）识别和风险概率计算，并构建风险矩阵，采用 Borda 序值法来确定关键风险并处理风险结（Risks Tie），再运用风险矩阵应用软件来监控并实际降低风险。That 和 Carr（2000）研究发现，AHP 是进行风险因素识别的一种重要和有效方法，并且可以进行风险的量化、重要性排序及风险度系统评价。陈会英（2009）根据风险识别所依据的内容不同将风险识别的方法分为四种：财务报表识别法、指标识别法、幕景识别法和德尔菲法（专家意见法）。财务报表识别法是以企业的资产负债表、利润表和现金流量表等财务报表为依据，对企业的固定资产、流动资产等状况进行风险分析，以便从财务的角度发现企业面临的潜在风险（徐洁，2014）。指标识别法是指根据企业财务核算、统计核算、业务核算资料和其他方面提供的数据，如企业信息情报部门收集的、通过市场调查获得的、从有关政府主管部门得到的数据和信息，对企业财务风险的相关指标数值进行计算、对比和分析，并从分析结果中寻找、辨认和发现财务风险的技术方法（张星文，2004）。幕景识别法是指通过有关的数据、曲线、图标等对组织未来状况进行描述，从而找出引起风险的关键因素，该法在欧美国家财务风险分析中较为常用，但只能定性分析不能定量评价（王刚，2015）。德尔菲法产生于20世纪40年代，由 Helmer 和 Dahlke 首创，经过戈登和兰德公司（1946）进一步发展而成，它采用背对背的通信方式征询专家小组成员的预测意见，经过几轮征询，使专家小组的预测意见趋于集中，最后做出符合市场未来发展趋势的预测结论（李云，2009）。

（二）风险的度量

有关风险的度量，最早可以追溯到17世纪末期。1693年，Halley 为度量死亡风险建立了世界上第一张生命表，开了保险精算先河。20世纪50年代，Markowitz（1952）首次对金融风险的度量进行了研究，他打破了以往专注于股票内在价值的定价思想，提出了投资组合理论，文章从投资者的行为出发，以收益方差衡量风险，创建了均值（一阶矩）—方差（二阶矩）分析范式，将投资者的资产选择问题转变为一个给定目标函数和约束条件的线性规划问题。Markowitz（1959）进一步承认并指出，将方差视为风险的测度并不很合适，因此提出另外两个测度，一个是衡量收益率低于预期收益率时的方差SVm，称为低于均值的半方差，另一个是衡量收益率低于目标收益率时的方差，简称低于目标收益率方差（SVT）。Sharpe（1964）率先提出了资本资产定价模型，以市场波动率作为市场组合风险的度量指标，Lintner（1965）和 Mossin（1966）进一步对资本资产定价模型（CAPM）进行了拓展，完善了新的风险度量方法——系统性风险 β，并将收益与风险以线性形式联系在一起。总体来看，这段时间学术界主要以半方差为基础进行风险度量和投资组合的研究。

1969 年，Hanoch 和 Levy 首次证明，如果收益分布不是正态或投资者效用函数并非二次型，均值—方差分析中分布的额外偏动就非常重要，此后，学者们逐渐将研究中心从半方差转移到下偏矩（Lower Partial Moment，LPM），并以谨慎的数学推导证明 LPM 与随机优势的相关性来发展均值—下偏矩投资组合架构（Mean - Lower Partial Moment Portfolio Framework，M - LPM）。Harlow（1989）发现，用方差度量风险来评估证券进行投资选择有时会失效，必须寻求更合适的风险定义和评估方法。他从风险的原始语义出发，以测量损失为目标，提出了下偏风险理论，以低位部分矩（LPM）来测度低于目标收益率的投资风险。Konno 和 Yamazaki（1991）则提出了绝对离差投资组合模型，用收益率的绝对离差来度量风险。Morgan（1994）在风险度量中提出了著名的 VaR（Value at Risk，风险价值）概念：在一定的置信度和一定时间内，由于市场波动而导致整个资产组合在未来可能出现的最大价值损失，求 VaR 实质上就是求收益率分布的分位数数值。这得到了理论与实务界的广泛认可，美国众多评级公司、证券交易委员会、巴塞尔银行监管委员会和美国联邦储备银行委员会等都把 VaR 作为度量金融风险的重要方法。Artzner 等（1997）的研究表明，一个行之有效的风险测量方法必须满足正齐性、次可加性、单调性和转换不变性，即一致性风险测度理论。在一般条件下，VaR 不满足一致风险测度理论中的子可加性公理，也即组合的 VaR 可能会大于组合中各资产的 VaR 之和，因而可能会出现不鼓励分散化的情况。为弥补这一缺陷，他们提出了条件风险值（Conditional VaR，CVaR）概念，用于测算在投资组合的损失大于某个给定 VaR 值的条件下，该投资组合的期望风险值。Artzner 等（1999）进一步研究发现，当证券组合损失的密度函数是连续函数时，CVaR 模型是一个一致性风险度量模型，具有次可加性，但当证券组合损失的密度函数离散时，CVaR 模型不再是一致性风险度量模型，即 CVaR 模型不是广义的一致性风险度量模型，需要进行一定改进。为此，他们提出了期望损失（Expected Shortfall，ES）的概念，ES 度量的是损失超过 VaR 的尾部损失的平均值，代表了超额损失的平均水平，并且是一个广义的一致性风险度量工具。Wang（1995，1996）则认为 VaR 和 CVaR 都扭曲了风险，故而提出了一种包含 VaR 和 CVaR 等风险度量指标的更广义模型——失真风险度量模型（Distortion Risk Measures，DRM），DRM 是通过一个测度变换得到一类新的风险度量指标，当变换函数连续时，DRM 模型的度量指标就是一致性风险度量指标。Acerbi（2002）在考虑投资者的风险厌恶程度的情况下，提出了谱风险测度（Spectral Risk Measure）概念，指出谱风险测度具有正齐性、次可加性、单调性和次可加性的公理性质，是一致性风险度量指标。此外，将信息熵与风险联系在一起也引起了众多学者的研究兴趣，例如 Maasoumi（1993）、Ebrahim（1999）、Reesor（2001）、Massoumi 和 Racine（2002）等分别从熵的不同角度考虑了风险的度量，熵越大风险越大，它是关于概率的一个非负单调函数，计算量相对较少。

（三）风险的评估

国外关于风险评估的研究始于20世纪30年代，起初以定性方法为主，通过事物表象探本源。随着全球经济环境的变化，企业组织机构和流程的多样性及复杂性，影响企业日常生产经营的因素越来越复杂多样。为了能快速准确找到导致企业陷入或可能陷入财务危机的原因，人们开始探索定量分析法和模型构建问题，逐渐形成了以下基本理论和方法。

1. 层次分析法

层次分析法（AHP）是20世纪70年代中期由美国著名运筹学家萨蒂（Saaty）提出的。该方法将定性与定量分析相结合，依据序标度，将系统因素按支配关系分组以形成有序的递阶层次结构，通过两两比较判断方式确定每一层次中因素的相对重要性和各因素相对于总目标的重要性排序，从而为决策提供确定性判据。层次分析所需定量信息数据信息较少，简洁实用，能有效处理不易定量化变量下的多准则决策，但主观性较强且权重难以确定。该方法适用于存在不确定性和主观信息的情况，在经济、科技、文化、军事、环境乃至社会发展等方面的管理决策中有着广泛应用，常用来解决诸如综合评价、选择决策方案、估计和预测、投入量的分配等问题。钟登华（2002）基于 AHP 提出了一种工程项目风险分析模式，实现了风险因素的排序、系统总风险的评价以及风险响应措施的选择。李毅学（2011）运用层次分析法研究了供应链金融的风险评估。作者展示了该法运用于供应链金融风险的评估过程，并根据评估结果进行了供应链金融风险的详细划分。林国金（2015）运用层次分析法对于企业财务风险评估中的应用进行研究，探讨层次分析法的工作原理与注意事项，并通过实例分析，验证了层次分析法应用于企业财务风险评估的可行性。宫兴国、张博和吴琪（2015）运用层次分析法对20家上市公司2009～2012年四年的财务风险进行评价，并根据前四年的财务风险综合评分，对新能源上市公司财务风险进行衡量和评价基础上采用 GM（2，1）模型对其未来两年的财务风险趋势进行预测。

2. 灰色系统理论

灰色系统是信息部分已知、部分未知的系统。灰色系统理论是以灰色朦胧集为基础、以灰色关联空间为依托的模型体系，它把控制论的观点和方法延伸到复杂的大系统中，将自动控制与运筹学的数学方法相结合，研究了广泛存在于客观世界中具有灰色性的问题。在灰色系统建模中，最具特色的就是时间序列模型（GM模型），由于灰色模型方程中含有高阶微分方项，因此能反映出实际系统因随机因素产生的波动性，用数据生成的方法将杂乱无章的原始数据整理成规律性较强的数列再做研究。GM 模型常被运用于气候变化风险分析、水资源风险分析、水质风险分析、高技术产品投资风险以及风险投资项目风险评价等。由于通过较少数据建模，着重研究概率统计、模糊数学所难以解决的"小样本"、

"贫信息"不确定性问题,主要针对"外延明确,内涵不明确"的对象。不少学者对该法进行了运用研究,尹继北(2006)利用灰色系统理论对高校的财务风险进行了评价,提出了高等学校的财务灰色评价理论,同时将人工神经网络应用到高等学校财务风险预警的研究中,并证明预警系统的有效性。朱若男、殷欢欢(2014)基于灰色系统理论,将德尔菲法与极小广义方差法结合在一起,建立了上市公司财务评价指标体系,利用变异系数法确定评价指标权重,从偿债、盈利、营运和发展能力四个方面建立上市公司财务风险评价模型。

3. 人工神经网络法

1943 年,心理学家 MeCulloeh 和数理逻辑学家 Pitts 提出了人工神经网络的第一个数学模型即 MP 模型,当神经元处于兴奋状态时,输出为 1,否则为 0。20 世纪 80 年代后,随着人工智能的兴起,人工神经网络成为该领域的研究热点,目前已经有数十种神经网络模型。神经网络从信息处理角度对人脑神经元网络进行抽象,建立某种简单运算模型,将大量节点(或称神经元)按不同方式相互连接组成不同的网络。每个节点代表一种特定的输出函数即激励函数,每两个节点间的连接都代表一个对于通过该连接信号的加权值(权重),这相当于人工神经网络的记忆。网络的输出则依网络的连接方式、权重值和激励函数的不同而不同。而网络自身通常都是对自然界某种算法或者函数的逼近,也可能是对一种逻辑策略的表达。人工神经网络法具有学习性、记忆性、较大限度的数据容忍性(容许非线性数据、噪声数据和数据遗漏)等优点,被广泛运用于风险预警和分析中,如贷款风险、贷款风险预警系统、信用风险、投资风险、火灾风险、船舶溢油风险、生态系统风险等。事实上,早在 1990 年,Odom 和 Sharda 就运用人工神经网络模型对样本公司进行了财务风险分析,发现 ANNA 模型的准确率很高。1991 年,Tam 首次采用 BP 人工神经网络模型进行财务风险预警,发现该方法具有较好的模式识别能力和容错能力,但作者同时指出,因其理论基础抽象,对人体大脑神经模拟的认识还需进一步提高。Desai 等(1996)建立了神经网络信用评分模型评价企业信用风险状况。Eddie(2004)在以往传统的判别分析法和逻辑回归分析法的基础上提出以人工神经网络法对财务风险进行预测,提高了预测的准确率。徐佳娜等(2004)将人工神经网络信用风险评估技术与层次分析法相结合,建立了商业银行信用风险评估 AHP – ANN 模型。黄铮(2015)认为,人工神经网络应用于财务风险预警之中具有较好的纠错能力,能够克服静态财务预警模型的相关缺点,解决了统计方法无法实现的弊端,对财务指标的分布状态也没有硬性要求,因此在财务预警领域很具优势。

4. 蒙特卡罗模拟法

蒙特卡罗模拟法(Monte Carlo Method)是一种数字模拟技术,由法国数学家布丰(Buffon)创立并推广到科学研究中,由于该方法与轮盘掷骰子等赌博原理类同,所以采用欧洲著名的赌城摩纳哥首都 Monte Carlo 命名。蒙特卡罗方法又称随机抽样技巧或统计试验方法,它是估计金融风险和工程风险常用的一种方法。其基本思想是:考虑多种随机因素的影响,利用随机数发生器产生与各输入变量具有相同概率分布的数值,输入仿真计算模型，从而模拟计算出实际中可能发生的种种情况，并由此得出其概率分布，理论上试验次数越多，分布越接近真实值，但实际中达到 50~300 次后分布函数便不再有显著变化。蒙特卡罗模拟法全面考虑了风险事件的所有风险因素，并可借助计算机进行尽可能多次数的模拟，这使决策更加合理和准确。但由于该法的精度依赖于数学模型的精确性和数据概率分布估计的准确性，其使用范围受到一定限制，巨大的计算量通常也带来了较高费用。现行研究中，该方法也常常被使用，姜鹏飞（2007）等采用计算机程序，运用蒙特卡罗法对项目的建设投资、经营成本、销售收入三项风险变量及其概率分布进行了确定，进而系统地分析了该项目的财务风险并提出了科学化的投资建议。谢水园、侯杰（2013）采用蒙特卡罗方法对房地产公司在不确定性条件下的投资风险进行了分析和判断，发现蒙特卡罗方法与传统的概率分析方法相比，存在灵活性、可靠性高的优点，而由于蒙特卡罗方法对问题的适应性很强，加上它在处理多维问题上的能力，使得蒙特卡罗方法非常具有优势。向为民、张箭（2015）等的研究也得出了类似结论。

5. 故障树分析法

20 世纪 60 年代初，美国贝尔实验室在预测民兵导弹发射随机失效概率时提出了故障树分析方法（Fault Tree Analysis, FTA），其后，波音公司研制出了 FTA 的计算机程序，进一步推动了 FTA 的发展。到了 60 年代中期，随着概率风险估计在核电站安全分析中的应用，故障树方法成为主要的定性分析方法。故障树是由一些节点及节点间的连线所组成的，每个节点表示某一具体事件，连线则表示事件之间的关系。FTA 是一种演绎的逻辑分析方法，按自结果找原因原则，分析项目风险及其产生原因之间的因果关系，即在前期预测和识别各种潜在风险因素的基础上，运用逻辑推理的方法，沿着风险产生的路径，求出风险发生的概率，并能提供各种控制风险因素的方案。该方法层次分明、表达直观、逻辑性强，不仅可以分析部件故障，而且还可用于多重故障及人为因素、环境因素、控制因素及软件因素等引起的故障分析，对新型和复杂系统进行风险分析的可信度高。但由于故障树的建造及计算过程复杂，限制了底事件数量，因此复杂系统的 FTA 难以做到对事件详细研究，同时，该方法假定所有底事件之间相互独立，且仅考虑正常和失效两种自然状态，这使得现实性受到一定影响。赵振宇、刘伊生、杨华春（2002）将故障树分析法引入工程项目风险管理，构建了工程项目风险故障树，通过最小割集法对风险故障树进行了旨在识别项目薄弱环节的定性分析，并用二态系统和概率理论对项目的成功度和风险源判定问题进行了定量分析。徐晓燕和刘琴（2014）从项目公司角度出发，针对 BOT 项目风险评估改进了模糊故障树分析法，作者发现，模型改进后更容易找出导致风险发生的主要原因，并增大了故障树的准确性，使基于不确定性条件下的风险评估更接近实际。李涛（2015）将故障树分析法进行全面的项目风险识别，通过对可能影响项目安全、质量和进度的各项因素进行逐级递进分析后，查找出了影响项目可靠实施的主要潜在风险点。

6. 模糊理论

1965 年，美国自动控制专家（Zadek）提出了模糊集（Fuzzy Set）概念，对模糊行为或活动建立模型。模糊数学把二值逻辑转移到了连续逻辑上来，把绝对的"是"与"非"

变为更加灵活的东西,这在很大程度上进行了"是"与"非"的相对划分。但是,模糊数学并非放弃数学的严格性去造就模糊性,相反是以严格的数学方法去处理模糊现象。模糊理论以模糊集合为基础,认为很多影响因素的性质和活动无法用数字来定量地描述,它们的结果往往含糊不清,无法用单一的准则来判断。因此,模糊理论的基本精神是接受模糊性现象存在的事实,以处理概念模糊不确定的事物为其目标,并积极地将其严密地量化成计算机可以处理的信息,不主张用繁杂的数学分析即模型来解决。在风险评估过程中,模糊理论给不清晰的问题提供了一种充分的概念化结构并以数学的语言去分析和解决它们,使模糊问题可以量化。模糊风险评估的结果不仅包含风险因素发生的概率及其后果,还会包含一些有用的不确定性内容,以致风险评估更加科学化和准确化,但确定模糊集合中各元素对应于模糊关系的隶属度仍然凭专家的经验而定。模糊数学在风险评估中得到了广泛的应用。王国栋(2003)将模糊数学的理论引入了商业银行财务风险预警的研究中,并将模糊理论方法与 BP 神经网络研究方法相结合构建了商业银行风险预警系统。叶华和蔡根女(2005)以模糊数学理论为基础将企业财务风险中一些边界不清、不易定量的定性因素通过模糊理论方法予以量化来全面、综合地评价财务风险。宋丹(2009)在将高校财务风险划分为财务总体失衡风险、资金运作风险、债务风险和校办企业财务风险的基础上,运用模糊理论建立了高校财务风险评价体系。林克明(2013)根据我国民营企业的实际情况结合评分法中的功效系数法,在对上市融资各财务风险因素进行赋值的基础上,采用经改进的多因素综合模糊数学分析法构建了一个民营企业上市融资财务风险预测模型。吴福梅(2014)认为模糊数学综合评价法是企业财务风险评价的一个有效方法,能够较好地处理多因素、模糊性以及主观评判等问题。

7. 影响图法

影响图法由美国学者霍华德(Howard)等提出。影响图是指由风险节点集合和反映风险关系的有向弧集合构成的无环有向图,它是在决策树基础之上发展起来的图形描述工具,包含了对风险变量相关性的描述,既可以表示变量之间的概率依赖关系,又可用于计算,能够有效地把决策问题转化成模型,是决策问题定性描述和定量分析的有效工具。Dekmann(1992)和 Hsuebay(2001)分别阐述了将影响图理论引入风险分析的可能性及实现风险分析智能化的可能性,风险影响图开始以图形方式直观地表征项目的风险。影响图具有两个显著优点:可以清晰地表示变量间的相关性,并且计算规模随着不确定因素的个数呈线性增长。但遗憾的是,目前还没有一种描述影响图的规范化的方法和程序,这致使该方法的运用具有较大主观性。影响图作为处理含有不确定性问题的工具可广泛应用于决策分析、不确定性建模、工业控制、投资风险分析和人工智能等领域。部分学者业已将影响图用于实例风险评估研究中,Yuan Hong 等(1993)提出了风险管理的条件影响图法,并将之用于受污场地除污的案例分析。刘金兰(1996)提出了影响图与动态经济评价相结合的项目动态风险评价方法。王鹏和曾靓(2015)根据 PPP 项目风险的可控性,综合运用风险影响图法、蒙特卡罗模拟分析以及敏感性分析方法对 PPP 项目融资风险的过程进行量化分析。

8. 贝叶斯原理

贝叶斯一词源于 18 世纪英国的一个牧师 Tomas Bayes，由于他的发现，使带有主观经验性的知识信息，被用到统计推断和决策中来。贝叶斯理论认为，当未来决策因素不完全确定时，为了获得更接近真实的信息，必须充分利用样本信息与先于采样的主观信息来修改已有的主观判断和直觉，其实质就是根据先验概率和与先验概率相关的条件概率，推算出所产生后果的某种原因的后验概率。由于可以提高风险估计的准确度，贝叶斯原理在风险评估中也得到了广泛应用。王翠霞（2006）研究了沪深 81 家不包括 B 股的 ST 公司和 1266 家正常公司 2002~2003 年财务年报，基于利用贝叶斯原理建立了财务预警模型，发现贝叶斯网络在财务风险预警中具有比较好的预警效果。朱慧明、吴昊（2011）等的研究也得出了类似结论。王光伟等（2013）针对普遍存在的高校财务问题，在分析了引起财务风险的主要因素的基础上，运用贝叶斯理论及其基本方法，建立了高校财务风险评价模型。

9. 马尔可夫（Markov）过程理论

马尔可夫过程由俄国数学家马尔可夫在 1906 年发现。马尔可夫过程认为，事件未来的状态受事件现状支配，可以用某些变量现在的动态变化状况来预测相应变量未来的动态。马尔可夫风险过程的一个基本假设是在一定的时间和条件下，上次试验结果向下次试验结果转移过程中的转移概率相同。在转移概率固定不变的条件下，当转移次数足够大时，统计结果概率向量趋于稳定状态。因此，在渐进过程中稳定的概率向量仅取决于固定的转移概率，与初始概率向量大小无关，固定转移概率大小则反映了系统的可靠性。马尔可夫过程是随机过程中的一种重要模型，最初主要用于物理学和气象学研究，而风险过程往往伴随一定的随机过程，因此，马尔可夫过程理论的风险分析与评价逐渐被广泛使用。Abiad（2011）通过危机恢复中的数据来检验各种危机预测模型，并建立了准确度更高的基于时变转移概率的马尔可夫模型来预测金融风险。Arias 和 Erlandsson（2004）把惩罚性最大似然估计法引入马尔可夫区制转换模型进行风险预警，该模型改良了一般马尔可夫区制转换模型在包含多个变量的情况下使用最大似然估计会导致大量噪声积累的缺陷，而噪声积累很容易导致模型预测偏误。刘红军和谢永基（2009）运用马尔可夫链和效益可能集分别阐明了能够获得资金沉淀和进行资金转移导致金融风险的可能，并在推导的基础上提出健全支付环境的建议和创建新支付发展模式的设想。

四、财务风险评估与预警模型

总体而言，现有的财务风险评估与预警模型的研究分为定性研究和定量研究两个主要的方向。定性预警分析主要包括流程图分析法和 AHP 等方法，其针对性较强，只就某一个具体企业进行评估，在此不做重述。定量预警分析主要有单变量模型、多变量线性判定模型、概率模型和主成分分析模型等静态模型和主要基于神经网络分析的各类动态预警模型。

1. 单变量模型

单变量模型是指运用单一变数，用个别财务比率或现金流量指标来预测财务危机的方法。Fitzpatrick（1932）最早研究发现，出现财务困境的公司其财务比率和正常公司相比有显著的不同，从而认为企业的财务比率能够反映企业的财务状况，并指出财务比率对企业未来具有预测作用。在 Fitzpatrick（1932）的基础上，Beaver（1966）正式提出了财务风险的单变量模型，他基于一元判别的分析方法，界定出对公司财务风险影响最大的财务指标。其中判别能力较高的是净利润/总资产、营运资本/流动负债、净利润/股东权益、股东权益/负债。Blum（1974）根据现金流入流出的数量建立现金流量模型，用来判断企业的财务风险状况，研究表明，现金流量指标在分析企业的支付能力、偿债能力上有着很好的效果。

2. 多变量线性判定模型

多元线性判定模型即运用多个财务指标或现金流量指标来综合反映企业的财务状况而建立的预测危机的线性预警模型。它根据一定的样本资料，建立判别函数、确定判定区域，以对企业财务状况进行预测，其中 Altman 的 Z 模型最具代表性。Altman（1968）首次提出了 Z 模型，他将多变量分析方法引入企业财务风险的判别中，依据 Z 值判断企业是否破产。一般 Z 值越低，企业发生破产的可能性越大。Z 模型有两个临界值，分别为 2.675 和 1.81，若 Z≥2.675，破产的可能性低；若 Z≤1.81，破产的可能性很大。为进一步提高预测企业财务危机的准确度，Altman、Haldeman 和 Narayanan（1977）对 Z 模型进行改进，提出了 ZETA 模型，他们运用资产报酬率（ROA）等 7 个财务指标作为多元线性判定模型的解释变量，通过对相同样本的比较，表明 ZETA 模型明显优于 Z 模型。Z 模型虽考虑了多变量的因素，但在建立时并没有充分考虑到现金变动等方面的情况。为此，周守华（1996）在 Z 模型的基础上引入现金流量指标构建 F 分数模型，他分别选用了 1977～1990 年的 31 家破产和非破产公司为样本，研究表明，F 分数模型的准确率高达 70% 以上。陈静（1999）、张玲（2000）分别选取上市公司的财务数据为研究样本，从偿债能力、资本结构状况、营运状况和盈利能力等角度选取变量，在构建财务风险评估函数的基础上建立了具有较高准确率的多元线性分析判别模型。庞素琳（2003）对我国某商业银行 120 家贷款企业利用线性判别分析分别建立信用风险评价模型进行分析，结果表明，使用判别分析法的分类准确率为 75%。麻鹏波（2010）应用 Z 模型对登海种业股份有限公司、丰乐种业股份有限公司、敦煌种业股份有限公司等上市公司进行了实证分析，根据计算得出的数据和 Z 模型的判别标准，判定企业财务状况并提出相关的财务风险防范措施。

3. 概率模型

概率模型指用概率来判断企业财务风险的模型。二元选择模型中最为常用的两种模型是 Logistic 模型和 Probit 模型，两种模型都适用于非线性情况，如果没有极端值，理论上两种方法得出的结论非常相似。Logit 判别法是希望通过建立累计概率函数，在此基础上观测对象的条件概率，来判定对象的财务状况与风险。Probit 判别法是先假设企业破产的概率为 p，样本服从正态分布，选取的财务指标对应 p 的分位数，通过概率比回归模型计算的结果来对企业的财务状况作出判定。Ohlson（1980）以 1970～1976 年的 105 家破产公司和 2058 家非破产公司为样本，运用 Logistic 方法建立财务风险预测模型，研究发现至少基本结构、公司规模、经营业绩和当前变现能力四个因素显著影响了企业财务风险。陈晓、陈治鸿（2000）使用多元逻辑回归模型，对中国上市公司的财务困境进行了预测。他们通过检验各种变量组合，发现负债权益比、应收账款周转率等指标对上市公司财务困境的预测有着显著的效应。吴世农、卢贤义（2001）分别选取 1998～2000 年的 70 家 ST 和非 ST 公司为研究样本，分别运用多元线性回归分析、Fisher 线性判别分析和逻辑回归分析法构建了财务风险评估模型，结果表明，三种模型在公司发生财务危机前预测的准确率都比较高。王琳和周心（2007）、浦军和刘娟（2009）分别选取上市公司的财务数据为研究样本，运用 Logistic 回归模型建立相应的财务风险评估模型，取得了良好的预测效果。程素娟（2009）通过建立 Probit 模型对上市公司的财务风险成因进行了研究。作者发现，股东权益比率是影响企业集团财务风险最重要的财务指标，股东权益比率越大，负债比率就越小，公司的财务风险也较小。邹春霞（2012）以我国 2010 年的 ST 公司为例，采用 Probit 定量分析方法研究企业财务风险的成因，并有针对性地提出了建议。

4. 主成分分析模型

主成分分析模型是将多个变量通过线性变换以选出较少个数的重要变量来评价企业财务风险的模型。主成分分析的基本思想是设法将原来多个具有一定相关性的特征集，重新组合成一组新的互相无关的综合特征子集来代替原来的特征集，即从原始变量中导出少数几个主成分，使它们尽可能多地保留原始变量的信息，且彼此间互不相关。张延波、张爱民和祝春山（2001），许丹健（2001），李荣和李永芳（2009）将主成分分析法运用到企业财务风险评估中，结果显示企业成长能力、偿债能力和盈利能力等 5 个指标就可解释 90% 以上的信息。杨淑娥（2003）将统计学中的主成分分析法引用到财务风险评估的研究中，分别建立主成分评估模型和 Y 分数模型，研究表明：主成分评估模型在企业被宣布 ST 前一年的预测准确率达到 92.5%，Y 分数模型的预测值设为 0.5 时，其误差率在 14% 左右。吴娜（2012）运用因子分析法将资产结构和负债结构纳入财务风险评估模型中，结果发现及时调整资产结构和负债结构的配比，可以有效地预防和控制财务风险。

5. 动态预警模型

Odom 和 Sharda（1990）、Coats 和 Fant（1991）运用人工神经网络模型对企业的财务风险进行预测，研究发现人工神经网络模型具有较强的预测能力，其对财务风险预测的准确率高达 91%，明显优于 Z 模型的预测度。Odom 和 Sharda（1990）使用类神经网络建立了破产预测模型，他们以 1975～1982 年的 65 家破产的企业与 64 家没有破产的企业，并使用 Z 计分模型中的五个财务比率作为研究变量，构建类神经网络构建模型，结果显示类神经网络具有较佳的预测能力。Tsai 和 Wu（2008），Wang、Ma 和 Yang（2014）等也采用神经网络集成法进行破产预测和信用评级，发现这些模型在对企业财务危机预警方面确实能起到较好效果。杨保安等（2001）、杨淑娥（2005）分别运用人工神经网络分析法，以上市公司财务数据为研究样本，从企业的偿债能力、营运能力、盈利能力、主营业务鲜明程度、增长能力等角度出发，选取指标进行财务风险评估模型的构建。研究结果显示，样本的误判率只有5%。

在其他财务风险评估的方法上，Helmut、Elsinger 和 Alfred Lehar（2005）用系统透视图法根据市场信息对银行系统进行了风险评估，他们依靠市场数据来测定银行系统的稳定性，通过网络模拟内部银行市场的一些严重情节对银行系统施加压力来检查漏洞并评估重要风险。张友棠和黄阳（2011）采用模糊评价法将行业环境风险中的定量指标和定性指标有机地综合起来，运用系统动力学模型，通过仿真技术实现了财务风险评估与控制的有机结合。彭淑雄（2002）在进行财务风险评测后提出应通过对会计报表的监控来实现企业财务风险控制。裴康（2007）提出通过整合测评法来指导对企业风险的评价，实现对企业风险状况的综合评分。田刚（2011）对已有的风险评估方法进行了研究，指出其在实际应用中的不足，在充分考虑企业的实际风险管理能力的基础上，提出了基于风险树模型的综合量化分析方法，并选取一家大型贸易公司进行了试验，证明了该方法的实用性。冯巧玲（2013）将现金流预警指标体系结合非财务指标的平衡计分卡预警体系，构建了商业银行的财务风险预警体系，为评估和预测商业银行的财务风险提供了一种新的思路。

五、企业经营绩效评价

（一）西方企业经营业绩评价的演进

西方真正意义上的企业业绩评价是在现代公司制度诞生以后，为了加强资本所有权控制和公司内部控制而产生的，其发展史大致可划分为三个时期：19世纪初至20世纪初的成本业绩评价时期、20世纪初至20世纪90年代的财务业绩评价时期和20世纪90年代至今的业绩评价指标体系创新期。

自1891年美国"科学管理之父"泰勒创立了科学管理理论以来，以美国为主的西方国家对绩效管理和业绩评价方法的研究开始逐步深入。20世纪初至20世纪90年代的财务业绩评价是基于利润最大化的财务目标而设计的，是与工业经济时代经济发展的特点相适应的。会计利润是工业化生产过程中反映物资资本的投入、耗用和产出的主要指标和基础。进入20世纪80年代，短期利益至上的弊端日益显现，长期竞争优势的形成与保持成为企业关注的重点，企业经营业绩评价体系逐渐引入了诸如顾客满意度、市场占有率、产品生命周期等非财务指标，进而进入以财务指标为主、非财务指标为辅的企业业绩评价阶段。20世纪90年代开始的战略经营业绩评价则体现了"新经济"时期的经济发展要求。随着社会经济形态的演变和转化，该时期企业规模不断扩大，企业间的竞争不断加剧，企业可持续发展成为第一要务，形成与保持企业的核心竞争力成为可持续发展的关键，也因此成为企业的战略经营目标。而传统的以财务指标为基础的业绩评价由于具有短视性等缺陷已无法与企业的战略经营目标的管理相适应，建立多维的战略经营业绩评价体系成为必然。如卡普兰和诺顿的平衡计分卡（Kaplan 和 Norton，1992、1996）、阿特金森的利益相关者的战略业绩评价（Atkinson，1997），以及尼利和亚当斯的绩效三棱镜（Neely 和 Adams, 2001) 在这一阶段先后产生。进入 21 世纪后，随着低碳、环保理念的引入，战略业绩评价体系的内容将得到不断的丰富。

(二) 我国企业经营业绩评价的发展

在我国，真正意义上的企业经营业绩评价始于 20 世纪 80 年代，随着市场经济发展模式的正式导入，国有企业自主权扩大，初步拥有了独立的商品生产者地位。这一时期对国有企业经营业绩的考核管理还没有完全抛弃行政管理计划控制，但已开始认识到企业的经营发展决定因素众多，单一指标考核方法不再适应转轨过程中的国有企业管理，综合考核指标体系开始为各方所接受。为加强国有资本金的控制管理、提高资金使用效率，企业业绩评价的理论和实践逐渐被推进。20 世纪 80～90 年代，国家开始了对企业的放权让利改革，在利润为中心的管理思想下，价值量评价模式成为主流，1982 年国家六部委制定了企业 16 项主要经济效益指标，1988 年财政部等四部委又共同发布了包括销售利润率、资金利税率等在内的 8 项考核指标。20 世纪 90 年代，为了与当时调整结构和增加效益的经济改革相适应，形成了以财务指标为主的评价体系。在总结了放权让利和承包制的经验教训之后，20 世纪 90 年代开始，中央开始将经济工作的重点转移到调结构和增效益上。如 1993 年《企业财务通则》规定的 8 大财务状况评价指标，开始注重对企业偿债能力、营运能力和盈利能力的评价，1995 年财政部制定的《企业经济效益评价指标体系》，开始从企业投资者、债权人以及企业对社会的贡献三个方面进行业绩的综合评价。随着经济的进一步发展，可持续发展成为企业的第一要务，这种战略经营目标进一步推动了业绩评价体系的变化，1999 年四部委联合颁布并实施的《国有资本金效绩评价规则》以及 2006 年国资委发布的《中央企业综合绩效评价实施细则》均体现了企业可持续发展的管理要求。进入 21 世纪后，人们意识到，企业的可持续发展是建立在人与自然和谐生存和发展的基础之上的，从而形成了以循环经济发展原则 "3R" 为指导的企业战略经营业绩评价。企业战略经营业绩评价的内容不断丰富（张蕊，2007）。由此可见，企业经营的目标和管理额要求会因经营环境的变化而变化，进而业绩评价体系也在动态调整。

(三) 财务业绩评价方法与运用

不同的财务业绩评价方法反映的是看待企业的不同视角。企业财务业绩评价不仅是实践中特别重视的问题，也是学术界研究的焦点问题，这方面取得了大量的研究成果，其中影响力较强的主要有杜邦财务分析体系、沃尔评分法、EVA 评价体系以及多元统计综合评价法等。其中，杜邦财务分析体系、沃尔评分法、EVA 评价体系属于比较经典的评价方法。经典的评价方法有其优点，但随着经济的发展，评价的片面性和主观性等局限也逐渐暴露。当前，国内外学者在对财务绩效进行评价时，通常综合利用会计学、管理学、统计学、运筹学等的理论和方法，如主成分分析法、因子分析法、层次分析法、模糊分析法、数据包络分析法（Data Envelopment Analysis, DEA）等，以期对企业财务绩效进行客观、公正的评判。这类需高度关注两个问题：①评价指标的选择；②指标权重的确定。

1. 杜邦财务分析体系

20 世纪初，资本主义经济进入了稳步发展时期，自由竞争已过渡到了垄断竞争，这时期从事多种经营的综合性企业发展指标体系进一步发展。1903 年，由多个独立的单一经营公司合并创立的杜邦公司，为该时期的新型企业组织提供了原型。面对需要协调的垂直式综合性企业的多种经营、市场组织以及如何将资本投向最大利润的经济活动等问题，杜邦公司高层设计了多个重要的经营预算指标。1919 年，杜邦公司财务主管 Brown 正式提出以净资产收益率为核心的杜邦财务分析体系并应用成功。杜邦财务分析体系认为，偿债能力、盈利能力、营运能力只是从某一方面对企业的财务状况做出评价，但是各项财务活动、各项财务指标是相互联系、相互影响的，必须结合起来加以研究，因此提出将权益报酬率按照销售利润率、资产周转率和权益乘数三个指标的乘积进行层层分解，通过对指标体系中各指标的对比分析，找出公司业绩方面存在的薄弱环节，以达到改善经营业绩的目的。

对于杜邦财务分析体系，学术界也较多关注。Dehning 和 Stratopoulos（2002）认为，企业财务业绩的提高通常表现为盈利能力的增强或资产使用效率的提高，或利用更多的财务杠杆效应，而杜邦财务分析体系的运用可以帮助我们检验公司财务业绩提升的途径，以判断究竟是产品创造利润能力的增强还是资产营运效率的提高所致。王颖（2014）则运用杜邦分析法对浙报传媒三年的经营业绩进行分析后指出，浙报传媒整体财务状况较好，在同行业中具有一定的竞争实力，但问题不少，进而有针对性地提出了相应建议。吴宇薇（2016）采用杜邦财务分析法，从盈利能力、营运能力和偿债能力三个方面对三家上市城市商业银行的经营业绩进行差异分析，并分析了出现差异的原因。金胜（2016）采用杜邦分析法，从盈利能力、运营效率、资产结构、财务风险、现金能力、经营增长六维度选用 17 个指标构建了财务业绩分析体系，并通过 ROE 分解对国际宇航企业财务业绩水平、特点及原因进行纵深分析。

总体来看，杜邦财务分析体系将若干反映企业盈利状况、财务状况和营运状况的比率按其内在联系有机地结合起来，形成了一个完整的指标体系，并最终通过净资产收益率（或资本收益率）这一核心指标来综合反映，使得财务分析的层次更清晰、条理更突出。尤其当财务指标增减变动时，这一指标体系可以提供指标变动的趋势和影响因素，便于相关人员全面了解企业的经营状况以及问题的解决。但是，杜邦分析法侧重于反映企业短期财务绩效，不利于企业长期的发展；此外，由于评价时运用的是单一指标，评价结果具有一定片面性。

2. 沃尔评分法

1928 年，亚历山大·沃尔所著的《信用晴雨表研究》和《财务报表比率分析》在对信用能力指数概念进行界定时提出了综合比率评价体系，该体系把若干财务比率用线性关系结合起来，以此来评价企业的财务状况。作者选择了 7 个财务比率即流动比率、产权比率（净资产/负债）、固定资产比率（固定资产/资产总额）、存货周转率（销售成本/存货）、应收账款周转率（销售额/应收账款）、固定资产周转率（销售额/固定资产）和自有资金周转率（销售额/净资产），分别给定各指标的权重（如前依次分别为：25、25、15、10、10、10 和 5），然后以行业平均数为基础确定标准值，将实际值与标准值相除得到相对值,最后就相对值赋权得出总评分:沃尔评分值 = 实际值÷标准值×权重。刘银国(2003)认为,沃尔评分法的原理也可用于所有者对经营者的业绩评估,其缺陷在于所选定的指标不够科学全面;另外,当某项指标严重异常时,会对总评分产生不合逻辑的重大影响。陈利宁和杨昌明(2010)则在构建4个层次、12个指标的评价体系的基础上,根据我国煤炭行业26家上市公司的年度财务报表数据,对该行业的财务业绩进行了评价。张歆(2013)以节能环保上市公司为样本,在利用因子分析进行指标选择的基础上构建了企业综合绩效评价指标体系,进而运用沃尔评分法对它们的业绩进行了研究,作者发现节能环保板块上市公司的发展极不均衡,需要大力提高自身竞争力。

沃尔评分法的优势在于操作简单,且在一定程度上对企业财务业绩进行了综合考虑,这使得其在实践中得到广泛的应用,但其有两个主要缺点:①作者不能解释为什么选取这7项指标,且指标权重的确定具有主观性;②当某个指标出现严重异常时,会对总评分产生不合逻辑的重大影响。

3. 财务指标评价法

财务指标是针对企业财务报告中披露的财务信息(主要表现为财务数据),运用会计核算方法,以权责发生制和历史成本计量为基础,根据评价目的和需要提取和演算得出的一系列有意义的指标。各国在业绩评价框架或系统建立起来之前,基本上是运用单一指标进行财务业绩评价,我国学者习惯上将其称为传统财务业绩指标并展开了大量研究。这些指标主要有:息税前利润(EBIT)(高雷,2006;朱焱、张孟昌,2013)、税后利润(NP)(陈晓红,2010;孙影,2013)、税后净营业利润(NOPAT)(段颖红,2006;李利红、肖菊莲,2008)、经营现金流(OCF)(陈毅,2000;张慕濒,2009)、营业现金净流量(NCF)(戴理达,2007;孙影,2013)、自由现金流(FCF)(符蓉、黄激动和干胜道,2006;吴蓼辉,2008)、现金回报率(CFROI)(魏文君,2007;王秀华,2013)、资产净利率(ROA)(蒋义宏、湛瑞锋,2008;洪峰、徐永乐,2016)、净资产收益率(ROE)(北京工商大学会计学院课题组,2003;赵华伟,2016)、销售利润率(ROS)(陈琳、乔志林和杨乃定,2009;张慕濒,2009)、投资报酬率(ROI)(颜志刚,2002;刘颖异、韩存,2013)、净收益(NR)(陈留平、张凯,2007;张跃东,2012)、股票市价(刘世慧,2003;肖坤,2009)、每股收益(EPS)(陈琳、王平心,2004;魏蔚、周莺莺和高菲,2014)、市盈率(PE)(张天西、吕博,2001;韩玮,2014)、账面市值比(BM)(张举,2015;高春亭、周孝华,2016)、托宾Q(林莞娟、王辉、韩涛,2016)、资产周转率、存货周转率、应收账款周转率、流动比率、速度比率、利息保障倍数、权益乘数或权益比率、资产负债率、销售增长率、利润增长率和总资产增长率(陈毅,2000;戚正东,2012;王心如,2012)。对于这些指标,国内存在很多体系划分,王湛、赵琳(2001)将财务业绩指标分为收益指标、现金流量指标和股价指标三类,葛家澍(2001)将财务业绩指标分为盈利指标、营运指标、偿债指标、发展能力指标四类;王化成(2004)将财务业绩指标分为偿债能力指标、盈利能力指标、营运能力指标、发展趋势指标四类;国家财政部(1999)将财务业绩指标分为财务效益指标、资产营运指标、偿债能力指标和发展能力指标四类;刘力(2000)将财务业绩指标分为偿债能力指标、资产运用能力指标、盈利能力指标、市场价值指标四类;崔毅、邵希娟(2002)将财务业绩指标分为营运能力指标、流动性指标、长期偿债能力指标、盈利能力指标四类;多数教材一般从偿债能力、营运能力、盈利能力、发展能力四个方面予以分类(万如荣、张莉芳、蒋琰,2015)。

财务指标按照公认会计原则计算,便于理解和比较,其指标数据易于获得,且货币的表现方式更能反映企业财务方面的实力,可以对企业的财务状况进行较好的评价。随着经济环境的变化和人们对非财务业绩的重视,其局限性也逐渐暴露出来,最根本的是单纯的财务指标在特有的会计假设前提下,不仅难以客观真实地反映企业的现状和全貌,而且无法反映企业财务业绩提高的动力与源泉。

4. 剩余收益模型

剩余收益指标能够反映投入产出的关系,避免本位主义,使个别投资中心的利益与整个企业的利益统一起来。所谓剩余收益,传统意义上一般指投资中心获得的利润,扣减其投资额(或净资产占用额)按规定(或预期)的最低收益率计算的投资收益后的余额,是一个部门的营业利润超过其预期最低收益的部分,剩余收益 = 部门边际贡献 − 部门资产应计报酬 = 部门边际贡献 − 部门资产 × 资本成本,从企业角度来看则是企业盈余减去正常的资本成本后的剩余值,即超额收益:剩余收益 = 利润 − 投资额(或净资产占用额)× 规定或预期的最低投资收益率 = 息税前利润 − 总资产占用额 × 规定或预期的总资产息税前利润率。事实上,剩余收益法可以追溯到 Marshall(1809)提出的经济利润概念,他认为一家公司要真正地盈利,除补偿该公司的经营成本外,还必须补偿其资本成本,为此他提出,剩余收益是指所有者或经营者按现行利率扣除资本利息后剩下的经营或管理收益。因此,剩余收益比较符合经济利润概念,但需注意,剩余收益并不等同于经济利润,它是一个非常宽泛的概念,其性质和结果取决于不同的计算方法,由于对资本成本的内涵基本不存疑义,不同版本的剩余收益之差别主要取决于对收益与权益性资本价值的不同确认。剩余收益的主要优点是可以使业绩评价与企业的目标协调一致,引导部门经理采纳高于企业资金成本的决策。采用剩余收益的另一好处是可根据不同的风险调整资金成本。从现代财务理论来看,不同的投资有不同的风险,要求按风险程度调整其资金成本。因此,不同行业部门的资金成本不同,甚至同一部门的资产也属于不同的风险类型,例如,现金、短期应收款和长期资本投资的风险有很大区别,要求有不同的资金成本。在使用剩余收益指标时,可以对不同部门或者不同资产规定不同的资金成本率,使剩余收益这个指标更加灵活。而投资报酬率评价方法并不区别不同资产,无法按风险进行分别处理。当然,剩余收益是绝对数指标,不便于不同部门之间的比较。规模大的部门容易获得较大的剩余收益,而它们的投资报酬率并不一定很高。

剩余收益模型最早则是由会计学家 Preinreich 在 1938 年提出,Preinreich 论述了超额收益的概念,提出超额盈余是决定企业价值的真正会计变量,还列举实例说明了折旧政策对超额盈余的影响。但他的观点在当时并没有引起理论界的足够重视,直到 Edwards 和

Bell（1962）在会计净盈余的假设下将股票价值表示为公司净资产和剩余收益的现值之和，才初步形成了剩余收益模型的框架。后来，会计信息的作用受到人们的重视，会计学界将研究重点转向了信息观，Peasnell（1982）继承了 Edwards 和 Bell 的研究方法，明确界定了会计净盈余关系和剩余收益模型的基本形式，反驳了由会计盈余不能推导出公司价值的传统观点，指出在会计净盈余假设下公司价值可以表示为公司净资产和剩余收益的现值和。相比之下，Peasnell 的推导和阐述更加清晰明了，但相同的是，他们的研究出发点都是为了论证会计数据的有用性，提出的剩余收益估值公式中都存在着难以消除、无法估计的误差项，理论性虽强，实用价值却不高。

在随后的 10 多年，Ohlson 继承了 Edwards、Bell 以及 Peasnell 等的研究成果，从股权估值的角度重新阐释了剩余收益模型，将剩余收益模型按照会计数据进行各种变换，开启了真正意义上剩余收益模型的研究大门。Ohlson 和 Feltham（1995）最终提出的 Ohlson 模型成果被认为是会计研究从信息观转向计量观的重大突破，它使以市场为基础的会计研究目标从解释股价行为转向预测、计量和估价，同时也促使 Beaver（1996）将会计研究划分为基于"信息观"（Informational Perspective）和基于"计量观"（Measurement Perspective）的两大类型。而当代计量观肯定了会计数据在企业价值评估或市场定价中所起的直接作用，同时也肯定了应计会计下的会计数据对企业价值的计量属性。

剩余收益模型提出后，国内外学者做了大量研究（Collins、Maydew 和 Weiss，1997；Frankel 和 Lee，1998；Penman 和 Sougiannis，1998；Dechow 等，1999；Francis、Olsson 和 Oswald，2000；叶长勤，2001；Ota，2002；郭旭芬、熊剑，2003；赵志君，2003；Gu 和 Wu，2003；于渤和高印朝，2005；Hand 和 Landsman，2005；郭洪和何丹，2010；南星恒、柴济坤和曲培烊，2015；林海宁和马群，2017）对其进行理论和实证检验。事实上，剩余收益模型的诞生解决了传统会计信息观研究无法直接通过会计数据明确度量公司价值的缺陷，克服了传统估值方法研究中使用会计数据过少、无穷求和的弊端，它将会计数据作为度量公司价值的变量直接纳入公司估价模型中，明确了会计数据在公司价值评估中的作用；除要求满足净剩余关系外，剩余收益模型对会计原则和会计处理方法并没有严格要求，适用性较广；同时该模型将公司的价值来源建立在价值创造而不是价值分配的理论之上，有助于指导企业经营管理者调整经营结构，提高企业价值。

5. EVA 评价体系

尽管剩余收益在计算与理论上均优于投资报酬率，但事实上各公司没有广泛地使用剩余收益评价部门业绩。直到 20 世纪 80 年代后期，一些财务咨询公司研究发现公司剩余收益的变化与公司股票市值的变化关系密切时，才对剩余收益开始了进一步的思索。1982 年，Stern Stewart 咨询公司提倡并最终将剩余收益指标改造为另一个易于理解和接受的名字——经济增加值（Economic Value Added，EVA），至此，剩余收益的应用才日益广泛。而 EVA 理论成为家喻户晓的著名理论则要追溯到 Stewart 于 1993 年在《财富》杂志发表的一篇名为《EVA——财富创造的关键》的文章，作者在剩余收益概念的基础上对 EVA 进行了系统论述，文章认为，理财目标决定公司财务管理活动的出发点和归宿，也是评价财务管理活动结果的最高尺度。公司的理财目标是股东财富最大化，即从股东角度定义企业盈利，对投资者来说，企业业绩的最终表现应该是投资者投入资本价值的增加。衡量企业业绩和投资者价值是否增加的基本思路是：公司的投资者可以自由地将他们投资于公司的资本变现，并将其投资于其他资产。因此，投资者从公司至少应获得其投资的机会成本。这意味着，从经营利润中扣除按权益的经济价值计算的资本的机会成本后，才是股东从经营活动中得到的增值收益。基于此，文章定义 EVA 为企业在业绩评价期内增加的价值，数量上表现为营业净利润（NOPAT）减去资本成本后的余额，即 EVA = NOPAT – KW × (NA)，其中，KW 是企业加权平均资本成本，NA 是公司资产期初的经济价值。1994 年，Stewart 公司在 EVA 的基础上又创造了一套包括经济增加值（EVA）、市场增加值（MVA）、未来增长价值（FGV）等指标在内的评价体系，使得 EVA 作为一种业绩评价方法逐步完善化、合理化。1997 年，美国学者 Jeffry 在其《关于最佳财务业绩衡量研究》中进一步提出了修正经济增加值（Refined Economic Value Added，REVA）的概念。他指出公司用于创造利润的资本价值总额不是公司资产的账面价值或者经济价值，而是其市场价值。所以该指标是从市场的角度定义企业所创造的利润，反映了市场对企业未来经营收益预测的修正，更符合股东利益最大化的财务目标。

EVA 在提出后的短短时间内得到了迅速应用，成为衡量企业业绩成功的一个重要指标，主要原因在于，EVA 与企业的财务目标保持根本一致，能从股东财富最大化角度促使企业管理人员关注长期价值的创造，它向公司较为准确地传递了各部门的业绩信息，是各部门经营业绩的综合反映。与此同时，EVA 兼顾了债务资本成本和所有者投入资本成本，从而体现了公司资本的真正增值，与传统会计利润指标相比更富有现实的经济意义。除此之外，EVA 指标的计算去除了相关会计信息的歪曲性，使得评价结果更加客观和科学。但不足的是，EVA 应用过程较为繁杂，项目的调整也具有随意性，并且未考虑规模差异，另外，EVA 本身是个多项因素综合后的结果数据，它并不能帮助部门找到经营无效的原因，与此同时，EVA 毕竟是一个财务指标，经理可能操纵会计数字来提高 EVA 进而导致短期行为。现在的竞争非常激烈，公司必须关注长远发展，而不能仅立足于短期目标的实现，因此，EVA 需与其他财务和非财务指标相结合才会更有效果。

学术界对 EVA 的研究主要是围绕其有效性及其运用展开的。Uyemura 等（1996）首先研究了银行业的 EVA 衡量，他们选取 1986～1995 年美国前 100 家银行作为研究样本，对每股收益、净收入、股权收益率、资产收益率和 EVA 与市场增加值（MVA）的相关关系进行比较分析，结果发现 EVA 与 MVA 的相关系数最高，对 MVA 的解释能力明显强于传统指标。Larry（2000）分析了 EVA 评价体系的有效性，认为 EVA 指标比传统的财务指标更能准确衡量公司的经营业绩。John Evans（2002）研究了 CEO 薪酬结构与 EVA 之间的关系，发现以权益为基础的报酬与 EVA 显著正相关，采用这种薪酬结构的公司较采用现金支付结构的公司有更低的购并倾向，CEO 更关注公司业绩而不是规模效应。这一研究也表明：EVA 的实施如果与股票期权相结合，能够进一步协调股东和经营者的利益，提供激励效果。Fatimi、Desai 和 Katz（2003）将 EVA 和 MVA 引入经理激励与公司绩效关系的实证研究发现，EVA 和 MVA 的相关性要比与会计收益、每股收益、每股收益的增长率、权益收益、自由现金流量或自由现金流量的增长率的相关性都要强。池国华（2013）研究指出 EVA 考核可以提升企业价值，而且目前是通过抑制过度投资影响企业价值的提升。刘凤委、李琦（2013）研究发现，EVA 体系可以显著降低央企过度投资，同时市场竞争环境对 EVA 抑制过度投资有显著影响。而王化成等（2004）在对比了经济增加值、盈余、现金流量之间的价值相关性后发现，EVA 并没有表现出明显的优于传统业绩评价指标的特性。李真、赵丽萍（2013）也指出，央企 EVA 大于零的时候才能够通过国资委的考核标准。李真、赵丽萍（2013）认为，中央 WACC 的统一规定导致 EVA 未完全体现自身长处，考核的成果可能存在一定程度的不真实。张先智、李琦（2012）提出为了真实反映股权资本成本和债权资本成本，EVA 指标应该逐步调整资本成本的计算办法，真正起到激励企业创造价值的作用。廖小菲、周良平（2011）指出 EVA 考察的是过去的经营业绩，对未来经济成果无法预示从而忽视了市场对于企业未来收益的预测。吴韵琪（2012）指出 EVA 存在自身局限性，其只适用于一定范围的企业，金融企业、新设立的公司和存在周期性的企业并不适用。

6. 多元统计综合评价法

（1）因子分析法。因子分析法简单来说就是把多个变量概括成几个综合因子的方法，并且这几个因子能够反映原有的大部分主要信息，减少了评价工作量，在构造综合评价时所涉及的权数具有客观性。而且因子的性质比主成分更容易解释，但是因子分析法的评价结果没有主成分分析法准确，可能包含重复信息，且计算量比主成分分析法要大。郑恒斌（2011）认为因子分析是用较少的综合因子反映原始变量的主要信息，不仅减少了计算量，还具有命名解释性，可以较便利地对财务绩效进行评价分析。施建华（2011）选取股改后的家电业上市公司的数据作为样本，采用因子分析法对其进行研究，作者发现，在全球流通条件下，运用所构建的模型，可以预测监测企业的财务绩效，从而了解企业的经营绩效，有助于管理者预防企业可能将会面临的财务风险。刘美玉、王云恺（2011）采用事件研究法和因子分析法，以 2004～2007 年我国整体上市的公司为样本，研究了整体上市对上市公司长短期财务业绩的影响。研究表明，整体上市既提高了上市公司的短期业绩，又改善了长期业绩。同时，整体上市的短期业绩明显存在"虚高"现象，但长期业绩的改善并不明显，即整体上市缺乏支撑企业长期业绩持续增长的推力，说明企业不可能通过整体上市彻底解决上市公司的治理结构、提高治理水平。

（2）主成分分析法。主成分分析法也称为矩阵数据解析法，与因子分析法的思想大体一致，其核心是将多个相关的指标转换为互不相关的、包含原有指标的大部分信息的几个综合指标，然后将各主成分综合成一个得分值，使得财务绩效评价更加科学和客观。许兴阳等（2008）认为企业每年的财务数据都有一定的差异，而在运用主成分分析法时通常是依据某一年度的财务数据进行评分，这就导致了评价结果存在一定的偏差，为此提出了基于等效时间点的改进型主成分分析法。周星煜（2011）首先分析了目前财务评价体系的不足，在引入资本结构指标和现金流量指标的基础上，运用主成分分析法对 60 家上市公司的财务绩效进行了综合评价,最后通过实证分析得出主成分分析法是评价财务绩效合理的方法。熊雷(2012)认为评价指标之间存在着一定的相关关系,需要利用主成分分析法进行处理,他选取影响企业财务绩效的主要成分,构建了物流企业财务绩效的综合评价模型并展开了实证。

(3)数据包络分析法。数据包络分析法的基本思路是把目标和任务相同的、外部环境相同的、输入和输出指标相同的决策单元作为被评价对象,利用数学模型分析比较决策单元,判断其相对有效性,以此来做出评价(杨子刚等,2013)。与多元统计分析方法不同,数据包络分析法对数据样本要求不大,不需要预先估计参数,直接进行计算,大大减少了计算量。数据包络分析法不用确定输入输出之间关系的显性表达式,因而受主观因素的影响较小,具有较强的客观性。此外,数据包络分析法不仅能够比较各决策单元的相对有效性,而且还可以为绩效不好的单元指出改善的方向和程度。丁文恒、冯英浚、康宇虹(2002)针对传统证券投资基金业绩评估方法的局限性,首次在我国基金业绩评级体系中引入了数据包络分析法(DEA)来建立投资基金业绩评估模型,并以沪深18家封闭式证券投资基金为实例,研究了它们的相对经营业绩。随后,陈世宗、赖邦传、陈晓红(2005),闫少铭(2006)等也利用数据包络分析的理论和方法,从不同角度对公司的经营业绩进行了评价。莫再隆、倪青山(2008)根据我国家电行业上市公司财务数据,运用数据包络分析法,对其财务绩效进行了综合评价。王洪礼、白斌、李怀宇(2010)则针对中国2007年公开披露年报的48家信托公司运用DEA进行了实证,分别计算出这些公司的技术效率、纯技术效率和规模效率值,结果表明数据包络分析法为信托公司的业绩评价提供了一种具有较强针对性和较高准确度的新方法。黄璐璐、张金贵(2012)认为在一定条件下,网络公司经营效率是通过投入一定数量的资金并产生一定数量的产出和收益的过程,网络公司财务绩效评价实质上是一个多输入/多输出的有效性综合评价问题,这正好与数据包络分析法相符。

(4)层次分析法。层次分析法将研究问题的相关因素分为不同的层次,对同一层次的元素进行比较,分析各自的重要性,然后运用数学工具计算分析每一个层次元素的相对重要性,最后通过总排序确定所有元素的相对权重。层次分析法将主观分析与客观分析相结合,主要用来研究多目标问题,这种方法使用性较强,计算简便,无论在理论界还是实务界都有较广泛的影响。但是当规模过大、因素过多时就容易出现错误。鲍丽敏(2012)认为目前的财务绩效评价大多是仅选取财务指标对其进行单项的分析,这显然不能综合判断企业财务绩效存在的问题,而层次分析法将定性与定量相结合,既弥补了杜邦分析法指标选择上的片面性,也避免了沃尔评分法指标权重确定上的主观性。申志东(2013)简单介绍了层次分析法,认为层次分析法设定了检验环节,与专家团评价法、平衡计分卡法相比,降低了主观性。这种方法计算相对简单,建立的模型相对固定,对模型层层分解,通用性比较强,是对国有企业进行绩效评价的有效方法。罗世兴、沙景华(2012)认为层次分析法的核心思想是把复杂的决策问题层次化,将层次分析法的具体操作分为四个步骤,然后运用层次分析法对27家煤炭行业上市公司财务绩效进行评价分析。

其他评价方法的综述。财务绩效评价的方法多种多样，除了上述方法外，还有一些其他常用的方法，比如功效系数法、灰色关联度分析法、熵值法等，国内外学者对这些方法也有较深入的研究。这些方法各有优点和缺点，也各有不同的使用范围。夏学英（2011）对比分析了多种评价方法，认为运用功效系数法评价煤炭企业的财务绩效最为适合方便。功效系数法最大的特点是可以将各项评价指标量化，从而可以使得不同的指标能够相加。功效系数法以传统的财务指标为基础，财务数据的获取比较容易，可操作性强，而且功效函数模型比较简单，可以运用于各种企业。邓郁文（2012）认为由于市场环境的复杂，企业财务绩效评价中所利用的财务信息是不可能完全的，因而企业财务系统具有灰色性，可进行灰色关联度分析。灰色系统的关联度分析主要是量化分析系统动态发展过程，灰色关联度分析法不仅可以对某个企业进行纵向评价比较，而且还可以用于对同一行业中不同企业之间进行横向评价。章振东（2009）提出将主成分分析法和熵权法相结合形成主成分—熵分析法的新思路，以我国电子类上市企业为例进行了实证研究，研究认为主成分—熵分析法通过选择少数几个财务指标综合反映原有的大部分信息，避免了财务指标赋权上的主观性，在一定程度上提高了财务绩效评价的准确性，是一种有效的财务绩效评价方法。

第三节　风险与收益的权衡：一个小结

风险是公司经营过程中面临各种结果的不确定性。财务风险是指由于难以预料或控制因素的影响，导致企业资金运动具有不确定性，从而与预期目标发生偏差、产生对财务成果和财务状况的消极影响，带来经济损失的可能性。事实上，风险与收益的匹配问题为财务领域的规范和实证研究提供了广阔空间。Sha Pira（1995）认为承担风险在一定程度上是企业生存和发展的基石，基于传统金融理论，绩效和风险在理论上必然存在着正相关关系，高风险必然要求高收益作为心理补偿，要想获取高收益也必须以高风险为代价。换句话说，经济行为主体想获得收益，就要承担风险，风险越大，意味着可获取的收益亦越大，反之风险越小，收益亦越小。在社会经济生活中，人们一方面在风险报酬和利益动机的刺激下，迎接风险、力图获取承担风险的超额报酬；另一方面在被风险利益诱惑的同时还会考虑风险可能的损失，进行事前事中事后的风险管理，以控制风险、分散风险，试图通过财务管理尽可能避免风险不利结果的发生，以相应的管理成本获取相应的回报。许多时候财务风险与收益之间的匹配关系为理论研究和财务实践所运用。然而，Bowman（1984）以实际数据对传统均值方差模型进行检验，发现大部分行业的风险与绩效收益之间实际上是反向关系。前景理论（Kahneman 和 Tversky，1984）对此可做一定解释：期望绩效产出会以一种情景化的方式影响决策者的风险承担倾向，当前景乐观（预期收益）时，决策者倾向于风险规避；而当前景悲观（预期损失）时，决策者倾向于风险追求，因此，通过情境框架可以推论高绩效与低风险、低绩效与高风险的匹配。这类风险与收益不协调情况的出现很可能是因为市场发育不足或市场失灵、信息不对称、委托代理关系下代理人的"逆向选择"，或企业处在混沌阶段存在"风险与收益悖论"等所致，另外，经济行为主体的风险态度和管理素质等主观因素，比如企业不理性的短融长投导致的高风险低收益，新产品研发成功带来的低风险高收益等也可能使然。

因此，理性的风险与收益权衡应在"股东权益最大化"的总体框架下，从企业连续生存、健康发展角度全面思考，从而系统规范营运资金管理，提升企业营运资金运作能力，进而提升企业财务绩效。企业管理者应着重以下几个方面：

第一，认真分析企业所处的宏观环境及其变化情况，提高企业对财务管理环境变化的适应能力和应变能力，制定适合本企业的经营战略。围绕经营战略安排融资策略与投资策略，充分考虑企业融资能力与偿还债务能力，考虑流动资产持有水平及其资金融通方式与企业资金运作能力是否相匹配，努力使企业在承担既定财务风险情况下成本最小；或在预计收益水平有限情况下将财务风险控制在较低水平。

第二，从企业长远生存发展视角看，企业经营规模呈上升态势，维持正常运转所必需的永久性资产呈动态增加，其相应的筹资组合中长期融资规模和融资比重的规划至关重要，需要连续系统考虑企业不同发展阶段的经营特征与财务收支情况，思忖长期融资所融通的资产内容（是全部的永久性固定资产加全部的流动资产，还是全部永久性固定资产加部分永久性流动资产），并可在保持一定财务弹性的融资政策下，选择购买国债等短期投资方式获取收益。

第三，加强企业内部财务管理。①不断提高财务管理人员的风险意识。要使财务管理人员明白，财务风险存在于财务管理工作的各个环节，任何环节的工作失误都可能会给企业带来财务风险，财务管理人员必须将风险防范贯穿于财务管理工作的始终。②提高财务决策的科学化水平，防止因决策失误而产生的财务风险。财务决策的正确与否直接关系到财务管理工作的成败，经验决策和主观决策会使决策失误的可能性大大增加。在决策过程中，应充分考虑影响决策的各种因素，尽量采用定量计算及分析方法并运用科学的决策模型进行决策。对各种可行方案要认真进行分析评价，从中选择最优的决策方案，切忌主观臆断。③理顺企业内部财务关系，做到责、权、利相统一。不仅要明确各部门在企业财务管理中的地位、作用及应承担的职责，并赋予其相应的权力，真正做到权责分明，各负其责；而且在利益分配方面，应兼顾企业各方利益，以调动各方面参与企业财务管理的积极性，从而真正做到责、权、利相统一，使企业内部各种财务关系清晰明了。

第四，管理者应着重提高自身能力和素质。当今市场瞬息万变，管理者需要具有改革和风险意识，推陈出新，不断加强交流和学习，尤其要培养敏锐的市场洞察力，及时捕捉市场风向，并灵活运用风险评估方法，合力制定业绩评估体系，科学权衡风险与收益，以正确决策并使企业形成合力来保障预期目标的实现。

第四节 实践案例：永乐电器与摩根士丹利之对赌协议

一、案例回顾

（一）对赌协议背景

永乐电器创立于1997年。凭借低价策略和优质服务，永乐电器迅速占领了上海市场，2000年销售额超过12亿元，占上海家电市场的份额达到15%。2001年，永乐的连锁规模突破了20家，扩展至江苏、浙江等地多个城市，年销售额达到20多亿元。2002年，永乐销售额剧增至160多亿元，占上海家电市场份额的65%，并一跃成为中国第三大家电连锁卖场。2003年12月，永乐电器兼并广州东泽电器，首开国内家电连锁业并购先河，永乐的势力范围从长三角扩展到了珠三角。

2005年，在中国家电连锁经营中，国美、苏宁、永乐、五星、大中五虎争霸，咄咄逼人。如何创造竞争优势呢？通过兼并和收购扩大规模，创造渠道价值，是一条可行的途径。为此，国美、苏宁等家电连锁经营的领头羊都加快了扩张的步伐，永乐电器面临被吃掉的威胁。所以，永乐必须主动出击，抢占市场。在这种情况下，摩根士丹利的资金注入，对于永乐就尤其必要。于是，2005年1月，永乐电器与摩根士丹利签订了一份对赌协议。同时，摩根士丹利和鼎晖注资5000万美元（其中摩根士丹利注资4300万美元），获得了永乐20%的股份，收购价格相当于每股0.92港元，成为永乐第三大股东。摩根士丹利在入股时还与永乐约定，在未来某个时间，以每股约1.38港元的价格行使约为1765万美元的认股权。

可见，永乐电器之所以与摩根士丹利签订对赌协议，一是因为经营的成功带来了自信；二是因为面临市场竞争和资金短缺的双重压力，不得不被动搏命。永乐2004年的盈利为1.857亿元，预计2005年的盈利为2.88亿元。以2005年预计的盈利为基数计算，2007年的盈利要达到7.5亿元，盈利的年增长率应达到61%，这是十分困难的。

（二）对赌协议执行过程

（1）永乐上市。在摩根士丹利注入资本的推动下，从2005年4月开始，永乐加快了扩张步伐，先后兼并了江苏广源、南京上元、成都百货（电器）、河南通利，业务范围遍及全国。2005年，永乐的门店数从2004年的92家增加到193家，开店的城市从34个扩张到72个。与此同时，摩根士丹利开始帮助谋划永乐在中国香港上市。2005年10月，永乐电器正式在中国香港上市，集资额约10.26亿港元，成为中国第三大家用电器零售企业。

（2）永乐被收购。2005年后永乐的飞速扩张事与愿违，不仅没有带来利润的迅速增长，反而还使经营效率下降。2005年，每平方米营业收入从2004年的40472元下降至25482元，下降幅度高达37%；毛利率也下降了0.6%。2006年上半年，永乐的净利润仅

1551.7万元。永乐赢得对赌协议的希望变得越来越渺茫。于是,永乐选择了兼并和收购之路,期望通过把并购企业的盈利纳入上市公司,来快速地达到对赌协议规定的盈利目标。2006年4月,大中电器与永乐电器签署全面战略合作协议,将在约定时间内,通过股权置换的方式实现大中与永乐的合并。永乐与大中的全面战略合作是各取所需,大中为"上市",永乐为"救市"。大中电器可以通过与永乐的合并,迅速完成上市过程;而永乐可以借大中良好的经营业绩,缓解与摩根士丹利签订对赌协议带来的巨大压力。与此同时,永乐也在与国美电器联系合作事宜,2006年7月,双方联合发布了《国美、永乐合并背景及公告内容》。双方多轮博弈后达成的"股权+现金"收购方案是永乐1股换0.3247股国美股份并加0.1736港元现金补偿。按此价格计算,永乐股份相当于以2.2354港元价格被收购。

(3)摩根士丹利的市场操纵。永乐电器上市后,包括摩根士丹利在内的国际投资机构对永乐给予了较高的投资评级。2006年2月,即永乐与大中全面合作协议公告发布两个月前,摩根士丹利发表研究报告,维持永乐的"增持"评级,同时将永乐的目标价由3.15港元调高至4.20港元,幅度达33%。与此相适应,永乐的股票价格一路上扬,到永乐与大中发布合作公告的2006年4月21日,更是创出4.30港元的年内最高价。

(4)永乐与大中的合作公告向外界传递出管理层做大规模、提高盈利水平的信号。然而,在公告发布后的第三天,摩根士丹利陆续采取了两大行动。2006年4月24日,摩根士丹利突然发布报告称:"由于成本升速超过预期,预计永乐当年收益将下降25%~27%。"同时,将永乐评级由"增持"降至"与大市同步",目标价由4.20港元下调至3.95港元。2006年4月25日,是摩根士丹利与永乐签署的禁售期的到期日。摩根士丹利、鼎晖等股东共配售3.69亿股股份(占已发行总股本的15.81%),配售价格为3.225港元,较24日收盘价3.425港元折让5.84%。这次配售完成后,摩根士丹利的持股量由19.22%下降至9.61%。摩根士丹利的上述行动一下子使永乐股票价格进入了下降通道,4月24日、25日连续两个交易日大幅下挫,25日收盘价为2.98港元,累计跌幅超过30%。2006年7月17日,国美收购永乐的消息公布之前,永乐股票停牌,当日收盘于2.05港元。2006年7月25日国美收购永乐后的第二天,永乐股票复牌,当日收盘于2.28港元,涨幅超过10%。但股价徘徊几日后继续下跌,8月14日下跌到1.79港元。在短短3个月内,永乐股价暴跌59%。摩根士丹利的市场操纵,是保证通过对赌协议取得预期收益的重要手段。

二、案例分析

(一)对赌协议的财务分析

根据永乐电器与摩根士丹利对赌协议的规定,可以计算出不同情况下摩根士丹利的投资收益率。

2005年,永乐电器的盈利为2.89亿港元,已发行股数22.9亿股,每股盈利约0.13港元。若每股市价按3.15港元计算,则市盈率约为24倍。摩根士丹利初始投资5000万美元,约合4亿港元;2005年摩根士丹利持有永乐股份4.224亿股,若每股市价按3.15港元计算,则市值总额约为13.3亿港元。假定在2007年市盈率保持不变。在净利润分别为6亿、6.75亿、7.5亿港元时,每股市价可估算如表9-1所示,摩根士丹利的持股数和股票总市值可估算如表9-2所示。

表9-1 每股市价计算

净利润 (亿港元)①	已发行股数 (亿股)②	每股盈利(港元/股) ③=①÷②	市盈率(倍)④	每股市价(港元/股) ⑤=③×④
6	22.9	0.26	24	6.24
6.75	22.9	0.29	24	6.96
7.5	22.9	0.33	24	7.92

表9-2 摩根士丹利的持股数和股票总市值

净利润目标P (亿港元)	对赌协议规定	实际持股数 (亿股)①	每股市价 (港元/股)②	股票总市值(亿港元) ③=①×②
P<6	受让9395万股	5.1635	6.24	32.22
6≤P≤6.75	受让4697万股	4.6937	6.96	32.67
P>7.5	割让4697万股	3.7543	7.92	29.73

在净利润分别为6亿、6.75亿、7.5亿港元时,摩根士丹利的股票总市值分别是其初始投资4亿港元的8.06倍、8.17倍、7.43倍,即分别增长了706%、717%、643%;与2005年摩根士丹利投资时持有股份的市值总额13.3亿港元比较,在净利润分别为6亿、6.75亿、7.5亿港元时,摩根士丹利持股的总市值分别增长了142%、146%、124%。

可见,无论出现哪一种情况,摩根士丹利都可以获得很高的收益。

上述计算建立在以下假设的基础上:在整个投资期,摩根士丹利持股数不变,没有在二级市场上增持或减持永乐电器的股份;永乐电器的市盈率不变,保持在2005年的水平;市场效率高,股价随盈利的增加而上升。

在财务上,签署了对赌协议的企业首先要维护可持续增长态势:①要保持现有的营业净利率不降低,必须要使实际销售增长率等于可持续增长率,并将成本费用水平控制在销售增长容许增长的水平上;②要保持总资产周转率不降低,必须使销售增长与资产规模相适应,盲目的扩张可能会破坏两者之间的比例关系,从而降低周转率;③要维持现有的资本结构,负债的增长必须与内部融资增长相匹配,任何提高资产负债率的政策都伴随着财务风险的加大;④即使在业绩良好的状态下也不能提高股利支付率,如此才能保证内部融资的稳定增长不被高股利支付所吞噬。然而,成长型企业的实际增长率往往超过可持续增长率,由快速扩张导致的成本费用水平往往与销售增长不匹配,从而带来严重的资金短缺,使得签署了对赌协议的企业难以维护可持续增长态势,更为严重的是,对赌协议对绩效的要求远非保持可持续增长率即可,而是要实现超常增长。

因此,对赌协议在财务上对企业形成一种外部压力,这有利于提高企业凝聚力和向心力。对赌协议实际上是一种外部压力促成的财务业绩激励,是一种高收益高风险激励手段。在企业内部激励机制缺失的情况下,通过签订外部协议,可以使企业处于一种高压力状态,能够激发企业的凝聚力。但是由于对赌协议只是一种外部的激励手段,这也可能会造成企业只重视财务业绩,而忽视了内部治理结构和激励制度的完善,这样对企业的长期发展是没有好处的。

(二) 对赌协议双方风险分析

1. 永乐电器对赌协议中的风险

2006年10月18日香港联合交易所发布了国美电器控股有限公司关于收购中国永乐电器销售有限公司的联合公告。很多人认为永乐被国美并购事件的发生与永乐的对赌协议有很强的相关性:摩根士丹利等机构投资者在证券市场上迫不及待地抛售永乐的股票,打压公司股价,降低评级,加速了永乐被并购的进程。对赌协议作为一种企业发展与管理的双刃剑,企业在决策时必须要慎重与理性地思考。

永乐香港上市募集的资金绝大部分都闲置在银行存款上,这说明永乐发展的首要瓶颈并不是资金短缺问题,而是别的问题。如果是这样的话,那么高风险引入外资投资者以及上市募集资金是否必要,就值得管理层深刻反思。在引入外资投资者的决策上,要清醒地认识到摩根士丹利、高盛等投资者决不是战略投资者,他们特别崇尚短期快速获利,并十分关注其投入资本的流动性,在战略上不可能关注被投资企业在商品经营领域的长期发展,难以在战略、经营上与既是管理层又是股东的企业人员风雨同舟。

依据当前发展尽可能制定稳健的对赌目标与细致的经营规划。在上述对赌协议中,业绩的赌局过大。比如"如果永乐2007年的净利润高于7.5亿元,外资投资者将向永乐管理层无偿转让4697万股永乐股份,如果低于6亿元,永乐管理层将向投资者转让9394万股股份作为补偿"。而2005年永乐的净利润仅有2.89亿元,2003~2005年永乐的年复合增长率仅为40%,如果保持这一增长速度,2007年永乐的净利润只能达到5.66亿元,低于对赌协议中的下限。按照永乐2005年以前的发展轨迹,永乐要想不输掉对赌协议,其2005~2007年的净利润增长水平至少要大幅度提高17.5%才行。这一"跳跃式"的盈利增长目标显示出当初永乐管理层的盈利增长预期很不理性。对赌协议实质上是促使投资者与管理层理性地、尽可能稳健地规划公司未来的成长路径和发展战略。在签订与接受对赌协议前,应将其与自身产业的长期盈利状况以及自身在产业当中的地位结合起来考虑,不但要准确地获取行业的相关数据,更要将战略中的生产、销售、毛利率、市场开发、产品研发等细化到具体数值,应考虑到可能出现的风险并做好规避措施。

2. 摩根士丹利在对赌协议中的风险

摩根士丹利的投资风险在于:第一,市场缺乏效率,股价不仅不随盈利的增加而上升,反而还下降。在净利润分别为6亿、6.75亿、7.5亿港元时,摩根士丹利获取投资收益的前提条件是,每股市价分别不低于2.57港元(13.3÷5.1635)、2.83港元(13.3÷

4.6937)、3.54 港元（13.3÷3.7543）。第二，企业业绩不好，股价不断下跌，股票的市场价值不断下降。在上述两种情况下，都可能出现投资企业和接受投资企业"双输"的局面。当然，投资者可以通过选择市场和目标企业，规避上述风险。

三、思考与启示

（一）仔细分析与权衡风险与收益

投资方如摩根士丹利等签订对赌协议的目的是，在信息不对称的情况下控制企业未来业绩与发展，降低投资风险，维护自己的利益。而融资方如企业的管理层签订对赌协议是为简便地获得大额资金，解决资金瓶颈问题，以达到低成本融资和快速扩张的目的。但对赌协议是一项高风险融资方式，企业管理层作出这一融资决策，必须以对企业未来行业的发展和企业经营业绩的信心为条件。一旦市场环境发生变化，原先约定的业绩目标不能达到，企业将通过割让大额股权等方式补偿投资者，其损失将是巨大的。企业管理层在决定是否采用对赌方式融资时，应谨慎考虑各种外界因素与企业内部的实际情况，权衡利弊，避免产生不必要的损失。

（二）认真分析企业内外部环境

企业应该优先选择风险较低的借款方式筹集资金，解决资金短缺的问题。并不是所有的企业在解决资金瓶颈的问题上都可以使用对赌协议。企业在选择对赌融资方式时，通常还需要一定的条件。首先，企业管理层必须是非常了解本企业和行业的管理专家，能够对企业的经营状况和发展前景作出较为准确的判断；其次，管理层是风险的偏好者，勇于开拓；再次，应考察市场上的股价能否大体反映本企业的整体价值，因为企业签订的对赌协议通常是以未来的盈利能力作为约定标准，以股权转让为目的的；最后，还应考察企业的市场价值是否反映了企业未来的经营业绩，否则，双方的预期就没有赖以存在的基础。

（三）仔细研究并谨慎设计对赌协议条款

对赌协议的核心条款包括两个方面的主要内容：一是对赌双方约定未来某一时间判断企业经营业绩的标准，我国目前较多使用的是盈利水平，如以某一净利润、利润区间或者复合增长率为指标作为对赌的标准。二是对赌双方约定的对赌赌注与奖惩方式。对赌协议大多以股权、期权认购权、投资额等作为对赌赌注。如果达到事先约定的对赌标准，投资者无偿或以较低的价格转让一定股权给管理层，或追加投资，或管理层获得一定的期权认购权等；如果没有达到对赌标准，则管理层转让一定股权给投资者，或者管理层溢价收回投资方所持股票等。从目前的情况来看，我国企业在对赌协议中约定的盈利水平偏高，对企业管理层的压力过大。

第五节　总结与展望

本章回顾了风险评估和财务绩效评价的基本概念和基本理论，通过对国内外文献的梳理给出一个风险度量与评估方法和企业业绩评价体系的发展脉络,为相关问题感兴趣的读者提供了主要的文献来源。随着网络技术、信息技术的飞速发展、大数据时代的来临以及各种新兴战略的涌现,企业面临的环境将日新月异,虚拟经济、网络制造、即时信息、个异化思维、全球一体化等状况势必需要企业快速革新生产与运营方式予以协同和融合。在此背景下,风险评估与业绩评价更应具备全局观和整体观、分析的模型与方法也应考虑更大的适用范围和实践基础。真金需要火炼,我们有理由相信,高速发展的世界势必带来风险评估和业绩评价在理论和实践上推陈出新,相关研究将取得长足的突破和进展。

参考文献

[1] Altman Edward . Haldeman Robert . ZETA Analysis [J]. Banking and Finance,1977(1):29-54.

[2] An Overview of the COSO Internal Control - Interated Framework [EB/OL]. http:www.knowledge-leader.com.

[3] Cooper Robin . Kaplan Robert S Activity - Based System:Measuring the Costs of Resource Usage [J]. Accounting Horizons, 1992, 6 (3):1-3.

[4] Dolnas on Brown. The Dupont System, rwin/Me Graw Hill, 1999.

[5] Fitzpatrick P. J. A Comparison of Ratios of Successful Industrial Enterprises with Those of Failed Firms [J]. Certified Public Accountant, 1932 (2):589-605.

[6] Helmut Elsinger , Alfred Lehar. Using Market Information for Banking System Risk Assessment [EB/OL] http://papers.ssm.com.

[7] Jeffrey M. Bacidore, John A. Boquist. The Search for the Best Financial Performance Measure [J] . Financial Analysis, 1997 (5) .

[8] Kieser, A. Medieval Craft Guilds and the Genesis of Formal Organizations [J] . Administrative Science Quarterly, 2001 (34):540-564.

[9] Kennerley, M. P. and Neely, A. D. Measuring Performance in a Changing Business Environment [J] . International Journal of Operations & Production Management, 2003.

[10] Lionel C. Briand. An Operational Process for Goal - Driven Definition of Measures [J] . IEEE Transactions on Software Engineer, 2002.

[11] Marjorie B. Predicting Corporate Financial Distress:Reflections on Choice - Based Sample Bias[J]. Journal of Economics and Finance, 2002 (5):77-80.

[12] Malone, Matt. Risk Assessment as a Fraud Deterrent [J]. Hoosoer Banker, 2005 (10):12.

[13] Markus Lezzig. Infrastrueture Project Finance and Capital Flows:A New Perspective [J]. World Development, 1979, 26 (7):1283-1298.

[14] Mary A. Malina and Frank H. Selto. Choice and Change of Measures in Performance Measurement Models [J]. Management Accounting Research, 2004.

[15] Ohlson J. A. Financial Ratios and the Probabilistic Prediction of Bankruptcy [J]. Journal of Accounting Research, 1980 (1):5-12.

[16] Odom, Sharda. A Neural Network Model for Bankruptcy Prediction [J]. International Joined Conference on Neural Networks, 1990, II:63-68.

[17] Pamela. K. Coats, L. Franklin Fant. A Neural Network Approach of Forecasting Financial Distress [J]. Journal of Business Forecasting, 1992: 253 – 276.

[18] Robert Kaplan, David Norton. The Balanced Scorecard – measures That Drive Performance [J]. Harvard Business Review, January – February, 1992: 71 – 79.

[19] The Economist Intelligence Unit [EB/OL]. http: www. knowledgeleader. com, 1998 (12).

[20] Arias G., Erlandsson U. G. Regime Switching as an Alternative Early Warning System of Currency Crises – an Application to South – East Asia [R]. Working Paper of Lund University, 2004.

[21] W. H. Beaver. Financial Ratio as Predictors of Failure [J]. Journal of Accounting Research, 1966 (5).

[22] 陈共荣, 曾峻. 企业绩效评价主体的演进及其对绩效评价的影响 [J]. 会计研究, 2005 (4): 65 – 68.

[23] 陈静. 上市公司财务恶化预测的实证分析 [J]. 会计研究, 1999 (4): 78 – 80.

[24] 高建明, 杨建安. 技术风险评估研究 [J]. 科技进步与对策, 2001 (2): 129 – 131.

[25] 谷祺, 于东智. EVA 财务管理系统的理论分析 [J]. 会计研究, 2000 (11): 31 – 36.

[26] 李毅学. 供应链金融风险评估 [J]. 中央财经大学学报, 2011 (10): 36 – 41.

[27] 李玉环. 内部控制中的风险评估 [J]. 会计之友, 2008 (10): 10 – 11.

[28] 梁斌. JD 集团财务风险评价与控制研究 [D]. 湖南大学硕士学位论文, 2010.

[29] 刘维成, 党俊风. 煤炭企业内部控制风险评估研究 [J]. 会计之友, 2011 (26): 59 – 61.

[30] 刘治宇. 关于强化企业内部控制的思考 [J]. 市场周刊, 2005: 25 – 26.

[31] 裴康. 企业风险评估的整合测量法研究 [D]. 江苏: 河海大学硕士学位论文, 2007.

[32] 浦军, 刘娟. 财务状况质量与财务危机研究——基于 Logistic 模型的实证分析 [J]. 经济问题, 2009 (10): 115 – 118.

[33] 施家芳, 张媛. 关于供应链绩效评价的探讨 [J]. 北方经贸, 2004 (6): 88 – 89.

[34] 田刚. 基于风险树模型的综合量化评估方法的研究 [D]. 武汉科技大学硕士学位论文, 2011.

[35] 王化成, 刘俊勇. 企业业绩评价模式研究——兼论中国企业业绩评价模式选择 [J]. 管理世界, 2004 (4): 82 – 91.

[36] 王立勇, 张秋生. 企业内部控制中的风险评估研究 [J]. 交通财会, 2002 (2): 26 – 27.

[37] 王琳, 周心. 我国上市公司财务危机预警模型的实证研究 [J]. 重庆科技学院学报（社会科学版）, 2008, 23 (6): 84 – 85.

[38] 王振华. 完善企业风险管理（ERM）体系构建之研究——以台湾财产保险业为例 [D]. 南开大学博士学位论文, 2012.

[39] 吴世农, 卢贤义. 我国上市公司财务困境的预测模型研究 [J]. 经济研究, 2001 (6): 99 – 101.

[40] 吴水澎, 陈汉文, 邵贤弟. 企业内部控制理论的发展与启示 [J]. 会计研究, 2000 (5): 2 – 9.

[41] 辛琳. 引入非财务指标构建小企业业绩评价系统 [J]. 财会月刊, 2007 (1): 37 – 38.

[42] 亚历山大·沃尔（Alexander Wole）. 财务报表比率分析 [M]. 北京: 北京大学出版社, 2004: 79 – 91.

[43] 亚历山大·沃尔（Alexander Wole）. 信用晴雨表研究 [M]. 北京：北京大学出版社，2004：12-27.

[44] 杨保安，季海，徐晶，温金祥. BP 神经网络在企业财务危机预警之应用 [J]. 预测，2001 (2)：101-103.

[45] 杨淑娥，黄礼. 基于 BP 神经网络的上市公司财务预警模型 [J]. 系统工程理论与实践，2005 (1)：12-18.

[46] 杨有红. 企业内部控制框架构建与运行 [M]. 杭州：浙江人民出版社，2001.

[47] 杨志. 上市公司财务绩效评价方法研究 [D]. 西南财经大学硕士学位论文，2009.

[48] 张川，潘飞. 国内外综合业绩评价体系的研究评述 [J]. 当代财经，2008 (4)：120-123.

[49] 张玲. 财务危机预警分析判别模型及其应用 [J]. 会计研究，2000 (6)：40-43.

[50] 张蕊. 企业经营业绩评价理论与方法的变革 [J]. 会计研究，2001 (12)：46-50.

[51] 张蕊. 战略性新兴产业企业业绩评价问题研究 [J]. 会计研究，2014 (8)：41-44.

[52] 朱治龙，曾德明，毛育辉等. 中国上市公司绩效评价模型研究 [J]. 证券市场导报，2003 (12)：46-51.

第十章　财务信息披露与解读

第一节　研究背景

投资一直以来都是企业最重要的经济活动之一，而投资效率的提高则是企业最为重视的问题之一。大量研究表明，影响企业投资效率提高的主要因素是企业面临的信息不对称和代理冲突。信息不对称理论认为，新旧股东之间的信息不对称所导致的逆向选择会使股权融资成本提高而产生投资不足；而股东与债权人之间的信息不对称也会导致债务融资成本提高而产生投资不足。代理理论则认为，当信息不对称存在时，由于股东与经理人利益分配机制未必充分有效，从而会在他们之间产生委托代理问题，经理人可能利用多余的现金去从事一些净现值为负的项目，而且经理人有在职消费、不断做大公司规模以提高个人声誉的愿望。这些经理人与股东之间以及大股东与小股东之间的委托代理问题都会导致公司过度投资。

财务会计信息由于具有治理和定价功能，被称为缓解公司中信息不对称和代理冲突的主要机制之一。国外的大量实证研究表明，信息披露水平的提高可以降低企业的信息不对称程度，从而降低外部融资成本。良好的信息披露不仅能够削弱资金供求双方之间的信息不对称、提升资源在整个市场内的配置效率，还可以为外部投资者监督和评价公司管理层提供依据、降低道德风险与机会主义行为，因此，良好的信息披露对于提高公司投资效率有着不可忽略的作用。上市公司财务信息造假已经成为世界各国资本市场的一大公害，各国政府都在积极地解决这一问题。政府作为市场的监管者，在打击财务信息造假、提高财务信息真实性等方面被所有的投资者寄予了厚望。但是现阶段政府对于上市公司财务信息披露的监管仍然存在许许多多的问题，这种现象也严重阻碍了我国证券市场良好健康的发展。因此，政府对于上市公司监管的有效性需要得到及时解决。

第二节 研究意义

随着改革的不断深入发展，近年来，中国的资本市场实现了高速的增长。市场经济日益完善，信息依赖性日益增加，无论对于宏观决策还是微观管理，对于国民经济还是个人利益，上市公司财务信息披露的意义都是举足轻重的。我国上市公司的数量增加很快，财务披露的问题会使投资者根据失实的财务信息做出错误的判断和决策，而且误导政府等监管部门，使其不能及时发现、防范和化解企业集团和金融机构的财务风险，也加大了注册会计师的审计风险。因此上市公司财务信息披露问题迫切需要采取有效措施解决，政府的监督职能应从多方位入手，加强市场监管，不断提高我国上市公司财务信息披露的质量，进一步促进我国证券市场的发展。尽可能地减少上市公司财务信息舞弊现象的频繁发生，营造公平竞争的市场氛围，促进我国证券市场的规范发展，优化市场资源配置功能的发挥，保护人民的利益。

上市公司财务信息披露作为整个财务工作程序中的一个重要环节，是维护证券市场的正常秩序、防止欺诈和垄断行为、维护广大投资者和社会公众利益的重要保证，发挥着至关重要的作用。其信息披露的质量直接关系到企业利益相关者，尤其是投资者的科学决策以及社会资源的有效配置。因此，提高财务信息披露的质量问题十分重要。随着我国股票市场的不断发展，股市的国际化、规范化程度正日益提高，已经形成了一套初步的信息披露制度，对建立公平、公正、公开的证券市场，保护广大投资者利益起到了积极的作用。但由于我国证券市场面临着"新兴+转型"的制度和发展环境，我国上市公司财务信息披露中还存在着很多不规范的现象。近年来国内连续出现一系列公司财务丑闻和证券欺诈事件，揭示出我国现代证券市场并未很好地解决上市公司财务信息披露问题。这既损害了我国证券市场和上市公司的健康发展，也损害了广大投资者的利益。证券市场是所有金融市场中风险最大，最需要进行监管的市场。从证券市场的发展看，它同监管是密不可分的，即没有政府监管，就没有当今世界健康的证券市场。政府对证券市场的监管比对其他行业更有效。中国证券市场起步晚，发展快。由此，建立适合我国的证券监管体系是非常必要的。因此，政府有必要进一步加强对上市公司财务信息披露质量的监管，提高上市公司财务信息披露质量，提供公平竞争的市场环境，维护人民的利益。

第三节 研究回顾

一、关键概念

（一）信息

信息是客观世界中一切事物的运动状态、变化和特征的反映。它广泛存在于客观世界和人类社会，一经验证，就会使人们对客观事物的存在、运动状态、变化和特征有比较科学的认识，对客观事物的相互联系和相互作用有进一步的了解，并且对于客观事物的规律性能进行描述。这种经过验证的信息就成了知识。信息是人们用以对客观世界进行直接描述的，可以相互进行交流、传输和利用的知识。信息有以下三个要点：

（1）信息是对客观世界中一切事物的运动状态、变化和特征的反映。客观世界中的各种事物总是千差万别的，分别呈现着不同的运动状态、变化和特征，从而在人们的认识过程中形成了不同的信息。比如，会计对象是指会计工作的客体，一般来说，会计工作的对象就是指能够用货币表现的客观经济活动，其具体化为会计要素。每一个会计要素都是会计核算活动中的具体事物，每一个会计要素都呈现了不同的内容、运动状态、变化和特征，从而在会计核算和管理活动过程中形成了各种不同的信息。

（2）信息是客观事物之间相互联系和相互作用的表现渠道。世界上任何事物之间都具有相互联系的性质，并具备相互作用。这种联系和作用可以通过一定的信息表现出来，从而为人们认识客观过程提供了信息。比如，在会计核算中，资产和负债、所有者权益之间，收入、费用和利润之间，都具有较多的相互联系和相互作用，通过它们之间的联系和作用，人们就可以取得更有深度的信息。

（3）知识是信息加工的产物，是一种具有普遍性、概括性和高层次性的信息。知识是以各种方式把一个或多个信息关联在一起的信息结构，是客观世界规律的总结。知识是单个信息的升华，更具有利用价值。以知识做基础，人们能更有效地发现和接受信息，并提高利用信息的能力。

（二）会计信息

信息披露的概念首先涉及会计信息。关于会计信息定义的观点有许多。会计信息的定义在美国会计学会（AAA）的《基本会计理论》中为"为了使信息使用者能够做出有根据的判断和决策而确认、计量和传递经济信息的程序"。该定义包含了会计信息的两个特点：第一，会计信息属于经济信息；第二，会计信息具有可计量性。葛家澍教授对会计信息的定义是"它把企业财务状况、经营成果和现金流量等信息，传递给同该企业有着利益关系的人们，让他们了解企业的过去、现在和未来，通过决策来调整该企业的经营活动和对该企业的投资、信贷等活动，以使企业管理当局能采取最有效的措施，降低成本、提高盈利，实现有利的现金流量；企业的投资人和债权人则能寻求高报酬低风险的投资和信贷机遇"。

在通常的情况下，会计信息是指通过利用会计凭证将企业生产经营过程中的各类信息进行全面、真实、及时的汇总与加工，随之得出能够真实揭示企业经济活动情况的信息。会计信息的基本要素由数据、载体和传递等构成。会计信息主要为信息使用者提供企业的财务情况、经营情况和现金流量等参考数据与资料，是当今市场信息不可或缺的重要部分。另外从经济学角度讲，会计信息也属于商品的一种，其区别于其他商品的特殊性体现在生产的垄断性和具有公共物品性两方面。

目前对于会计信息的认识主要为：第一，会计信息属于经济信息；第二，会计信息反映经济活动的动态情况；第三，会计信息可通过货币进行计量。所以对于会计信息也可以概括为：会计信息是一种能够反映出企业会计主体价值动态的可借助货币计量的经济信息。

（三）财务信息披露

为了正确了解财务信息披露的概念，在明确了财务信息的内涵之后，我们还必须掌握信息披露的概念。信息披露英文为"Disclosure"，亦称信息公开，是指用公开的方式，通过一定的传播媒介，用一定的格式，将公司财务状况和经营成果以及其他各种资料公布于众。信息披露的公正、透明、及时、准确和完整，对减少市场投机，防止市场操纵，保护投资者权益至关重要。信息披露是证券所有权市场化和信息需求社会化的必然结果。财务信息披露就是将财务信息向信息的使用者进行揭示，以满足信息使用者的决策需要。确切地说，财务信息披露就是向信息使用者揭示反映企业价值运动的可计量的经济信息。

上市公司财务信息披露的提出是建立在会计信息概念的基础之上的，这里上市公司财务信息披露的概念是指上市公司为了保护企业投资者权益及维护市场正常运转，在符合法律法规的前提下，按照一定的格式，通过一定的传播媒介向企业外部信息使用者公开企业的财务情况、经营成果和现金流量等一系列对决策者有用的信息。这些信息可以用作报告提供给证券监督管理部门，并且公告于社会公众投资者。其中上市公司指的是获得在证券交易所上市交易股票许可的股份有限公司，披露是指对外发表、公布。而财务信息披露是指上市公司以公开报告的形式将对决策有用的信息按照直接或间接的方式提供给投资者，会计信息披露从财务报告的角度出发主要分成两方面，一是用具体数字所体现的量化的信息；二是新会计准则中所要求的要系统表达的报表附注以及文字表述等信息。

（四）财务信息披露质量

财务信息披露质量要求是对企业财务报告中所提供的会计信息质量的基本要求，是使财务报告中所提供会计信息对投资者等使用者决策有用应具备的基本特征，主要包括可靠性、相关性、可理解性、可比性、实质重于形式、重要性、谨慎性和及时性等。在我国，依据企业财务准则的规定，财务报告的目标是向使用者提供与企业财务状况、经营成果和现金流量等有关的会计信息，反映企业管理层受托责任履行情况，有助于财务报告使用者做出经济决策。财务报告外部使用者主要包括投资者、债权人、政府及其有关部门和社会公众等。其中,满足投资者的信息需要是编制企业财务报告的首要出发点。

从理论角度看,企业财务报告主要应达到两个方面的目的:一是向财务报告使用者提供对决策有用的信息(决策相关)。财务报告使用者主要包括投资者、债权人、政府及其有关部门和社会公众等,其中最主要的使用者是投资者,其他使用者的需要服从于投资者的需要。在提供财务报告时,应首先考虑报告所涵盖的信息是否有利于投资者的决策。二是反映企业管理层受托责任的履行情况(受托责任)。在现代公司制度下,企业所有权与经营权分离,企业管理层受委托人之托经营管理企业及各项资产,负有受托责任。只用通过财务信息,才可以准确判断投资者的投资是否被科学、合理而有效地使用着,才可判断投资使用的效果,这也是信息的重要意义。财务信息向外部投资者真实可靠地反映企业的财务状况、经营成果和现金流量,实际上也是反映了经理层受托责任的履行情况。决策相关是财务信息质量要求的重要方面,属于相关性要求;而受托责任,主要反映可靠性要求。上市公司披露财务报告的目的是向信息使用者提供与决策相关且可靠的信息,即上市公司对外披露的财务信息,不仅要为信息使用者的投资决策服务,还要为其投资获取预期报酬提供可靠的信息保障。信息的有用性标准不仅在于其决策相关性,更深层次是在于信息的质量。只有信息披露的质量高,信息使用者才可能根据这一高质量的财务信息做出正确的决策,从而获取相应的经济回报。

所以,我们将财务信息披露质量定义为:财务报告所传递的公司经营信息的相关性和可靠性,尤其是其预期的现金流。

二、理论基础

(一)信息不对称理论

现代企业制度中,所有权与管理权通常是分离的,管理层很容易利用自身的信息优势从事有利于自身利益的机会主义行为。正是这种信息不对称的存在,导致盈余管理、信息披露关系变得复杂。

信息不对称理论是在 20 世纪 70 年代,由美国经济学家乔治·阿克罗夫(G. Akerlof))、迈克尔·斯彭斯(M. Spence)、约瑟夫·斯蒂格利茨(J. E. Stigjiz)提出。该理论认为,由于市场主体自身条件的不同,市场主体获取信息的能力或获取信息的程度是有很大差异的,每个市场主体最终所掌握的信息是不同的,且在投资活动中,市场中掌握信息较多的人比掌握信息相对较少的人能够获得更多的收益。上市公司、监管部门等信息披露方为掌握信息较多一方,这一方往往处于相对较为有利的位置。投资者等信息获取方为掌握消息相对较少一方,这一方往往处于相对不利的位置。信息优势方可以利用所掌握的信息进行投资活动获得超额收益,或者向信息劣势方出售信息来获利。同时市场中存在着大量的信息劣势方向信息优势方求购消息的行为。这一现象是市场经济所不能避免的,同时会对整个市场带来危害,如市场欺诈、市场侵权等。要减少信息不对称对市场的危害,政府必须发挥其宏观调控的职能,不断推进市场的完善。

Glosten 和 Milgrom(1985)对信息不对称和公司信息披露质量二者之间的关系进行了

建模分析。他们的模型研究结果表明,信息不对称的减少会导致公司披露的水平提高。Lang 和 Lundholm(1996)提供的证据进一步表明,企业如果有更多的信息披露政策并伴随着庞大的预测分析团队,那么就能更准确地分析预测盈利水平,用来预测的信息范围越分散,内容越具体,预测的波动和修正性就会越小。如果不同类别的、分散的预测是针对信息不对称有效的措施,那么这些结果意味着,更多的信息披露政策,可以减少信息不对称。与此同时,Welker(1995)提供了与信息不对称影响公司财务信息披露这一结果相一致的有关实证证据。他的研究结果表明,信息不对称可以用买卖价差来衡量,减少信息不对称的水平会增加市场流动性,并且能够提高信息披露的水平。Verrecchia(1983)在其研究演示中揭露因为资本市场作用的结果,即使付出的代价是高昂的,经理人也自愿通过市场纠正信息不对称来提高披露水平,因为扩大披露可以提高一个公司在资本市场中股票的流通速度。Healy、Hutton 和 Palepu(1999)还提出,企业要拥有较高的股票回报率以及较强的股票流动性需要建立在高水平的信息披露基础之上。随后他们就资本市场信息披露实证研究做了详尽的文献综述,指出通过加强信息披露既可以优化资源配置,还有助于降低投资风险(Healy 和 Palepu,2001)。这样就使企业投资者、中小股东以及其他利益相关者能更加透明地了解公司内部情况。

(二)财务信息披露的受托责任观和决策有用观

目标指引方向,决定系统的功能,一旦目标发生变化,它必然会影响整个信息系统的具体运作。从会计应当提供什么样的信息看,主要有"受托责任观"和"决策有用观"两种代表性的观点。这两种观点直接指导财务信息披露的实践。财务信息的质量标准、财务报表的要素、财务报表项目的确认和计量、财务报表信息和财务报告信息的披露等概念都直接或间接地为实现财务会计的目标服务。会计目标决定了财务信息披露的目标、方式、内容等诸方面。因此,关于财务信息披露的目标也可以从"受托责任观"和"决策有用观"两个方面来分析。

1. 受托责任观

"受托责任观"的思想萌芽,起始于会计的产生阶段,但作为一种系统的理论,却是在公司制和现代产权理论的基础上发展而成的。受托责任是指资源的直接管理者即受托者,对资源的所有者所承担的有效管理所有者所托付资源的责任。受托责任之所以存在,是由于资源的所有权和经营权产生了分离。公司制下财产所有者将财产委托给受托者,要求受托者对财产进行妥善的保管并使其增值;受托者接受委托者的委托,同时获得财产的自主经营权和处置权,并负有向委托者报告受托责任履行情况的义务。这样,给予财产所有权上的受托责任便得以确立。早期关于会计的目标就是以受托责任观为主导的,它源于对中世纪欧洲庄园经济中贵族聘请管家管理庄园财务这样一种事实和观念的移植,并伴随着以所有权和经营权的分离为特征的近现代股份公司这一组织形式的演进而得以深化和发展,其发展与公司制和现代产权理论、企业契约理论的发展休戚相关。根据产权理论,资源所有者将其资源委托给受托者,同时赋予受托者以资源的保管权和运用权,受托者接受委托,有权对资源独立自主地进行经营,通过有关组织规则和法律制度等约束机制明确规定委托者和受托者的权力、责任和利益，形成一种委托—受托责任关系。在公司制下，资源的委托—受托责任关系十分明显，财务会计作为"协调各利益集团之间财产经营责任的系统"，客观上被要求向资源的提供者反映受托经管责任。受托责任的关系可因宪法、法律、合同、组织的规则、风俗习惯，甚至口头合约而产生。资源的受托者对资源的委托者负有解释、说明其活动及结果（受托财产的保值和增值）的义务。可见，受托责任包括两方面：其一，受托者接受委托管理委托者交付的资源，因此承担了合理有效地管理与应用受托资源，使其尽可能地保值增值的责任。其二，资源的受托者承担了如实地向资源的委托者报告其受托责任的履行过程与结果即资源的管理情况与成果的义务。这也表明了会计的目标具有披露相关信息以解除受托责任的内涵。企业管理当局是资本提供人（股东和债权人）授权控制其部分财务资源的受托人，而财务报表就是提供给资本提供人易于评价管理当局受托关系的报告。井尻雄士也认为，会计是"一个便于顺利履行各利益集团之间的受托责任关系的系统"、"受托责任一词可对会计实务进行最好的解释"，他还将受托责任定义为对经济业绩的计量，并且"这种计量不应受利益关系集团的操纵：不含糊与明确的计量是受托责任不可或缺的条件"。因此，按照受托责任观，财务信息披露的目标也就在于受托人向委托人披露关于受托经营情况的信息。

2. 决策有用观

"决策有用观"是美国会计学界在批评古典会计学派注重会计数据的准确性而忽视会计信息对决策的有用性的基础上形成的。美国会计学会（AAA）与美国会计准则委员会（FASB）是"决策有用观"的积极倡导者。自 20 世纪 60 年代开始，证券市场日益扩大化和规模化，跨国公司和控股公司快速发展起来，企业资本的主要来源逐渐从直接的投资者（原始股东）转向证券市场上的广大投资大众。随着市场经济的发展，资源的委托与受托通过资本市场建立起来，委托方因而变得广泛而模糊，信息使用者呈现多元化。对于未来潜在的投资人和债权人愈来愈给予高度的关注，这些潜在的投资人和债权人在进行投资或信贷决策时，除了考虑企业过往的经营绩效和财务状况外，更关心企业未来创造利润的能力。因此，会计必须以提供信息，服务决策作为目标取向，财务会计的目标逐步趋向于"决策有用"。决策有用学派是在证券市场日益扩大化和规范化的历史经济背景下形成的。在迅速发展的市场经济条件下，大量投资者通过证券市场对上市公司进行股权投资。与此同时，相关的理论研究如有效市场理论、金融资本资产定价模型、信息经济学和博弈论等的引入，使得投资者越来越通过大量可靠而相关的财务信息关注股价作出投资决策，借助会计系统提供的信息用于服务决策的目标取向。在决策有用观形成和发展过程中，资本市场的快速发展，投资者对会计信息的能动反应以及信息理论、决策理论的出现，也强化了决策有用观的现实基础和理论基础。从决策有用观出发，会计行为的首要目标是提供对决策、控制、业绩评估有用的信息，因此必须仔细研究谁在使用会计信息、他们需要什么样的信息、信息是如何被利用的，以及会计能够提供哪些信息等问题，并以此作为会计行为的目标，而不是不管其用途一味地追求会计数据的精确计量。按照决策有用观，财务信息披露的目标不再是受托人向委托人披露关于受托经营情况的信息，而在于向信息使用者提供决策有用的信息。

3. 受托责任观与决策有用观的回归与综合

随着股份公司权责结构从简单到复杂，决策有用观越来越受到青睐。然而，对财务会计目标争论的不断延续、企业契约论等新制度经济学派理论的兴起以及西方近几年尤其是美国几大集团公司财务丑闻的出现，使得国内外理论研究者又重新认识到了受托责任观的重要。这种上升式的轮回和综合说明两者并非相互排斥。两者在目标选择、信息内容、适用场合等方面存在差异，但这两种观点都是以两权分离作为其外部环境，在这一点上，两者没有本质的区别，且两者也不是相互排斥的：①受托责任信息的提供，是为委托人的决策——评价受托责任的履行情况并做出是否继续维持委托、受托责任关系等的决策提供依据的，因而它应该考虑到委托人的一些具体要求，从这个意义上说，它也是一种决策有用观。②决策有用观所强调的决策有用性，也要考虑管理当局经营业绩及受托管理资源的责任的履行情况，否则，信息使用者的决策基础将受到极大的影响。因此，这两种观点是相辅相成的，我们不应厚此薄彼，而应两者兼顾。在财务信息披露的实践中，既要重视受托责任的履行，又要重视投资者的信息需求，只有如此，才能从根本上保证财务信息披露的质量。

（三）财务信息披露的实证理论

实证会计理论主要吸取了经济学的两个流派的理论：一个是公共选择（Buchanan 和 Tullock，1962）和国家调节理论（Stigler，1971）；另一个是代理理论（Jensen 和 Meckling，1976）。

实证会计理论的一个重要内容在于分析公共干预的政治程序和解释会计标准的制订过程。依据公共选择和国家调节理论，由于制订会计标准是通过政治程序，有关的利益集团会组成压力集团来对公共干预施加影响，以便把结果引导到有利于他们自己的方面，致使公共干预不能为总体利益而是为压力最大的利益集团服务，总体利益只不过是那些压力集团为了实现他们自己利益最大化的借口而已（Watts 和 Zimmerman，1979）。因此会计标准化过程要付出很高的政治成本。这种成本不仅包括了直接成本，即为了建立和执行会计标准产生的成本，还包括间接成本，即由此而产生的财富转移的经济后果。所以，实证会计理论认为应尽量发挥市场机制和避免利用公共干预。尽管他们也承认存在市场失灵的情况，但他们仍然强调公共干预的代价往往要高于市场失灵的代价。

实证会计研究以代理理论为依据来解释会计实践，说明公司经理与企业所有者之间存在着一个"委托—代理"的关系。委托人（股东）提供资本，代理人（经理）提供劳动。问题在于委托人如何才能使代理人按照委托人的意愿去做。假设经理和股东都是合乎理性的，即都是追求自身利益的经济人，由于所有权和管理权的分离引起了代理问题，委托人不能直接观察和监督代理人的行为，这就需要建立一个最有效的契约以激励代理人付出他最大的努力。这个最有效的契约就是让代理人分担一部分他行动的后果（如按劳付酬，按利润提取奖金等）。运用到会计上就是建立财务报告制度，使激励机制以财务报告为基础，即把财务报告作为经理的决策动力。财务报告的激励机制在于通过它提供信息使股东能够观察和控制经理的行为。实证会计研究的目的是要检验在财务报告制度下的经理的行为，比如经理能否通过利用不同的会计方法来摆脱股东的控制，使财务报告成为在他的控制下实现自身利益的工具。例如有的研究是试图预测由经理的自身利益决定的对各种会计标准的偏好，其研究结果发现影响经理会计方法选择行为的因素有政府对企业征税和管制的水平、经理的个人报酬、会计成本和政治成本。那些大企业为了减少税收负担，总是赞成改用有利于它们少报盈利的会计标准。另有一些研究是分析资本结构对会计方法选择的影响，当股权很分散时，即实际上是经理控制企业，多数是采用能增加盈利的折旧方法，因为经理的报酬与财务成果成正比。还有一些研究致力于资本结构对存货计价的影响，采用后进先出法的概率与经理的控制权成反比，采用后进先出法可以通过减少利润从而减少税收，股东都是偏向这种方法的，但是经理却不愿意，经理宁愿采用先进先出法以使申报利润提高，他们的报酬也就随之提高。

实证会计理论的意义首先在于它揭示了资本市场对财务信息生产者的激励机制。按照规范理论的解释，由于人们获取信息的能力不平等，企业经理考虑他们自身的利益总是倾向于少报告真实信息或者多报告不确切的信息。实证会计理论指出资本市场和劳动市场的存在促使委托人（股东）能够控制代理人（经理）。其次，实证会计理论对于会计标准化同样具有意义，依照实证理论的逻辑，关于"最优"标准的争论重点不仅应放在"技术"方面（比如哪种会计方法能更好地计量企业的成本与利润），而且也应注意到执行会计标准所产生的经济后果，因此制定会计标准就要衡量各种经济后果，诸如：财富在个人之间的再分配；在企业之间的资源分配；风险程度及其分布；对消费和生产的影响；对财务信息的生产、传播和分析的费用；制定、执行条例和诉讼的成本；收集私有部门的信息的成本；等等。

三、文献回顾

从20世纪60年代开始，上市公司信息披露就开始成为国外研究的对象。我国直到1994年才出现信息披露方面的文献，经过十多年的发展，信息披露制度建设、强制性信息披露、自愿性信息披露、分布信息披露等领域从理论到实证都有了较快的发展。但着眼于总体，离不开信息披露质量的提升。

上市公司发布的财务报告是投资者了解上市公司的经营发展状况的重要途径，也是监管机构实施监管工作所依赖的重要资料。金融市场的稳定、投资者权益的保护、监管部门监管效率的提高，与上市公司发布信息的质量密切相关。我国有关机构对财务信息披露的真实性、准确性、完整性做了相关规定，这促进了我国金融市场的不断完善。2014年12月25日，中国证监会发布《公开发行证券的公司信息披露编报规则第15号——财务报告的一般规定（2014年修订）》（中国证券监督管理委员会公告〔2014〕54号）。其中对企业编制并向外部公布的财务资料做出了规定，不能包含不真实的资料或遗漏重大事实。企业领导层、监督管理部门等需要确保公布的财务资料都是真实、全面且准确的，不得有弄虚作假的记录、错误叙述或是漏掉重要信息等情况，相关人员需要对本公司财务资料负责。

(一) 财务信息披露质量方面的研究

姚曦（2016）通过研究发现上市公司财务信息披露质量的提高能降低融资约束，财务信息披露质量与融资约束负相关，企业面临的融资约束程度越高，投资不足问题越严重，而财务信息披露质量的提高能降低融资约束对投资不足的影响。毛安敏和韩忠雪（2015）对我国2010～2013年创业板上市公司进行实证检验，研究得到所选取的创业板上市公司存在会计稳健性，且披露质量越高，会计稳健性水平越高的结论。张德容、周清明（2005）认为影响预测性财务信息可靠性的因素有系统外部影响因素和系统内部影响因素两大类。解决预测性财务信息披露的质量问题，必须多管齐下，综合治理，形成完善的预测性财务信息披露的质量保障体系。梁海林（2011）通过借鉴发达国家在预测性财务信息披露方面的先进经验，针对我国证券市场还不健全，预测性财务信息披露还存在披露意愿不强、披露信息质量不高、规范不完善、监管力度不够等问题，提出了应合理规范各方义务、强化制度建设、完善质量保障机制和建立免责制度等对策。龚亮（2011）认为我国上市公司财务信息披露目前还不够充分、不够及时、质量有待提高，存在财务信息提供者和财务信息使用者之间信息不对称的情况，甚至有的上市公司为了谋取不正当利益而披露虚假信息。并提出规范上市公司财务信息真实性的关键是完善我国上市公司治理结构的内部与外部监控机制。

而在虚假财务信息方面，张勇（2014）提出虚假财务信息披露已成为当前较严重的经济问题，未被监管机构惩戒的违法违规公司还大量存在。治理虚假财务信息披露行为需要加大惩罚力度，不断对市场主体进行合规教育。王琨（2013）对广夏（银川）实业股份有限公司、西安达尔曼实业股份有限公司、广东科龙电器股份有限公司、美国安然有限公司、美国施乐公司、日本奥林巴斯公司六家公司的虚假财务信息披露事件进行研究，认为监管机构事前监督能力还有待于加强，虚假财务信息披露事件极大损害了投资者的切身利益，而且还会对金融市场的健康发展产生不利影响。

有学者从公司股权构成的角度对上市公司披露虚假财务信息的行为进行分析。Chen、Firth、Gao（2001）研究发现管理层持股和外资持股的比例与上市公司财务信息披露违规的可能性负相关，提出了应当出台政策适当提高管理层和外资持股比例的观点。Warfield、Wild（1995）等从委托—代理关系的角度佐证了这一观点，他们认为随着管理层持股的增加，代理成本会相应减少，使得公司的利益与管理层的活动息息相关，从而降低了公司财务造假的可能性。

杨武岐、朱庆须、蔺永存（2010）选取我国部分上市公司作为研究对象，在对已有研究文献总结的基础上，借鉴前人的研究，构建了自愿性信息披露指数VDI，研究其自愿性网上财务信息披露的情况，发现在披露内容方面，上市公司多数回避了核心的、关键的、定量的信息，导致信息的相关性和信息披露的有效性受到了很大的影响；在披露质量方面，上市公司的自愿性网上财务信息披露并不能有效缓解与资本市场上各类参与者的信息不对称关系，从而不能有效减少投资风险和降低企业的融资成本。

LLSV（LaPorta，Lopez – de – silanes，Andrei Shleifer，Robert W. Vishny）首次在金融发展程度与经济发展状况的探究中直接引入了法律要素。LLSV 在法律和金融的层面分析了国家的法律体系和监管制度对上市企业发布虚假信息的制约，总结出国家对投资者权益保护程度和该国家的股权融资成本呈现明显的反比关系。一国的法律保护环境越好，政府对投资者的保护措施越完善，投资者对该国证券市场的投资信心就会越足，这更有利于提高该国的资本配置效率，使该国的资本配置更加合理，进而优化上市公司的内外部融资环境。

李东棵（2011）认为上市公司实施信息披露行为时，应对信息披露时间、内容、频率和方式进行综合权衡与取舍，不仅要考虑信息披露的具体内容与相应的披露监管要求，还需要考虑信息使用者对不同披露方案的不同反应，以及竞争对手可能采取的信息披露策略等。

陈丽琴（2015）对传统的财务信息披露理论进行了分析，认为传统的财务信息披露理论主张用"严制惩恶人"，以促使上市公司依法、公正、诚实地进行披露，但在实践中，惩罚式的信息披露制度并没有达到设计者的预期目标。并认为创新财务信息披露的制度模式，转变传统的财务信息监管思维，引入激励型的治理理念，实行激励式的财务信息披露制度，通过合理配置激励利益，有助于引导上市公司主动依法披露财务信息，激励中介机构尽职审计财务信息，从而保障和提升财务信息的质量。

在网络环境下的财务信息披露方面，张胜芳（2001）认为与传统纸质媒介相比，提供网络财务信息会面临更多潜在风险，这些风险既可能源自网络技术本身的缺陷，也可能源自公司积极投身于网络财务信息披露，但适用于以网络为媒介的信息披露规则仍未成形、确定，无法判别并确保公司的披露方式、内容已遵循了这些轮廓仍然模糊的新规则。张育强（2008）结合 102 家中小上市公司网站的访问统计分析数据，建议中小企业网络财务信息披露平台的建设应当坚持循序渐进、分别实施的原则，有序地建立企业内联网信息披露平台、企业外联网信息披露平台以及企业互联网信息披露三个层面的信息披露平台。丁华和李健（2016）从国家角度与宏观层面出发，探讨了"互联网 +"下财务信息的特点，认为"互联网 +"一方面丰富了企业财务信息披露渠道，降低了企业财务信息披露成本，提高了企业财务信息披露质量；另一方面也导致了企业财务信息披露安全风险增大，并且面临着信息决策有用性差、信息披露制度缺失导致政府监管不到位等问题，并对政府提出了相应的对策建议。

纽森和迪根（Newson 和 Deegan，2002）对美国、加拿大、欧洲各国和日本等国家 150 个机构投资者的调查结果显示，公司的自愿性信息披露主要围绕着人力资本价值、战略规划、公司文化和社会责任等核心竞争力和全球化竞争策略展开。张清华（2006）对一人公司的财务信息披露进行了分析，认为一人公司面临着治理风险、信用风险、混同风险等固有风险，并认为对于一人公司应当采取严格的公示制度，政府相关部门应加大力度进行信息共享系统的建立与完善。李维新（2005）认为上市公司财务信息披露制度的规范与完善对于政府、企业和股东等相关人员都具有重要意义。一般来说，任何一种制度都是由价值、内容和形式三个基本要素构成的。科学、先进的上市公司财务信息披露制度的价值应符合正义和公众利益、内容应符合规律性、形式应符合科学性。马淑春（2006）从上市公司内在原因、外部监管、惩处力度、注册会计师制度三方面分析了上市公司财务信息披露存在问题的成因，并着重提出严格遵守会计准则，完善注册会计师审计制度将有利于提高上市公司财务信息披露质量。刘岩（2008）认为我国上市公司财务信息披露存在的主要问题是会计信息披露不真实、不充分、不及时、不规范，并从监管乏力、利益驱动、制度法规方面深入分析产生信息不规范的原因。

（二）财务信息披露质量评价方法方面的研究

在对国外财务信息披露质量评价方法进行汇总归类时，发现国外的研究方法大体可以分为两种：第一种是采用德尔菲法，利用评价专家主观打分得到财务信息质量的排名顺序，例如美国投资与管理委员会的 AIMR 指数、标准普尔的财务透明度和披露信息指数。受人为因素的影响，虽然德尔菲法在研究手段上不存在大的问题，但由于专家意见很难统一，所以实施起来比较困难。第二种是采用综合评价的方法，将与会计信息质量相关的指标进行整理，构建评价指标体系，利用统计模型，计算最终的综合指数。在实证研究中，有研究学者将利用 Jones 模型和修正的 Jones 模型分析得到的非正规应计费用作为会计信息质量的代理变量。Jennifer Francis 等（2002）对 Jones 模型进行了修正改进，在其改进的方法上，主要是将非正常应计项目的绝对值，按照一定的比例关系，以研究公司的年度绩效为基础进行适当调整，得到一个新的财务报表质量衡量标准。Dechow 和 Dichev（2011）、Barth 等（2001）通过未来现金流预测的准确程度对会计信息质量进行衡量。Faith Michael E. Uzoka（2005）采用层次分析方法对企业的财务信息进行评估。

马晓萍等（2011）利用统计分析的方法，通过构建数理统计分析模型，利用客观数据对会计信息质量进行了综合评价，其评价过程中选取统计指标的原则、标准及指标赋权的思想与目前国外通用的思想相似。会计信息质量特征研究课题组（2006）在对国内外会计信息质量特征研究的基础上，提出财务会计和管理会计由于出发点和侧重点不同，应根据实际情况分别制定会计信息质量特征系统。经过研究，在借鉴 FASB 研究成果的基础上，分别构建了适合我国会计信息管理的财务会计信息质量特征体系和管理会计信息质量特征体系。

孟欣（2011）从公司财务特征和公司治理两大角度出发，在对国内外一些学者研究公司会计信息披露质量影响因素总结的基础上，采用了 K – S 检验、相关性分析的方法来构建影响我国上市公司会计信息披露质量的指标体系，并使用 Fisher 判别的方法进行实证分析，来研究我国上市公司财务特征和公司治理对会计信息披露质量影响的关键因素并对其原因进行分析，并且由构建的模型得出结论：具有优秀财务特征和优秀公司治理的公司的会计信息披露质量可以认为就是合格的，但是公司财务特征不良或公司治理存在缺陷并不是影响会计信息披露质量不合格的必然因素，对会计信息披露质量不合格的判别仍然需要从多个方面综合考虑。

王妍妍（2010）借鉴国内外的研究成果，尝试构建了适合我国上市公司的会计信息披露质量评价指标体系，并采用 2008 年深圳证券交易所安徽省上市公司数据，对所建立的上市公司会计信息披露质量评价指标体系进行实际应用及分析，检测了该指标体系的合理性和可操作性，并对该信息所显示的上市公司会计信息披露质量作出了分析与评价。

聂顺江（2003）在《会计信息质量检验、决定及保证》一书中，从会计信息质量的检验方法入手，对会计信息质量的评价方法进行了深入研究。在书中，提出"会计信息利用程度系数"这一指标可以用来对会计信息使用的质量标准进行衡量。会计信息由于其应用对象的重要性，及对于相关政府部门在进行检核企业行为中的重要作用，使得在对会计信息质量的研究过程中，除了研究学者进行大量理论研究外，政府机关也投入了大量的精力进行钻研。受我国市场经济改革的不断深化的影响，企业会计信息披露的内容也不断完善。为此，国家财政部在 2006 年对《企业会计准则：基本准则》进行了大范围的修订。根据准则要求，我国会计信息的质量特征，也就是会计信息质量要求，主要包括客观性、清晰性、可比性、相关性、实质重于形式、谨慎性、及时性、重要性八个方面的内容。

在对会计信息质量的评价模型和方法的研究上，经过对国外现有文献的梳理，发现定量研究评价的方法在国外的文献中鲜有提及，并且国内利用定量分析方法对会计信息质量进行评价的研究也处于探索阶段，对于如何评价上市公司信息披露的质量问题尚未形成较为统一的认识，缺乏针对上市公司信息披露质量较综合全面的识别体系。学术界近年来进行了一系列有益的研究与探索，但大多仅限于理论研究，实证研究相对较少，可操作性不强。1999 年，财政部为了对现行会计准则进行调整，而在全国范围内开展了一次彻底的信息质量的核查工作。通过这次核查发现，国内现在所采用的会计信息质量评价方法大多为定性分析方法。由于定性分析方法自身存在主观偏向性，因此认为这些针对会计信息质量评价的结果，不适合在全国范围内进行推广，不具有通用性。在此基础上，财政部根据经济发展的需要，在 2004 年又发布了《改进和完善会计信息质量检查工作指导意见》，以及《会计信息质量评价办法》。为能够及时反映会计信息质量的优劣，财务部希望通过定性和定量两方面的评价方法，更加真实地反映会计信息质量的失真程度。利用国内的各种条件，由中央政府出面，对会计信息质量的评价指标和方法进行统一。但是，由于我国经济结构复杂，企业的所有制形式存在国有、股份制、中外合资等多种形式，以及这些企业在进行会计信息披露时，所要遵循的不同规则和影响因素，使得这一工作无法得到最终的结果。

第四节　实践案例

一、两面针财务信息披露事件概述

两面针作为国内牙膏行业民族品牌的领袖与龙头企业，在竞争激烈尤其是外资、合资品牌大举进攻的严峻形势下,多年来市场占有率一直稳居国内品牌第一位,仅次于高露洁、佳洁士和中华这三家外资品牌。作为广西第一个中国名牌,两面针牙膏产销量连续21年位居全国中药牙膏榜首,累计产量达到60多亿支,实现利税20多亿元。

2004年4月19日,两面针董事会2004年第一次会议审议通过了《关于投资建设扬州旅游用品生产基地的议案》,拟以自有资金在扬州市杭集镇建立旅游用品生产基地。该决议通过后,公司积极组织、安排资金进行了基地建设。

2006年1月,扬州旅游用品生产基地竣工投入使用。至此,两面针扬州旅游用品生产基地项目共计投入资金28485298.98元。扬州旅游用品生产基地竣工验收后,目前主要是将厂地租赁给两面针(扬州)酒店用品有限公司使用,通过收取租金方式进行经营管理。2006年,两面针通过扬州旅游用品生产基地的租赁,从两面针(扬州)酒店用品有限公司取得租赁收入2500000元。

扬州旅游用品生产基地自投入建设之日起,一直是上市公司贯彻实施以"口腔清洁用品为主业"的发展战略在扬州的一项战略性投资。主旨是为了利用当地的产业发展政策,捕捉商机,回报股东。

二、媒体对两面针扬州项目的质疑

2007年5月28日,21世纪经济报道刊发了一篇《扬州项目突然消失,两面针涉嫌隐匿资产》的报道引起了媒体的广泛关注,报道中说:5月22日,从两面针投资者手中取得有关两面针涉嫌隐匿公司重大资产的举报材料,其显示,通过仔细研究两面针2004年、2005年、2006年、2007年第一季度报表,认为两面针有隐匿重大资产的行为。该公司利用非募集资金2945.2万元投资了一家名叫扬州旅游用品有限责任公司的企业,但是该项目在2005年年报之后便被藏匿,同时也没有找到该公司处置扬州该生产基地的公告和说法。

长期跟踪两面针的深圳一家券商研究员表示,两面针扬州项目突然消失,两面针管理层应该出来解释。两面针方面也发出了澄清公告,但并没有解释媒体与舆论主要质疑的问题。

三、扬州项目的来龙去脉

(1)在两面针2004年年报的第14页列示:公司利用非募集资金2945.2万元投资了一家名叫扬州旅游用品有限责任公司(下称扬州旅游用品公司)的企业,项目进度为36.90%。

(2)在2004年年报的第41页"在建工程"一栏中,也的确有相应的"扬州生产基地"这样一个项目,数据显示,公司当期为扬州生产基地项目增加了10166654.84元建设费用。

(3)两面针2005年度半年报的第14页也列示了公司利用非募集资金投资扬州旅游用品公司的情况,在第31页的"在建工程"一栏中,列出了扬州生产基地这一项目在当期增加了 8344850.16 元投资的情况。但在半年之后的 2005 年年报中，两面针的非募集资金项目情况一栏中已没有扬州旅游用品公司，第 31 页的"在建工程"一栏中也没有扬州生产基地这个项目。翻阅了两面针之后的所有报表，就是找不到这家扬州公司的任何介绍，也未见公司有任何公告出售该项目或收回该投资，合并报表主业及长期股权投资也无该公司数据。不知道到底是卖出了还是停工了。但这至少说明，两面针管理层隐匿了公司在扬州花巨资投建的一块资产。

四、相关报表数据分析

财务报表可以粉饰一时的企业业绩，却无法掩盖公司的真实状况，公司财务报表是显示公司经营活动的原始资料的重要来源。一个股份公司一旦成为上市公司，就要承担公开披露信息的义务。

（一）固定资产的分析

2006 年初，公司将扬州旅游用品生产基地项目从"在建工程"科目结转进入"固定资产"科目。两面针 2006 年年报反映，当年公司固定资产数额为 420636658.98 元，当然这其中包括了在扬州市建立旅游用品生产基地的资产数 28485298.98 元。

既然是已经于 2006 年初把扬州旅游用品生产基地项目从"在建工程"科目结转进入"固定资产"，但对于扬州基地的建设、管理与使用情况，我们无法从公司 2005 年年报后的信息披露材料中找到具体的相关资料。

（二）在建工程的分析

两面针 2006 年年报的"在建工程"中，并没有扬州基地项目转入固定资产这一科目。只有名为高级洗涤用品技术改造项目在当期转入固定资产为 28485298.98 元。这个数字虽然与澄清公告中扬州生产基地转入"固定资产"科目的资金惊人的一致，但这个项目的资金来源是募集资金，与以自有资金投建的扬州基地相对照，显然不是同一个项目。

在两面针发出澄清公告前，扬州基地的后续管理与使用情况并没有在两面针年报或半年报等重要信息披露资料中有任何提及。对于扬州基地项目早已经转入固定资产科目的情况也只是从澄清公告中才得以获知。在这种情况下，对于投资者来说，是难以从公司 2006 年年报中披露的 420636658.98 元固定资产数额中分析出其中有 28485298.98 元是扬州生产基地转入的。

（三）其他数据的分析

根据两面针公司的澄清公告，2006 年，两面针通过扬州基地的租赁，从两面针（扬州）酒店用品有限公司取得租赁收入 250 万元。但是却无法在两面针股份有限公司各年报中找到扬州基地建设每年的折旧费，250 万元扣除折旧后所剩的利润，两面针公司也没有出具任何公告。

与此同时，250 万元的租赁价格确定的依据也无法找到，两面针公司对于这样一个重大资产的出租，没有公司董事会、没有公告，更没有提交股东大会讨论。这违反了上市公司信息披露法律法规。

五、本案例的思考与启示

两面针公司对于2005年非募集资金项目扬州旅游用品公司，扬州生产基地这个项目等许多问题都没有在年报中给予真实、完整、准确、及时的披露，直到外界对其业绩有所质疑后，才发布了"补丁"公告，且在"补丁"公告中依然没有对广大投资者所关注的相关问题给予澄清。这种严重的信息披露不对称，使广大投资者无法真实、及时地了解两面针公司的各种情况，更无从谈起能做出正确的投资决策了。投资者无法得到任何信息来判断这种业绩的真实所在，无法了解业绩与上市公司的经营情况是否相符，从而导致盲目性投资，最终蒙受巨大损失。

财务信息是资本市场运行的血液，是资本市场健康发展的生命线。资本市场的完善在于它有高质量的、参与市场竞争各方都可以信赖的信息。众所周知，上市公司财务信息披露的重要性体现在三个方面：一是有利于防止信息不对称，实现资源的合理配置。二是财务信息披露有助于公司的自身发展。三是既关系着股东的利益，又关系着国家证券市场的稳定。近年来，我国上市公司财务信息披露在制度与法律建设方面取得了长足发展，但是随着市场经济与资本市场的发展，投资者对财务信息披露的需求日益增强。因此，进一步规范和完善上市公司财务信息披露行为，已成为我国企业制度建设和资本市场发展的当务之急。

要解决我国上市公司财务信息披露存在的问题，就需要结合我国实际，建立以法规、外部监管、公司治理结构为框架的会计信息披露体系来规范信息披露，同时增加信息披露的内容和方法，满足信息的需要。

（一）我国上市公司财务信息披露中存在的问题

信息披露是指企业对外公布反映企业财务信息，旨在帮助信息使用者分析企业过去经营状况等有关经济事项的行为。近年来，我国上市公司财务信息披露在制度与法律建设方面取得了长足发展，但是随着市场经济与资本市场的发展，投资者对财务信息披露的需求日益增强。因此，进一步规范和完善上市公司财务信息披露行为，已成为我国企业制度建设和资本市场发展的当务之急。

1. 财务信息披露不充分

目前我国很多上市公司的信息披露仍然存在重大遗漏性陈述和信息披露不规范的问题。重大遗漏性陈述是指信息披露义务人在信息披露文件中，未将应记载事项完全或部分予以记载的行为。一些上市公司为了维护特定集团的利益，而故意隐瞒或遗漏重要信息，对于重要信息含糊其辞，风险揭示不明，严重影响了信息使用者决策的科学性。在上文所述案例中两面针公司在信息披露过程中，对有利于公司的财务信息总是过量披露，而对不利于公司的信息则三缄其口。而其他部分上市公司把信息披露看成是一种额外的负担，而不是把它看成一种应承担的义务和股东应获得的权利。上市公司重大遗漏性陈述通常表现为：不披露上市公司某些重大事件；故意夸大或隐瞒部分事实，避重就轻制造财务报表烟雾；不在会计报表附注中说明对决策有巨大影响的重要信息等。由于公司管理者在信息披露中含糊其辞，较多提供定性信息，定量披露明显不足，词句模棱两可，导致财务信息的可靠性与可比性受到极大的挑战。

2. 财务信息披露不真实

上市公司应以客观事实为依据编制业绩报告，真实反映企业财务状况、经营成果以及现金流量，这是会计信息质量的基本要求。但是，目前有的公司为了公司上市、调节股价、公司盈余管理或筹集资金等方面的需要，往往弄虚作假，违反可靠性原则，披露不真实的信息，目前上市公司中违反真实性及准确性的规定、以失实的会计报告及其他文告财务会计信息时有发生。股份公司为了公司股票上市的需要、影响股票的市价、公司管理业绩评价或筹资的方便等目的，往往弄虚作假，披露不真实的会计信息。或有事项揭示不明确，或不予揭示。对于两面针公司扬州项目的消失，就是披露的不真实，年报上从记载到消失，公司没有公告也没有对事件的相关披露。从普遍意义上讲，上市公司中绝大部分对或有事项所涉及的项目披露不全面或不披露，甚至采取回避态度。

3. 财务信息披露不及时

在证券市场，上市公司信息披露能否及时与上市公司信息披露的有用性有着密切的关系，并直接关系到众多投资者的切身利益，而一旦信息披露不及时，产生了内幕交易，对投资者的损害程度可想而知。近两年来，各上市公司的年报及中报一般均能在截止日前如期亮相，保证了披露的及时性。但目前，《公开发行股票公司信息披露实施细则》第 14 条、第 15 条中规定：股份有限公司提供的中期报告，应于每个会计年度的前 6 个月结束后，60 日内编制完成，年度报告应于每个会计年度结束后 120 日内完成。但是这一规定给上市公司提供了宽松的时间。在这么长的时间里，很容易造成一些不合理的内幕交易，并使投资者不能及时得到有关信息。由于股市监管机构往往难以准确确定一些重大事件到底什么时间发生，在这样一种情形下，公司就可能根据自身利益需要而自行选择时机披露重大事件，而不是及时披露，这样披露的财务信息即使再完整、再充分，也降低了相关信息及其他信息的及时性，失去了其应有的意义，直接影响到了众多投资者的切身利益。

许多上市公司外部信息使用者因为没有能够及时得到该公司已经发生的兼并、收购、重大债务纠纷、股权转让等信息而蒙受巨额损失。对于使用者而言过时的信息无异于失真的信息——不及时公布上市公司重大财务信息，无疑为内幕交易和利润操纵提供了机会。绝大多数小股东出于交易成本的考虑只能被动接受上市公司已披露的信息，并根据该数据作出反应。正是由于上市公司管理当局打出的"时间差"，许多小股东丧失了最佳的决策时机，因而遭受损失。

4. 财务信息披露不规范

企业财务信息披露违规、随意。一些企业为了粉饰自己的形象，在编制财务会计报告时，不能按照新企业会计准则要求编制和披露财务会计报告，诸如报喜不报忧。部分上市公司信息披露缺乏严肃性，随意调整利润分配；中报、季报过于简略，无法进行财务分析与评价；部分公司的财务报告中不提供上年同期相关的重要数据；还有的上市公司其投资收益占到了利润总额的绝大部分，但对投资项目缺乏详细说明，投资收益率、风险程度如何,均未做相应披露;与公司相关的市场竞争、营销策略、宏观产业政策揭示等根本就不披露。

5. 过分重视货币计量会计信息的披露

要想全面准确地了解和评价一个企业经营情况和发展前景,光靠货币计量的会计信息是远远不够的,还需要掌握其他有价值的信息。企业经营活动中涵盖了很多信息,并非都是以货币来计量的,如企业的使命、战略、企业所提供的技术资源、企业文化、企业创新能力、企业产品质量、市场占有率等。现行的财务会计报告并没有披露这方面的信息,这种不以货币计量的信息对使用者来说有可能更有价值,他们通过这些非货币计量的信息可以预测企业未来的发展方向、发展前景,进而做出各种决策。

6. 关联交易

关联交易是指关联方之间发生转移资源或义务的事项,而不论是否收取价款。在资源转移的同时风险和报酬已相应转移。在我国关联交易准则中主要表现为 11 种类型:购买或销售商品、购买或销售除商品以外的其他资产、提供或接受劳务、代理、租赁、提供资金(包括以现金或实物形式的贷款或权益性资金)、担保和抵押、管理方面的合同、研究与开发项目的转移、许可协议、关键管理人员报酬。关联交易既具有促进公司规模经营、减少交易过程中的不确定性、降低交易成本、有助于公司集团整体战略目标的实现等积极作用,也存在违背市场公平竞争原则、在关联方之间转移资金和利润,进而损害公司和股东利益等诸多负面影响。

两面针扬州项目的四个管理者都与两面针公司有着密不可分的关系,在租赁过程中,两面针公司通过只收取象征性的费用将资产租给扬州公司,这就造成了关联交易。我国上市公司关联交易作为证券市场的一个重要热点问题,一直受到市场的密切关注。在我国,上市公司主要为原国有企业改制而成,上市公司与控股公司及其所属公司之间普遍存在各种各样的关联交易,利用关联交易进行利润控制、侵占上市公司资产以及逃避税收等问题已经严重干扰了资本市场正常的运行秩序。

(二)上市公司会计信息披露违规的原因分析

我国上市公司会计信息披露存在会计信息披露不真实、不充分、不及时、不规范等问题,上市公司往往受利益诱惑以及监管不力等因素的影响,在信息披露上仍然存在诸多问题。除了公司管理当局的利益驱动、审计质量良莠不齐、公司治理结构存在缺陷等企业方面的原因外,还存在着一些宏观原因。

1. 缺乏有效的监督和法规

政府监管上市公司的信息披露是提高信息披露的有效性和保护投资者利益的基本手段,我国目前制定企业信息披露法规的有关机构有全国人大、财政部和其他机构等,令出多门,管理不统一,从而导致企业会计信息披露缺乏统一性;信息披露制度不稳定,有些治标不治本的规定经常变动,既不易把握,又不易执行,给会计信息披露出现虚假、遗漏、隐瞒等现象以可乘之机。

上市公司信息披露的监管体系中,我国证监会发挥着举足轻重的作用。但是目前中国证券监管机构体系尚未理顺,证监会无论是在监管的规范、范围及时间上,还是在监管及处罚的力度上都还不能适应要求。由于中国证监会力量薄弱,权威性不足,我国的证监会监管体系建立的时间还不长,监管体系还不完善,制度和政策不协调的现象时有发生,这就为企业随意披露会计信息提供了空间,造成有用的会计信息不能全面、及时地传递给投资者和其他信息需要者。

2. 不正当的关联交易越发频繁

在我国,股份公司的关联交易非常普遍,也出现了许多不规范的股份公司关联交易行为,股份公司为了争取股票上市,越来越多的股份公司偏好于合法外衣下的关联交易。一般来说,关联交易有利有弊,但我国股份公司的大量关联交易隐藏着诸多问题,它会对股份公司、投资者(特别是中小投资者)、股票市场产生很大危害。

(三)解决我国上市公司财务信息披露问题的对策建议

要解决我国上市公司财务信息披露存在的问题,就需要结合我国实际,建立以法规、外部监管等为框架的会计信息披露体系来规范信息披露,同时增加信息披露的内容和方法,满足信息的需要。

1. 加强企业外部监督力量

诚信是证券市场得以运作的基石,高效、有序的市场运行机制必定拥有完善的信用制度。通过在市场上建立统一的信用等级标准,既可以减少上市公司信息交易成本,又能够有效防范金融风险,从而营造安全、和谐的经济环境。我国的信用评级起步较晚,目前我国信用制度仍不成熟,在规模、透明度等方面仍存在诸多问题,社会各界对资本市场信用制度重视程度亟待加强。

首先,完善注册会计师审计制度,加强审计监督。一要提高注册会计师的审计水平,加强注册会计师职业道德观念和法律观念的建设,为了提高我国注册会计师的审计质量,应做到加快会计师事务所体制改革。改善执业环境,制定相应的执业自律准则,大力提高注册会计师的风险意识、业务水平和职业道德水准;严格遵守独立审计准则及其他执业标准,中国注协对会计师事务所和注册会计师的审查应形成制度,只有这样才能使注册会计师的独立审计成为企业会计信息质量和会计信息披露的可靠保证,保护投资者的利益,促进市场健康发展。二要加快会计师事务所体制改革,改善执业环境,减少行政干预,并增强风险防范意识和法律责任意识,制定相应的执业自律准则,大力提高注册会计师的风险意识、业务水平和职业道德水准,采取有效措施控制和提高执业质量,从而大大加强信息披露的真实性。

其次,采取有力措施加强中介机构对会计信息披露的监督作用。证券市场中介机构是证券市场上的重要角色,尤其是律师事务所、会计师事务所,本身具有高度的行业自律性来保持高的独立性,这是对上市公司进行社会的、专业的监督的主要保障,其从业人员的道德素质和法制意识至关重要,需要从以下几方面加强对中介机构的管理。一是上市公司虚假财务信息披露行为发生后,对上市公司公布的财务报告负审计责任的会计师事务所以及注册会计师,应当承受更加严厉的连带责任处罚,从审计源头上防止虚假披露财务信息现象的发生。二是建立会计师事务所的资信评级制度。由于信息不对称，会计师事务所和上市公司明显比投资者掌握更多的公司信息，投资者始终处于信息劣势，并不能把握经过事务所审计的财务报告的可信程度。建立会计师事务所的资信评级制度，投资者便可以衡量财务报告的可信度，从而对公司的经营发展状况做出正确的评价。建立资信评级制度敦促会计师事务所提高服务水平和审计质量，提升自身的管理水平和服务水平。三是提升会计师事务所从业人员的从业标准。这不仅包括提高注册会计师的从业门槛，还包括会计师事务所内其他从业人员的从业标准。虽然我国近年来会计师事务所从业人员的标准不断提高，注册会计师占比越来越高，其他从业人员的学历要求、工作经验要求越来越高，但与国际知名会计师事务所相比较而言，还存在着规模小、从业人员结构不完善、学历要求较低等不足。要加强证监会的监督作用，就必须要协调统一管理部门的规范，建立以证监会为核心的会计行业监管体系。在准则的制定和解释中证监会应处于主导和核心的地位。证券监管部门应大力加强对信息披露材料的审查，加强证券市场监督管理的规章、规则的制定，随着市场的不断发展，还应不断制定新的相关法规，以规范市场建设和保护证券市场投资者的权益。

2. 完善虚假财务信息披露处罚赔偿制度

上市公司信息披露舞弊行为之所以如此猖獗，其原因主要是缺乏严厉的惩罚措施，使得一些管理者受利益驱使冒险做出违规行为。我国现行《会计法》对各种会计违法行为规定的法律责任主要有两种：行政责任和刑事责任。不管是罚款还是对相关责任人的刑事责任，我国的处罚都比较轻，因为违法的机会成本低，在巨大的利益诱惑面前，铤而走险就不足为奇。为了有效保障投资者的合法权益，严惩违法乱纪者，完善上市公司信息披露民事赔偿制度势在必行。

建立上市公司信息披露民事赔偿制度的前提是必须建立信赖推定制度，即假定原告在进行投资决策时已经信赖了被告的虚假陈述。目前，我国法律已有关于发行人和发起人的无过错责任规定。随着资本市场的迅速发展，上市公司的股权逐渐分散，在上市公司民事纠纷中，个体权益的实现往往要靠群体的努力方能达成。组成团体的个人行为最终汇聚成团体行为，个体权益的维护也依赖群体的努力。因此，建立集体诉讼制度是上市公司民事赔偿能够顺利执行的保障。

对于上市公司信息披露弄虚作假的行为，当务之急是提高查处概率，加大处罚力度，加强违规处罚刚性。加大监管和处罚力度的关键在于综合运用法律、行政、舆论等各种力量。对上市公司进行巡回检查和专项核查，督促各有关方面切实履行诚信责任，利用新技术、新方法丰富监管手段，建立上市公司诚信评级和公告制度。完善社会信用体系，为上市公司的高级管理者建立信用记录，在严厉处罚上市公司中失信、违规行为的相关责任人员的同时，将违规记录公告，加大其违规成本。证券监管部门要制定一套切实可行的上市公司会计信息披露的监督管理办法，对违规行为予以明确界定，要做到违法必究，尽快在上市公司及证券市场参与者心目中树立法制意识，要加大执法力度。加大对虚假披露财务信息行为的处罚力度，提高违规成本，并逐渐使违规的机会成本大过违规的潜在收益，对其他上市公司起到足够的震慑作用。但有效防范虚假披露财务信息行为，仅依靠加大处罚力度是不够的，还需要监管机构高效的执行力，对虚假披露财务信息行为迅速果断地处理。

为更好地保障投资者的权益，可以组织专业人员成立民间机构专门帮助中小投资者处理与上市公司信息披露有关的维权问题。这种非营利机构通过对相对人提供法律咨询、法律援助和法律诉讼代理等服务，能够切实地保护投资者的合法权益，一定程度上解决各利益主体及监管部门之间产生的矛盾和纠纷，达到维护资本市场平稳发展的目的。

加强对上市公司责任人和相关中介机构连带责任的惩罚、增加民事赔偿责任，因为诚信问题不是靠道义或口号提倡出来的，必须要有严格的法制作为基础。注册会计师因舞弊或重大过失而不能发现上市公司重大会计造假，致使投资者和债权人蒙受损失的，应当承担民事赔偿责任。对违规注册会计师的处罚，应由目前的行政处罚为主，逐步过渡到行政处罚与经济处罚并重。

3. 完善信息披露制度和内容

会计信息披露制度的建立和完善需要一个较长的过程。在这个建设过程中，应当吸收与中小股东利益相关的群体参与进来。当前应着力解决以下几个问题：①完善会计信息披露制度体系。这一体系的最高层次为《公司法》和《证券法》；第二层次为会计信息披露的内容与格式的准则；第三层次为会计信息披露的专业制度。②统一会计信息披露内容。现有的会计信息披露制度没有解决许多可操作性的问题，如大股东应披露的会计信息必须包括哪些内容，对公开披露信息的虚假性、严重误导性或重大遗漏的界定等都没有明文规定，以致各上市公司的会计信息披露内容不统一，相互间可比性差。③突出抓好会计信息的真实性。企业信息披露应考虑投资大众的广泛信息需求，满足用户全面了解企业的经营机遇和风险，以及企业现状和发展前景的需求，上市公司信息披露的完善内容应包括以下几方面：①企业管理部门对信息的分析说明。主要说明企业财务状况、经营业绩、未来的发展趋势。②财务和非财务信息。包括财务报表信息和经营状况信息。③未来的预测信息。包括企业面对的机遇和风险，企业的发展和开发投资计划。④股东和管理人员信息。包括董事、大股东、管理人员的持股情况、酬金以及关联交易方面的说明。⑤背景信息。包括企业的长期发展战略目标，企业经营业务，资产的范围、内容、规模，宏观经济政策对企业的影响等。

4. 建立上市公司信息披露的激励机制

按照上市公司财务信息披露的内容，可以划分为自愿性和强制性披露信息。目前许多国家上市公司的财务信息披露方式朝着强制性与自愿性披露相结合的方向发展。上市公司是否能够真实、确切地披露他们的私人信息，首先取决于他们的披露意愿。上市公司的披露意愿受制于产品市场和资本市场的竞争状态。在不同的资本市场外部环境中，上市公司的总体披露意愿也会有所不同。关于我国证券市场上市公司信息披露意愿的调查表明，我国上市公司总体披露意愿不强，自愿性披露意愿低于强制性披露要求。具体而言，上市公司对公司简介、财务数据摘要、股东大会简介、年度报告、历史信息等基础性、简约性信息的披露意愿强烈,而对季度报告、临时报告等信息披露的态度比较中性。一般来说,如果这些报告能传递有利信号则愿意披露,如果不能传递有利信号甚至可能传递不利信号,则不愿意披露。同时,上市公司对月份报告、重要事项、未来信息、分部信息等可能涉及商业机密和会计成本较高的披露项目则披露动机严重不足。中小投资者的投资方向可以依靠企业的强制性披露信息,但随着机构投资者、理财经理、基金业务的发展,强制性的信息披露已经不能满足广大投资者的需要。相反,上市公司自愿性的财务披露对投资者的参考价值在不断增加。我国也应该结合国情尽快建立这一制度,鼓励和推动上市公司自愿披露财务信息,并且建立健全上市公司内部控制机制。通过公司内部会计部门、审计部门、经营部门、股东大会、董事会和监事会的职能活动来提高财务信息披露的质量。

5. 规范整改公告,提高上市公司的质量

某些上市公司之所以要在会计工作中千方百计地弄虚作假,其根本原因是经济效益很差。因此,国家证券管理部门要严格把好企业上市关,杜绝那些业绩差、发展前景不好的企业经过包装后混入上市公司行列。堵住劣质企业上市的源头,也就在相当大的程度上防止了上市公司弄虚作假现象的发生。提高上市公司的质量,规范整改公告十分重要。目前,监管机构对虚假财务信息披露的公司出具的公告已经很规范,公告中包括当事人的基本信息(姓名、性别、年龄、职务、住址)、处罚行为所依据的相关法律法规、当事人具体的虚假披露行为、处罚措施(罚款、警告、谴责)、当事人被处罚后的权利和义务。然而公司的整改声明却不具有规范性,部分公司只是对处罚事实进行简单描述,未披露具体的整改措施,虚假披露财务信息的上市公司的整改声明应当从整改责任人、整改日期、整改方法等方面进行规范。监管机构应当完善上市公司的整改声明的财务信息披露机制,规范上市公司的财务信息披露行为,规范证券市场的运行秩序,树立和巩固公众对证券市场的信心,提高上市公司的质量。

6. 建立完善的财务评价指标体系

现行财务评价指标体系,一方面过于偏重政府需要,另一方面由于设计财务评价过于苛求少而精,使得企业财务状况的揭示不充分,所以应从公司偿债能力评价指标体系、运营能力评价指标体系、盈利能力评价指标体系等入手进行改进,使之不断完善。

第五节 总结与展望

财务报告的信息披露对于会计信息的使用者来说是至关重要的,它直接影响了决策者做出的决策是否合理。虚假财务信息已成为世界各国资本市场的一大公害,也是阻碍我国资本市场健康发展的大敌。在打击虚假财务信息、提高财务信息披露质量方面政府扮演着重要的角色。国内外的学者们对此进行了多角度的研究。结合前人的文献,通过对典型案例两面针的分析,可以发现我国上市公司财务信息披露方面还存在着财务信息披露不充分、不及时、不真实、不规范、关联交易等不足。正是因为目前我国财务信息披露存在着这些不完善的地方,所以财务信息披露方面仍需要政府的宏观调控与改革。结合我国国情,可以采取加强企业外部监督力量、完善虚假财务信息披露处罚赔偿制度、完善信息披露制度和内容、建立上市公司信息披露的激励机制、规范整改公告、提高上市公司的质量、建立完善的财务评价指标体系等措施。

参考文献

[1] Buchanan J. M., Tullock G. The Calculus of Consent: Logical Foundations of Constitutional Democracy [J]. Economic Journal, 1962 (73): 740 – 766.

[2] Chen G., Firth M., Gao D. N. Ownership Structure, Corporate Govrnance and Fraud: Evidence from China [J]. Journal of Corporate Finance, 2006, 12 (3): 424 – 448.

[3] Dechow P. M., Dichev I. D. The Quality of Accruals and Earnings: The Role of Accrual Estimation Errors [J]. Social Science Electronic Publishing, 2011 (77): 35 – 59.

[4] Deegan C. Introduction: The Legitimatizing Effect of Social and Environmental Disclosures—A Theoretical Foundation [J]. Accounting, Auditing and Accountabillty Journal, 2002, 15 (3): 282 – 311.

[5] Francis J., Lafond R., Olsson P. The Market Pricing of Earnings Quality [J]. Social Science Electronic Publishing, 2003 (10).

[6] Glosten, R. Lawrence. Glosten – Milgrom Models. Encyclopedia of Quantitative Finance [J]. John Wiley & Sons, Ltd, 2010.

[7] Healy P. M., Hutton A. P., Palepu K. G. Stock Performance and Intermediation Changes Surrounding Sustained Increases in Disclosure [J]. Contemporary Accounting Research, 1999, 16 (3): 485 – 520.

[8] Healy P. M., Palepu K. G. The Role of Corporate Boards in Improving Governance through Effective Disclosure [J]. Khirurgiia, 2001, 45 (7): 105 – 107.

[9] Holthausen R. W., Watts R. L. The Relevance of the Value – relevance Literature for Financial Accounting Standard Setting [J]. Journal of Accounting & Economics, 2001, 31 (1 – 3): 3 – 75.

[10] Lang M., Lundholm R. The Relation Between Security Returns, Firm Earnings, and Industry Earnings [J]. Contemporary Accounting Research, 1996, 13 (2): 607 – 629.

[11] Jensen M., Meckling W. Theory of the Firm: Managerial Behavior, Agency Costs, and Owenership Structure [J]. Springer Netherlands, 1976, 3 (4): 305 – 360.

[12] Newson M., Deegan C. Global Expectations and Their Association with Corporate Social Disclosure Practices in Australia, Singapore, and South Korea [J]. International Journal of Accounting, 2002, 37 (2): 183 – 213.

[13] Stigler S. M. Optimal Experimental Design for Polynomial Regression [J]. Journal of the American Statistical Association, 1971, 66 (334): 311 – 318.

[14] Uzoka F. M. E. AHP – based System for Strategic Evaluation of Financial Information [J]. Information Knowledge Systems Management, 2005, 5 (1): 49 – 61.

[15] Verrecchia R. E. Discretionary Disclosure [J]. Journal of Accounting & Economics, 1983, 5 (1): 179 – 194.

[16] Warfield T. D., Wild J. J., Wild K. L. Managerial Ownership, Accounting Choices, and Informa-

tiveness of Earnings [J]. Journal of Accounting & Economics, 1995, 20 (1): 61 - 91.

[17] Watts R. L., Zimmerman J. L. The Demand for and Supply of Accounting Theories: The Market for Excuses [J]. Accounting Review, 1979, 54 (2): 273 - 305.

[18] Welker M. Disclosure Policy, Information Asymmetry, and Liquidity in Equity Markets [J]. Contemporary Accounting Research, 1995, 11 (2): 801 - 827.

[19] 毕茜, 甘熠. 上市公司财务信息披露改进: 基于关联方交易视角 [J]. 财会月刊, 2010 (20): 14 - 16.

[20] 陈丽琴. 我国上市公司财务信息披露的激励制度研究 [J]. 会计之友, 2015 (12): 68 - 72.

[21] 崔学刚. 上市公司财务信息披露: 政府功能与角色定位 [J]. 会计研究, 2004 (1): 33 - 38.

[22] 丁华, 李健. "互联网+" 对企业财务信息披露的影响分析 [J]. 会计之友, 2016 (24): 107 - 109.

[23] 龚亮. 上市公司财务信息披露改进之对策 [J]. 贵州社会科学, 2010 (3): 66 - 69.

[24] 黄继瑶. 基于企业会计准则的上市公司财务信息披露分析 [D]. 吉林财经大学硕士学位论文, 2010.

[25] 季惠荣. 网络环境下财务信息披露问题研究 [J]. 财经界, 2015 (5): 189.

[26] 李丹娜. 上市公司财务信息披露质量问题与监管 [J]. 现代经济信息, 2011 (21): 153.

[27] 李东棵. 优化财务信息披露管理提升上市公司企业价值 [J]. 中国审计, 2011 (22): 64 - 65.

[28] 李维新. 论上市公司财务信息披露制度的内容、价值和形式 [J]. 哈尔滨商业大学学报 (社会科学版), 2005 (2): 70 - 72.

[29] 梁海林. 上市公司预测性财务信息披露制度研究 [J]. 财会研究, 2011 (4): 49 - 51.

[30] 刘辉. 关于完善上市公司财务信息披露制度的思考 [J]. 时代金融, 2013 (3): 19, 23.

[31] 刘婧. 两面针公司财务信息披露事件研究 [D]. 对外经济贸易大学硕士学位论文, 2008.

[32] 刘岩. 论上市公司会计信息披露 [J]. 冶金财会, 2008, 27 (1): 38 - 39.

[33] 吕敏, 曾富全. 会计造假处罚为何避重就轻——柳州两面针股份有限公司受罚案例分析 [J]. 财务与会计, 2011 (8): 39 - 41.

[34] 马晓萍. 我国中小企业财务管理问题研究 [J]. 全国商情, 2011 (1): 71 - 72.

[35] 毛安敏, 韩忠雪. 财务信息披露质量对会计稳健性的影响 [J]. 会计之友, 2015 (20): 31 - 33.

[36] 孟欣. 基于Fisher判别的上市公司会计信息披露质量评价 [D]. 大连理工大学硕士学位论文, 2011.

[37] 聂顺江. 会计信息质量: 检验、决定及保证 [M]. 北京: 中国财政经济出版社, 2003.

[38] 钱义霞. 浅谈我国上市公司财务信息披露的问题及对策 [J]. 财经界, 2015 (7): 195.

[39] 石英华. 发达国家政府财务信息披露对中国的借鉴与启示 [J]. 财贸经济, 2006 (11): 57 - 59.

[40] 王琨. 证券市场财务造假问题研究 [D]. 大连海事大学硕士学位论文, 2013.

[41] 王秋丽. 我国上市公司财务信息披露存在的问题及其影响与对策 [J]. 现代经济信息, 2015 (9): 297.

[42] 王妍妍. 上市公司会计信息披露质量评价指标体系研究 [D]. 安徽大学硕士学位论文, 2010.

[43] 杨武岐, 朱庆须, 蔺永存. 上市公司自愿性网上财务信息披露情况分析 [J]. 特区经济, 2010 (7): 122 - 124.

[44] 姚曦. 融资约束、财务信息披露质量与投资不足的实证检验 [J]. 中国注册会计师, 2016 (8): 62 - 68.

[45] 张德容,周清明.对企业预测性财务信息披露的思考 [J].商业经济与管理,2005 (4):72-76.
[46] 张清华.浅析一人公司的财务信息披露 [J].特区经济,2006 (6):73-74.
[47] 张胜芳.刍探网络财务信息披露的潜在风险 [J].财会月刊,2001 (24):15-16.
[48] 张勇.我国上市公司财务造假现状、成因及对策探析 [J].市场研究,2014 (11):61-62.
[49] 张育强.浅议中小企业网络财务信息披露平台建设 [J].商场现代化,2008 (3):345-346.
[50] 周红.财务信息披露的三种基本理论模式 [J].会计研究,1998 (12):18-21.